指宿 信 Ibusuki Makoto

被疑者取調べ録画制度の最前線

Cutting Edge of the Suspect Interview Recording: Approach from the Law and Empirical Science

● 可視化をめぐる法と諸科学

法律文化社

はしがき

　本書は，2015年に国会に提出され衆議院で通過した，いわゆる「取調べの可視化（録音録画）法案[1]」を踏まえて，我が国における被疑者を含めた取調べの録音録画制度を展望すべく，これまでの旧稿と，新たに書き下ろした新稿を組み合わせたモノグラフィであり，2010年に出版された『被疑者取調べ録画制度の研究』（商事法務）の事実上の増補版として企画された。

　旧版を改訂のうえ刊行する目的は次のとおりである。

　まず，前著の後に我が国で始まった可視化法制への取り組みが2015年法案で一段落したこの時期に，立法過程における議論やその背後にある理論状況などを整理したかったこと，そして何よりも，今後のいわば「ポスト可視化」時代を睨んで，我が国における取調べの録音録画制度の運用やその発展にあたって取り組むべき課題を明示しておきたかったというところにある。

　その目的のため，第1部では，可視化法制の前提となる日本における問題状況を「冤罪」「取調べ」「自白法則」の3つの切り口から整理し，第2部では，海外調査を踏まえてオーストラリア，アメリカ，カナダ，ニュージーランド，イギリスの5カ国の可視化制度を分析している。第3部では法律学を離れて心理学や法社会学の見地から取調べの可視化問題を扱った旧稿を集めた。

　旧稿については，すべてではないが補論を置いて2016年初頭の時点で付け加えるべき情報や視点を描いてみた。また，旧版に収録していた翻訳論文は削除することにして，旧版後に執筆した2つの論文を収録し，3つの書き下ろし章を加えてすべて自著論考で揃えることにした。

　取調べの可視化をめぐって適うかぎり多面的な視点から考察するという筆者の当初からの意図は，本書の刊行で一応果たされたと考える。そこで，旧版からの読者の方々には書き下ろしの章（第3章，第6章，終章）と新たに収録したパート（第11章，第12章，そして4つの章に付加した補論）をお読みいただければ

嬉しいし，新しい読者の方には第1部から第3部まで各自興味のある箇所から目を通していただきたい。いずれの場合でも「終章」だけはご笑覧いただければ幸いである。

　さて，米国では2015年も押し迫った頃から，ネットフリックス（NETFLIX[2]）というオンデマンド型ビデオ配信局が提供する自主制作ドキュメント「Making Murderer（殺人者への道[3]）」が評判を呼んでいる[4]。アメリカのウィスコンシン州で冤罪であるとして争われている事件を扱い，連続ドラマと見紛うような10回にわたる長編ドキュメンタリ番組となっている。

　異例の大型ドキュメントであることも話題であるが，この被告人がかつて一度冤罪事件で無実が明らかになった人物であり，新たな殺人事件の犯人として逮捕起訴されたという経緯も異例である。何よりもこの番組は，被告人の弁護活動への取材を通して，新しい事件については地元の保安官事務所による報復的な「フレームアップ」ではないかという疑問をあからさまに描いたことが注目を集めた最大の理由であろう。

　ここでは，この番組の題材となった事件で注目される点を2つ取り上げたい。まず，被疑者の少年の取調べビデオが番組で用いられているが，その尋問方法について疑問が生じていることである。次に，この取調べ映像によって「可視化」時代における取調べの適正化という重要な課題が浮き彫りにされていることである[5]。

　物語の舞台は，2005年にウィスコンシン州で起きたとされている強姦殺人事件の捜査と公判である。主犯とされたスティーブン・アヴェリー（Steven Avery）と共犯者とされた，その甥（犯行当時15歳）ブレンダン・ダシー（Brendan Dassey）が物語の主人公である[6]。二人が有罪とされた際の主要証拠は，アヴェリーの部屋で見つかった被害者の車の鍵と被害者の車のダッシュボードに付着していた血液のDNA鑑定，そしてダシーの自白供述である。

　ドキュメンタリの中で焦点のひとつとなっていたのは学習障がいを抱えたダシーの取調べであり，取調官に巧みに誘導された疑いが弁護人から強く指摘されている。本書執筆中に，ダシーらの雪冤のため連邦裁判所で代理人を務めるノースウェスタン大学誤判救済センターのスティーブン・ドリズィン教授ら

が，ダシーの供述は「汚染」され信用できないことを明らかにしたとの報道があった。ドリズィン教授は，かつて名張毒ぶどう酒事件に関わって日本の最高裁判所に意見書を提出し[7]，講演のため来日したこともある誤判事件のエキスパートである[8]。その彼が，ダシーの自白は自身がこれまで見てきた中でも「最も汚染された」ケースであると語っている[9]。

確かに，ダシーの取調べの様子を見てみると[10]，弁護人も母親もいない（捜査官は彼らに知らせないまま取調べを実施した）席での供述録取だったことがわかる。さらに取調官は，真犯人しか知り得ない秘密である被害者の頭部への銃撃についてダシーを誘導してしまうという"痛恨のミス"を犯している。これは尋問技法としては決定的な過ちであろう。だが，裁判官はこの取調べが不適切であったことを認めつつ，得られた供述の任意性については問題がないと片付けてしまった。

ウィスコンシン州では2005年から重罪事件の取調べはすべて録画することが定められており[11]，この事件は取調べ録画がおこなわれた最初の殺人事件であった。だが，ダシーの取調べビデオが示唆しているのは，取調べをいかに可視化したとしても，「適正さ」を欠いた取調べでは誤った自白を防止することはできないという危険性である。

さらに，少年ダシーの特性にも問題があった。彼は学習障がいを抱えており，特殊学級に通っていた。だが，ウィスコンシン州では適切な成人，とくに親の立会いのない自白を自動的に証拠から排除する"adult presence rule"（成人立会いのない供述の証拠排除）がないため，ダシーの供述の証拠能力が認められてしまった[12]。学習障がいを抱えたダシーから得られた自白を得た取調べ過程には，映像において何も拷問や強制の契機は見つからないにも関わらず，「任意性」に強い疑いが認められる。

この"共犯者"ダシーの映像が"主犯"アヴェリーの主要証拠のひとつであったという事実は，可視化法案を抱え，いよいよ取調べの録音録画が警察の取調べで義務化される我が国において，今後取り組まれるべき課題が何であるかを鮮明に指し示しているように思われる。

なぜなら，日本では少年の取調べに弁護人や親の立会いは義務づけられておらず，少年が障がいを抱えていた場合でも適切な大人の立会い要件は存在せ

ず，何よりも共犯者の供述調書については法案によっても取調べの録音録画義務が課されていない。被疑者の取調べが録音録画されているだけでは，この，ダシーから得られたような供述の任意性について十分な保護が与えられることはないだろう。ダシーの取調べビデオは格好の（いわば反面的な）教材となるはずだ。

　このような視点が本書の根幹をなしているが，本書を通じ，日本におけるポスト可視化時代における様々な課題を提示し，進むべき方向性を指し示すことが刊行の目的である。

　前著はそれまで実施した調査研究の成果還元を目的として2010年に刊行された。調査研究にあたって2007年から2010年にかけて助成をいただいた日弁連法務研究財団に感謝申し上げる次第である。

　本著の刊行にあたっては成城大学法学部より3度目となる出版助成を賜った。出版事情の厳しい中でこうして自身の研究成果を発表する機会を得られることは研究者にとって非常に幸運である。

　刊行をお引き受けいただいた法律文化社ならびに編集にあたっていただいた同社編集部掛川直之氏にも感謝申し上げたい。氏の企画力と激励がなければ，新版でこれだけの書き下ろしパートは生まれなかったはずである。

　前著に引き続いて，本書でも多くの方々のお支えがなければ執筆を終えることはできなかった。個別の謝辞はあとがきの部分で触れている。

　本書が，今後日本で法制化されることが期待されている取調べの録音録画（可視化）制度の構築とその運用にあたって幾ばくかでも参考になれば幸いである。

2016年1月　晴天の大蔵にて

指宿　信

　1）　衆議院での法案の概要は以下。
　　　http://www.shugiin.go.jp/internet/itdb_gian.nsf/html/gian/honbun/houan/g18905042.htm
　　　衆議院修正は以下。

http://www.sangiin.go.jp/japanese/joho1/kousei/gian/189/pdf/h031890421890010.pdf

参議院段階の法案はこちら。

http://www.sangiin.go.jp/japanese/joho1/kousei/gian/189/pdf/t031890421890.pdf

2) https://www.netflix.com/jp/

3) 予告編（日本語）はこちら。

https://www.youtube.com/watch?v=HKANlzvqGLw

4) 多くの報道があるが，例えばガーディアン紙2016年 1 月11日付け記事。"Guilty pleasure: how Making a Murderer tapped into our weakness for true crime" http://www.the-guardian.com/tv-and-radio/2016/jan/11/how-making-murderer-tapped-our-weakness-true-crime-steven-avery 参照。

5) "'Making Murderer' raises questions about interrogation technique from Chicago", Chicago Tribune, Jan. 7, 2016. http://www.chicagotribune.com/news/local/breaking/ct-reid-confession-technique-met-20160106-story.html 参照。

6) 事件の紹介として例えば，http://www.law.northwestern.edu/legalclinic/wrongfulconvictionsyouth/news/spotlight/index.html など参照。

7) スティーブン・ドリズィン＝リチャード・レオ（伊藤和子訳）『なぜ無実の人が自白するのか』（日本評論社，2008）。

8) 講演録は以下参照。http://www.nichibenren.or.jp/library/ja/publication/books/data/jihaku_kouenroku.pdf

9) http://www.postcrescent.com/story/news/local/steven-avery/2016/01/16/attorney-dassey-confession-contaminated/78744222/

10) 『Making Murderer』Vol. 3「窮地の被告人」参照。

11) ウィスコンシン州では，州最高裁がその司法の監督権を行使して身体拘束中の少年取調べを録画すべきだと要請した（State v. Jerrell, 699 N. W. 2d 110, 120-133 (Wis. 2005)）。直ちに州議会が少年を含むすべての重罪事件で身体拘束中の被疑者の取調べを録音・録画することを義務づける法律を定めた。Wis. Stat. Ann §§ 968.073 & 972.11 (2005). なお，少年の取調べについては Jarrell 判決は重罪のみならず軽罪についても録音録画義務を課したと解釈する裁判例もある。State v. Fairconatue, 773 N. W. 2d 226 (Wis. Ct. App. 2009).

12) このルールについて，例えば，Hillary B. Farber, *The Role of the Parent/Guardian in Juvenile Custodial Interrogations : Friend or Foe ?* 41 AMERICAN LAW REVIEW 1277 (2004) and Andy Clark, comment, *"Interested Adults" with Conflicts of Interest at Juvenile Interrogations : Applying the Close Relationship Standard of Emotional Distress,* 68 UNIVERSITY OF CHICAGO LAW REVIEW 903 (2001) 参照。多くの州で法令や判例によってこのルールは導入されている。

目　次

はしがき
初出一覧

第1部　被疑者取調べと自白

第1章　取調べと冤罪

はじめに……………………………………………………………………… 2

Ⅰ　取調べをめぐる基本的な法システム ……………………………… 4

Ⅱ　密室性の打破──取調べ可視化論 ………………………………… 6

おわりに……………………………………………………………………… 9

補　論　冤罪を見抜いた心理学者，見抜けなかった刑事裁判官 …… 10

はじめに……………………………………………………………………… 11

日本における供述分析鑑定 ……………………………………………… 11

最高裁判決に見る「心理」という語法とその意識………………… 14

法と心理学の歴史 ………………………………………………………… 15

おわりに……………………………………………………………………… 16

第2章　取調べと虚偽自白

はじめに……………………………………………………………………… 19

Ⅰ　米国における白白法則──ミランダ判決への道 ……………… 20

Ⅱ　ミランダ判決のインパクト──何が変わり，変わらなかったのか …… 23

Ⅲ　誤判と自白──ミランダ判決があるのになぜ ………………… 25

Ⅳ　取調べの実態──ミランダの権利放棄と取調べ ……………… 27

Ⅴ　アメリカにおける改革動向 ………………………………………… 29

vii

おわりに——2つの方向性：虚偽自白防止に向けて ……………………… 30

補論　取調べ誘発型の虚偽自白について ……………………………… 34

はじめに ………………………………………………………………………… 35

様々な虚偽自白のタイプ ……………………………………………………… 37

おわりに——任意による虚偽自白の脅威 ………………………………… 40

第3章　可視化と自白法則
——可視化時代の自白の任意性判断を展望する

はじめに——問題提起 ……………………………………………………… 44

Ⅰ　方 法 論 …………………………………………………………………… 46

Ⅱ　富山氷見事件における取調べと冤罪 ………………………………… 48

Ⅲ　東住吉事件における取調べと冤罪 …………………………………… 52

Ⅳ　志布志事件における取調べと冤罪 …………………………………… 56

Ⅴ　検　　討 …………………………………………………………………… 60

おわりに——自白法則の再構築を展望する …………………………… 70

第2部　取調べ録画の比較法

第4章　オーストラリア(1)——取調べ録画制度と自白の証拠能力

はじめに ………………………………………………………………………… 84

Ⅰ　録画立法前の状況と最高裁判例 ……………………………………… 86

Ⅱ　各州における取調べ録音録画立法 …………………………………… 87

Ⅲ　自白の証拠能力をめぐる近時の最高裁判例 ……………………… 100

Ⅳ　我が国で提案されている法案について …………………………… 111

おわりに ……………………………………………………………………… 113

第5章　オーストラリア(2)——取調べ録画制度の実態

はじめに ……………………………………………………………………… 121

Ⅰ　調査サンプル ………………………………………………………… 122

Ⅱ　ERISP の実態 ……………………………………………………… 123

Ⅲ　ERISP に対する評価 ………………………………………………… 131

おわりに――我が国における「可視化論」への示唆 …………………………… 136

第6章　アメリカ――法制化までの長い苦闘の歴史

はじめに ………………………………………………………………… 143

Ⅰ　立法化前史その1――被疑者取調べ録音録画の実態 ……………… 145

Ⅱ　立法化前史その2――被疑者取調べ録画に関する州判例の動向 ……… 158

Ⅲ　被疑者取調べ録画をめぐる州立法 …………………………………… 161

Ⅳ　裁判所規則による取調べ録画義務 …………………………………… 170

Ⅴ　ガイドラインによる取調べ録画義務 ………………………………… 171

おわりに――米国諸州における取調べ録音録画に関する制度概観と今後 ………… 173

第7章　カ　ナ　ダ――導入勧告と裁判例

はじめに ………………………………………………………………… 181

Ⅰ　カナダにおける被疑者取調べ録画導入論 …………………………… 183

Ⅱ　カナダにおける自白法則と取調べ録画 ……………………………… 195

Ⅲ　取調べの録画と自白の証拠能力――下級審裁判例から ……………… 200

Ⅳ　取調べ録画をめぐる近時の動向 ……………………………………… 211

おわりに ………………………………………………………………… 218

補論　圧迫的取調べ技法を厳しく指摘した裁判例 ……………… 222

第8章　ニュージーランド――録画制度の歴史とその実情

はじめに ………………………………………………………………… 227

Ⅰ　取調べ録画制度の導入まで …………………………………………… 227

Ⅱ　取調べ録画制度の試験結果 …………………………………………… 228

Ⅲ　取調べ録画制度の現状 ………………………………………………… 230

Ⅳ　取調べ録画のインパクト ……………………………………………… 232

Ⅴ　取調べ録画制度における問題点 ……………………………………… 233

おわりに ……………………………………………………………………… 234

第9章　イギリス——取調べ録画装置のネットワーク化

はじめに ……………………………………………………………………… 240

Ⅰ　取調べ録音制度から録画制度へ ……………………………………… 242

Ⅱ　取調べ録画パイロット・プロジェクトの概要 ……………………… 247

Ⅲ　デジタル・ネットワーク化と実務規範改正 ………………………… 273

Ⅳ　録音録画と取調室のデザイン ………………………………………… 277

おわりに ……………………………………………………………………… 278

補論　取調べ録音によって供述経過が明らかにされた
　　　幾つかの事例 …………………………………………………………… 283

第3部　取調べ録画と諸科学

第10章　取調べ録画制度と撮影アングル——心理学的知見1

はじめに ……………………………………………………………………… 290

Ⅰ　取調べ録画における3つの撮影方式とデジタル化の流れ ………… 291

Ⅱ　撮影方式の差異による影響をめぐるラシターらの実験 …………… 292

Ⅲ　視覚効果に基づくバイアスに対する手続法的な抑制策 …………… 303

おわりに ……………………………………………………………………… 307

第11章　取調べ技法と可視化——心理学的知見2

はじめに ……………………………………………………………………… 311

Ⅰ　取調べをめぐる2つの視点——「伝統」か「虚像」か ……………… 312

Ⅱ　取調べ技法の歴史 ……………………………………………………… 315

Ⅲ　取調べの観察調査研究 ………………………………………………… 317

Ⅳ　取調べ高度化の方法論 ………………………………………………… 318

おわりに——刑事訴訟法学における課題との関わりから ……………… 320

補論　取調べ技法と虚偽自白の関係——リード・テクニックをめぐって… 325

第12章 取調べ可視化論の展開——法社会学的知見

はじめに……………………………………………………………………………………330

Ⅰ 可視化論の位相 …………………………………………………………………331

Ⅱ 「可視化」をめぐる議論の推移 ……………………………………………332

Ⅲ 可視化実現と刑事司法改革の関係……………………………………………337

おわりに——残る「可視化」問題の課題………………………………………338

終 章 可視化法制度の展望と課題

はじめに……………………………………………………………………………………343

Ⅰ 「可視化」論・考——可視化法制への道 ……………………………344

Ⅱ ポスト「可視化」論・考——可視化に潜む危険と検討課題………………354

おわりに——映像再生によって生じる危険性と防御権の保障……………………365

あとがき

初出一覧

第1章　部落解放557号29-38頁（2005）
　　　　「取り調べの密室化がえん罪の温床——取り調べ録音録画制度の提案を検討する」

第2章　2000年6月12日・日弁連目撃証言シンポジウム基調講演
　　　　「取調べと虚偽自白——アメリカの調査研究を参考にして」

第3章　書き下ろし

第4章　判例時報1997号3-18頁（2008）
　　　　「取調べ録画制度と自白の証拠能力——オーストラリアにおける立法ならびに判例からの示唆」

第5章　判例時報1994号3-12頁（2008）
　　　　「豪州における取調べ録音録画の実態——「ディクソン・レポート」の概要とその示唆」

第6章　書き下ろし

第7章　判例時報2028号8-17頁，2029号3-10頁（2009）
　　　　「カナダにおける被疑者取調べ録画制度（上・下）——繰り返される導入勧告と積み重ねられる判例」

第8章　季刊刑事弁護54号146-153頁（2008）
　　　　「テレビ的パフォーフンスあるいは取調べの監視？——ニュージーランドにおける被疑者取調べ録画制度について」

第9章　判例時報2077号3-20頁（2010）
　　　　「イギリスにおける被疑者取調べとその可視化——「録音」「録画」で揺れる歴史とデジタル・ネットワーク化計画」

第10章　判例時報1995号3-11頁（2008）
　　　　「取調べ録画制度における映像インパクトと手続法的抑制策の検討」

第11章　法律時報83巻9＝10号18-24頁（2011）
　　　　「取調べの「高度化」をめぐって」

第12章　日本法社会学会編『法社会学』79号153-165頁（2013）
　　　　「司法改革の視点　取調べ「可視化」論——刑事司法改革の観点から」

終　章　書き下ろし

第1部　被疑者取調べと自白

第1章　取調べと冤罪

「谷口を拷問したことはありますか」
「そんなことはぜんぜんありません。はっきり申し上げます」
宮脇は声をあらげ，ムキになって答えた。
「谷口は拷問されたといっているんですが，谷口の供述がうそですか」
「……私がせんいうても，それは信用なさらんと思いますので……私は拷問した覚えはありません」
「谷口は，そういうことがあるといっているんですが，うそですか」
「うそです」

> 財田川事件再審公判における警察官の証言
> 鎌田慧『死刑台からの生還』（岩波現代文庫，2007）より

はじめに

　本章では，警察や検察による取調べ状況を事後的に検証できるよう主張する「可視化」論につき，その前提として，我が国の取調べを支える構造を分析すると共に，可視化論の具体的施策の主たる柱である「録音録画」の主張の正当性を，近年，米国で実施された警察官に対するアンケート調査をもとに検証する。この作業を踏まえ，録音録画制度が我が国の刑事司法制度において不可欠であることを確認する。

　言うまでもなく，冤罪（ここでは無実を主張する者が誤って有罪とされたケースを指す言葉として用いる）が生じた原因を調査すると，無理な取調べが筆頭にあがることは周知のとおりである。裁判で有罪を獲得するうえで，被疑者が取調べ段階で自白していることは大きな証拠とされるため，取調べは自白を求めて凄烈をきわめる。取調べ段階での自白は，調書という文書にまとめられて証拠化

されるが，この文書は伝聞証拠であって，本来は，原則的に証拠とすることはできないとされている。しかし，この原則には例外があり，法廷で特別に信用してよい場合（これを「特信性」と呼ぶ）には，法廷に証拠として提示することが許される。その結果，日本の裁判では自白調書が容易に証拠として採用されることになった。そうした裁判実務があるので，ますます取調官は自白を求めて取調べを続ける。憲法38条2項では，「強制，拷問若しくは脅迫による自白又は不当に長く抑留若しくは拘禁された後の自白は，これを証拠とすることができない」と規定されており，これを受けて刑事訴訟法319条でも，「任意になされたものでない疑いのある自白は，これを証拠とすることができない」として，自白の証拠能力を制限するというやり方で，間接的に取調べを規制している。にも関わらず，後に見るように，自白獲得のために取調官が心理的な強制をし，長期間身体拘束を試みることは珍しくない。公判において，被告人側が，こうした自白を証拠として認めないよう，すなわち「自白の任意性がない」と主張しても，それが認められることはさほど多くはない。

　密室でおこなわれた取調べの結果得られた自白が任意におこなわれたのかそうでないのかを裁判過程で検証するためには，「自白過程」を明らかにする必要がある。しかし，現実には，その立証責任は捜査・訴追側には求められず，もっぱら被告人側に押しつけられてしまっている。密室の取調べの中でおこなわれた供述が録音録画されていれば，任意性を検証することが容易になることは明らかである。現在，自白が任意におこなわれたのか強制されたのかが裁判で争われると水掛け論となってしまい，裁判所の判断では，被告人が不利な内容を供述している以上，任意性を疑わせるような相当明らかな証拠がないかぎり，自白の任意性があるという推定が導かれてしまう。

　例えば，財田川事件再審公判においてすら，請求人からの拷問されて自白したとの主張について判決は，「事案の争点を意識した被告人の意図的な陳述であるかに看取され」，「再審の開始を願う心境の切なる余り」，「事実に反する陳述をしている」と指摘されるに至っている（高松地判昭和59年3月12日判例時報1107号13頁，判例タイムズ523号75頁）。

　周知のとおり，今次の司法制度改革では，こうした取調べの可視化についてメスが入れられなかった。いわば，残された司法改革と言えよう。本章は，

「取調べの録音録画」が，一部で懸念されるように真実発見を阻害するのではなく，冤罪の危険性を減少させ，むしろ司法の質を高めることになると主張する。そのことは司法にとって決してマイナスではなく，刑事司法全体に対する市民からの信頼を高めることとなるだろう。

I　取調べをめぐる基本的な法システム

　以下では，我が国の捜査において取調べがいかなる特徴や法的な背景を有しているかを見ることで，取調べがいかに冤罪を生み出す原因となっているかを明らかにする。

1　アクセスの拒絶──密室化と孤立化

　憲法34条は，「何人も，理由を直ちに告げられ，且つ，直ちに弁護人に依頼する権利を与へられなければ，抑留又は拘禁されない」として弁護人依頼権を保障する。しかし，刑事訴訟法では，逮捕された被疑者と弁護人との面会（これを「接見」と呼ぶ）を制限する権利が捜査機関に与えられている。たとえ接見できたとしても短時間にとどまるし，そもそもごく最近まで起訴される前に無料で弁護人がつく公的な制度はなかった（司法制度改革により2006年から被疑者段階の国公選弁護制度が導入されることとなった）。もし弁護人がついていても，取調べに立ち会うことは許されず，捜査機関は，被疑者が自白をしていると弁護人との接見を容易に認めるが，否認をすると接見にはきわめて厳しいなど，密室化，孤立化を進める制度的な態勢ができている。これでは被疑者は，法的な助言や相談を十分に受けることができない。また，被疑者は，「代用監獄」と呼ばれる警察署に設置された拘禁施設である「留置場」で勾留される（刑事収容施設法。平成17年法律第50号により「代用刑事施設」と呼ばれる）。本来の拘禁施設である「拘置所」で勾留されることは少ない。旧監獄法では警察の留置場は例外として規定されていた。だから代用監獄と呼ぶ。取り調べられる場所と同じ所に捕らえられ，外部との連絡を一切遮断されるわけである。こうして，取調べは自白の獲得を行う空間的基礎を得ることになる。

4　第1部　被疑者取調べと自白

2 長時間の拘束と尋問——疲弊

逮捕された被疑者は最大72時間，加えて検察官送致後は最大20日間取調べを受けることになる。法は10日間を原則としているのに，実務上は10日の延長が当然のようになされている。代用監獄と取調室の往復は24時間の監視のもとでおこなわれ，被疑者は孤立化させられるだけでなく心理的な圧迫が強い状態に置かれ，取調べが続く。最大で23日の身体拘束期間の制約をかいくぐるために捜査機関がおこなう手法として，まず，任意での取調べというものがある。いわゆる「ロザール事件」（東京高判平成14年9月4日）では，被告人は7泊8日にわたって警察施設やビジネスホテルに宿泊させられ，事実上拘束されていた。12人が無罪となった志布志事件（鹿児島地判平成19年2月23日）では，任意と称して日々長時間の取調べを繰り返し，お年寄りたちは体調を崩し，自殺を試みる者まで出たほどである。次に，「別件逮捕勾留」という手法がある。逮捕・起訴が容易な犯罪で身柄を拘束し，その拘束期間を利用して，目的とする大きな罪について自白を迫るのである。「鹿屋老夫婦殺し事件（高隈事件）」（最判昭和57年1月28日刑集36巻1号67頁）では，被告人は，別件の裁判中の身体拘束を利用され，3か月近くにわたって本件の殺人放火事件の取調べを受けていた。

3 自白の強要装置——人質司法

起訴以前に身体拘束（23日間）されている間は，被疑者には釈放を求める法的権利がない。起訴後には法により保釈が認められているが，保釈されるためには実務では自白していることが原則になっていて，否認をしているとほとんど許されない。自白を得るために勾留しているのと同じであるため，「人質司法」と呼ばれることがある。こうした取調べ過程を経ても，捜査を検証するような第三者による審査手続は我が国には存在せず，検察官が起訴不起訴の専権的な裁量を有している。被告人側は，公判廷で違法捜査を訴えるか，別に民事訴訟を起こすしか術がない。

4 吟味の欠如——任意性・信用性判断の甘さ

以上のような過程で得られた自白について，その任意性判断が甘いことは冒頭指摘した。自白が証拠として採用されると，次はその信用性判断が問われ

る。しかし書面となった自白は，あくまで取調べ側によって作成された文章で，署名押印があるといっても本当にどのような供述がなされたのか，真実は明らかではない。これまで死刑事件で４つの再審無罪事例があるが（財田川事件，免田事件，島田事件，松山事件），いずれも自白がとられ，確定判決で自白の信用性が認められていた。再審段階でようやく自白過程や自白内容に疑問が提起されて信用性が否定されていくのであるが，再審事件にかぎらず，自白供述があると，その信用性を否定することに裁判所は非常に強い躊躇を覚えるようである。およそ殺人事件において，被疑者段階の自白は大きな不利益を自認するわけだから信用性が高いという意識が強く働くのであろう。憲法38条３項は，「何人も，自己に不利益な唯一の証拠が本人の自白である場合には，有罪とされ，又は刑罰を科せられない」と規定し，自白以外の証拠が必要であるとして自白偏重を戒めるが，実際には，自白以外には決定的な証拠がないまま有罪とされているケースは数多く見られる。

　八海事件等の弁護人として知られた青木英五郎弁護士（元裁判官）は，「『無実のことを自白する者はおるまい』という発想は，多くの裁判官に共通のものである」と指摘している。再審無罪事例等を見ると，ずさんで不合理，不自然な自白が，いとも簡単にそれ以前の裁判で信用性があると判断されていることがよくわかる。自白を得るまでの取調べがいかに圧迫的な雰囲気でおこなわれていようと，拷問や強制や誘導や脅迫がなされていようと，我が国の法廷はそれを確認する術をもっていない。

Ⅱ　密室性の打破——取調べ可視化論

　こうした取調べを「可視化」することにより，自白の任意性判断や信用性判断が明確となり，取調べが公正におこなわれることが期待される。では，具体的に海外ではどのような可視化がおこなわれているのであろうか。第一は，弁護人の立ち会いであり，これは米国や英国等で実施されている。第二は，取調べの録音録画で，すでに多くの国で導入済みである。ここでは，こんにち我が国の政策論議として最も関心の高い後者に絞って論じる。

　この点で最も先駆的な国はイギリスである。1984年の「警察及び刑事証拠法

（通称 PACE）」の制定の際に，警察署における取調べのテープ録音が導入された。現在では，ビデオ録画が部分的に導入されているようであるが，法律上，被疑者取調べはすべて録音することが警察に義務づけられている。部分的な録音や，録音後の編集は許されず，取調べ全部が録音され，また，改編ができないよう特殊なテープが用いられている。このテープ録音は，こんにち，デジタル録画へと姿を変えつつ，各国に広がっている。オーストラリアでは1995年からニュー・サウス・ウェールズ州において義務化されており，台湾や韓国等のアジア諸国でも，フランス，イタリア等欧州でも導入されている。

　アメリカ合衆国では，法律によらず，警察規則のレベルで多数実施されていたところ，アラスカ州とミネソタ州では判例によって義務づけられた。また2004年にはイリノイ州が全米で初めて法律により，殺人で起訴される可能性のある事件のすべての取調べ録画を導入した。同様の動きは，メイン州，ワシントン DC でも続いており，今後，全米に波及するものと予想される。ここでは，イリノイ州シカゴにあるノース・ウェスタン大学ロー・スクールの誤判救済センター（Center for Wrongful Convictions）が最近おこなった，全米における取調べ録音録画の実態をまとめた報告書，通称「サリバン・レポート」（2004年夏公刊）の概要を紹介しておきたい（詳細は本書第6章参照）。

　この報告書は，取調べ録音録画が取調べ実務や刑事司法実務にいかなるインパクトを与えているかを測定するために実施されたアンケート結果をまとめたものである。回答者は38の州にまたがる238人の法執行官（主として取調べをおこなう警察官）である。決して録音録画がかぎられた地域でおこなわれているわけではないことが明らかであろう。

　回答によれば，取調べ録音録画のメリットとして，その効率的で強力な捜査ツール性を評価する声が圧倒的であった。とくに，導入後，起訴後公判で自白や取調べの違法に関する被告人側からの申立が激減し，きわめて効率のよい司法運営が達成されているとする。被疑者と取調官の双方を守るシステムであり，被告人側はもとより取調官からも支持されている。筆記方式への回帰は考えられないとか，実施しない警察があるとは信じがたいといった警察官たちの生の声は，その効果と効率の良さを証明していよう。

　もっとも，問題点もある。第一に，多くの警察署では取調べすべてが録画さ

第1章　取調べと冤罪　7

れておらず，最終段階の自白だけが録画されていること，第二に，同意がな
かった場合に記録ができないルールがあるなど，一貫性に欠けていることなど
である。第一の点については，イリノイ州の新法のように全部録画が今後徹底
されていくであろうし，第二の点については，録画が被疑者の話す内容などに
影響を与えるということが確認されておらず，同意を必要としない方向へ進む
であろう。確かに，新しい装備を伴った録画システムはコストを発生させる。
装置，設置費用，係官の訓練，保管管理，複写等の手間などである。

　しかしながら，報告書はコストを上回る利益があると指摘している。すなわ
ち，調書作成の作業量の減少，調書作成の際に生じた省略や記述洩れによる未
解明部分の発生予防，被疑者からの不服回避，高い証拠価値，被告人側からの
法的な攻撃の減少，それらによる時間の節約，有罪答弁の増加とそれによる司
法の効率化，冤罪の減少と予防などであり，メリット，デメリットを対照すれ
ば，実施のコストは利益に比べてずっと小さいと位置づけられている。

　こうした実証研究の示唆しているところは，取調べ録音録画は，捜査実務を
妨げるより，むしろ支援するという事実である。日米の法文化や手続きの差異
を前提としても，コストや便益が国によって異なるとは考えられない。ところ
が，平成12年7月25日第26回司法制度改革審議会で示された法務省見解は，取
調べ録音録画を真相解明を阻害すると位置づける。「一番事情を知っている可
能性のある者から事情を聞くのが常道であり，被疑者の取調べは最も重要であ
る。自白がなければ真相解明できない事件はたくさんあり，自白を得ることが
悪いのではない。被疑者が重大な事実を自白する瞬間，立会事務官を外してく
れと頼まれたり，弁護人には内緒にしてくれと頼まれたりすることがあること
からも明らかなように，他人に見られていては真実は話せない。テープ録音を
されたのでは，自白は引き出せない。可視化は大切だが，接見回数の増加，被
疑者弁護の充実，取調経過の記載等で対応すべき」（同議事概要より）というの
が法務省による回答となっている。

　第一に，この回答は，他人に見られることと録音録画されることを同視して
いるという点で誤っている。第二に，弁護人立会いを拒否する理由としてであ
れば有効であるかのように見えるが，この理由が弁護人立会いを「一切」認め
ない理由とはなり得ない。被疑者の中には取調官とだけ話すことを求める者が

8　第1部　被疑者取調べと自白

いることは否定できないが、それは、そうした申出が被疑者からおこなわれた時点で、その法的リスクを弁護人が依頼人に話し、真摯な意思が確認された場合にかぎって退席があり得よう。その場合でも、録音録画をおこなってはならないという理由にはならない。第三に、「録音をされたのでは自白は引き出せない」と述べるだけでその証拠が示されていない。要するに、取調室での取調べ状況を記録化されたくないという意見を述べているにすぎず、説得力ある根拠を示していない。これまで、いくつもの著名事件において、実は警察側によって被告人の自白が録音され、法廷に出されてきた。ほとんどが供述の最終段階のものと見られ、松山事件や仁保事件などが有名である。捜査機関は録音により供述の信用性立証に利用しようとしていた。こうした事例からも、取調べ録音録画の重要性が逆説的に明らかになってこよう。

おわりに

警察では、情報通信機器の発達により、それらを業務管理や捜査支援に活用するため相当な額を支出し、むしろ IT を積極的に導入・活用しているというのが実態である。2005年度予算では、「厳しさを増す犯罪情勢に対応するための総合対策の推進」に98億9,400万円が計上されているが、内訳を見ると、「サイバー犯罪・サイバーテロ対策の推進」のための機材整備に15億8,900万円の予算が組まれ、2006年度概算要求では、21億7,600万円へと増えている。いずれも情報機器を中心とした予算であることは疑いなく、こうした大規模な予算措置を見れば、全国に1,200あるという警察署に録音録画装置を設置する費用が均衡を欠くような予算になるとは思われない。また、パトカー搭載のハイテク機器も増大し、道路交通網へのハイテク監視装置も増加の一途をたどっている。サリバン・レポートも指摘するように、取調室への録音録画のための IT 機器の導入は捜査の効率化にも資するものであり、警察の IT 活用の一用途として同じように支出されるべきであろう。

言うまでもなく、取調べ録音録画によって自白の任意性や信用性の吟味が容易となり、公判において、強制、脅迫等を用いた無理な取調べを発見することは容易になる。ただ、先に指摘したような、接見規制や代用監獄での身体拘

束，長時間の取調べなど，取調べをめぐっては録音録画のみでは解決できない問題が存在しており，それらの解消を放棄してしまうわけにはいかない。ただ，録音録画の導入で自白調書の作成経緯が可視化された場合，取調べ方法が相当改善されるという期待を有することは間違いではない。2009年には裁判員制度が導入され，そうした裁判ではかなり重い犯罪だけを取り扱うことが予定されている。このような事件では自白の重みはなおさらである。取調べ録音録画の速やかな導入は，そうした自白について信用性の判断を求められる市民，裁判員を審理に迎えるうえでも当然の条件であろう。

［参考文献］

THOMAS P. SULLIVAN, POLICE EXPERIENCES WITH RECORDING CUSTODIAL INTERROGATION (2004)

渡辺修＝山田直子監修／小坂井久＝秋田真志編著『取調べ可視化――密室への挑戦：イギリスの取調べ録音・録画に学ぶ』（成文堂，2004）

日本弁護士連合会取調べの可視化実現ワーキング編『取調べの可視化（録音・録画）で変えよう，刑事司法！』（現代人文社，2004）

日本弁護士連合会取調べの可視化実現ワーキング編『取調べの可視化（録音・録画）で変えよう，刑事司法！Part2』（現代人文社，2004）

日本弁護士連合会取調べの可視化実現委員会編『可視化でなくそう！違法な取調べ　取調べの可視化（録音・録画）で変えよう，刑事司法！Part3』（現代人文社，2005）

小坂井久『取調べ可視化論の現在』（現代人文社，2009）

補 論

冤罪を見抜いた心理学者，見抜けなかった刑事裁判官

裁判においてもっとも重要なのは事実の認定であり，事実の認定について大きな役割を演じるのは証人等の供述である。そこでは，種々の意味において，法律家と心理学者との密接な提携が要求される　　（傍点筆者）

団藤重光

U. ウンディッチ（植村秀三訳）『証言の心理』（東京大学出版会，1973）序文

はじめに

　かつて日本の裁判所には，「心理学」が溢れていた。

　1960年代中葉（昭和40年代頃）までの時代は，冒頭引用の団藤博士（当時東大教授，後に最高裁判事）が示唆しているように，心理学と法律学は蜜月とまではいかないまでも相互に影響し合う関係にあったといってよいだろう。そうした評価を裏付けるように，我が国には，供述や自白に関する研究が熱心に進められてきた歴史があった。戦後の裁判所草創期，1950年代頃には植松正教授や植村秀三裁判官[1]といった先達が供述心理学・裁判心理学を裁判実務に生かすため，翻訳や執筆を精力的におこなっていた[3]。

　ところが，1970年代（昭和40年代の後半）に至ると，裁判過程における供述分析やそのための心理的知見に裁判官が言及する機会は激減してしまう。「心理」を冠した論文は，犯罪と非行（犯罪心理）であるとか矯正・保護（受刑者心理）といったトピックについては数多く執筆されていくのだが，自白や供述，事実認定等に関わって心理学的アプローチに基づいて書かれる機会（供述心理・裁判心理）は次第に乏しくなっていった。

日本における供述分析鑑定

　そのような「冬の時代」は，法と心理学のリバイバルが起きるまで長く続いた。浜田寿美男教授[4]が虚偽自白研究の先駆的存在となる90年代，犯罪心理学や捜査心理学，あるいは受刑者心理とも異なる，認知心理学，社会心理学そして実験心理学に基づいた心理学研究の知見や分析がようやく裁判過程に持ち込まれるようになる。

　供述心理学について言えば，浜田教授の流れを汲む関西自白研の研究者たちと，高木光太郎教授や大橋靖史教授といった東京自白研に属する専門家たち[5]が供述鑑定の世界に関わるようになった。

　そのような新たな動きの中でもやはり浜田教授は抜きん出て多くの刑事事件に関わって供述分析，供述鑑定を実施している。その中でも，例えば袴田事件

第1章　取調べと冤罪　11

については，同事件の再審請求審において検察庁に眠っていた未開示証拠や請求審でおこなわれた DNA 型鑑定に基づいて2014年に再審開始が認められるずっと以前に，自白に信用性が認められないとの心理鑑定を裁判所に提出し，袴田氏の自白が真実ではないことを指摘していたのである[6]。すなわち，

> 自白した被疑者が，事件後の検証などで明らかになった客観的な犯行事実について，まったく無知でしかないことを露呈してしまうことがある。この「無知の暴露」は，当の自白者の無実性を強く示唆し，場合によってはそれを決定づける証拠となる。そのとき自白は，逆説的なかたちで，無実を語る。

　確かに，被告人（再審請求人）を犯人だと仮定すると，どうしてもその人が知っていなければおかしいはずの事実を知らないことになる。捜査官が教示，誘導しなければそうした知識は獲得されない。犯人であるとするための一種のリトマス試験紙の役割を果たしていた「秘密の暴露」テストとは真逆の視点である。冤罪者の自白をいわば裏側から見たこの視点はきわめて斬新で，かつシンプルである。

　ところが，同事件第一次再審請求において静岡地裁は，「本鑑定人が『無知の暴露』というところのものも，結局は，請求人の自白調書中，事実と食い違っている供述を取り出し，これを真犯人の嘘と解すると，本鑑定人にとって理解しえないというものにすぎない」（静岡地決平成6年8月8日判例時報1522号40頁）などとして，本来傾聴すべき貴重な視点をあっさりと退けてしまっていた。

　即時抗告審の東京高裁に至っては，次のように心理鑑定を一蹴する。

> 浜田鑑定は，本来，裁判官の自由な判断に委ねられるべき領域（刑訴法318条参照）に正面から立ち入るものであって，およそ刑事裁判において，裁判所がこのような鑑定を命じるとは考えられないのである。その意味で浜田鑑定については，そもそもその「証拠」性にも疑問があるといわざるを得ない
>
> 　　　　　　　　　　　　（東京高決平成16年8月26日判例時報1879号3頁）

このように述べて，心理鑑定の専門性そのものを否定する態度すら見せていた。また，その後の特別抗告審においても最高裁が次のように述べて，「秘密の暴露がないことは供述の真実性を疑わせる」とする本件心理鑑定につき"論理に飛躍がある"などと論難する。すなわち，

　　同鑑定書等において真実に反する自白等として指摘されている点をもってしても，申立人の自白が信用性に乏しく，これに依拠して事実を認定することができないという限度を超えて，それ自体で積極的に無実であることを示しているとまでいうのは，論理に飛躍があるというほかはないし，この点をおくとしても，前記1(2)のとおりの本件における客観的証拠による強固な犯人性の推認を妨げる事情とはなり得ない

　　　　　　　（最二決平成20年3月24日最高裁判所裁判集刑事293号747頁）

としている。
　こうした供述分析，供述鑑定に対する批判的な見方は，結局は後になってDNA型鑑定で覆されることとなる。だが，科学技術より先に心理学がこれらの供述の虚偽性を見抜き，冤罪の可能性を発見していたという事実を消すことはできない。
　大橋・高木両教授らのグループも，やはり再審段階の新たなDNA型鑑定で無実が判明し著名となった足利事件において，すでに確定審の段階から菅家氏の自白の内容に真実性が認められないとの鑑定を東京高裁に提出していた。[7]
　ところが，裁判所はそれに見向きもせず，最高裁はDNA型鑑定（MCT118法による）の証拠能力を認め，その証明力を高く評価して有罪を確定させてしまった。[8]その後，再審開始決定を受けた再審公判無罪判決（宇都宮地判平成22年3月26日判例時報2084号157頁）では，当初の中核的な証拠であったDNA型鑑定の証拠能力すら否定されるに至った。こんにち，刑事訴訟法の教科書類において上記最高裁判例が科学的証拠の「判例」と位置づけられているのは茶番としか思われない。最高裁は，杜撰な科学的証拠と虚偽の自白に依存した典型的な誤判事件を確定させてしまったわけであり，自白の信用性にアラートを鳴らしたせっかくの供述心理鑑定を無駄にしてしまった。

第1章　取調べと冤罪　13

最高裁判決に見る「心理」という語法とその意識

　東京高裁，最高裁という日本の裁判制度のいわば頂点に立つ裁判官たちが揃いも揃って心理学上の知見を無視したのには理由がある。

　それは"心理鑑定が事実認定領域を侵している"という受け止め方のためである。心理学による分析は職業裁判官のおこなう経験則と違わないものだとする意識が根底にあるのではないか。

　加えて，職業裁判官には犯罪者や被害者といった関係者の「心理」に関して，自分たちが経験則から十分な判断力を有しているという自負があることがこれまでの裁判例から明らかなように思われる。

　例えば，1945年から2015年までの最高裁判例中に「心理」という用語が現れた判決文44例を分析してみると，おおよそ次のようなことが判明した。すなわち，被告人の供述に関わる心理状態については，「自白する者でも不利な事情についてはあまり自白したくなく，その場のがれのウソでもいっておこうとの心理が働くことはありうること」（下線筆者）[9]であるとか，「やったろうと云われればそう思い，やらないだろうと云われればそう思う。それが記憶として脳裡に残る。複雑怪奇な心理現象のなせる魔術とでも云うべきもの」（下線筆者）[10]のように，被告人に対して有罪方向の事実認定に関わってのみ「心理」といった言葉が用いられていることが確認できる。

　最近でも，「清書の有無又は文書作成時の心理状態等により，書字・表記・表現の正誤・巧拙の程度も異なり得る」（下線筆者）[11]といったように，やはり請求人に不利な方向への認定に用いられている。[12]

　反面，そうした「心理」を判決文中に用いた事案において心理学上の専門的な知見に基づいて判断を示したものは1件もなく，むしろ上記狭山事件第一次再審請求特別抗告審決定や袴田事件第一次再審請求審特別抗告審決定のごとく，心理学者による鑑定の結論を否定する方向で「心理」概念を持ち出すのである。

　このように，判決文に現れる被告人の（おおむね被疑者段階での）「心理」という概念を，被告人に不利益な事実に推認するにあたってだけ利用するという

14　第1部　被疑者取調べと自白

最高裁の姿勢は，おそらく下級審裁判所にも影響を与えてきたものと思われる。これは心理鑑定によらずとも裁判官は被疑者の心理状態を十分に認定できるという意識の表れなのではないだろうか。

心理鑑定とは，職業裁判官のおこなう経験則に基づいた事実認定であれ市民から選ばれる裁判員の提供する社会の一般常識であれ，それらと一線を画すものである。心理学の役割は，人間が職業的にあるいは市民生活で無意識のうちに身につけている様々なバイアスや認知の歪みを浮き彫りにし，エラーの発生を予見したり，警告したりするところにある。

例えば，被害者複数の殺人事件であれば死刑が予想される事案であるから，「死刑になるかもしれない犯罪であれば，その後に死刑が待っているときに，そのようなリスクを負う自白など人はしないはずだ」という予断を我々はもっている。それは裁判官たちも同じである。

だが，それが必ずしも事実ではないこと，すなわち，人は目の前の取調べという苦しみを逃れるためであれば自白をしてしまう蓋然性が高いことを歴史は明らかにしている。日本の4つの死刑再審無罪事件ではいずれの被告人たちも自白をし，しかも元々の裁判では，たとえ法廷で否認に転じたとしても，裁判官によってその自白に信用性が認められていた。そして今，心理学者たちはそうした自白に至るメカニズムを解明し，普遍的現象であることを説明してくれているのである。

法と心理学の歴史

実は，心理学の知見を裁判に役立てようという歴史は古い。とくに20世紀初頭から，供述の信用性判断に心理学の有用性が期待されるようになった。その後そうした研究成果の応用は，公判（事実認定の段階）から前倒しされ捜査段階（取調べ・尋問過程）へと移行することになるものの，ドイツやフランス[13]といった[14]ヨーロッパ諸国にあっては今でも公判段階において心理鑑定が活用されており，彼我の違いは大きい。

かつては日本の裁判所も，供述心理についての心理学的知見の有用性を大いに参照しようと考えていたことは明白である。1957（昭和32）年，米国での調

査を終えた田辺公二判事補（当時）は，司法研修所調査叢書の第3号として『米国における事実認定の研究と訓練』をまとめているが，そこには「心理学鑑定人の採用」を紹介すると共に，証拠法に関わって心理学がどのように寄与してきたかを概観している。[15]

　続いて1959（昭和34）年には，司法研修所編により事実認定シリーズの「第一弾」として800頁を超える大著『供述心理』が編まれ，自白の任意性や供述の信用性に関する判例文献と共に，内外の多数の心理学者の論考や研究が収められた。

　ちょうど同じ頃，1959年には学界においても植松正博士（当時一橋大学教授）の手になる『証言の信頼度──特にその性的・年齢的差異』（有斐閣）が刊行され，「証言の信頼度は……ただ心理学的に興味のある問題であるにとどまらず，司法権の運用に重要な意義を持つ」と指摘され，心理学的知見が裁判において有用かつ有益であると説かれていたのである。

　前述した法と心理学のリバイバルは，2000年11月の「法と心理学会」の立ち上げでピークを迎える。[16]それまで法律系雑誌や紀要類では少なかった心理学的研究がようやく法学者や法曹の目に触れるようになった。とくに，同学会学会誌の『法と心理』（日本評論社刊）の発刊は，法律雑誌データベースに収録される心理系の論文本数の大幅な増加に貢献している。

　さらに，2012年には日本学術振興会科学研究費補助金の応募要領において，法学系の項目中にキーワードとして「法と心理」，「法と心理学」が採択されたことから，この分野での学術研究がおおいに後押しされることとなった。[17]

おわりに

　前述した東京高裁の判決文は，日本の裁判所における心理学の専門性に対する乏しい理解を象徴しているように思われる。これからの日本の刑事司法においては，近時の悲劇的な冤罪事件で得た手痛い経験を踏まえて，襟を正し，かつての心理学への謙虚な姿勢に戻るべきではないか。DNA型鑑定よりも早くに虚偽の自白を見抜いていた心理学者らの知見に素直に耳を傾け，その分析結果を尊重すべきであろう。

16　第1部　被疑者取調べと自白

元裁判官の木谷明氏も，刑事事件における事実認定のあり方を論じるにあたって心理学的知見の尊重を訴えられていた。すなわち，

　　従来の裁判実務家の研究は，過去の事例を通して，どういう場合に虚偽自白が生じやすいかをいわば帰納的に明らかにするものであった。……心理学的知見は，自白の真否を演繹的に見分ける方法ともいうべきものである。両方あいまって誤判・冤罪を防止する道具とされなければならない。[18]

として司法関係者に謙虚な姿勢を促すと同時に，

　　刑事裁判官の間には……心理学者がこれ（自白の信用性判断）に口を挟むこと自体を毛嫌いする風潮があるようにも見受けられる。しかし，そのような狭量は，まさに「百害あって一利なし」である。[19]

と警告するのである。

　最近，大崎事件第二次請求審の即時抗告審で心理学者の証人尋問が初めて実施されており，その決定文は心理学鑑定の結論をほぼ踏襲していた（福岡高裁宮崎支決平成26年7月15日公刊物未登載。結論は請求棄却を維持）。2015年に始まった同事件の第三次再審請求審（鹿児島地裁）でも再び心理学者の証人尋問がおこなわれ，ようやく心理学への受容的な姿勢が見られ始めたのは喜ばしい傾向であろう。[20]

　今後，多くの若い世代の心理学者たちがこうした実践的テーマに参入し，捜査や裁判の科学化に大いに貢献してもらうよう望みたい。そして，法律学を学ぶ若い世代にも，これまで我が国でおこなわれてきた供述分析や虚偽自白研究を紐解く機会をもっていただくよう，心から切望する次第である。

　1）　植松正『証言の信頼度──特にその性的・年齢的差異』（有斐閣，1959）；『新版　裁判心理学の諸相』（有信堂，1958）；『供述の心理　真実と虚偽のあいだ』（日本評論社，1964）など。

　2）　植村秀三「ゼーリッヒの供述心理学」司法研修所資料12号（1957），エリカ・ガイスラー（同訳）「性犯罪の被害児童の供述心理」犯罪学雑誌18巻5号（1965），A・トランケル（同訳）『証言の中の真実』（金剛出版，1976）など。

　3）　日本における法と心理の歴史については，例えばサトウタツヤ「日本における法と心理学」

菅原郁夫ほか編『法と心理学のフロンティア』（北大路書房，2005）22頁参照。

4 ）　最初期の著作として，浜田寿美男『証言台の子どもたち』（日本評論社，1986）；『狭山事件虚偽自白』（日本評論社，1988）；『自白の研究』（三一書房，1992）。

5 ）　例えば，大橋靖史＝森直久＝高木光太郎＝松島恵介『心理学者，裁判と出会う』（北大路書房，2002），高木光太郎『証言の心理学』（中公新書，2006）など参照。

6 ）　浜田寿美男『自白が無実を証明する──袴田事件，その自白の心理学的供述分析』（北大路書房，2006）231頁。

7 ）　東京高判平成 8 年 5 月 9 日判例時報1585号136頁。心理鑑定の内容については，大橋ほか・前掲注 5 ）36頁以下，高裁判決の経緯については，高木・前掲注 5 ）182頁以下参照。

8 ）　最決平成12年 7 月17日刑集54巻 6 号550頁，判例時報1726号177頁。

9 ）　1959年 8 月10日松川事件上告審判決（田中耕太郎裁判官反対意見）。

10）　1963年 9 月12日松川事件第二次上告審判決（下飯坂潤夫裁判官少数意見）。

11）　2005年 3 月16日狭山事件第二次再審請求特別抗告審決定。

12）　唯一の例外は，被害者供述に関わって「被害者の心理状態」の認定が問題となったケースで，原判決を破棄して無罪とした事案がある。

13）　ドイツにつき例えば，浅田和茂「証言の信用性と心理学鑑定──ドイツ連邦裁判所の新判例について」廣瀬健二＝多田辰也編『田宮裕博士追悼論集（上巻）』（信山社，2001）201頁。

14）　フランスにつき例えば，白取祐司編著『刑事裁判における心理学・心理鑑定の可能性』（日本評論社，2013）21頁。

15）　そのエッセンスは雑誌論文として公刊された。田辺公二「事実認定の研究の将来」自由と正義 9 巻 9 号（1958）16頁。そこでも「供述心理学を最終的かつ絶対的なよりどころとするのではなく，その明らかにした諸法則を，もっぱら証言を評価しその価値を秤量する上での心得なり手がかりとして用いるならば，かなり有益」と評価する（21-22頁）。

16）　会員数320名（2015年末）。学会については，学会誌『法と心理』（日本評論社より年 1 回刊行）や学会ホームページを参照。年 1 回の全国大会のほか，札幌や東京，鹿児島などで地区研究会が開催されている。

17）　http://jslp.jp/doc/houshin_kaken.htm

18）　木谷明『刑事事実認定の理想と現実』（法律文化社，2009）114頁。

19）　同上。

20）　朝日新聞鹿児島地方版「大崎事件・再審請求審　心理学者が証言　記憶に基づかぬ情報　親族の供述に可能性」2014年12月 9 日付け参照。

第2章　取調べと虚偽自白[1]

取調べ状況に内在する強制的性質を払拭するために十分な保護装置が用いられる場合を除いて，被告人から獲得した供述は，真に自由な意思に基づくものとはいえない。

ミランダ対アリゾナ州事件最高裁判決（1966年）より

はじめに

被疑者（被告人）がしばしば虚偽の自白をおこない，それが原因で誤った有罪判決が生じることは一般にも広く知られている。これまでの多くの冤罪とされた事件を含めて，判例においても任意になされた自白につき信用性がないとされた例は少なくなく，この見地は刑事司法関係者においても周知の事実というべきであろう。

これまで我が国でも，事例報告やケース紹介は数多く存在したが[2]，虚偽自白問題に関する多くの研究は「自白の信用性」を問題とするものだった[3]。それは，憲法38条2項が，「強制，拷問若しくは脅迫による自白又は不当に長く抑留若しくは拘禁された後の自白はこれを証拠とすることができない」と規定し，刑訴法319条1項もこれを受けて，「強制，拷問又は脅迫による自白，不当に長く抑留又は拘禁された後の自白その他任意にされたものでない疑いのある自白は，これを証拠とすることができない」と定めて証拠能力の問題としているにも関わらず，実際上はこの「自白法則」のハードルがかなり低く，多くの虚偽自白が任意性の基準を容易にクリアしてしまい，「信用性」問題として争点化されているからにほかならない。

19

すでに学界ではこうした構造はつとに指摘されているところであり，1980年代の再審無罪事例等の積み重ねをとおして虚偽自白の防止に目が向けられた結果，取調べに関する研究も深化している[4]。また最近では，心理学の側からも虚偽自白の構造的な解明を試みる研究が進められてきているところである[5]。

　本章は，現在の学界における共通の問題意識となっている，我が国の捜査実務においては長時間の自白強要が日常的におこなわれており，「現行法の自白収集過程に対する事前抑制方法は，まったく不十分である」という白取教授の示した事実認識[6]を共有しつつ，「我が国の自白法則が当面する第一の課題は，『任意になされた嘘の自白』をなくすことである」という後藤教授の設定するテーマ[7]に呼応するものである。

　そこで，虚偽自白問題について，できるだけ多くの経験的調査や実証研究をもとにして検討をおこなうことにした。筆者は，取調べ手続に対する法的規制をすでに保持している国を素材に，法的規制と実態とを比較検討した調査研究を我が国に紹介することが本問題に有益な視点を提供すると考えている。そのため，我が国でも最も著名な取調べ手続に対する法的な規律である「ミランダ判決」を有する米国における調査研究を素材にすることにした。

　最初に，ミランダ判決に至る米国における自白の許容性をめぐる法的な規制状況を概観し，その後，ミランダ判決のインパクトを紹介する。そして，ミランダ判決後も誤判が出現する米国の実状を紹介した後，米国において発表された取調べの実態に関する調査研究と最近の米国における取調べに関する改革論を簡単に素描する。最後に，本章で触れられた実態調査に基づいて提起されている虚偽自白を防止する2つの方向性を紹介し，我が国の問題状況と照らし合わせながらこれらを普遍化させることを試みる。

I　米国における自白法則──ミランダ判決への道

　米国において警察における被疑者取調べを規律するのは，合衆国憲法修正5条，同6条そして同14条である。1880年までは，合衆国最高裁は修正14条のデュー・プロセス条項をもとに自白の許容性を判断していた。これは自白が任意になされた場合にのみ適法とみなすものである。もし被疑者の意思が警察か

20　第1部　被疑者取調べと自白

らの圧力によるものであれば，証拠から排除されることになる。しかしながら，1936年まで合衆国最高裁は州のケースについて強制された自白を明示的に禁止してはいなかった。

1936年のブラウン事件[8]において，白人農園主殺害事件の取調べのため，黒人の被疑者を木につるした後に自白するまで鞭で打ち，その結果3人が逮捕され有罪となった事案について，最高裁は全員一致により修正14条のデュー・プロセス違反を理由として破棄した。

これ以後，自白の許容性は「総合的な事情」によって判断されるようになる。当該事実や，年齢，教育程度，前科といった被疑者の特徴や背景，そして取調べ中の警察の行為が考慮され，自由で合理的な意思の産物としての自白だけが許容されるとされた。

1936年から1964年にかけて合衆国最高裁で取り扱われた35件の自白に関するケースでは，自白の許容性のみならず，自白獲得のための手段や方法として適当なもの，不適当なものが区別された。最高裁が警察の取調べ方法の適否を判断する基準は，物理的有形力，脅迫の有無，拘禁の長さ，拘禁の状況，食事や睡眠の保障，寛大な取り扱いの約束であり，これらは，「強制的（coercive）であって憲法上許されない」ものとみなされていた。

しかし当初の合理性基準は虚偽自白のリスクを高めており，修正を余儀なくされる。そこで最高裁はデュー・プロセス違反について実質的に判断することとし，1940年代以降最高裁は，警察の不公正なやり方で得られた自白は自白内容の真実性に関わらず任意になされたものではないと判断している[9]。その根拠として最高裁は，無辜の不処罰（無実の保護）とならんで警察の圧迫的な尋問方法の抑止をあげている。

修正6条で保障された弁護人依頼権は，1932年に死刑事件についてのみ修正14条を通じて適用されることとなったが[10]，すべての米国内のケースに適用されるようになるのは，1963年のギデオン判決[11]以降のことである。1964年には修正6条の保障はより早い段階で被疑者にも保障されることとなり[12]，そのすぐ後に，エスコビート事件で，起訴後に弁護人へのアクセスを拒絶して実施された被疑者取調べに基づいて有罪となったケースにつき，合衆国最高裁は有罪を破棄し[13]，その後のミランダ判決への道を開いた。

第2章 取調べと虚偽自白 21

そして1966年，いわゆるミランダ判決[14]が生まれる。このアメリカ史上最も著名な刑事判決は，修正5条（自己負罪拒否権）を自白法則に適用するとした。

ミランダ判決で明らかにされたのは，警察は被疑者に対して黙秘権を告知し，弁護人依頼権を告知し，供述が不利に取り扱われることを告知し，そして弁護人を依頼することができない場合には無料で弁護人が提供されることを告知しなければならないということである。

重要なのは，こうした告知の要請と共に，合衆国最高裁が，検察側に，被疑者によるこれらの権利放棄が任意で，内容を理解したうえでなされたものであることを立証する義務があるとしたことである[15]。

ミランダ判決は，従来の，主観的で事例ごとの判断に依存していたデュー・プロセス違反に関する任意性基準のアプローチを，客観的で普遍的なアプローチへと変更させた。判決は，単に自白の許容性を規律する手続きを整備し，アプローチを修正しただけではない。警察の取調べ方法の現状を批判的に踏まえ，拘禁中の警察の支配下にある被疑者取調べは，たとえそれが最も「洗練され効果的」なテクニックであっても，そこには心理的操作や威迫やトリックが用いられており，それらは被疑者の意思を凌駕するもので，憲法上保護されている自己負罪拒否権による尊厳と自由の権利を侵害してしまうという批判に基づいている点でも重要な意味をもっている。

もっとも，いったん被疑者がミランダの権利を放棄してしまうと，当該自白が圧迫的な取調べの結果であるのか，許容性があるのかを判断する際には，デュー・プロセス違反に関する任意性基準が再びもち出されることになる。この問題は，現実の取調べの状況と密接に関わる点であるので，後に再び触れることにする。

■ミランダ告知

あなたは身体拘束を受けています。私たち（捜査機関）があなたに質問をおこなう前に，あなたは自分がもっている権利が何かを理解しなければなりません。

あなたには黙っている権利があります。あなたは何かを私たちに話すようにあるいは答えるように求められることはありません。あなたが語ったことは，法廷であなたに不利に使われることがあります。

あなたは私たちが質問をする前に助言を受けるため弁護士と話す権利があり，質

問中に立ち会わせる権利があります。

　弁護士がいないのにいま答えたくないとあなたが望むなら，いつでも話すのを中断することができます。あなたにはまた弁護士と話すまでいつでも答えることを止める権利があります。

Ⅱ　ミランダ判決のインパクト——何が変わり，変わらなかったのか

　では，ミランダの登場によって，どのようなインパクトがアメリカ刑事司法実務に生じたのであろうか。これを測定するために，多くの経験的研究がアメリカで実施されてきた。そのほとんどがミランダ判決の数年以内におこなわれたものである。それらの研究の到達点を概略すると，次のようになる。

　①ミランダ判決によって導入されたルール，通称「ミランダ・ルール」について，その精神はともかく文言に関して警察は従っている，②その告知にも関わらず被疑者は憲法上の権利を放棄していることが多い，③ミランダ判決は被疑者からの自白を引き出す警察の技術や手法にほとんど影響を与えていない，それゆえ，ミランダ判決は当初その影響が恐れられていたにも関わらず，有罪率の著しい低下をもたらしてはおらず，米国の刑事司法に対してほとんど有意な影響を与えていない。

　ただし，取調べによって得られる副次的な効果の減少は認められるとされており，例えば盗品の所在であるとか，共犯者の特定とかいった情報を得ることが困難になってきた点がミランダ判決の波及効果としてほぼ立証されている。もちろん，こうした結論について反対の観察を示すものもあって，ミランダ判決のインパクトに対する評価の相違は，改革案をどう進めるかについての対立にも繋がっている。[16)]

　1966年にイェール大学の学生が実施した調査研究では，ニュー・ヘブン警察署で127件の取調べが観察され，25人の捜査官と55人の弁護人がインタビューされた。[17)]調査者は，ミランダ判決後すぐのうちには，捜査官はその判決の内容を無視しており，被疑者にそれを部分的にあるいはすべて告知することを怠っていると結論づけた。ミランダ告知をすべて受けていた被疑者は118人中25人

第2章　取調べと虚偽自白　23

にすぎなかった。けれども，ミランダ判決が少しずつ定着を見せると，徐々に，その精神はともかく，文言上は判決の要請に従うようになったとする。にも関わらず，捜査官らはミランダ告知の要件を「つくりもののようで不必要な邪魔者である」ととらえていた。調査者はその研究を，「ミランダ告知は，被疑者が誰であれ，告知を必要としている人々を保護するには明らかに成功してこなかった」とまとめて，ミランダ判決が法執行機関を不自由にしているという批判を否定しつつ，それは同時に，ミランダ判決は，被疑者が「告知のうえでの自由な沈黙の放棄」をするにはほとんど役に立っていないと指摘する[18]。

　ヤンガーは，ロサンジェルス地区検事局で1,437件の重罪事件の関係人，起訴前の665人の被疑者，そして678件の公判中の事件関係人に調査を実施し，次のような結論を得ている[19]。第一に，警察はミランダ判決後直ちにそれに服するようになった，第二に，ミランダ判決が要求した告知は，起訴に至ったケースで見るかぎり自白率を低下させていない，第三に，ミランダ告知要請は重罪の起訴率を低下させていない，第四に，ミランダ判決は遡及効があるので従前のケースを破棄させるといった影響を与えたものの，警察が得た自白を用いた起訴について検察側を弱めることにはならなかった。

　他方で，公刊されていない検察による調査結果が幾つかある。これらはいずれもミランダ判決が実務に重大な損害を与えているという主張の根拠とされてきたものである。まず，フィラデルフィア市の地方検事は，ミランダ判決以前の9か月には68％が自白していたが，ミランダ判決後の7か月は41％に低下したと報告した。またニューヨーク郡地方検事は，同郡における非重罪事件での自白率がミランダ判決前の6か月間は49％であったものが，ミランダ判決後の6か月ではわずか15％に低下したと報告し，ニューヨーク州キングス郡地方検事はミランダ判決以前は被疑者のわずか10％しか供述を拒否しなかったものが，ミランダ判決後の半月で41％にはねあがったと報告している。ただしこれらの調査報告については，ミランダ告知要請にどの程度従ったのか不明であることや，方法論的に未熟であることなど問題点が多いと指摘されている。

　最後に，最新の経験的研究として，コロラド大学社会学の教授であり法学部で講師を務めるレオの研究を紹介したい[20]。1990年にレオは，3つの街の警察署で182件の取調べならびにそれに従事した捜査官を対象として，ミランダ判決

の効果を測定する研究をおこなった。捜査官はすべての被疑者にミランダ告知をおこなっており，被疑者による当初の反応は，権利放棄が74%，権利行使が19%であった。4%のケースでは被疑者は「身体拘束下（in custody）」ではなかったのでミランダ告知は法的に要請されず，捜査官は告知していない。最終的には78%が放棄に至っている。

　以上の経験的研究は，2つのまったく相異なる立場から頻繁に引用されている。

　第一は，ミランダ判決のおかげで取調べの効果が低下し，犯罪の解決が遅れ，結果的に有罪を確保することがむずかしくなっているというものであり，第二は，ミランダ判決は，警察での取調べにおける自白依存の体質を改善することには役立っておらず，心理的な圧力を和らげる目的は達成されていないというものである。

　前者はミランダ判決を批判的にとらえて，その廃止もしくは修正を主張するものであり，後者は取調べを規律するため，あるいは自白の任意性を確保するために，ミランダ告知に加えて何らかの方策がとられるべきであると主張するものである。言うまでもなく政治的には前者は保守派の言論であり，後者はリベラル派のものである。このように左右両派からの批判があるものの，ミランダ判決がもたらした影響は潜在的にせよ小さくはない。レオは，こうしたミランダ判決のもたらした効果について，次の4つをあげた。すなわち，第一に，ミランダ判決は警察の取調べにあたる態度を洗練させる（civilize）のに役立った，第二に，ミランダ判決は警察の活動の文化や言説を変化させた，第三に，ミランダ判決は憲法上の権利に関する人々の関心を高めた，第四に，ミランダ判決は警察のより訓練され専門化され効率的な尋問技術の向上を促した[21]。

　このような積極的な面があるにも関わらず，近年の米国における誤判研究では虚偽自白による誤判報告が少なくない。次節では，これらの問題を調査した近年の研究を紹介する。

Ⅲ　誤判と自白——ミランダ判決があるのになぜ

　世界には誤判研究は少なくなく，米国にかぎってもミランダ判決以前にも多

くの誤判研究が実施され，取調べが虚偽自白の温床となっていることは常々指摘されてきたところである。しかしながら，前述したように，ミランダ判決によって取調べに画期的な法的規律が及ぶことになった後の誤判事例に着目することが本章の設定した目的に適うことから，多くの意義ある誤判研究について言及することは避けている[22]。

1　米国における誤判研究 (1)

　ハフらは，205件の誤判事例を収集し，それを発生原因別に分類した（『有罪となったが無実 (Convicted But Innocent)[23]』）。「強制された自白」が原因とされたケースは205件中18件であり，誤った目撃証言，証人による偽証，法執行官による過失，純粋な過誤に続いて5番目の位置を占めていた。「虚偽自白：ミランダがあるにも関わらず」という章では，ミランダ判決の前後に起きた虚偽自白に基づく誤判事例，ジョージ・ウイットモアのケースとブラッドレイ・コックスのケースに関する検討をおこない，その中で，ミランダ判決があるにも関わらず取調官による身体的暴力や利益誘導が存在することを明らかにし，また，当初の調書と再審公判での証言との食い違いから，どのように被疑者の供述とは異なる調書の作成がおこなわれているかを明らかにした。

　いずれのケースもミランダ判決違反の適用が可能であったにも関わらず，救済までは容易な道ではなかった。ミランダ告知が被疑者にわかるように読み聞かせられ，被疑者がそれを理解することができなければ，あるいは部分的にせよ省略されるようなことがあれば，判決の意義は失われてしまう。また，ミランダ判決に基づく権利告知を受けても，多くの被疑者が権利放棄しており，そのうえでどのような尋問が取調べにおいておこなわれているのかが明らかにならないと，ミランダ告知が実際に米国の取調室の中で機能しているのかを把握することはできない。この点についての実証研究は後に紹介する。

2　米国における誤判研究 (2)

　レオらは，60件の虚偽自白事例を様々な誤判研究や誤判報告から収集し，これらを「完全に証明されたケース（カテゴリーA）」，「非常に疑わしいケース（カテゴリーB）」，そして「疑わしいケース（カテゴリーC）」に分類した[24]。カテ

26　第1部　被疑者取調べと自白

ゴリーＡは34件，Ｂは18件，Ｃは８件が集められた。完全に証明されたケースは，「実際には起こっていないことを自白したもの」，「被告人には犯行が不可能であったもの」，「真犯人が処罰されたもの」，そして「科学的証拠，主にDNAによって無実が証明されたもの」からなっている。

60件の虚偽自白の結果は，逮捕されたのは８％，起訴まで至ったのは43％，有罪とされたものが48％であった。まず前者のタイプ，すなわち有罪に至らなかったグループをさらに検討すると，①警察や検察段階で虚偽自白であることが判明あるいは疑問視され，その後の手続きが進行しなかった場合，②真犯人が自白した場合，③起訴されたものの検察官が自白の信用性に疑いを抱いて起訴を取り下げた場合，④裁判所が自白に信用性を認めず手続きを打ち切るか，検察官に起訴を取り下げるよう命じた場合，⑤陪審が無罪とした場合，に分類された。[25]

次に後者のタイプ，すなわち有罪に至ったグループ（29件）を検討すると，有罪答弁が７件で陪審による評決が22件であった。実際には，ミランダ判決以後も，より厳しい死刑判決を回避するために虚偽自白に基づいて有罪答弁に逃げ込もうとする被疑者がいることが明らかにされた。レオらが収集したケースとしては，ラデレットらによって報告された1975年のジャック・カーメン事件[26]，レオらによって報告された1986年のジョニー・リー・ウィルソン事件[27]，オフシェによって報告された1988年のポール・イングラム事件[28]，シェレムによって報告された1990年のウィリアム・ケリー事件[29]，ブーアによって報告された1991年のクリストファー・スミス事件[30]などがある。彼らが収集した虚偽自白ケースのうち30件が公判廷にもち込まれており，73％が有罪とされている。

これらの事件の多くは未だ無罪とされておらず，無罪判決が出たのはわずか10％にとどまっている。すでに他の証拠，例えばDNA鑑定などによって無実であることが支持されているにも関わらず，裁判所が虚偽自白，誤判であることを認めず釈放に至っていないケースも報告されている。

Ⅳ　取調べの実態──ミランダの権利放棄と取調べ

以上のようなミランダ告知の実際と誤判研究から，取調室の詳しい調査の必

要が生じてくる。そこで、1993年にレオによって実施された182件の取調べの観察調査を紹介する。[31] 彼が調査地として選んだ、Laconia という仮名をつけられた街の人口は37万人、人種構成は黒人が43％、白人が28％、ヒスパニックが15％、アジア系が14％である。同じく Southville と仮名をつけられた調査地は人口12万人、Northville と名づけられた調査地は人口11万人である。

182件の犯罪の内訳は、窃盗罪9件、不法目的侵入罪21件、強盗罪78件、暴行罪44件、殺人罪22件、その他が8件である。3分の2が現場で観察され、残りがビデオ・テープで観察されている。先に紹介したように、ミランダ告知に対する被疑者の権利放棄率は74.73％、権利行使率は19.78％であった。

取調べ中にどのような尋問テクニックが用いられたかについてみると、最も頻繁に使われたものとして、「被疑者の利益への訴え」と「有罪を証明する証拠の存在の指摘」がある。これらは88％、85％の高い割合で用いられ、次によく使われたテクニックは、「否定する被疑者への間接的な反駁」、「被疑者の反論中の矛盾の指摘」、「行動分析的尋問法によるテクニック」[32]、「協力への訴え」、「道徳的な正当化理由を提供＝心理的な免責の付与」、「偽りの有罪証拠の提示」、「賞賛やごきげんとり」、「取調官や法執行機関の経験を誇示」、「被疑者の良心への訴え」、「犯行の道徳的な重大性を過小に評価」といったものがあり、43％から22％で実施されている。めったに使われないテクニックとしては、「親しい態度で対応」、「有罪の証拠を引き合いに出す」、「犯行の事実や態様を過小評価する」、「有罪の兆候を示唆する」、「犯行の事実や態様を過大に評価する」、「大声で怒鳴る」、「取調べの性質や目的を誇張する」、「犯罪の道徳的重大さを誇張する」、「他の犯罪の被疑者について批判する」、「被疑者を混乱させる」、「取調べの性質や目的を過小評価する」、「鬼役とほとけ役を揃える」、といったものがあり、多いもので11％、少ないものでは1％程度である。

取調べの長さは、2時間以上に及ぶものは8％ほどであり、1－2時間が21％、30分から1時間が37％、30分以内が34％である。取調べの結果は、まったく何らの情報も提供しない完全黙秘が35％、何らかの情報を示す供述をおこなったものが22％、部分的自白が17％、完全自白が24％であった。

レオは、自己の調査が不十分・不完全であり、ミランダ判決の精神と実際の取調べ実務との間に存在するギャップを埋める実証研究がさらに全国的に収集

28 第1部 被疑者取調べと自白

される必要を認めつつ，次のような点が実態調査から明らかになると指摘している。すなわち，取調べはほとんどが１時間以内で終了していること，被疑者の５人に１人しかミランダの諸権利を行使していないこと，現代的な意味での圧迫的な取調べはなされていないこと，自白する被疑者はそうでない被疑者と異なる手続上の対処がなされること，などである。そのうえでレオは，先に紹介したように，このような現象的な結論だけではなくミランダ判決がもたらした影響を見逃していない。４つの影響のうち，最も重要なものは取調べ方法の洗練であろう。

Ｖ　アメリカにおける改革動向

　ミランダ判決の影響に対する左右両派による評価の違いをみても明らかなように，そもそもミランダ判決が捜査においてどのような機能を果たしているかについて激しい議論があることから，ミランダ判決を前提とする米国における取調べ実務の改革は，その立場によって大きく様相を異にする。多田教授によればミランダ判決後の取調べに関する米国の改革提案は次のように大別される。すなわち，①任意性説への回帰，②身体拘束中の自白の全面排除，③予備審問における被疑者尋問制度の導入，④弁護権保障の徹底化，⑤取調べのビデオ録画である。[33]

　もっとも，最後のビデオ録画については，ミランダ判決に対するまったく相異なる立場をもつ論者が双方とも支持するという興味深い現象を示している。ミランダ判決が捜査に悪影響を及ぼし，ひいては検挙率，有罪率を引き下げていると批判してその廃止を訴える論者からは，ミランダ告知に代わるものとしてビデオ録画による任意性・許容性の判断が提唱される。他方，ミランダ告知を支持する論者からは，取調べをより適正化するために，ミランダ告知を補強する策としてビデオ録画が提案されているのである。

　本章は，虚偽自白を防止する方策として取調べ録音録画をとらえるという観点に立つので，これらの視点とはアプローチを異にする。すなわち，取調べとミランダ告知の実態調査から明らかなように，米国では被疑者の権利放棄によって黙秘権の貫徹や弁護人の立会いが必ずしも実現していないという視座に

立てば，虚偽自白を防止し，ミランダ告知に含まれる諸権利が放棄されてもなお取調べの適正さを事後的に検討できるという効果がビデオ録画に求められていると言えよう[34]。

おわりに──2つの方向性：虚偽自白防止に向けて

　ミランダ判決が米国の刑事司法に与えた影響は少なくない。本判決がなければ，かの地でもさらに多くの誤判が生まれていたであろうことは想像に難くない。しかしながら，取調べに対する法的規律は理念的には美しいとしても，重要なのは，その規律の効果がどの程度現れているかである。果たして，虚偽の自白による誤判を防止するためにはミランダ告知が未だ十分に機能していないことが米国での調査研究から明らかにされた。

　我が国に目を転じてみたい。1999年9月29日の甲山事件第二次控訴審判決で大阪高裁は自白について触れた際，「過去少なからぬ事件において虚偽自白が存在したこともまた事実」であると述べているが，このことは，真犯人が別の警察署で取調べを受けて被告人の無罪が明らかであるとして捜査段階での虚偽自白の存在がクローズアップされた愛媛県宇和島の窃盗被告事件（松山地裁宇和島支判平成12年5月26日）や富山県氷見市の婦女暴行事件再審無罪判決（富山地判平成19年10月10日），そして足利事件再審開始決定（東京高決平成21年6月23日）などで明らかになった。

　問題は，被告人の虚偽自白が防止されず，また繰り返されるという構造それ自体にある。筆者は，この構造的な問題が，我が国刑事司法の最も危険な部分であると考えている。ここでは，被疑者国公選弁護制度や，被疑者に有利な情報や証拠を公判前に事前に開示する証拠開示制度の確立がなされてもなお，上で紹介されたミランダ判決後の米国における実態に照らして，虚偽自白を防ぐためには次のような対策が必要であることを指摘しておきたい。

　第一に，事前的あるいは予防的な対策として，すべての取調べのビデオ録画・テープ録音を義務づけることである。第二に，事後的な対策として，虚偽自白を生み出した法執行官の責任の明確化と処分を実施することである。いずれの制度も，それが確立されれば相当程度，虚偽自白を抑止することが期待さ

れよう。

　取調べの録音録画は，従来論じられてきたように，取調べ可視化論の具体的方策として展開されてきたものであり，イギリスなどの実施国の紹介も少なくない。その概要は，次のようにまとめられる。まず，法の要請する諸権利が明確に告知されたかどうかを明らかにする資料となり（手続的正義の充足），弁護人による弁護を受ける機会が与えられない場合にも取調べを事後的にチェックすることで間接的に弁護人依頼権を保障させ（弁護人依頼権の拡充），取調べが圧迫的ではなく適正におこなわれていることを担保し（取調べの適正化），自白がなされた場合にその任意性を担保（自白の任意性確保）する。すでに弁護人の立会いが法的に認められているアメリカでも，近時相当程度，録音録画が普及しており，論者はこれを義務化することが虚偽自白の防止に役立つとしている。[35]

　法執行官の責任の明確化は，第一に，虚偽自白を引き出すことが捜査機関の単なるミスではなく「過失」であることをガイドラインなどで明確にすること，第二に，そうしたガイドラインに沿った取調べ方法に関する訓練を実施すること，第三に，仮に虚偽自白がなされたと明らかになった場合には，当該虚偽自白を引き出した取調官を，捜査や取調べを担当する部署から直ちに別の部署へ異動させるなど，明白なキャリア上の不利益が生ずるようなシステムを確立することなどが必要である。

　米国において200件以上の誤判事例を収集して検討を加えたハフらは，その著書において，虚偽自白を引き出した取調官たちがまったく公的に処分されておらず，そのまま職務を遂行し続け，さらに場合によっては昇進すらしている事実を指摘した後，次のように述べている。

　　警察官と検察官は，故意に虚偽自白を招くような非倫理的行動をとったと証明されてもなお，戒告や非難以上の処分を受けることはない。抑止理論の観点からみれば，この種の態度，つまり専門的な倫理の欠如を抑制するために，誤った行動を妨げようと働く仕組みがほとんど存在しない状況が明らかである。[36]

この指摘は，我が国の法執行機関においてもまったく同じようにあてはま

第2章　取調べと虚偽自白　31

る。近年，説明責任（アカウンタビリティ）という用語が，政治や行政の責任の所在について，あるいは問題の背景や原因について説明を果たす責務があるということを語るときにしばしば用いられるにようになった。ステニングが正当にも指摘しているように，「"刑事司法制度"自体が，明らかに違法で反社会的な活動に対する公的な説明責任を達成するためのシステムなのであるから，刑事司法への説明責任が特別な重要性をもつことは避けられない」といえよう。[37]

　愛媛県の事案では，無罪判決後，虚偽自白をとった捜査機関側からの謝罪の声が報道されたものの，無罪論告と無罪判決を受けてどのような組織的な対応がとられるかはまったく報道されなかった。

　虚偽自白を防止するためには，刑事司法における説明責任の追求がおこなわれるような制度を，我が国でも導入することが必要である。そうした説明責任の保持は，法執行機関を萎縮させるのではなく，その正当性と責任の自覚を促し，国際社会においてその公正さと有能さを明示するまたとない装置となることだろう。

　1）　本章は，2000年6月12日，弁護士会館においておこなわれた講演録をもとにしている。
　2）　誤判事件の原因は多様だが，虚偽自白は最大の誤判原因とされており，無罪事件や再審無罪事件で，虚偽自白が明らかになっている。著名なケースとしては，例えば松山事件や仁保事件等がその代表である。虚偽自白のケース報告が『自由と正義』誌に連載されている。「代用監獄の病巣——虚偽自白の集積（1 -20）」自由と正義41巻9号（1990）86頁-43巻4号（1992）151頁参照。当局による研究としては，平田胤明『法務研究報告書四七集三号　自白の任意性並びに信用性に関する実証的研究』（1960）参照。
　3）　例えば書物としては，次のようなものがある。青木英五郎『自白過程の研究』（一粒社，1969），守屋克彦『自白の分析と評価——自白調書の信用性の研究』（勁草書房，1988），渡辺修『被疑者取調べの法的規制』（三省堂，1992），渡部保夫『無罪の発見——証拠の分析と判断基準』）（勁草書房，1992），小田中聰樹『冤罪はこうして作られる』（講談社現代新書，1993）。
　4）　近年の包括的な研究として，井戸田侃編集代表『総合研究＝被疑者取調べ』（日本評論社，1991）がある。
　5）　浜田氏の一連の業績を参照されたい。浜田寿美男『狭山事件と虚偽自白』（日本評論社，1988）；『自白の研究』（三一書房，1992）。こうした成果に対する法律学の側からの応答として，〈座談会〉「『自白の研究』を読む（上，中，下）」法学セミナー38巻1号（1993）66頁，2号（1993）80頁，3号（1993）74頁がある。架橋的な研究として，植松正『供述の心理』（日本評論社，1964），長沼範良「虚偽自白の心理」金沢法学28巻1号（1985）29頁など参照。また，心理学や精神医学からの知見を含んだ最近の研究として，「特集：自白の任意性を争う」季刊刑事弁護14号（1998）61頁などがある。

32　第1部　被疑者取調べと自白

6) 白取祐司「自白法則の閉塞状況と課題」季刊刑事弁護14号（1998）30頁。

7) 後藤昭「自白法則と補強法則」法律時報61巻10号（1989）35頁。

8) Brown v. Mississippi, 297 U. S. 278 (1936).

9) Ashcraft v. Tennessee, 322 U. S. 143 (1944); Rogers v. Richmond, 365 U. S. 534 (1961).

10) Powell v. Alabama, 287 U. S. 45 (1932).

11) Gideon v. Wainwright, 372 U. S. 335 (1963).

12) Massiah v. United States, 377 U. S. 201 (1964).

13) Escobedo v. Illinois, 378 U. S. 478 (1964).

14) Miranda v. Arizona, 384 U. S. 436 (1966).

15) *Id.* at 444.

16) この論争について，多田辰也『被疑者取調とその適正化』（成文堂，1999）340頁。

17) Michael Wald et al., *Interrogations in New Haven : The Impact of Miranda*, 76 YELE LAW JOURNAL 1519 (1967).

18) *Id.* at 1578.

19) Evelle Younger, *Interrogation of Criminal Defendants-Some Views on Miranda v. Arizona*, 35 FORDHAM LAW REVIEW 255 (1966).

20) Richard Leo, *Inside the Interrogation Room*, 86 JOURNAL OF CRIMINAL LAW & CRIMINOLOGY 266 (1996).

21) Richard Leo, *The Impact of Miranda Revisited*, 86 JOURNAL OF CRIMINAL LAW & CRIMINOLOGY 621, 668 (1996).

22) ドイツにおいて誤判原因のひとつに虚偽自白があることをあげ，その原因を考察したものとして，ペータースの研究がある。K.ペータース（（能勢弘之＝吉田敏雄編訳）『誤判の研究──西ドイツ再審事例の分析』（北海道大学図書刊行会，1981））によれば，虚偽自白が生み出される原因として6つのことが指摘される。第一は，取調べの圧迫である。第二は，被疑者の感情心理的要因（事件から受けた衝撃，精神病質的原因，不安や恐怖感），第三は，有罪宣告が避けられないという諦め，第四は，複数の犯罪行為のうちにしていないものを含めてしまうこと，第五は，より重い犯罪を隠蔽する意図からなされること，第六は，真犯人を隠匿する目的（自白者が共犯者，他人を引っ張り込む，身代わり）である。取調べとの関わりでは，第一のグループが重要である。

23) HUFF, RATTNER & SAGARIN, CONVICTED BUT INNOCENT 64 (1996).

24) Richard Leo & Richard Ofshe, *The Consequences of False Confessions : Deprivations of Liberty and Miscarriages of Justice in the Age of Psychological Interrogation*, 88 JOURNAL OF CRIMINAL LAW & CRIMINOLOGY 429 (1998).

25) *Id.* at 473-491.

26) M. L. RADELET ET AL., IN SPITE OF INNOCENCE: ERRONEOUS CONVICTIONS IN CAPITAL CASES 173 (1992).

27) Richard Ofshe & Richard Leo, *Social Psychology of Police Interrogation : The Theory and Classification of True and False Confessions*, 16 STUDIES IN LAW, POLITICS, AND SOCIETY 189, 222-226 (1997).

28) Richard Ofche, *Inadvertent Hypnosis during Interrogation*, 40 INTERNATIONAL JOURNAL OF CRINICAL & EXPERIMENTAL HYPNOSIS 125 (1992).

29) Pete Shellem, *Jailed Man Set Free after Falese Confession*, HARRISBURG PATRIOT, Jan. 9, 1993, at A1.

30) William Booher, *Wrongly Imprisoned man Will Get $605,000, New Casle, Henry*

第2章　取調べと虚偽自白　33

County and State Must Pay for 18 Months Behind Bars, INDIANAPOLIS STAR, Mar. 21, 1995, at C1.

31) Richard Leo, *Inside the Interrogation Room*, 86 THE JOURNAL OF CRIMINAL LAW & CRIMINOLOGY 266（1996）.

32) Behavioral Analysis Interview. ある人物が被疑事実について何か知っていたり，関与していないかを確認するために用いられる，追及的でない取調べのテクニックのひとつ。例えば，以下を参照。http//www.reid.com/services/r.vihavior.html

33) 多田・前掲注16）366頁以下。

34) Leo, *supra* note 21, at 681.

35) 最も初期にイギリスのテープ録音制度を紹介したものとして，渡部保夫「被疑者の尋問とテープレコーディング」判例タイムズ566号（1985）1頁，同「被疑者尋問のテープ録音制度」判例タイムズ608号（1986）5頁。最近公にされた包括的な研究として，小坂井久弁護士の労作がある（小坂井久「取調べ可視化論の現在——2008」季刊刑事弁護54号（2008）8頁）。

36) HUFF, *supra* note 23, at 141.

37) PHILIP STENNING, ACCOUNTABILITY FOR CRIMINAL JUSTICE 3（Philip Stenning ed., 1995）.

［参考文献］
多田辰也『被疑者取調べとその適正化』（成文堂，1999）
小早川義則『ミランダと被疑者取調べ』（成文堂，1995）
G. グッドジョンソン（庭山英雄ほか訳）『取調べ・自白・証言の心理学』（酒井書店，1994）
渡辺修『被疑者取調べの法的規制』（三省堂，1992）
宮澤節生＝山下潔編『国際人権法・英米刑事手続法』（晃洋書房，1991）
F. E. インボーほか（小中信幸＝渡部保夫訳）『自白——真実への尋問テクニック』（ぎょうせい，1990）
ロック・M. リードほか編『アメリカの刑事手続』（有斐閣，1987）

補 論

取調べ誘発型の虚偽自白について

無実の人の虚偽自白は，……追及に合わせて筋書きを想像——構成する被疑者と，手持ちの証拠とそれによる事件仮説の構成によって追及し，意図せずして事件のヒントを与えていく取調官との共同の産物ということになる。

浜田寿美男

『自白が無実を証明する——袴田事件，その自白の心理学的供述分析』

（北大路書房，2006）83頁

はじめに

　警察官に対する取調べのマニュアルのほとんどに「虚偽自白」という見出しや索引項目がないのは，心理学的に見ても法律学的に見ても奇妙である。それらの本は，どのようにすれば被疑者から「信頼できる」自白を得ることができるか，あるいは否認する被疑者から自白を得ることができるか，を説明することに主眼を置いている。[1]

　それはまるで，自白獲得にあたって取調室では過ちなど（つまり，誤って真実でない自白を得てしまうことなど）生じないという前提に立っているかのようだ。もしかすると，虚偽の自白を得てしまうことはあるかもしれないが，それは「自白」という結果——ある意味では取調べの成果——を得ている以上は振り返る必要はないのだ，といった功利的な判断に基づいているのかもしれない。こうして獲得された自白が，たとえ"虚偽"であっても許されるという態度を，ここでは「自白信仰」と呼んでおく。これは，自白であれば何でもありがたがるという姿勢への皮肉である。[2]

　そうした「自白信仰」のあり方が間違っているのは明らかだろう。

　まず何より，刑事訴訟法１条は「事案の真相の解明」をうたっているし，警察官の捜査にあたっての指針である犯罪捜査規範も，事件の解決は「事案の真相を明らかにして」達成するとうたっている（第２条１項）。この「自白信仰」は，これらの要請に明らかに反している。

　そして捜査機関が虚偽自白の存在を無視すると，虚偽自白による冤罪（過ち）は何度も繰り返されてしまう。これは被疑者や，その家族にとって多大な不幸と重大な人権侵害をもたらす。被害者も本来の真犯人を知らされず，真犯人は社会に野放しとなって共同体は犯罪の危機にさらされ，公共の福祉は大いに損なわれることになる。つまり，虚偽自白の存在を放置しても誰の利益にもならない。その「利益」を享受する者がいるとすればそれは，虚偽自白を獲得しても責任を問われることにならない取調官とその上司だけであろう。

　もっとも，言うまでもないことではあるが，ある種の被疑者たちは故意に虚偽の自白を申し立てる。よく知られているのは，誰かを庇ったり何かを隠した

りするために，自身のやっていない罪を告白する者の存在である。それは家族のためだったり恋人や友人のためだったりする。組織犯罪者も意図的に組織内の誰かに代わって自首し，自白する。警察官はそうした虚偽の自白があることを経験的に知っており，真犯人を庇い立てする虚偽自白を検知する必要性を認めている[3]。

　だが，2000年以降我が国で発覚した様々な誤判冤罪事件の多くは「取調べ誘発型」の虚偽自白であり，そうした意図的，自発的な虚偽自白とはまったく原因が異なるものである。かかる事件では自白が意図的になされたものではないのは明らかだ。これは，取調べがつくり出した成果物である。

　例えば，2012年に発覚したパソコン遠隔操作冤罪事件では，初期に逮捕された人たちのうちの何人かが，取調べの圧力に逆らえず，自身のやっていない（そしてそのような技術を持ち合わせていない）サイバー犯罪を自白した。もしもその後に真犯人が名乗り出なければ，彼らは今でも汚名をすすぐことができていなかったかもしれない（それでも調査報告をした警察当局は圧迫的な取調べの存在を否定している）。真犯人がのちに発覚した宇和島事件（2000年無罪判決）や富山氷見事件（2007年再審無罪判決）などでも被疑者は初期の段階で自白をしているが，警察がそうした虚偽自白を誘発した取調べのあり方について説明責任を果たしたことはない[4]。

　これらの事例の取調べが可視化（録音も録画も）されていなかったため，今となっては，取調室で一体どのような尋問がおこなわれたのかを私たちが明確に知ることはできない。ただ，こうした事例における「取調べ」が虚偽自白を誘発したという明白な事実が存在するのみである。宇和島事件でも富山氷見事件でもパソコン遠隔操作事件でも，被疑者らが意図的に自白する理由も背景もまったくなかったのである。

　にも関わらず，我が国では虚偽自白の「誘発」メカニズムは無視され続けてきた。その原因は先に述べたとおり，獲得された自白の虚偽性を疑わない「自白信仰」に求められよう。

　では，そうした「自白信仰」からの離脱は可能だろうか。

　答えはイエスである。ただし，それにはある種の「宗教改革」が必要だ。つまり具体的には，人がどのように虚偽の自白をおこなうかというメカニズムを

36　第1部　被疑者取調べと自白

学び，虚偽自白を回避する技術を身につける，という「改革」をおこなわなければならない。

　人はどのような原因によって虚偽の自白をするのだろうか。取調べ誘発型の虚偽自白の理解を深めるため，これまで主として心理学者たちによっておこなわれてきた，自白研究における虚偽自白の類型化の試みの歩みを，少し振り返ってみたい。

様々な虚偽自白のタイプ

1　カッシン＝ライツマン・モデル

　1985年にカッシンとライツマンは，虚偽自白の現象を3つの異なるタイプに分類できると主張した。[5]

　第一は「任意タイプ」（voluntary false confession）であり，特段の誘引がないのに被疑者が自白する場合である。例えば，被疑者が誰かを庇うためにする虚偽の供述が典型例である。この場合は，事前に被疑者が犯罪に関する情報を得ているケースが多いため，虚偽判定がむずかしいことが多い。

　第二は「強制＝服従タイプ」（coerced-compliant false confession）であり，被疑者が取調べの方法に耐えかねて，自身の無実がわかっているのに虚偽の自白をする場合である。いわゆる強圧的な尋問や強い誘導，誘引で虚偽の供述を被疑者がする，典型的な虚偽自白の類型である。

　第三は「強制＝内在タイプ」（coerced-internalized false confession）であり，被疑者が自身でその犯罪をやっていると信じて虚偽の自白をしてしまう場合である。数的には少ないが，薬物や病気，稀には犯行時の記憶の欠落（健忘など）のため，自身がやっていない犯罪を告白する場合がこれにあたる。

2　オフシェ＝レオ・モデル

　それからおよそ10年後の1997年にオフシェとレオは，[6]すべての被疑者取調べが強圧的なわけではないとして，「任意」に加えて4つのタイプ，すなわち，「圧迫＝服従型」（stress-compliant），「強制＝服従型」（coerced-compliant），「強制＝説得型」（coerced-persuaded），「非強制＝説得型」（non-coerced-persuaded）

第2章　取調べと虚偽自白　37

に分類することが望ましいとした。オフシェとレオによると、カッシンのモデルは、強圧的とまではいかない程度での取調官の誘導によって虚偽自白が生まれることが考慮されていない。また、警察は一時的でもよいから自白を得たいと欲するものだが、「内在化（internalization）」という心理学用語を使うと虚偽の自白を継続的に供述者の内側に安定化させる意味を与えてしまう。虚偽自白の後に否認に転じるようなケースが実際にあることを考えると、「内在化」という心理学用語を用いるのは適切でない、などと批判した。

　オフシェ＝レオのモデルは、自白のタイプを真実自白と虚偽自白とにわけたうえで５段階のレベルに分類するという、かなり複雑なものとなっている（表2-1参照）。

　任意の自白については省略するとして、第二の「圧迫＝服従」型とは、精神的・心理的に強いストレス下で自白がなされるもので、脅迫や約束などを用いた「古典的な強制」とは区別される。これは、耐え難い目の前の苦痛から逃れるためにおこなわれる虚偽自白である。

　第三の「強制＝服従」型とは、個人の意思を押しつぶすことに主眼が置かれた尋問方法によって自白がなされるもので、脅迫や約束などを用いる「古典的な強制」により、被疑者が自身のやっていない犯罪について虚偽の自白をおこなう場合である。

　第四の「非強制＝説得」型とは、被疑者に、実際はおこなっていない犯罪を犯したと信じさせるような場合を指し、これは「心理学的な細工」によって自白が生み出されるものである。

　第五の「強制＝説得」型とは、第三の「強制」が用いられて被疑者が自身の

■表2-1

自白のタイプ	真実自白	虚偽自白
任意（voluntary）	任意／信用性あり	任意／信用性なし
圧迫／服従（stress-compliant）	不任意／信用性あり	不任意／信用性なし
強制／服従（coerced-compliant）	不任意／信用性あり	不任意／信用性なし
非強制／説得（non-coerced-persuaded）	不可能	任意／信用性なし
強制／説得（coerced-persuaded）	不可能	不任意／信用性なし

犯していない罪を犯したと思い込んでしまった場合である。

3　グッドジョンソン・モデル

　2003年，イギリスの心理学者であるグッドジョンソンはカッシンらのモデル
を発展させ，"coerced" から "pressured" へと表現を変えて，明確な圧迫の証
拠がないかぎり "pressured" という語を用いない，とした。[7]　グッドジョンソン
は，"pressured" という概念について自白を導く外的な圧力だと理解する。こ
うした外的な圧力は，身体拘束によるストレスや取調室で用いられる尋問から
生まれる。だが，グッドジョンソンの指摘によれば，外的な圧力が存在しない
場合にすら，被疑者は虚偽の自白をしてしまいたいという内的な圧力を受け
る。それは例えば，記憶がないために悔恨の情に駆られたりして虚偽の自白を
おこなったりするケースがあるからである。

　新たなモデルの必要性を指摘するにあたり，グッドジョンソンは，カッシン
やレオらのモデルには圧力の源となるものを区別しないという欠点があると説
明し，カッシンらの3類型を基本的に維持しながらも，心理学研究の見地から
は，そこに圧力の源の区別を追加することが必要だとした。すなわち，"inter-
nal"（内的），"custodial"（拘禁による），"non-custodial"（拘禁の影響のない）とい
う区別である。グッドジョンソンのモデルは表2-2のようになる。

　ここでいう内的圧力とは，誤った確信に基づき，本来やっていない犯罪を自
身の犯行だと信じて虚偽自白をする場合の原因である。また拘禁圧力とは，取
調室での尋問方法が原因であり，非拘禁圧力とは，誰かの犯罪を意図的に隠蔽
するため自身の犯罪だと主張するようなものを指す。

　その後，カッシンはグッドジョンソンのモデルを支持すると表明した。[8]　ま
た，レオも後に，単純化されたモデルを好ましいとして，カッシンらの提案に
近い3類型，すなわち "voluntary"（任意の），"compliant"（迎合的な），そして
"persuaded"（説得された）虚偽自白，の3パターンに修正し，虚偽自白の分析
をおこなっている。[9]

　レオは，被疑者が自分の無実を自覚しながらも，取調べの圧力から逃れたい
とか制度的な利益（有罪答弁での見返り）を得られるなどの様々な理由から虚偽
の自白をする場合があることをもって，こうした自白を第二の迎合的自白に分

第2章　取調べと虚偽自白　39

■表2-2

虚偽自白のタイプ	圧力（pressure）の源
任意（voluntary）	内的（internal）
内的圧力（pressured-internalized）	拘禁・非拘禁（custodial-non-custodial）
圧力への服従（pressured-compliant）	拘禁・非拘禁（custodial-non-custodial）

類する。カッシンらの第二のタイプと同様である。

　また，レオは，説得的な自白の例として，取調官が被疑者の記憶の欠落につけ込んだり，責任を認めさせたりするタイプをあげる。そして，このタイプの自白が最も判定が困難だと説明している。

おわりに——任意による虚偽自白の脅威

　21世紀になって，虚偽自白研究の世界に衝撃が走った。その震源は北欧のスウェーデンである。同国で30人以上の男女を殺害したと自白し，そのうちの8件で有罪判決が確定していたスウェーデン唯一の連続殺人犯の自白がすべて虚偽だったというニュースが流れた。世に言う，「トマス・クイック事件」である[10]。

　トマス・クイックことステューレ・ベルグワールは，4人の少年にわいせつ行為を働いたとして1970年に精神病院に収容され退院するも，何度か事件を起こす度に短期収容されていた。彼は1991年に加重強盗と窃盗で有罪判決を受けてセーテル病院に入院後，自ら「トマス・クイック」と名乗るようになり，セラピストに対して自分が受けた虐待そして自らが虐待者になっていった話を進めるうちに，「劇的な話をすればするほど」薬物を自由に手に入れられることを学んだ。そして，1992年にユーアン・アスプルンドを殺害したとセラピストに告白したのを皮切りに，医師やジャーナリスト，警察官に対して，「抑圧された記憶が蘇ってきたことにして」次々と殺人を打ち明けていった。

　その結果，スウェーデンの6つの裁判所は8件の殺人事件についてクイックを有罪とした。有罪判決により彼は精神病院に収容されることとなった。驚くべきことには，捜査段階でも公判でも，彼の自白と犯行との結びつきを多くの

心理学や精神医学の専門家たちが分析鑑定し，それらを支えていたことである。ある心理学者は「認知面接法」を用いて彼を尋問し，やってもいない犯行現場へ案内する彼に警察とともに同行し，遺体投棄現場の発見を支援していた。

最終的に，ある優れたジャーナリストが7か月にわたってクイックの事件を調べ上げ，本人に病院で面会して，自白が虚偽であったことを告白させた。これによりスウェーデンの司法界は大混乱に陥った。スウェーデン版「ハンニバル・レクター」が実在しなかったことがわかったからである。

クイックは，病院で好きなだけ薬物を得たいがために意図的に自白した。彼は自ら図書館に通って未解決の殺人事件を収集しては，それらを自身の犯行だと告白したのである。クイックに対する取調べでは，無理やり自白させるような強制も，誘導も，圧迫もおこなわれなかった。だが，彼のしたすべての自白は虚偽であり，捜査にあたったほとんどの捜査員は（司法省にはクイックの事件専属のチームまで作られたという），彼の自白や実況見分での行動に疑問を抱くことはなかった。裁判所も虚偽自白を見抜けず，多くの客観証拠や科学的証拠との矛盾を無視したのである。

弁護人すらクイックの有罪を信じており，効果的な防御活動がなされることはなかった。この弁護人が，決して弁護士として無能な人物ではなかったにも関わらず。

クイック事件は，自白のもつインパクトが，捜査関係者もジャーナリズムも，司法関係者も，社会全体を魅了し引き込んでしまう「魔力」をもっていることを示している。

スウェーデン法務監察長官のヨーラン・ランベルツはクイック事件に関して次のように述べたという。

　もしトマス・クイックが不当判決を受けていたとしたら，それは途方もない誤審といえるだろうか。答えはイエスだ。テレビに登場する，どの解説者もそう考えている。しかし判決が正しかったという可能性もあるわけであり，我々としてはただ，最終的な答えが出るのを待つしかない。しかし強調しておかなければならないことがある。それは，法制度が有罪にした

人物というのが，自ら進んで自白し有罪になりたがっている無実の人物である場合には，無罪を主張している無実の人物を有罪にした場合にくらべて，問題はさほど深刻でないという点だ[11]。

　いかにも政治的な発言である。これは，クイック事件の社会への衝撃を緩和しようという試みかもしれない。だが，残念ながらスウェーデン社会にとってこの問題はきわめて深刻だと言わなければならない。なぜならクイックが「自白」した数々の事件の真犯人たちは，スウェーデン社会のどこかで息を潜めているからだ。真犯人によって，解決したとされた事件と同種の事件が今後も起きないとはかぎらない。これは大変大きな社会的危険と言えるだろう。この事件は，冤罪事件が"二重の危険"（誤って無実の者が犯人とされる危険性と，逃れた真犯人による再犯の危険性）をもつことを我々にまざまざと教えている。

　そして北欧で起きたトマス・クイック事件はまた，自白のもつ魔力に警察も検察官も裁判官も，そして弁護人すら無力である場合があることをも我々に教えているのである。自発的になされた虚偽自白を見抜くことは容易ではない。

　さて，薬物欲しさに犯行を意図的に自白する物語は，なにもクイック事件だけではない。

　昭和26年に名古屋高裁は，窃盗他の事件で起訴された被告人の自白について，「検挙当時ヒロポン中毒に罹り日々多数回に亘り注射していたことは本件[12]記録上明らかであって右のような中毒患者の精神状態が正常でないことは多くその例を見る事実であるからその中毒症状中の供述は任意性を欠く」としたうえで，「中村警察署でヒロポン注射をして貰う交換条件に他人の犯罪を被告人の所為のように自白し其旨の供述調書が作成されたものであるとの弁解は無下に排斥しきれない理由がある」（傍点筆者）と判断し，原判決に審理不尽，採証法則違反，事実誤認を認めて破棄したことがある[13]。

　人は様々な理由から虚偽の自白をする。虚偽自白の理由には我々が想像もつかないような事情が隠されている。そのことが我が国の裁判例からも，そして海外の事例からも経験的に理解されよう。

42　第1部　被疑者取調べと自白

1) ドリズィン教授も，アメリカで普及しているリード・テクニックについて同様に指摘する（同テクニックについては本書第11章を参照）。「多くの尋問訓練マニュアル……は，彼らが唱える方法がいかにして心理的に強制的な情報を与え，ときには無実の人を自白に導くかについて，ヒントのかけらも示していない」，と。スティーブン・ドリズィン＝リチャード・レオ（伊藤和子訳）『なぜ無実の人が自白するのか』（日本評論社，2008）34頁参照。

2) 平成24年12月に警察庁刑事局刑事企画課課名で刊行された『取調べ（基礎編）』で，ようやく「虚偽自白」の説明と後述するカッシンらのモデルに沿った虚偽自白のパターンが解説された。おそらく警察関係のテキストでは初めての試みではないか。

3) 例えば，綱川政雄『被疑者の取調技術』（立花書房，1972）中の「被疑者が積極的に偽りの自供をする場合」（172頁）の項や，村上尚文『取調べ』（立花書房，1979）中の「第12 自首者の取調べ」（106頁）などを参照。

4) 例えば，パソコン遠隔操作事件につき，神奈川県警の検証結果報告書（平成24年12月）は「少年の特性に十分配慮し，虚偽自白を生まない取調べに関する指導・教養の徹底を図る」とするにとどまるし，大阪府警の報告書に至っては，「不適正な取調べを確認できなかった」と取調べ誘発の事実すら否定する。警察庁も，富山氷見事件の報告書（平成20年1月）で「（被疑者の）供述態度から判断すれば，その自白が真意によるものであるのか否かについて慎重な検討を行うべきであった」とするだけで，虚偽自白を誘発した取調官の責任には目をつぶっている。

5) カッシンらのモデルを解説した邦語文献として例えば，大橋靖史「第4章 取調べと自白」菅原郁夫ほか編『法と心理学のフロンティア（Ⅱ巻）』（北大路書房，2005），とくに94頁以下参照。

6) R. J. Ofshe & R. A. Leo, *The decision to confess falsely : rational choice and irrational action*, 74 Denver University Law Review 979 (1997); *The social psychology of police interrogation, The theory and classification of true and false confession*, 16 Studies in Law, Politics and Society 189 (1997).

7) G. H. Gudjonsson, The Psychology of Interrogations and Confessions: A Handbook 201 -211 (2003).

8) Saul Kassin and G. H. Gudjonsson, *The Psychology of Confessions : A Review of the Literature and Issues*, 5 Psychological Science in the Public Interest 33 (2004).

9) R. A. Leo, Police Interrogation and American Justice 198-211 (2008).

10) ハンネス・ロースタム（田中文訳）『トマス・クイック──北欧最悪の連続殺人犯になった男』（早川書房，2015）。以下の記述はほぼ同書による。

11) 同書，531頁参照。

12) ヒロポンとは第二次世界大戦戦時中に日本軍隊で広く使われていたメタンフェタミンの商品名である。戦後，これが社会に大量に流出し，ヒロポン中毒者が街に溢れることとなった。

13) 名古屋高判昭和26年8月13日高刑事特報27号142頁。

第3章　可視化と自白法則
——可視化時代の自白の任意性判断を展望する

取調べ規制に新しい命を吹き込む方法をつくりだすためには，再度，"任意性"に関する審査を裁判所の関心事とすべきである。

事実審裁判所と上訴裁判所の双方において，約束，甘言，ごまかしによって得られた自白を軽率に許容してしまうことなく，それらを熟考するようにもっていく唯一の方法は，真犯人も無実の人も警察官自身も，取調べにかかわったすべての人々の人間性がこうしたやり方で奪われてしまったということをはっきりと知らしめること以外にはない。

クリストファー・スロボギン「取調べ録音録画に向けて」より[1]

はじめに——問題提起

　全面可視化が達成された（取調べの最初から最後までが録音録画され記録媒体に記録される状態の）先に待つ刑事司法はどのような世界になるだろうか。

　イギリスなどのように，法律で取調べの録音が義務づけられた後は法廷で自白の任意性が争われるケースが激減した経験に基づいて，「取調べの可視化が実現すれば，任意性の争いはまず絶滅するといってよい[2]」という「楽観論」が可視化運動論の側には強いように思われる。

　また，学説サイドでも，取調べがすべて録音録画されることで任意性立証が容易になることが期待されていたし，検察や警察サイドの可視化消極論が強い中で元職や現職の裁判官たちから積極論が示されたこともそうした楽観論に分類されるだろう[3][4]。

　これに対して，たとえ取調べが録音録画されるようになっても自白の任意性判断が従来どおりであれば虚偽自白をチェックできないおそれがあるという

「懐疑論」も提起されていることは見逃せない。例えば，元裁判官の木谷明氏は弁護士向けの講演の中で次のように可視化問題に注意を発せられていたところである。

> 私が心配しているのは，可視化によってせっかく違法・不当な取調べ方法が明らかにされても，裁判所が次々にこれを是認して自白の任意性を肯定してしまうのではないかという点です。確かに，可視化が実現されれば，あからさまな暴行・脅迫による自白は減少するでしょう。しかし，私は，それ以外の方法による違法・不当な取調べが，可視化によって有効にチェックできるかどうかについて不安を持っています[5]。

そして木谷氏は，最高裁の2つの判例において4夜連続の取調べで得られた自白や4時間にも及ぶ正座強制の末に得られた自白について任意性が疑われなかったことを指摘し，そうした最高裁の判例[6]が支配する裁判実務にあってはこの心配が杞憂でないと述べている（本章ではこの懸念を"懐疑論"と称する）。

結局のところ，ポスト可視化時代の最大の課題は，何よりも裁判官の任意性判断を改めさせられるかどうかにあるといってよい。だが，運動論サイドはもちろん学説までもが楽観論に立つ現在，ポスト可視化時代において従来までの自白法則の再構築を論ずる契機は乏しいように見受けられる[7]。

そこで本章では，上記のような懐疑論が必ずしも杞憂ではなく現実的な危険を伴っていることの論証を目的として，これまでの我が国における典型的な虚偽自白事例を分析すると共に，自白の任意性が争われた近時の裁判例に関してこれに質的・量的な検討を加えてみたい。そして，イギリスのように被疑者取調べの録音（後に録画）が法制上義務づけられればその反射的効果として自白の任意性問題が消滅するとの期待（これを本章ではイギリスの法律名を受けて「PACE効果」と呼ぶことにする）[8]について，その可能性を検討する。

結論として，虚偽自白タイプの誤判を回避するためには取調べの可視化だけでは十分とは言えないこと，ポスト可視化時代の誤判回避の具体策として我が国における自白法則の再構築の必要があること，の2点を主張したい。

I 方 法 論

　以下，ポスト可視化時代の自白の任意性判断をめぐる上記仮説（懐疑論）を検証するため，まず虚偽自白が原因で誤起訴誤判となった事例における取調べ方法を検証し，不適切な取調べ手法によって虚偽自白が生み出されていった経過を検討し，虚偽自白判明後の再審や調査報告，近時の裁判例などを通して，かかる取調べの実態を容認してきた裁判所の審査態度——すなわち自白法則（任意でない自白を排除する原則）の適用——に主たる冤罪原因が求められることを明らかにしたい（質的な検討）。また，そうした裁判例の質的な分析結果が量的にも支持され得ることを公刊物登載判例や公式統計から裏付けてみたい（量的な検討）。

　さて，冤罪と呼ばれる現象にはおおよそ３つのタイプがある。すなわち，①社会的事実（犯罪事実）は発生していて真犯人が別にいるという，犯人性が争われるタイプ，②社会的事実は存在し被疑者（被告人）もその事実に関わっているが，犯罪性が争われるタイプ，③犯罪とされている事実がそもそも存在しない架空の事件で，事実性が争われるタイプ，である。

　冤罪というと①のタイプがすぐに思い浮かぶが，②のタイプも少なくない。例えば，合意のうえでおこなわれた性交渉について後から"強姦"されたと訴えられたような場合が典型例である。また，もともと合法と考えていた行為や事実に対して法執行機関が異なった法的評価をおこなった結果，誤起訴誤判となる場合もある。脱税であるとか横領であるといったホワイトカラー犯罪で見られるパターンである。そして失火であるのに放火として起訴されたケースもここに含まれるだろう。

　数的には少ないが，③のタイプも確認されている。そもそも存在しなかった性犯罪の被害を訴えられるようなケースが典型例で，つい最近でも強制わいせつ強姦事件につき服役中の男性が，虚偽供述した旨の被害者の告白により釈放され再審開始が確定した事案がある（大阪地決平成27年2月27日公刊物未登載）。また，存在しなかった投票買収行為で起訴されたが無罪となったり（京極派選挙買収事件・大阪地判平成3年3月4日判例時報1412号3頁，判例タイムズ770号91

頁）[9]，贈収賄行為があったとして贈賄側の証言に基づいて誤起訴されたりする
ケース（美濃加茂市長汚職事件・名古屋地判平成27年3月5日公刊物未登載・未確定）
もある。

　最近，こうした様々なタイプの冤罪事件のいずれについても，捜査機関による取調べがどのように関わっているか，そのメカニズムが明らかになってきた。

　2000年以降を見ても，①については，人違いであることが認められ検察庁によって再審が請求された「富山氷見事件」（2007年再審無罪確定）で取調べで否認する被疑者から強制的に自白が得られていた[10]。その後，異例にも検察や警察において，人違い冤罪であった本事件の誤起訴誤判の検討がなされ，国家賠償請求訴訟も認められた。

　②の例として，強圧的で非道な検事取調べの実態が明らかとなった「佐賀農協背任事件」（2005年無罪判決確定）がある[11]。被告人が公判廷で描写し，元検察官自身が告白した自白強要の様子は凄まじく，精神的な拷問であったことが明らかになっただけでなく[12]，元検察官の回想録によれば上司が自白を強要する手法を伝授していた事実まで明らかにされた[13]。つい先頃再審開始が確定した東住吉事件[14]も，本来は失火であった事実について放火であるとの疑いから自白を得たケースである。取調べで否認する被疑者に対して長時間にわたる誘導尋問がおこなわれ供述がとられた。

　③については，取調べの可視化を推進する契機ともなった鹿児島の「志布志事件」（2007年無罪判決確定）が近年の代表例と言えるだろう[15]。被疑者の約半数から投票買収行為についての自白がとられたが，その取調べは任意段階からきわめて厳しく，自殺を企てる人もいたほどで，弁護人との接見を妨害し被疑者と弁護人との信頼関係を破壊したり[16]，（不起訴になった元被疑者に対しては）親族の名前を書いた紙を無理やり足で踏ませるといった精神的拷問のような違法取調べをおこなったりした警察官が公務員特別暴行陵虐罪で有罪となるなど[17]，遵法精神をもたない取調官による異常な取調べの実態と自白強要のやり方が明るみに出た。

　以上の判決後の救済としては，富山氷見事件については元被告人からの国家賠償請求が認められており（県のみ）[18]，志布志事件についても元被告人や不起訴

になった元被疑者らの国家賠償請求が国と県の双方に認められているところである。以下では上記 3 類型にわたって虚偽自白の発生経緯とその法的評価や事後検証に見られる問題点を検討することで，懐疑論の指摘を裏付けることとしたい。

II　富山氷見事件における取調べと冤罪

では，①のタイプ，すなわち犯人性が問題となる冤罪類型について自白が得られていた富山氷見事件の取調べを振り返り，取調べにいかなる冤罪原因が潜んでいるかを検討しよう。

1　事案の経緯

富山県氷見市周辺で2002年に連続して発生した女性暴行事件のうち，「3 月事件（第 2 事件)」と呼ばれる事案について Y 氏が 3 度目の任意同行取調べで「自白」したとして逮捕され，その後検事取調べでも自白し，詳細な現場の様子や被害者宅についての説明をおこなった。Y 氏は証拠不十分で釈放されるが，その後直ちに警察署の敷地内で「1 月事件（第 1 事件)」に関して再逮捕され，この事件についても自白，3 月事件も合わせて起訴される。2002年11月に懲役 3 年の実刑判決が富山地裁高岡支部で下された。

2005年 1 月に Y 氏は仮出所となるが，2006年 8 月に鳥取県警が真犯人を逮捕する。2007年 1 月，富山県警は誤認逮捕，誤起訴誤判であったことを認めると発表し，同年 2 月に富山地検が再審を請求した。2007年 6 月に再審公判が開始され，10月に無罪判決が下される。その後2009年 5 月には国家賠償請求訴訟を提訴するに至る。

2　取調べと供述

本事件の取調べは任意捜査で始まっている。元被告人（当時被疑者）の Y 氏は，任意取調べで被疑事実も告げられないまま14時間ほどの取調べを受けた。当初からすでに取調官は机を叩いて「馬鹿者」と怒鳴り，威圧的だったという。2 回目の任意取調べも12時間を超えたが，初日と同様，机を叩き「やって

いないなら取調室を開けてやっていないと叫べ」などと怒鳴り続けた。3度目の任意取調べで音をあげ，一言「はい」と言ったとたんに逮捕されたという。検事取調べで否認に転じるが，警察に戻ると「供述を覆すことはしない」という上申書を書かされる羽目になったという。そして，取調官から「俺の言うことには“はい”か“いいえ”かしか言うな」と強要されたという[21]。

捜査の初期段階で，アリバイやY氏の靴のサイズと客観的に合致しない現場証拠（真犯人を示す靴跡）が警察に認識されており，かつ自白にあった凶器も発見されていなかった。それでも捜査が進められ，検察官もそうした問題を見過ごして起訴し，有罪確定に至っている。

3 問題点

真犯人が判明し再審無罪になった後におこなわれた警察庁による調査報告書[22]では，自白を強要した経緯や取調べ技法の貧しさへの言及はなく，むしろ「相当程度捜査員から積極的に事実を確認する形での取調べ〔要するに誘導尋問である（筆者注）〕をおこなわざるを得ない状況にあったと認められる」との記載がなされるなど，かかる取調べを肯定する態度すら見せているのは驚くほかない。

裁判所でもまたそうした問題意識は希薄である。裁判所は，国賠一審判決でも否認する元被告人の取調べの進め方に特段の問題があると認定しなかった。むしろ，否認する場合であれば追及的取調べがなされてもこれを受容する態度が窺えるのである。例えば，

被告（警察官）が，原告（元被告人）に対し，ある程度強い心理的圧迫を加える態様で，真相を話すよう追及したことが，合理性を明らかに欠如し，社会通念上相当と認められる方法ないし態様及び限度を超えたものとはいえない　（傍点筆者）
…（中略）…
取調べにおいて，取調官が被疑者の供述の矛盾を指摘して追及することは，真相の解明を目的として被疑者に説明を求めるという取調べの構造上，ある程度やむを得ないところがあり，直ちにそれが「誘導」「押付け」

に当たるとはいえない

などというのである。

　また，黙秘する相手方への供述を促す態度もかなり威嚇的と思われる動作を
伴っていたとしてもある程度許容範囲と考えているようである。

　　　机を叩いたことも，それが俯いたまま黙っている原告に対する注意喚起の
　　目的で行われ，かつ，右の平手で数回机を叩いた程度の出来事が1回だけ
　　というのであれば，これをもって，直ちに脅迫であるとはいえない

　すなわち，憲法上被疑者に認められている権利である黙秘権を行使した場合
でも，被疑者に対して追及的，威嚇的取調べが許されるという考え方にあるよ
うである。

　　　取調官としては，供述を拒む被疑者に対し，何とか心を開かせて説得を試
　　みる必要性はあり，上記行為が，社会通念上相当と認められる態様及び限
　　度を逸脱したものとまではいえない　　（傍点筆者）

　このような否認に対する反発的とも言える取調べ側の態度は「説得」と表現
されているが，冤罪の被疑者からすれば「拷問」に近いのではないか。
　また，追及に耐えかねて自供を始めたとしても，客観的事実を知らない冤罪
者は整合的な自白がどのようなものか知らないのであり，「説明」を求められ
ても矛盾した供述しかできないはずである。

　　　警察官としては，得られた供述が，熱心に真相を供述するよう説得した結
　　果であるのか，強制又は迎合によるものかの区別は必ずしも容易ではな
　　く，その判断が合理性を有する限り，責任を問うことはできないというべ
　　き　　（傍点筆者）

　このように，裁判所は自供内容の矛盾が存在する理由を取調官が判断できな
かった経緯について，それを不問とするのである。おそらく判決のいう判断の

合理性とは被害者による犯人識別供述に支えられたものと推測されるが，そうすると，このような場面での追及的，威嚇的取調べについてはどれほど取調べを可視化したところで解決されない問題であって，「適正化」を図る別の手段が用意されなければならないだろう。

　もっとも本判決は，最終段階において犯行の主要部分についての自白の信用性評価を誤った「結果」の責任については違法性を認めた。

> 　被疑者がなぜ犯行自体は自白しているのに，犯行状況の主要な部分をほとんど説明できない状態が続いているのかについて疑問を抱くのが合理的であり，このような場合においてまで，警察官が熱心に真相を供述するよう説得した結果，被疑者が任意かつ自発的に犯行態様の主要な部分について供述したと判断することには，もはや客観的にみて合理性が欠けていることが明らか　（傍点筆者）

　しかしながら，裁判では，そうした取調べの結果，真犯人が他に存在し，被害者が犯人識別供述を誤っていた本件冤罪事件を生み出した取調べの手法や，本来とるべきであった尋問技法についての検討はおこなわれなかった。

　やはり，否認や黙秘をする被疑者に対して取調官がどのようにアプローチすることが適正な取調べといえるのか，また内容的に信用性を見出せないような供述を獲得しないための適切な取調べ手法とはどのようなものかを検討する必要があると考えられる。

　残念ながら，冤罪発覚後におこなわれた同事件の警察庁による報告書でも取調べ過程への問題提起は見当たらず[23]，得られた自白の評価に問題があったという見方にとどまっていた[24]。他方，国賠法上の違法性の認定を回避された検察官については，最高検察庁の検証報告書が，「A 氏（元被告人）が積極的に犯行状況について供述するのではなく，検察官が A 氏を誘導することにより供述を得ていたことが窺われる」と指摘している点が注目される[25]。ただし，そのような場合に検察官がどうするべきかについて，あるいは誘導を控えるべきだったかについては明示されておらず，「慎重な姿勢が足りなかった」とするだけで具体的行動規範が示されたわけではない。

第 3 章　可視化と自白法則　51

このような警察や検察における取調べの実態について，元裁判官の木谷明氏は，警察には「この判決（国家賠償一審判決）を通読すると……長時間にわたって追及的に取り調べて強く自白を迫る以外に適切な方法を持ち合わせていないことが読み取れる」と厳しく指摘している。[26]同じく元裁判官の守屋克彦氏も，（捜査の）「実情は自白の追及であり，得られた自白の偏重すなわち直感的・主観的な有罪心証に突き進んでしまいがち」だと指摘する。[27]

4 小 括

では，今後こうした実務に改善の見込みはあるか。本事件の再審無罪判決後に策定された警察庁独自の新しい取調べマニュアルである「取調べ・基礎編」[28]を見ても，強制＝追及型虚偽自白が発生するメカニズムについての指摘はあるものの，どうすれば追及的でない取調べで自白を獲得できるのか，あるいは，虚偽自白を回避できるかについての具体的方策が提示されていない。

これではたとえ取調べが全過程可視化されたとしても，これまで同様に自白獲得に突き進む取調べが捜査で許容され，判例もそれに追従してしまい，同様の虚偽自白を防止することはできず，冤罪の発生を防ぐことはできないだろう。[29]

Ⅲ 東住吉事件における取調べと冤罪

1 事案の経緯

東住吉事件とは1995（平成7）年7月22日に大阪市東住吉区の住宅街で火災が発生し，発生家屋に居住していた家族4名（内縁の夫婦と子供2名）のうち，当時小学6年生であった女児が死亡した事案である。火災発生から2か月後の同年9月に大阪府警は妻を東住吉署に，夫を平野警察署にそれぞれ連行し，任意同行の名の下に保険金目的での放火殺人であるとの自白をするよう強要した。その取調べは過酷で，夫妻を罵倒し，「否認すれば死刑になる」といって不安を煽り，偽計を用いたものであった。精神的に追い込まれた末，夫は自白するが，拘置所に移された後に考え直して公判では否認に転じた。妻は一貫して否認を続けた。

一審判決は有罪（無期懲役刑）で，放火以外の火災発生原因が考えられない

52 第1部 被疑者取調べと自白

わけではないが，可能性は抽象的なものとして，夫の自白が任意でないと疑う
理由はなく，信用できるとした。控訴審では鑑定人から自白内容について科学
的に不合理だとする意見が示されたが，裁判所はこの鑑定結果を採用せず有罪
が確定する。

　再審では，自白どおりの火災が発生するか否かが争点となり，弁護団は火
災・燃焼の専門家の協力を得て再現実験をおこない，自白内容とまったく矛盾
する現象が発生することが確認された。この鑑定実験の証拠価値は高く，確定
判決に合理的疑いを抱かせるとして2012年に再審開始決定が大阪地裁から出さ
れた[30]。この決定は，2015年に即時抗告審で再審開始が確定し，両名は刑の執行
を取り消された[31]。

2　取調べと供述

　確定判決控訴審では，本件取調べについて，欺罔による黙秘権侵害や，弁護
人依頼権の侵害，虚偽の事実を告げた追及，利益誘導，暴行，共犯関係にある
同居人も自白した旨を告げて自白に追い込むような取調べの実施，という弁護
人ら主張の事実はいずれも認められないとされていた。

　ところが再審開始決定は，新証拠に基づいて自然発火の可能性（すなわち失
火）を認め，新旧証拠の総合評価の末，確定判決には合理的疑いが生じている
として再審開始を決定した。その際，次のように請求人（取調べ当時の被疑者）
から得られた自白の信用性を否定している。

　　放火方法という核心部分の信用性に疑問が生じることとなり，ひいては，
　　同人の自白を直接証拠として認定された確定判決のような放火方法の認定
　　に至ったかについても疑問が生じている

　そして，注目すべきことに，信用性に疑問を生じさせるような供述を引き出
した取調べの態様についても踏み込んだ判断を示しているのである。
　例えば，請求人の供述変遷に照らしたとき，

　　不自然不合理な変遷といわざるを得ず，取調官の誘導に基づいて供述され

た疑いを払拭するのは困難である

と取調官の誘導の存在を指摘するのである。

　また，変遷の内容にも立ち入り，不自然な変遷となっていることを指摘し，
その原因が取調官による誘導であることを明確に指摘した。

　　供述は時間の経過と共に具体的かつ詳細になっており，これは取調べを受
　　けて記憶が喚起された結果であるとも評価し得るが，当初は興奮していた
　　ので覚えていないと述べていたにもかかわらず，その後値段の概算に至る
　　まで供述が詳細になるのはやはり不自然といわざるを得ない……取調官が
　　捜査の進捗状況に基づいて請求人Ｘを誘導した結果，上記供述がなされ
　　た疑いは容易に払拭できない　　　（傍点筆者）

とまで明言されているところである。[32)]
　それでも，どうして捜査機関が実際に起きた社会的事実（火災の発生）を放
火と疑って取調べを進めたのか，他の客観証拠や情況証拠との比較検討が十分
であったのか，被疑者の関与を誘導しないで確認する尋問の手法はなかったの
かなど，未解明の点は多い。

3　問　題　点

　では，このような誘導的取調べは今後，取調べが可視化された後にどのよう
に抑制されるべきだろうか。

　まず重要な点として，我が国の刑事司法が，誘導尋問により否認や黙秘をす
る被疑者から供述を得ることを許容する実務の土壌を長く育んできたことを見
逃すべきではない。

　そもそも，警察庁に対する国家公安委員会通達である「犯罪捜査規範」168
条は，「取調べを行うに当たっては，自己が期待し，又は希望する供述を相手
方に示唆する等の方法により，みだりに供述を誘導し，供述の代償として利益
を供与すべきことを約束し，その他供述の真実性を失わせるおそれのある方法
を用いてはならない」としている。だが，条文にある"みだりに"との文言が

54　第1部　被疑者取調べと自白

示すとおり，誘導尋問が決して用いられてはならないとしているわけではない。そのため，判例でも「誘導尋問による供述も一概に任意性を否定し去るべきものではなく，それが虚偽の供述を誘発する程度に達した場合初めて任意性を失わせると解するのを相当」（広島高判昭和28年10月29日高裁刑事判決特報31号82頁）とされたように，一定の範囲で誘導尋問が「許容」されると裁判官たちは考えてきた。おそらく，自白法則に対する虚偽排除説的態度がこれを支えているのであろう。

その結果，捜査官へのマニュアルや教本類でも，誘導尋問は「被疑者が記憶を喪失しているような場合」には許されるとか，暗示誘導になるおそれを示唆[33]しつつも，暗示や誘導を含んだ選択応答法質問方法であっても「事件の内容，被疑者の性格，知能等に応じ」工夫することも必要だろう[34]，と解説している。

ところが，諸外国の尋問マニュアルでは，誘導尋問は自由応答式でも選択応答式であっても厳に禁じられている。例えば，グッドジョンソンは「数多くの心理学的実験が示すところによれば，誘導尋問は面接〔取調べの意味〕に際して誤った応答を引き出す。」「それは顕著に応答をねじ曲げる。」と警鐘を鳴らしているし[35]，ミルンとブルも誘導尋問及び誤誘導尋問を「可能な限り避けるべき」と指摘しているのである[36]。

また，取調べと自白の専門家であるレオは，虚偽自白を導く誘導尋問が米国で使われていることを明らかにしたが，取集した事例から誘導尋問を３つのカテゴリーに分類している。第一は，"Low-end（誘発の程度の低い）"かつ，"Moral（道徳的な）"なタイプであり，被疑者の性格や道徳観に訴え，被疑者に自白をする方が良いと感じさせる方法である。第二は，"Mid-range（やや程度の強い）"かつ"Systemic（制度的）"なタイプであり，被疑者の注意を刑事司法に向けさせて自白した方が事件を有利に進ませられるといった暗示をかける方法である。第三は，"High-end（極度の誘導）"で，被疑者が軽い罪で済むと考えるような暗黙の前提や威迫をちらつかせる方法である[37]。真実の供述であれば信頼できる供述が得られそうだが，問題は，無実者も自身の置かれている状況において，これらの誘導に応じて虚偽の自白を選ぶ方がより良い選択であると思えば，簡単にそうした対応を選ぶことが報告されている点である。米国の捜査現場で用いられているリード・テクニックは，こうした３つのタイプ

を，まさに"散りばめた"内容となっているため，心理学者から批判を受ける[38]
ことになる（この点の詳細については，第7章補論ならびに第11章補論を参照）。

4　小　括

　我が国に目を転じてみると，最近では心理学や海外での研究の知見を取り入れたのか，警察庁の新たなマニュアル「取調べ（基礎編）」においては選択応答法の危険性を踏まえて次のように警告されている。すなわち，「仮説に基づく誘導・暗示を防止するため，必要と考える事項について，簡潔に質問することが重要」だとする。とりわけ，選択式での尋問ではなく自由に記憶を再生させる方法の方が，「取調官の暗示・誘導や質問に限定的な選択肢を示さないことによって，記憶が汚染される可能性が少ない」（傍点筆者）と推奨されている。[39]だが，「被疑者取調べ適正化のための監督に関する規則」（平成20年国家公安委員会規則第4号）を見ても，監督すべき取調べ時の対象行為として利益供与は盛[40]り込まれているものの，誘導については定めがない。とするとやはり，こんにちなお多くの誘導が取調室で依然として用いられている可能性は高いだろう。

　もしも東住吉事件の取調べが完全に録音録画されていれば，どのような尋問手法が用いられ，どのように「誘導」がおこなわれたかをつぶさに確認することができたはずであるし，選択応答式の誘導尋問の危険性が検証できたはずである。ポスト取調べ可視化時代には，尋問方法と任意性との関係がよりいっそう研究される必要があるだろうし，もしそれを切り離してしまって従来どおりの任意性判断を続けるとすれば，たとえ可視化がおこなわれたとしても誤判は決してなくなることはないだろう。

Ⅳ　志布志事件における取調べと冤罪

1　事案の経緯

　「志布志事件」とは，2003年4月13日施行の鹿児島県議会議員選挙に際し，鹿児島県曽於郡区から立候補しようとしていたN氏とその妻，ならびに，その支持者で選挙運動をしていたF氏と死亡した元被告人Y氏が，N氏を当選させる目的で，共謀の上，F2他の9人に，4回の買収会合を開いて金品によ

り投票ならびに投票とりまとめを依頼したとして起訴された刑事事件を中心とした一連の事件の総称である[41]。

　刑事事件については2007年2月23日に鹿児島地裁が被告人全員に無罪判決を言い渡し，検察側の控訴断念を受けて確定した。

　この投票買収の会合の舞台とされたのは，曽於郡の中でも宮崎県境に近い四浦（うら）という地域の，さらに山間部に入り込んだ懐（ふところ）というわずか6世帯有権者数20名が住む小さな集落であった。起訴状によると，4度にわたってこの集落で会合が開かれ，合計金額191万円が供与されたことになっている。1世帯で52万円も受け取ったとされたものもあった。選挙違反事件に慣れているはずの鹿児島県警であれば，これほどの金額を，効果のない山奥の特定の集落に集中して投入するなどまったく意味がないことは明らかであったにもかかわらず，6人の「自白」によって，これらの会合と受供与があったとしてN氏夫妻を含む13名が起訴された（公判中1名死亡）。

2　取調べと供述

　存在しなかった事実を供述する強制的な取調べは過酷で，ある被告人はN派から焼酎をもらっただろうと執拗な追及を受け，四浦地区にある滝つぼに投身自殺を図るほどであった。自宅で会合が開かれたとされた被告人は，任意同行後の取調べで詰め寄られた結果錯乱して，「殺して，私を殺して」と言い出したり，検事取調べの際にはパソコンのマウスコードを引き抜いて自身の首に巻きつけ，「殺してくれ」と叫んだという。精神錯乱に陥り自宅でカラオケ用のマイクを持ち出し一晩中怒鳴る人も出た。被告人たちへの脅かしや誘導の手法も多様であり，「認めないと，他の人も保釈できない」とか「あなたが認めれば，お父さんは特別に三日で裁判は終わる」，「みんなが認めているのにお前が認めないから夫が病気になった」などと言われたという[42]。取調官の侮辱的な発言も多く，「あんたは母親のクズだ」とか，「お前は暴力団より悪い」など数限りない。ある人は座っての取調べに耐え切れず簡易ベッドで横になりながら尋問され，何人もの人が体調を崩し病院の世話になったり，救急車で運ばれる人も出たりするほどだった。大声で怒鳴られるのが辛かったと回想する元被告人もいる。また，複数の被告人が否認を勧める弁護人を解任するよう迫られた

というし，多くの被疑者接見の内容が事後的に取調べで聴取されるなどした。[43]
まさに取調べにおける不適切尋問のオンパレードである。

　この間に，合計16名が逮捕され13名が起訴された（公判中に 1 名亡くなられて
いる）が，上記のような取調べを受けたため， 6 名が何らかの自白を警察でも
検察でもおこなっている。

　不起訴となった「ビール供与事件」，「焼酎供与事件」の被疑者とされた K
氏は，取調べの不当性を訴え民事訴訟を提起した。2007年 1 月に鹿児島地裁
は，踏み字の強制を「違法な有形力の行使」と判断すると共に，取調室からの
退去を妨害し弁護人選任権を侵害した点を合わせて認定し，県に対して60万円
の支払いを命じた。取調官が強要した“踏み字”については，「その取調べ手
法が常軌を逸し，公権力を笠に着て原告及び原告関係者を侮辱するものであ
り，これにより被った原告の屈辱感など精神的苦痛は甚大といわざるを得な
い」と厳しく断罪している。[44]

3 　問 題 点

　2007年 2 月，起訴された被告人らに対する取調べや自白内容について次のよ
うに認定したうえで，裁判所は自白の信用性を否定し，無罪を言い渡した。[45]
　調書に記録された自白は，「捜査官による強圧的，誘導的な取調べの結果引
き出されたものである可能性が払拭できない」こと〔A〕，「他の被告人らの供
述と辻褄を合わせるために，押し付け的，誘導的な取調べが行われたことが顕
著に伺われる」こと〔B〕，などである。

　また，取調べの態様についても，病院で点滴を受けた F3 においては，
「座っての取調べに耐えられなくなり，簡易ベッドに横になりながら問いかけ
たら目を開いて答えるというかなり特異な状態で，約 7 時間にわたって取調べ
が続けられ」，取調べは「体調不良の状況下で相当無理をして進められ」，「誘
導されるまま自白内容を受け入れたりした結果」変遷が生まれたと疑われるこ
と〔C〕，F4 も，取調官から「選挙違反というのは交通違反と一緒」などと言
われ事実を認めても刑責はそれほど重くならないことを示唆され「取調官に誘
導されるまま供述を変更した」こと〔D〕，Y の自白についても，「刑責を負う
かどうかよりも，身柄拘束がいつまで続くのかの方が，切実な問題となること

が考えられ，早期に釈放されることを期待して，取調官に迎合して自白に転じる誘引が強く働」いた結果，虚偽自白が生まれたこと〔E〕，などを認定している（以上，傍点はすべて筆者）。

本判決で見逃せないのは，裁判所はこうした取調べ手法に基づいて得られた自白について任意性を認めたという点である。本事件で得られた自白はそもそも任意性がないものとして排除されるべきであったのではないか。たとえ自白法則について違法排除説に立たずとも，上記のような取調べによって得られた供述は十分に不任意自白と評価できるものであり，刑訴法319条1項違反だと認定できたのではないか⁴⁶⁾。

例えば，上記の〔A〕，〔B〕自白は虚偽排除の観点から，〔C〕自白は憲法38条3項の禁ずる"拷問"の観点から，〔D〕自白は偽計の観点から，そして〔E〕自白も取引的かつ利益供与の観点から，それぞれ任意性を否定することができたのではないかと思われる。

実際，判決文も，ある被告人の自白につき，「被告人甲が取調べに任意に応じているとはいえ，かなり無理を強いての取調べであることは否め」ず，「虚偽自白をもたらす危険性が低くないと考えられる」と言及しているのを読むと，虚偽排除説（任意性説）に立つ裁判所であっても証拠能力を否定的にとらえていたのではないかと思われ，任意性を否定した場合の検察官控訴を封じるために，やむを得ず信用性判断に絞ったのではないかとまで推認させる認定となっている。

それでは，法執行機関側はこうした取調べ手法についてどのように検証しただろうか。2007年に出された鹿児島県警の調査報告書では，「長期間・長時間にわたる追及的・強圧的な取調べ，あるいは，取調官による不適切な言動の存在がうかがわれ，自白の信用性に疑問が残ると判断された」として，任意性問題が裁判所からスルーされたことを踏まえて，今後の取調べにあたっては「相手方の事情や境遇にも配意しながら……供述の信用性を失わせることのないように，相手方の年齢等に応じ，その心情を理解しつつ真相を解明するという基本姿勢を堅持して取調べを行う」とまとめている⁴⁷⁾。すなわち，まったく取調べ手法を改める姿勢を明示していない。対応策も「健康状態には細心の注意を払い」「適切に対応」し，「供述の信用性を失わせることのないよう留意」すると

第3章　可視化と自白法則　59

いうだけで，具体的に尋問方法を改めるよう指示しているわけではない。

4　小　　括

　県警の報告書を読むと，まさに裁判所が任意性の否定を回避した結果，捜査
当局の対応を「信用性」の確保だけに取り組めば済むというような一種の免罪
符を与えることになってしまったのではないかと思われる。[48]

　2008年に出された警察庁の調査報告書でも，「供述の任意性，信用性に疑念
を生じさせることのないように，より一層留意する必要がある」などとするの
みで深刻な反省は見られず，そのため再発防止策も業務指導や教養の修得にと
どまっていて，具体的な尋問方法の改善にまで踏み込んでいない。[49]

　結局，裁判所が任意性問題に深く切り込んで，「虚偽供述を誘発する恐れの
ある取調べ」があった場合には厳しい証拠能力判断を示す以外に，捜査機関が
尋問方法を改めることは期待できないように思われる。

　このことは，たとえ可視化後にあっても，裁判所が録音録画された尋問が不
適切であるというだけで信用性問題へと回避することになれば，問題の本質は
何ら変化しないのではないかとの懐疑論の推測を裏付けるように思われる。

V　検　　討

1　事例に基づく検討

　以上見たとおり，冤罪の3つのパターンのいずれについても取調べが虚偽自
白の原因であったと同時に，裁判所も取調官の自白獲得「動機」を規制するど
ころか容認していること，そして自白法則に則って証拠能力を否定する姿勢に
乏しい実態があることを確認することができた。また，冤罪判明後の検証や国
家賠償の段階であっても，虚偽の自白を被疑者から獲得した尋問技法をめぐっ
て掘り下げた検討がなされず，むしろ従来の取調べ実務を肯定的にすらとらえ
ている実情も明らかになった。

　「冤罪」事案における自白のケースについてすら，取調べ中の尋問技法につ
いての裁判所の姿勢は「自白を得られるためなら多少の追及的，威嚇的取調べ
は許される」というものであった。そこには，追及的，威嚇的取調べや誘導を

伴う不適切な取調べが虚偽自白を導き出してきた事実を見つめる視座と，そうした尋問を自白法則の枠組みの中で承認してきたこれまでの刑事裁判の歴史への反省との，両方が欠けていると言えるだろう。

2　量的検討

　言うまでもなく，少ない冤罪事例だけからポスト可視化時代への悲観的展望を帰結することは慎重であるべきだろう。なぜなら，任意性問題が公判で「水掛け論」になった場合，従来であれば捜査官が公判廷で（偽証罪のリスクを犯して）適正な取調べを証言しているとして訴追側に有利に認定していたことへの反省から，「水かけ論に持ち込まれた場合は，捜査官側の負けと割り切る[50]」方向に（実務は）動き始めている，という楽観的な見方が元裁判官から示されていたからである[51]。

　そこで，そうした楽観論の流れを確認するため，虚偽自白の冤罪事例というミクロ的視点から離れて，実務の流れを把握するようなマクロ的視点から検討を試みることにしたい。

　まず，法務省が2011年におこなった調査によれば[52]，平成21年中に地裁簡裁で一審判決があった事件中，被告人の供述の任意性が争われたのは218件で，全体比は0.29％であった（表3-1参照）。そのうち被疑者段階の供述調書の証拠調べ請求が却下されたのは9件にすぎず，却下率はわずか4.1％である。裁判員裁判対象事件1,653件中で任意性が争点とされたのは61件（3.69％）と比率的には高くなるものの，供述調書の証拠調べ請求が却下されたのはたった1件だけで，却下率は0.06％という低さである。

　このように，量的に見た場合，現在の裁判実務で被疑者段階での供述の証拠能力を争うことは不可能とまではいわなくともきわめて困難である現実が統計

■表3-1

	全体数	任意性が争いになった事件数	任意性が否定された事件数	信用性が否定された事件数
全事件	74,982	218(0.29%)	9(0.01%)	9(0.01%)
裁判員裁判対象事件	1,653	61(3.69%)	1(0.06%)	4(0.24%)

　出所：法務省「取調べに関する国内調査結果報告書」（2011）11頁。

的に裏付けられよう。弁護実務上，任意性を争うと公判前整理手続や公判が長期化し，依頼人（被疑者・被告人）にとって不利，不都合であることから弁護戦術として任意性の争いを回避するという選択肢がとられることも多いと推察されるが，それにしてもたとえ争点化してもごくわずかしか成功しないのが実際である。こうした事態が取調べの可視化によって直ちに変化するだろうか。すなわち，裁判手続への負担をかけずに容易に任意性判断ができるとしても，その結論に何か変化を期待することはできるだろうか。また，可視化媒体を得ることにより公判前整理手続や公判の時間が短縮されるといった外形面だけでなく，より被告人の主張が認められやすいという期待から任意性を争点化する弁護人は増加すると期待できるであろうか。

　同報告書が収集したデータから抽出された，被告人が任意性を争う根拠としてあげられている理由は，利益誘導（55件），過度の誘導（53件），暴行・脅迫による取調べ（52件）の3つがトップである。こうしたクレームについて量的なデータからのみで懐疑論を裏付けることは困難と思われるので，実際の裁判例から，被告人の任意性が欠けるとの主張に対して裁判所がどのように判断したかを検証し，それをとおして，今の我が国の刑事裁判における自白の任意性判断の質的な動向を探ってみることにする。

3　質的検討

　判例データベースによって収集できた一，二審で自白の任意性が争われた2000年以降の裁判例50件（公刊物未登載判例を含む）を抽出してみた（章末表3-2参照）。そのうち13件で任意性が否定されており，証拠能力なしとの判断が示されている。今後こうした傾向が取調べの可視化によってより増加することになれば，楽観論が裏付けられると言えるだろう。

　だが，この収集された判例群における排除事例を見ると，取調官の「異常な言動」や「常軌を逸した身体接触」といった明白なケースが中心で，半数は憲法上の権利侵害などが明らかな事例であるように見受けられ（ケース番号11，30，31，49など），憲法38条1項が禁じている「不利益供述の強要」が主張された程度では容易に排除されていないと感じられる。確かに，取調べ手法に相当性を欠くとして任意性を否定したケースが近年増えている傾向も認められるが

62　第1部　被疑者取調べと自白

（ケース番号32，35，39など），他方，相変わらず任意性問題を回避し信用性判断に寄りかかっているケースも少なくない（ケース番号40，42，43など[54]）。

　また，30件の自白の任意性・信用性が争われた裁判例を検討した裁判所の資料集においても[55]，うち14件が自白の信用性を否定した事例であるところ，その中の４件において「警察官の誘導」や「取調べ状況」，「偽計を用いた取調べ」，「理詰めの追及や誘導」を主たる要因として自白調書の信用性を否定している。こうした事情は，本来であれば自白の任意性を否定する重要な事情であるにも関わらず，信用性評価に帰着させる傾向は根強いものがある。さらにいうと，そうした取調べ過程で任意性を否定する事情が明示されていない事案であっても，事案を細かく検討すると取調べに重大な問題が存していたことが明らかになってくるものも存在する。

　例えば，上記の14件の中には，供述に秘密の暴露が含まれず客観証拠と合致しないとして自白の信用性を否定した「高野山放火事件」が含まれているが，この事件は裁判所が警察取調べにおける多くの違法性を認定しほとんどの調書を証拠排除しながら，結局は排除されなかった部分の自白の信用性を否定して無罪としたものである。本事件では，本来任意性が否定されるべき劣悪な取調べ態様であったことは開示された長時間の取調べ録音テープによって明らかにされているのであり[56]，こうした自白の信用性が否定された諸事例を見るかぎり，我が国の刑事裁判における自白の証拠能力の判断を回避して信用性で決着させようとする傾向は根強いものがあると言えるだろう。

　そうした傾向について，元裁判官の守屋克彦氏は，取調べの録音録画制度がない現状では，密室状態の取調べの不当性に関連して自白の任意性が争われたとしても「取調べの状況を客観的に認定することの困難さを考えれば」，とりあえずは自白の信用性判断へと進み，その際に「取調べの状況に対する被告人と取調官との供述のいずれが信用できるかという判断の手がかりとすることは，こんにちの不可視化的な取調べの状況においてはある程度やむをえない」と評する。裁判官経験者ならではの見方だろう[57]。

　とすると，ここでいう〝不可視化的状況〟が今後の取調べの可視化によって解消されるのであれば，信用性判断に際して従前おこなわれていた（被告人側と取調べ側との）「水掛け論」に陥ることなく，自白供述が不任意自白であるか

第3章　可視化と自白法則　63

否か，違法取調べの結果なのか否かを判断できると期待されるのも無理はないであろう。

　つまり，任意性判断をめぐってこうした期待が実現されれば，これまで検討した質的ならびに量的な傾向は大きく変化を見せるという予測に繋がるはずである。しかしながら，2015年法案では一部の犯罪類型についての被疑者取調べの可視化（録音録画）が導入されたものの，（被疑者国選弁護制度の拡充を除いて）それ以外の犯罪の被疑者の取調べ過程における防御権への配慮は盛り込まれていない。そうした"可視化一本やり"の改革で楽観論を導くことができるかは，なお慎重な検討を要するように思われる。そこで次に，「可視化」先進国として，取調べの録音を含む重要な防御権の具体的保障のあり方を改革したイギリスに目を向けることにする。

4　「PACE 効果」の検証

　本章の冒頭で言及した「PACE 効果」とは，イギリスが「1984年警察・刑事証拠法」60条1項で被疑者取調べの録音について実務規範（code of practice）を策定するよう求め，1988年に実務規範 E の制定によって捜査機関に義務づけられた取調べの録音によって，イギリスの裁判所では自白の任意性が争われる機会が激減し，有罪答弁が増え，取調室内での発言に関する法的な紛争が姿を消した現象を指す（イギリスの簡単な歴史については本書第9章参照）。

　日本における可視化推進運動は，取調べの適正化を目指す際に具体的な目標として取調べの全過程の録音録画を主張したが，まさにイギリスの上記のような効果を狙ったものと言えるだろう。

　しかし，イギリスが取調べ録音を義務づけて上記のような効果を得ることができたのは，単に「テープ録音」の効果というよりも，テープ録音が義務づけられたのと同時期に同国で運用が始まった様々な法制度や司法サービスと，それまでの証拠法上の伝統に基づく新たな改革が結びついた成果と言うべきではないかと考えられる。

　そうしたイギリスに固有の事情は5つほどある。

　まず，伝統的にコモン・ローの時代から警察の取調べを規制する準則が存在していたという事実だ。これは「裁判官準則」と呼ばれるもので，制定法では

64　第1部　被疑者取調べと自白

ないが取調べの実務的な指針とされるものであった[61]。これが1984年法制定に伴って定められた実務規範Cとなって明文化され，取調べを規制する実定法上の規範となっている。そして，その規範（code）に列挙された警察の遵守事項は大変細かい。

例えば，留置担当官の様々な確認義務（被疑者の法的助言への要請，医療措置の有無，取調べに対応し得る適切な成人か否か，要通訳・要支援などのニーズ調査を加えたリスク・アセスメント），黙秘権告知，逮捕理由告知，告発後の取調べ禁止と例外，取調べ終了時の確定と継続，テレビ会議による留置審査，取調べ前のソリシターによる情報提供の機会の付与，取調べの通訳，黙秘の不利益推認，圧迫的取調べの禁止，録音録画の開始と終了，立会人の取調べ記録の閲覧機会付与，要支援被疑者への立会いのない取調べ禁止，要支援被疑者の緊急取調べから，取調室の環境（暖房や換気など）や食事時間の確保や休憩時間の確保まで多岐にわたっている。イギリスでは，こうした取調べと被疑者の身体拘束に関する実務規範の存在に加えて司法審査による事後的規制を伴って取調べの適正化が図られるようになったと評すべきであろう。

第二は，自白法則の伝統とこれを補強する証拠法則の存在である。イギリスでは18世紀に近代的な虚偽排除説をベースとする自白法則が完成していたが[62]，これが上記1984年法第76条2項に結実した。同項は「圧迫の結果として獲得された自白」や「信用性を失わせると認められる言動の結果獲得された自白」でないことの立証を訴追側に義務づけている[63]。

さらに，自白法則に加えて，同法78条では不公正証拠排除が制定され，「手続きの公正さに有害な影響を及ぼすため許容すべきでないと認めるとき」に証拠排除がおこなわれる[64]。これはコモン・ロー以来の伝統であったが1984年法の制定後に明文に取り込まれ，「78条は76条の付帯条項」とすら言われるほどだという。要するに，日本でいう「二元説」的に不任意自白や違法取調べによって得られた自白を排除する法制度が証拠法上完備されているのである[65]。

第三は，1984年法の法整備を受けた判例法理の展開である。先に触れた実務規範Cの制定ならびにその改正を受け，PACE違反や実務規範違反に対する判例が重ねられているところである。また，自白法則を補完する78条についても，明確で一般的な指針は存在しないと指摘されてはいるものの[66]，76条で取り

こぼした不定形の不当な手続きから被疑者を保護するものと評されている[67]。例えば，詐術によって得られた供述を排除した判例も存在するところ[68]，実務規範をかいくぐろうとする警察の取調べに対して適切な制御への方向性が示されているという評価がなされているようである[69]。

　第四は，当番弁護士制度と弁護人の立会い制度である。我が国の当番弁護士制度の範となった"当番弁護士"（duty solicitor）は一種の「公判前手続における準国選弁護制度」と評され，治安判事裁判所や警察署に弁護士の名簿が置かれていて，その名簿を見た依頼人からの依頼を受けて弁護士が駆けつける制度で，1972年にブリストルの治安判事裁判所で始まったと言われている[70]。その後1982年の法律扶助法の後押しを受けて定着するが，1984年法と実務規範において警察に被疑者への利用告知と弁護士名簿リスト交付義務が課せられ，1986年から名実ともに公的な起訴前被疑者弁護制度が生まれた。そして，被疑者取調べに際しては，弁護人が立ち会うことができるとされているのである（実務規範C6.5参照）[71]。

　もちろん，弁護人の立会いがあるからといって取調べが必ず適正に進められるかどうか，また不適切尋問がなくなるかどうかは別の問題であり（この点は第9章補論で紹介されるカーディフ・スリー事件を参照），効果のある立会弁護人からの助言や介入がなければならない。イギリスで弁護人立会いがおこなわれた取調べのビデオテープ182件を調査したボールドウィンは，「明らかになった最も驚くべきことは，弁護士の一般的受け身の姿勢」だと指摘した[72]。場合によっては，弁護人は依頼者ではなく警察の質問を助けているようにすら見えたという。ボールドウィンは，この点につき，一般的に警察に協力的な被疑者が利益を得やすいことからそうした受動的姿勢がとられていると見る。彼自身はそうした受動的姿勢に批判的ではあるものの，取調官に同調的か敵対的かのいずれが被疑者にメリットがあるのかはケース・バイ・ケースであろう。いずれにしても，問題は接見時ではなく取調べ中にライブで弁護人が介在することのメリットである[73]。

　第五は，被疑者のうちの供述弱者に対する支援の存在である。イギリスでは，弁護人に加えて，少年や精神障がいその他の精神的に傷つきやすい要支援被疑者に対する支援者となる第三者の関与が制度的に保障されているだけでな

く，そうした被疑者の擁護義務が制度的な支援のみならず上述した取調べに関する実務規範の付則 E「精神障害者及びその他の精神的な支援を要する者に関する規定」や同 G「取調べの適否」として規範化されている点も見逃せないところであろう[75]。

そこで，これらの被疑者取調べをめぐるイギリスに固有の法環境と現在の我が国の立法状況，制度整備状況を比較してみると，第一の取調べ規制の準則化については，先に本章第Ⅱ節から第Ⅳ節までで批判的に考察したとおり，「犯罪捜査規範」（昭和32年7月11日国家公安委員会規則第2号）や「被疑者取調べ適正化のための監督に関する規則」（平成20年国家公安委員会規則第4号）はあまりに抽象的であって具体的な指針を示しておらず，日英の差異を論ずるまでもない。これでは何をすべきか，何をしてはいけないかが実務の運用に委ねられ，裁判による事後的な統制すらむずかしい。我が国の現状との乖離は顕著だろう。

第二の自白法則の明文化については，もちろん我が国でも憲法・刑事訴訟法に明らかに規定されている。だが，証拠採否と事実認定の手続きが二分されていない我が国の刑事裁判にあっては，虚偽排除説から人権擁護説を経て違法排除説へと至る学説の発展は著しいものの，そうした理論が信用性判断に流れる裁判所の判断傾向を食い止めることはできなかった。そして，現在までに学説が，ポスト可視化時代における録音録画された取調べで得られた自白の任意性判断のあるべき姿について十分な枠組みを提起しているようには思われない。

第三の自白法則と不公正証拠排除法則に関する裁判上の不任意自白排除の可能性についても，質的・量的な観点から先に分析したとおり，我が国では今後必ずしも見通しは明るいとはいえない。

第四の弁護人制度については，我が国も1990年代の当番弁護士運動を経て2006年の被疑者段階での公的弁護制度の導入に至り，弁護人へのアクセスの枠組みとしては大幅な改革を成し遂げている。だが，先進国でありながら取調べの立会いのない数少ない法治国だというレッテルの回避には成功していない。法律上，弁護人の立会いを禁ずる具体的な根拠は存在しないにも関わらず，また立会いを望む弁護人や被疑者がいるにも関わらず，そして何より国連人権委員会が勧告を重ねているにも関わらず[76]，取調べの弁護人立会いはその実現をみていない。反対に，接見時間が制限されたり，接見妨害事例が後を絶たないな

ど，有効な防御活動が捜査の妨げになるとして弁護権の行使を阻害する捜査機関の活動も顕著である。何より，我が国では，弁護人の援助を受ける被疑者の権利の保障が上訴審で争われたとしてもその判断基準は形式的であって，効果的な弁護を受ける権利を争うことができない。そのため，弁護権保障の実質は日本では規範化されていないと言わざるを得ない[77]。

最後の要支援被疑者については，最高検察庁の指示（取調べに関する依命通知[78]）のもと，2014年秋に始まった知的障害者等の検察官取調べでは全部録画がおこなわれているようである。しかし，それは単に記録をしているだけであるから，事後的に検証可能な機会を提供しているにすぎず，ライブで支援する制度については「心理・福祉の専門家」の立会いがわずかに試行的に実施されているにとどまる[79]。

このように，イギリスでは取調べ録音（録画）制度を取り巻く被疑者の防御活動にとって有効かつ不可欠な法環境が様々に整えられているという固有の事情が伴っているからこそ，「PACE 効果」が期待できたと考えられるのではないか[80]。このような「可視化一本やり」ではない実態を比較法的に踏まえておくことが重要だろう[81]。

5 結　論

以上のように，事例分析，質的・量的検討を踏まえた結果，我が国における自白の任意性判断の実情を見たとき，我が国でこれから取調べについて録音録画制度の法整備がなされたとしても，任意性判断が求められた場合には必ずしも虚偽自白を適切に排除して冤罪を抑止することが十分に期待できない，という「懐疑論」をある程度裏付けることができたと思われる。

さらに比較法的に検討してみると，イギリスでは，被疑者取調べ録音（録画）制度が取調べの規制を促進したという面──PACE 効果──だけでなく，同国において進められてきた取調べをめぐる直接的な規制（準則の規範化）の存在と被疑者の防御権への配慮や自白法則の法制化およびその運用が進められてきた点を見逃すことはできない。

現在のままの実務運用が続けば，可視化された映像に明白に記録に残された追及的取調べも誘導的取調べも任意性に影響することなく，事態は「楽観論」

68　第1部　被疑者取調べと自白

が期待していたのとは真逆の方向，すなわち従来の尋問方法を肯定し固定化させる方向に進みかねず，必ずしも事態は予想する方向に進むとは限らないのではないだろうか。

この点，小坂井久氏は前述の木谷氏の警鐘について「最悪のシナリオ」と呼んでその妥当性を検討され，幾つかの理由から"最悪のシナリオが生じる確率は，かなり低い"として危険性が乏しいという結論を引き出された[82]。

その理由とは，すなわち，①裁判員裁判での市民の眼差しの登場，②文字から映像への判断対象の変化，③裁判所の内部での任意性への厳格な姿勢の登場，④捜査実務における録音録画の拡大，である。そして，取調べの中身が「ひどい」ケースは証拠調べ請求されないことを実質的な理由とする。

確かにその根拠には肯定できるものも，あるいは期待できる効果をもつものも少なくないが，ここでは別の法的争点（に関する経緯）から懐疑論が支持されることを指摘しておきたい。

すなわち，自白法則が一種の「証拠禁止」であることは論をまたないが，同じ証拠禁止ルールである物的証拠の収集過程に着目した違法収集証拠排除法則における排除事案が実務上非常に少ないことを思い出す必要があるだろう。その理由は，検察側がそうした手続き上重大な違法が争われるケースでは証拠を選別している点にも求められよう。しかし，最高裁において排除相当性をめぐって幾つもの「例外則」が生み出されてきた経緯を思い出さないわけにはいかない。

もちろん，違法収集証拠排除法則は物的証拠の証拠能力に関する判断であり，収集過程いかんで本来は証拠価値の変わらない証拠であるのだから相対的排除説の通説的運用にはそれなりの政策的判断が入れられる余地もあるのに対して，自白は供述証拠であってその信用性には自白法則のみならず補強法則も用意されるなど憲法上も法制度上も慎重な枠組みが用意されてきたという違いはある。そうした違いを踏まえると，自白法則の適用と証拠排除法則のあり方を同列に論ずるのは適当ではないという批判も予想されるところである。

だが，排除法則の例外則が実体的真実主義に裏付けられていて証拠能力判断を政策的に回避して実体判断へと進むための理論的な企てであることと，自白の任意性判断を回避して供述内容の信用性で判断したいという裁判所の傾向

第3章　可視化と自白法則　69

は，刑事司法における手続きよりも実体優位の法的思想として同じ哲学に根ざすものと言えるのではなかろうか。

また，小坂井氏があげた先の楽観論の根拠である，「文字から映像への判断対象の変化」ひとつをとってみても，映像のインパクトがまったく逆の方向に働く可能性は否定できないだろう。本書はしがきで紹介されたブレンダン・ダシーの自白ビデオに関わる裁判所の判断（尋問方法が不適切であったことを認めつつ任意性を承認した）に至る経緯こそ，ポスト可視化時代の自白法則のあり方に警鐘を鳴らす例証とされるべきではないか。

ここで重要なことは，懐疑論か楽観論かの是非を決することではなく，あくまで今後予想される危険性を確定し意識化したうえで，警戒しなければならない事態への対処法や今後の取り組むべき課題を提示することであろう。自白がなされた以上，裁判所はその供述内容の信用性評価をしたいという誘惑に抗しがたいところがあるだろうし，そうした危険は，重大な犯罪であればあるほど大きいものになると（2015年法案で可視化の対象とされた裁判員裁判が，そうした重い罪を対象としていたことに照らしても）いえるのではないか。[補注1)]

つまり，従来の刑事裁判実務のあり方として批判されてきた自白の「信用性の先取り・前倒し」効果がポスト可視化時代においても続くことがないような，そして何より冤罪の原因となる虚偽自白を効果的に手続きから排除できるような，ポスト可視化時代にふさわしい任意性の判断枠組みを構築しておくことが肝要と思われる。

おわりに——自白法則の再構築を展望する

では，そうした任意性判断の枠組みの再構築はどのようにすれば可能だろうか。

本章の冒頭で引用した論稿において，クリストファー・スロボギン教授は米国における取調べの録音録画を推進するよう論じるにあたって，ミランダ・ルールではなく自白の任意性問題に目を向けるよう強調していた。[83)] 翻って我が国の文脈においては，この自白の任意性問題とは自白法則である。

近時，取調べの録音録画を契機として，その記録媒体を精査することで取調

官の違法で不適切な尋問技法が明らかになっていくであろうとして，自白法則を違法排除説に基づいてとらえていくべきとする見解がある[84]。運動論としての取調べの適正化を掲げていた楽観論もそれほど明示的ではないもののこうした見解をその背後に抱えていたものと思われる。

　だが，違法の根拠を憲法・刑事訴訟法上の規範を基準にしてとらえるという従来の違法排除説に立ったときには[85]，憲法38条1項，2項ならびに刑訴法319条1項に列挙された以外に不適切な尋問について準則をもたない我が国の法制度を前提にすると，裁判所が違法に採取された不任意自白を証拠排除する手がかりとなる基準がなく，却って排除の機会を失うことが懸念される。そうすると，心理的強制の有無や虚偽自白のおそれのある取調べ方法の存否を抽象的に基準とする任意性説の方が証拠排除の手がかりとなると期待されるということにもなりかねない。

　現在のところ，裁判実務が虚偽排除を基本とした「任意性説」を前面に押し出しつつ「違法排除説」を加味して任意性の判断を進めていることに鑑みれば，懐疑論を克服するために今後はそれぞれ任意性説と違法排除説の根拠の両方に配慮しながら，学説は任意性判断の再構築を目指さざるを得なくなるだろうと考える。だが，その道は容易ではないのではないか。どちらのアプローチをとるにしても次のような課題を解決できなければ，可視化時代における自白法則の意義が失われよう。

　すなわち，第一に，違法排除説に立ったとき，尋問に関する準則化を判例上構築することができるかどうか，である。これはケース毎の違法性判断を求められる判例法理には険しい課題で，一朝一夕につくりあげることはむずかしいものと思われる。判例法国と呼ばれるイギリスにおいては制定法以前に裁判官準則として取調べを規律していたこと，そして同国が録音義務を整備するのと並行して実務上の規範を整備していた経緯は，制定法国であるはずの我が国の後進性を顕著に表していよう。立法が望ましいが，当面は書かれざる取調べ規範を学説が率先して提起し，これが裁判実務において積み重ねられることが求められるだろう[86]。

　第二に，任意性説に依拠するとき，抽象的基準である"心理的強制"について科学的に論証するアプローチを獲得できるかどうかである。おそらく，ポス

第3章　可視化と自白法則　71

ト可視化時代の取調べにおいてはあからさまに非道な手法は影をひそめるであろうから，徐々に心理的な影響は判別しづらくなっていくに違いない[87]。すると，最近顕著となっている再審請求事件における心理学鑑定の成果を踏まえて，ポスト可視化時代にあっては，いかに心理学的知見から任意性判断に有効かを検討する必要があるだろう[88]。

　いずれにしても，ポスト可視化時代における刑事裁判で虚偽自白問題が現れたとき，果たして録音録画媒体がその解決にどこまで貢献できるかは予断を許さない。先に紹介した木谷元裁判官の不安は決して杞憂ではなく，おそらく近い将来起こる危険性である。それを踏まえた自白法則の新たな展望が求められていると言えよう。

1）　クリストファー・スロボギン（拙訳）「取調べ録音録画に向けて──その憲法的考察」判例時報2064号（2010）3頁。
2）　日本弁護士連合会「取調べの可視化（取調べの全過程の録画）の実現に向けて──可視化反対論を批判する〔第3版〕」（2008年3月）61頁参照。
　　http://www.nichibenren.or.jp/library/ja/special_theme/data/torishirabe_kashika.pdf
3）　例えば，大澤裕「自白の任意性とその立証」『刑事訴訟法の争点　旧版〔3版〕』（有斐閣，2002）170頁，172頁。
4）　吉丸眞「裁判員制度の下における公判手続の在り方に関する若干の問題」判例時報1807号（2003）7頁，佐藤文哉「裁判員裁判にふさわしい証拠調べと合議について」判例タイムズ1110号（2003）9頁など参照。伝聞ではあるが，可視化が進むと「今後は，明らかに被告人の主張が排斥できる場合を除き，客観的な証拠が提示されない場合には，任意性に疑いがあるとして却下する場面が増えていくのではないか」という希望的観測が示されている。今崎幸彦「『裁判員制度導入と刑事裁判』概要──裁判員制度にふさわしい裁判プラクティスの確立を目指して」判例タイムズ1188号（2005）4頁。刑事裁判官による共同研究会の発言から。最近でも齊藤啓昭「自白の任意性の立証」松尾浩也＝岩瀬徹編著『実例刑事訴訟法Ⅲ』（青林書院，2012）164頁は，「任意性の争いが公判に持ち込まれることはなくなる可能性がある」とする。
5）　木谷明『刑事事実認定の理想と現実』（法律文化社，2009）126頁参照。なおこの発言は2004年9月の日弁連シンポジウムでの講演時になされた。
6）　2つの最高裁判例とは，高輪グリーンマンション事件（最決昭和59年2月9日刑集38巻3号479頁）と無欲事件（最決平成元年10月27日判例時報1344号19頁）である。
7）　近年自白法則の見直しが学界でも提起されているものの，可視化された取調べを前提とした再構築論はまだ乏しいように思われる。
8）　PACEとはPolice and Criminal Evidence Act 1984（1984年警察刑事証拠法）の略である。
9）　詳細は，平田友三『全員無罪──122人の選挙違反事件を追う』（ぎょうせい，1992）。
10）　富山地裁高岡支判平成19年10月10日（平成19年（た）第1号）公刊物未登載，裁判所ウェブ。

11) 佐賀地判平成16年1月29日判例時報1869号143頁。検察官控訴棄却（福岡高判平成17年9月13日公刊物未登載）で確定。

12) 副島健一郎『いつか春が──父が逮捕された「佐賀市農協背任事件」』（不知火書房，2008）。とくに205-208頁参照。

13) 市川寛『検事失格』（毎日新聞社，2012）。特別公務員暴行陵虐罪を教唆する上司が描かれている。43-48頁など参照。

14) 再審開始決定は，大阪地決平成24年3月7日（平成21年（た）第8号，平成21年（た）第11号）公刊物未登載。

15) 鹿児島地判平成19年2月23日判例タイムズ1313号285頁。

16) 国家賠償請求について，鹿児島地判平成20年3月24日判例時報2008号3頁。

17) 福岡地判平成20年3月18日公刊物未登載。

18) 富山地判平成27年3月19日判例時報2261号47頁。

19) 鹿児島地判平成27年5月25日判例時報2262号232頁（無罪原告事件），判例時報2263号189頁（不起訴原告事件）。

20) 富山地裁高岡支判平成19年10月10日（平成19年（た）第1号）公刊物未登載。

21) 柳原浩編『「ごめん」で済むなら警察はいらない──冤罪の「真犯人」は誰なのか？』（桂書房，2009）。とくに16-50頁のインタビュー参照。

22) 警察庁「富山事件及び志布志事件における警察捜査の問題点等について」（平成20年1月）。https://www.pref.kagoshima.jp/ja13/documents/45962_20150609101209-1.pdf

23) 同上。

24) 「供述の信用性については慎重に検討する必要があった」とするのみである。何故そうした信用性のない供述を得てしまったかについての指摘はない。

25) 最高検察庁「いわゆる氷見事件及び志布志事件における捜査・公判活動の問題点等について」（平成19年8月）。

26) 木谷明「氷見国家賠償等請求事件判決について」判例時報2261号（2015）12頁，とくに17頁参照。

27) 守屋克彦「氷見事件・志布志事件に関する最高検察庁の調査報告書について」季刊刑事弁護54号（2008）126頁。

28) 警察庁刑事局刑事企画課「取調べ（基礎編）」（平成24年12月）。

29) 私見とは反対に，小坂井久＝丸山和大「取調べの可視化と氷見事件」判例時報2261号（2015）40頁は，全過程可視化されていれば相当程度の高い確率で冤罪事件としての氷見事件を防ぐことができた，と主張する。もっとも，これは任意段階での取調べの録音録画を前提にしており，2015年3月に閣議決定され衆議院において通過した刑事訴訟法改正案に基づくと，任意段階の取調べは可視化（録音録画）の対象ではないし，本事件は裁判員裁判対象事件ではないので，少なくとも警察段階では取調べの録音録画はされないことになる。著者らも（現在提出中の可視化関連法令のもとでは）氷見事件を防ぐことはむずかしかった，と認める。

30) 大阪地決平成24年3月7日（平成21年（た）第8号・平成21年（た）第11号）公刊物未登載。

31) 大阪高決平成27年10月23日（平成24年（く）144号）公刊物未登載。

32) 東住吉事件の再審開始決定は即時抗告審によって確定するが，取調べの違法性問題については大阪高裁も取調べの不適切さを認定して確定審の判断に影響を与えたことを認定しつつ，抗告審での被告人側による追加主張は認められないとして判断をおこなわないとした。

33) 捜査実務研究会編著『取調べと供述調書の書き方』（立花書房，2005）59頁。

34) 綱川政雄『被疑者の取調べ技術』（立花書房，1977）141頁。

35) G. H. グッドジョンソン（庭山英雄ほか訳）『取調べ・自白・証言の心理学』（酒井書店，1994）18頁。

36) R. ミルン＝R. ブル（原聡編訳）『取調べの心理学——事実聴取のための捜査面接法』（北大路書房，2003）31-32頁参照。

37) RICHARD LEO, POLICE INTERROGATION AND AMERICAN JUSTICE 150-151 (2008).

38) フレッド・インボー＝ジョン・リード（小中信幸＝渡部保夫訳）『自白』（ぎょうせい，1990）。例えば，「実際の（または推測される）犯行の動機よりも悪質でなく道徳的非難を受けることも少ない動機を示唆してやる」（同書180頁）といった例があげられている。

39) 前掲注28) 6頁および16頁参照。

40) 富山事件と志布志事件の取調べの適正さが問題となったため，国家公安委員会において「警察捜査における取調べの適正化について」（平成19年11月1日）決定後に，「警察捜査における取調べ適正化指針」（平成20年1月24日）が定められ，その後国家公安委員会規則として定められたものである。

41) 志布志事件で捜査側が捜査した「事件」は5つあった。①ビール供与事件（起訴されなかったK氏がN氏への投票依頼のためビールを配ったという疑い），②焼酎供与事件（同じくK氏が焼酎を配ったという疑い），③焼酎・現金供与事件（住民にN氏への投票を依頼するためF氏らが焼酎や現金を配った疑い），④買収会合事件（N氏夫妻が会合で投票を依頼し現金を渡した疑い），⑤現金供与事件（不起訴となったがH氏が住民に現金を配布した疑い）。

42) こうした尋問の実態について詳しくは，朝日新聞「志布志事件」取材班『虚罪 ドキュメント志布志事件』（岩波書店，2009），とくに144頁以下参照。

43) 被疑者と弁護人のコミュニケーションを聴取した警察の捜査手法は国家賠償請求訴訟で違法性を認められている。鹿児島地判平成20年3月24日判例時報2008号3頁。この判決については例えば，公文孝佳・速報判例解説 Vol. 6（2010）213頁，緑大輔・法律時報81巻11号（2009）127頁，同訴訟への意見書として拙稿「秘密交通権をめぐって——志布志事件接見国賠裁判を通して考える」成城法学81号（2012）172頁参照。

44) 鹿児島地判平成19年1月18日判例時報1977号120頁。ニューヨーク・タイムズ紙も，キリシタン弾圧の道具となった「踏み絵」を想像させるやり方だとして紹介している。*See, Pressed by Police, Even Innocent Confession in Japan,* NEW YORK TIMES (May 11, 2007).

45) 鹿児島地判平成19年2月23日判例タイムズ1313号285頁。

46) この点，拙稿法学セミナー増刊速報判例解説 Vol. 2（2008），中島宏「公職選挙法違反で起訴された12名の被告人全員に無罪が言い渡された事例（いわゆる志布志事件）」季刊刑事弁護52号（2007）138-139頁など参照。後者も「取調官による追及や誘導の可能性を肯定しておきながら，それを証拠能力ではなく証明力の問題として位置付けたことには，疑問を持たざるをえない」と指摘する。

47) 鹿児島県警察「いわゆる志布志事件の無罪判決を受けた再発防止策について」（平成19年12月）。

48) もっとも，「適正捜査に関する教養資料の発行」として，任意性をめぐる裁判例の最近の動向について裁判で争われる事例が増えていることを受けて，留意すべき事項について周知・徹底を図ったとする。

49) 前掲注22) 参照。

50) 木谷明『刑事裁判の心〔新版〕』（法律文化社，2004）59頁。

51) 杉田宗久「自白の任意性とその立証」『刑事訴訟法の争点』（有斐閣，2013）158頁，159頁参照。

52) 法務省「取調べに関する国内調査結果報告書」（2011）。

http://www.moj.go.jp/content/000077995.pdf

53) 同報告書によれば，任意性を争った場合の任意性審査に関わる公判の時間は，全事件で平均105分，裁判員裁判対象事件で123分だったという。同書16頁参照。

54) 実務に任意性説が浸透し虚偽（自白）排除の志向が強まった結果，信用性（証明力）判断で問題を処理する傾向があるとするものとして，加藤克佳「自白法則について――現状と課題」刑法雑誌52巻1号（2013）71頁，94頁参照。

55) 最高裁判所事務総局刑事局監修『自白の任意性・信用性に関する刑事裁判例集』（司法協会，1997）。

56) 録音テープの検討から任意性問題に言及するものとして，後藤貞人「自白調書と公判弁護――取調べのテープ録音と自白の任意性」渡辺修編著『刑事手続の最前線』（三省堂，1996）22頁，後藤貞人「高野山事件――暴かれた偽証」指宿信編『取調べの可視化へ！――新たな刑事司法の展開』（日本評論社，2011）108頁を参照。喧嘩腰で怒鳴りつける取調べ態度や，保釈を使った利益誘導のプロセスが見事に浮かび上がってくる。

57) 守屋克彦『自白の分析と評価――自白調書の信用性の研究』（勁草書房，1988）149頁参照。

58) PACE に関する邦語文献は多数あるが，さしあたり，三井誠「1984年警察・刑事証拠法及び1985年犯罪訴追法を中心に――改革の概要―連載開始にあたって」ジュリスト937号（1989）63頁，森雅仁「英国における捜査手続(1)――1984年警察及び刑事証拠法（PACE）を中心として（概説）」警察学論集43巻7号（1990）100頁以後の連載，同「英国における捜査手続(1)――1984年警察及び刑事証拠法を中心として」捜査研究39巻8号（1990）55頁以後の連載など参照。

59) PACE 実務規範に関する邦語文献として，渥美東洋「イギリスの警察および刑事証拠法の「実務規範」（1～4完）」判例タイムズ595号（1986）18頁・596号（1986）22頁・597号（1986）26頁・599号（1986）24頁参照。

60) イギリスにおける被疑者取調べを素描した文献として，例えば，庭山英雄「イギリスにおける被疑者取調べ」井戸田侃編『総合研究＝被疑者取調べ』（日本評論社，1991）221頁以下，L.H.リー（堀田牧太郎訳）「イギリス法における被疑者の留置中の取扱いと取調べ」法律時報64巻1号（1992）61頁，白川靖浩「イギリスにおける被疑者取調べについて（上，中，下）」警察学論集60巻4号（2007）75頁・5号（2007）117頁・6号（2007）65頁；「イギリスにおける被疑者取調べについて」警察政策研究12号（2008）255頁など参照。

61) イギリスにおける裁判官準則，とくに取調べに関しては，例えば，多田辰也「イギリスにおける被疑者取調べ――裁判官準則と自白法則」警察研究59巻2号（1988）36頁（後に同『被疑者取調べとその適正化』（成文堂，1999）309頁所収）参照。

62) イギリスの自白法則について，鯰越溢弘「逮捕・勾留中の被疑者取り調べと『供述の任意性』――イギリスの議論を参考にして」法政理論20巻4号（1988）1頁，稲田隆司『イギリスの自白排除法則』（成文堂，2011）参照。コモン・ロー時代からの自白法則の成立過程については同書1頁以下，また，高田昭正「イギリスにおける自白の任意性――1984年以前の「誘導による自白」『高田卓爾博士古稀祝賀　刑事訴訟の現代的動向』（三省堂，1991）357頁参照。

63) 1984年法の紹介文献は多いが，取調べに関してはとくに，岡部泰昌「英国における自白法則――1984年の警察・刑事証拠法における自白規定の検討を中心にして」名城法学37巻別冊（1988）309頁，森雅仁「英国における捜査手続（五）――1984年警察及び刑事証拠法（PACE）を中心として（概説）」警察学論集44巻1号（1991）141頁など参照。

64) 78条の不公正証拠排除についての詳細は，小浦美保「イギリスの警察および刑事証拠法78条による証拠排除――とくに，わなや詐術を用いて収集された証拠について」岡山商大法学論叢19号（2011）31頁；「イギリスにおける不公正証拠排除と『抑止』の理論」岡山商大法学

論叢23号（2015）1頁など参照。

65）78条に基づく自白排除については，稲田・前掲注62）110頁以下参照。

66）稲田・前掲注62）124頁。

67）稲田・前掲注62）126頁参照。また小浦・前掲注64）も，「不公正排除法則の機能の広さ」を強調する。岡山商大法学論叢23号（2015）17頁参照。

68）R. v. Mason, [1988] 1 WLR 139, CA; R. v. H, [1987] Crim. L. R. 47, CC.

69）小浦・前掲注64）論叢19号45頁参照。

70）イギリスの当番弁護士については，庭山英雄「イギリスの当番弁護士制度」香川法学7巻3＝4号（1988）1頁；「当番弁護士制度を考える」法律時報63巻11号（1991）2頁など参照。イギリスの弁護制度全体の歴史については，岡田悦典『被疑者弁護権の研究』（日本評論社，2001）のとくに第2章，葛野尋之「イギリスの刑事弁護」後藤昭ほか編著『刑事弁護の歴史と展望（現代の刑事弁護3巻）』（第一法規，2014）301頁など参照。

71）この点，多くの弁護人は実際には取調べに立ち会わずにパラリーガルを雇って立ち会わせているとの指摘がある。渡辺修＝山田直子監修／小坂井久＝秋田真志編著『取調べ可視化——密室への挑戦　イギリスの取調べ録音・録画に学ぶ』（成文堂，2004）104頁参照。もっとも，「元警察官の事務員は，ソリシターや実務経験を持たない他の事務員よりも被疑者にとって役立つかもしれない」という見解もある。デイビッド・ディクソンほか（上石圭一訳）「イギリスにおける警察留置中の被疑者の権利の保護」宮澤節生＝山下潔編『国際人権法・英米刑事手続法』（晃洋書房，1991）109頁，129-134頁。取調べに立ち会う弁護人向けのマニュアルとして，ANTHONY EDWARDS, ADVISING A SUSPECT IN THE POLICE STATION (6th ed. 2006); ED CAPE, DEFENDING SUSPECTS At POLICE STATIONS: THE PRACTITIONER'S GUIDE TO ADVICE AND REPRESENTATION (2006) などがある。

72）ジョン・ボールドウィン（四宮啓訳）「イングランドとウェールズにおける警察の録音と警察署における弁護人の役割」季刊刑事弁護12号（1997）42頁，48-49頁。

73）実際の立会い現場につき，大出良知「取調べへの立会いを実現（イギリス刑事手続見聞記2）」季刊刑事弁護10号（1997）31頁参照。

74）この制度については，京明『要支援被疑者の供述の自由』（関西学院大学出版会，2013），とくに第4章から6章までを参照。そのほかに，清野憲一「英国における供述弱者の取調べ（1～3完）」捜査研究62巻1号（2013）36頁，2号（2013）81頁，3号（2013）76頁など。

75）京・前掲74）175-179頁参照。

76）例えば，国際人権（自由権）規約委員会総括所見（2008年10月）。
http://www.nichibenren.or.jp/library/ja/kokusai/humanrights_library/treaty/data/Concluding_observations_ja.pdf

77）そうした具体的弊害は，前述の富山氷見事件の弁護活動に対する日弁連自身による調査報告が非常に微温的であったことに現れていよう。日本弁護士連合会「『氷見事件』調査報告書」季刊刑事弁護54号（2008）191頁参照。

78）「取調べの録音・録画の実施などについて（依命通知）」（最高検察庁，平成26年6月）法制審議会「新時代の刑事司法特別部会」第28回配布資料。
http://www.moj.go.jp/content/000124480.pdf・季刊刑事弁護82号（2015）28頁以下。

79）「知的障がいによりコミュニケーション能力に問題がある被疑者等に対する取調べの録音・録画の試行について」（平成27年12月）参照。
http://www.kensatsu.go.jp/content/000127632.pdf

80）アメリカはその反対例と言うべきであろう。取調べ録画が部分的にしか記録されず（本書第6章参照），弁護人依頼権を実質的に保障するミランダの権利は放棄させられ（本書第2章参照），貧困者における弁護人へのアクセスは未だ不十分で（これについては拙稿「弁護人の

弁護を受ける権利」『アメリカ法判例百選』別冊ジュリスト213号（2012）110頁参照），要支援被疑者へのサポートは貧しい。そうした総体的な防御権保障に関わる貧困な法環境が，あれだけの誤判事件をつくり出したといえるだろう（アメリカの誤判冤罪問題については，例えば，バリー・シェック（西村郁雄訳・指宿信監訳）『無実を探せ！——イノセンス・プロジェクト　DNA鑑定で冤罪を晴らした人々』（現代人文社，2009）参照）。

81）　なお，イギリスの取調べ録音制度を紹介しつつこれに反対の論調を示すものに，山上圭子「英国における取調べの録音制度について」法律のひろば56巻6号（2003）年6月号71頁がある。確かに「ある制度のみを取り上げ」導入すべきとの議論が適切でないことは正鵠を射ているものの，山上氏は取調べ時間の短さ・訴追基準の低さ・実体法の挙証責任といった英国の特徴に着目する。しかし，本来取調べの適正化問題を論じるとすれば，録音制度に関しては本章で示したような防御権保障の法環境にこそ目を向け，「他の関連する制度全体の中で機能している」可視化制度を講ずるべきであった。

82）　小坂井久『取調べ可視化論の展開』（現代人文社，2013）401-405頁参照。

83）　スロボギン・前掲注1）6頁参照。「われわれの目標とするところが取調べ過程の効果的な規制にあるなら，ミランダ・ルールはその役目を果たしてはいない。この課題を十分達成するためには，任意性問題を再び活性化すること以外に方法はない。その活性化は，取調べの録音録画がルーティンにされてはじめて可能となる。」という。

84）　中島宏「自白法則における違法排除説再論」法律時報83巻2号（2011）34頁，39頁。また加藤・前掲注54）93頁も参照。

85）　加藤・前掲注54）77頁参照。

86）　こうした方向性を示唆するものとして，安原浩「任意性論の再構築」村井敏邦ほか編『刑事司法改革と刑事訴訟法（下巻）』（日本評論社，2007）772頁，773頁。

87）　中島・前掲注84）39頁参照。著者は，その予想から任意性説を離れ違法排除説に向かう方が得策だとする。つまり，違法排除説に立てば外部的事情があれば内心への影響を読み取りやすいからである。

88）　心理学の知見の応用を示唆する見解として木谷・前掲注5）『理想と現実』114頁参照。学界ではまだ少数だが，例えば関口和徳「自白排除法則の再構成」刑法雑誌51巻2号（2013）178頁，190-191頁など。

補注1）　2016年3月18日，宇都宮地方裁判所は，殺人事件の裁判員裁判の公判で合計7時間に及ぶ取調べ録画DVDが再生された事案につき，自白調書を証拠採用した。再生された映像に記録された取調べでは誘導の様子が明白に残っており，記録されなかった時間帯において取調官による暴行があったと被告人側は主張していた。こうした長時間撮影とその再生は見る者に強い影響を与えると懸念されるところであり（本書第3部参照），懐疑論の指摘を裏付けているのではないか。

■表3‐2　自白の任意性が争われた近年の裁判例（最高裁と再審事件を除く）

番号	判決年月日（平成）	裁判所	出　典	証拠能力判断	注
①	12年1月24日	東京高裁	判タ1055号294頁	肯定	取調官の暴行，脅迫があったとの主張を排斥
②	12年3月14日	名古屋高裁	判タ1054号286頁	肯定	
③	12年9月18日	東京高裁	無罪事例集7集30頁	肯定	認めないと帰れないと警察官に言われた自白の任意性を認め信用性を否定
④	12年10月19日	福岡高裁	判タ1152号318頁	肯定	理詰めの尋問や誘導でも，ことさらに誤導し意に反する供述を得たわけではない
⑤	12年10月26日	鳥取地裁米子支部	平成11年（わ）第45号	肯定	自白強要あれば弁護人に伝えていたはずとして任意性を肯定するが不自然な内容として信用性否定
⑥	13年3月26日	東京高裁	高裁刑事裁判速報（平13）46頁	肯定	5日間にわたってホテルや実家に宿泊する際に警察官が付き添っても自白に特段の影響はなかった
⑦	13年9月25日	大阪高裁	平成12年（う）第960号	肯定	3夜にわたって捜査官の手配したホテルに宿泊させて取調べを続行したが任意性には影響なし
⑧	13年12月18日	東京高裁	平成11年（う）第289号	否定	自白を検察官による利益誘導によるとして任意性否定した原審支持
⑨	14年3月12日	札幌地裁	平成12年（わ）第797号	肯定	身体の変調を理由にした任意性なしの主張を否定
⑩	14年3月12日	宇都宮地裁	平成12年（わ）第618号	肯定	連日長時間の取調べでも調書には誘導できないような記述もある
⑪	14年9月4日	東京高裁	判時1808号144頁	否定	違法収集証拠排除法則の適用（ロザール事件）
⑫	14年11月12日	仙台高裁	判タ1156号286頁	肯定	自白の信用性を否定
⑬	14年12月23日	佐賀地裁	判時1869号135頁（佐賀農協背任事件証拠決定）	否定	検察官の異常な取調べの言動に基づいて任意性に疑いあり
⑭	15年11月5日	大阪高裁	判時1864号175頁	肯定	一審は無罪
⑮	15年11月7日	宇都宮地裁	平成15年（わ）第138号等	肯定	任意性に疑いを抱かせる強制や偽計の形跡なし

78　第1部　被疑者取調べと自白

番号	判決年月日（平成）	裁判所	出　典	証拠能力判断	注
⑯	16年1月22日	横浜地裁	判タ1179号345頁	肯定	信用性肯定
⑰	16年3月29日	東京地裁	平成15年（合わ）第34号他	肯定	トイレを制限したり額を叩いたりした行為も強制的な取調べと認めず
⑱	16年7月26日	名古屋地裁	平成15年（わ）第2981号	肯定	自白に変遷があるが心理的な強制のもとに誘導され迎合した形跡なし
⑲	16年8月5日	大阪高裁	平成15年（う）第856号	肯定	不利益事実の強要する脅迫の事実なく原審破棄差し戻し
⑳	16年9月16日	佐賀地裁	判時1947号3頁（証拠決定）	否定	社会通念上相当と認められる限度を超え違法，任意性に疑いあり
㉑	17年2月25日	福岡地裁小倉支部	平成14年（わ）第1137号他	肯定	自白に強要された要素はない
㉒	17年3月9日	名古屋地裁岡崎支部	平成16年（わ）第494号	肯定	捜査官の脅迫，誘導等，任意性に影響及ぼす事情なし
㉓	17年4月28日	千葉地裁	平成16年（わ）第410号他	肯定	任意性に問題を挟む余地はないものの捜査官等に迎合してなされた可能性もあり信用性なし，無罪
㉔	17年5月30日	大阪地裁	平成16年（わ）第2521号	肯定	黙示の不起訴合意などはなく虚偽の自白ではない
㉕	17年11月16日	福岡地裁小倉支部	平成15年（わ）第801号	肯定	長時間の取調べのみをもって任意性に疑いを抱かせる事情とならない
㉖	18年2月3日	大阪地裁	平成17年（わ）第3350号	否定	大柄な取調官による常軌を逸した違法な身体接触で恐怖心から被告人は虚偽自白をおこなった
㉗	18年4月6日	札幌地裁	平成17年（わ）第1298号	肯定	取調官の誘導に迎合したという被告人の公判供述は信用できない
㉘	18年9月22日	長崎地裁	平成17年（わ）第390号	肯定	署名をしつこく迫られたため仕方なく署名したとの主張を排斥
㉙	18年9月28日	名古屋地裁金沢支部	賃金と社会保障1440号56頁	肯定	自白調書が捜査官の作文とは認められず，任意性を失わせるような形跡なし

第3章　可視化と自白法則　79

番号	判決年月日 （平成）	裁判所	出　典	証拠能力判断	注
㉚	18年11月15日	京都地裁	季刊刑事弁護51号 204頁（証拠決定）	否定	警察官調書は脅迫に加え弁護人選任権行使に対する実質的な妨害と利益誘導のもとに作成され，重大な違法があり被告人の黙秘権を著しく侵害，任意性に疑いがある
㉛	19年3月19日	福岡高裁	季刊刑事弁護52号 140頁，高裁刑事裁判速報（平19） 448頁	否定	長時間連続しておこなわれた本件取調べは任意の取調べの限界を超え，令状主義を潜脱した違法なもの
－	19年3月30日	大阪地裁	季刊刑事弁護52号 141頁	否定	18年2月3日の証拠決定を受けた無罪判決
㉜	19年4月27日	さいたま地裁	季刊刑事弁護58号 193頁（証拠決定）	否定	大声を出したり侮辱的な発言を加えたりすることに大半を費やした検察官の取調べ方法は相当性を欠く
㉝	19年5月14日	東京高裁	高裁刑事裁判速報 （平19）号224頁	肯定	2日半に及ぶ不適切な取調べ。社会通念上任意捜査として許容される範囲を超えていない
㉞	19年10月10日	東京地裁	判タ1255号134頁	肯定	取調べ状況を撮影したDVDについて過大視することはできない
㉟	19年11月14日	大阪地裁	判タ1268号85頁 （証拠決定）	否定	被告人の弁解を無視し自己の意図する供述内容を誘導，押しつける取調べ
㊱	20年2月7日	福岡高裁	平成18年（う）第788号	肯定	理詰めによる取調べがあったとしてもそのことから直ちに任意性がなくなるものではない
㊲	20年3月5日	福岡地裁小倉支部	季刊刑事弁護55号 172頁	否定	同房者を通じて供述を得る方法は虚偽自白を誘発しかねず任意性否定
㊳	20年3月10日	名古屋地裁	平成18年（わ）第1044号	肯定	有形力の行使や脅迫的文言の使用を否定
㊴	20年3月11日	大阪地裁	平成17年（わ）第3116号	否定	約束による自白，深夜までの取調べに基づき任意性否定

番号	判決年月日（平成）	裁判所	出　典	証拠能力判断	注
㊵	20年6月27日	大阪地裁	平成19年（わ）第4146号	肯定	自白は誘導の産物ではないとするが犯罪の成立を否定し，無罪
㊶	20年6月30日	東京高裁	高裁刑事裁判速報（平20）100頁	肯定	録画時間が10分にすぎない取調べDVDに誘導なく，簡潔に供述している
㊷	21年9月1日	金沢地裁	平成19年（わ）第679号	肯定	一貫した自白で任意性を認めたが虚偽自白として信用性否定
㊸	22年2月23日	大分地裁	平成19年（わ）第41号	肯定	利益誘導，偽計，長時間の取調べの主張は排斥したが信用性を否定，無罪
㊹	22年12月14日	函館地裁	平成21年（わ）第184号	肯定	長時間の任意取調べの主張を退けた
㊺	23年2月23日	大阪高裁	高裁刑事速報（平23）号196頁	肯定	検察官取調べのDVDにより警察官の取調べの影響が遮断されているとした。
㊻	23年8月4日	横浜地裁	平成21年（わ）第1996号他	肯定	威迫，切り違え，利益誘導の主張を退け逮捕前から自白していて一貫した態度
㊼	24年12月13日	広島高裁	判時2226号113頁	肯定	連日取調べについて，最大でも8時間で，説得の範囲内とした
㊽	25年3月4日	長野地裁松本支部	判時2226号126頁	肯定	追及的取調べの疑いがあるが心理的強制の疑いはない
㊾	25年7月23日	東京高裁	判時2201号141頁	否定	虚偽の約束による自白として，黙秘権侵害を認めた
㊿	26年9月5日	福岡地判	平成25年（わ）第388号他	肯定	迎合していた状況は窺えず自白に疑問はない

出所：TKC LEX/DBより2000年1月から2015年12月まで

第2部　取調べ録画の比較法

第4章 オーストラリア(1)
―――取調べ録画制度と自白の証拠能力

> 被疑者取調べを録画するという立法者の方針が，自白にまつわる手続き上の争いを可能なかぎり最小限にまで減らすというところにあったのであれば，こうした方針の効果を弱めようという試みは証拠を得るための不公正なものと解さなければならず，［録画されなかった］自白は証拠から排除されなければならない。
>
> 豪州最高裁ニコルズ判決におけるマックハフ判事の意見より[1]

はじめに

　2007年から検察庁の一部で導入された取調べの一部録画制度は，2008年から全庁で実施されることになった[2]。さらに警察庁も，これまでの完全消極論から一転して導入へと方針を変換し[3]，いよいよ取調べ「可視化」問題は，録画の可否をめぐる総論のステージから，どのような場合に，いかなる方法で，そしていかなる条件で実施するか，という各論の段階へと移行することとなった[4]。

　我が国固有の事情に基づいた反対論の強かった総論段階とは異なり，こうした各論を論ずるにあたっては，取調べの録音や録画について経験を有する諸外国の知見に学ぶところが大きいと考えられる。これまでの我が国の議論の関心は，主として「どのように録音録画するか」に集まっていたと言えるが，実務上の問題は取調べの可視化導入にとどまらず，むしろ可視化後にあるといってよい。すでに我が国でも裁判員裁判を前提として，取調べ録画の方法や要件については導入を前提とした議論が始まっているものの[5]，他国の取調べ録画制度自体の紹介はさておき，その成果物たる自白の証拠能力との関係をめぐっては，未だ比較法的研究の蓄積に乏しいのが実状であると言えよう。

　そこで本章では，取調べ録画先進国として知られるオーストラリア（豪州）

諸州における取調べ録画関連立法と自白の証拠能力との関係をめぐる最高裁判例の動向紹介をとおして，我が国における今後の立法論ならびに裁判実務の参考とすることにした。なぜなら，結局のところポスト可視化時代にあっても公判で争われることになるのは"自白"の証拠能力であり，"自白"の信用性であることは変わらないからである。そのため，ポスト可視化時代を見据えた可視化立法を検討することが不可欠であり，それにあたっては先行する諸国の経験に学ぶところは大きいだろう。

豪州を選んだ理由は，第一に，いわゆる可視化先進国と呼ばれる法域としては英国のような先駆的な国があるものの，取調べ録画については英国など[7]よりむしろ豪州の方が長い経験を有していること，第二に，州ごとに異なる録音録画立法がおこなわれていてその比較検討を通じて示唆を得られること，第三に，録音録画立法と関わって自白の証拠能力につき判例が豊富なこと，などである。

言うまでもなく，豪州法と我が国の法制度では異なる点も少なくない。例えば，取調べビデオは豪州においては実質証拠として許容されるが，我が国ではおそらく今後も自白調書の任意性，信用性の補助資料として位置づけられることになると考えられ，証拠法上の位置づけが異なっている。また，我が国の場合には警察取調べと検事取調べが二重におこなわれるが，豪州では警察取調べのみであることなど手続法的にも相違は大きい。とはいえ，取調べをめぐる法的規律として録画制度を位置づけようという観点や，我が国で現在提案されている立法提案においては，自白の証拠能力（任意性）に関して録画を要件化している点など，根幹部分において共通しており，多くの示唆を得られると期待される。

そこで以下では，第Ⅰ節では取調べ録音録画立法前の最高裁判例を，続く第Ⅱ節では諸州の立法を紹介し，第Ⅲ節では，録画立法後も問題が解決したわけではなく，様々な法的紛争が引き続き提起されている中，州からの上告事件である近時の重要な豪州最高裁判例を取り上げる。また，我が国において取調べ録画を義務づける内容の法律案が提示されているところ，第Ⅳ節ではそれらについて豪州法からの知見をもとに検討をおこない，我が国の今後の立法化に向けた示唆をまとめたい。

第4章　オーストラリア(1)　85

I 録画立法前の状況と最高裁判例

　取調べ録音録画が諸州で立法化される前の時代，1988年のカー判決ですでに豪州最高裁は，「現代における調査と経験を踏まえると……この国中で，警察署に拘禁されている被告人に対する取調べにおける口頭での自白から得られた証拠のでっち上げ（fabrication）という現実的および潜在的危険があることを否定することほど，現実を無視したものはないであろう」と明確に指摘していた。1986年のウィリアムズ判決でも，問題の「解決は，問題となった自白が法廷で証拠となる機会を制限すること」しかないと明示し，自白の証拠能力に関する立法を待望するメッセージを寄せた。ここでいう「制限」が録音録画のない証拠については許容しないことを指すのは言うまでもない。また，そうした解決は「実務上可能なかぎり速やかに」おこなわれるべきであるとも指摘されていた。

　こうした最高裁の態度はどこから生まれてきたのか。それは言うまでもなく，豪州に蔓延していた「自白強要（verballing）」の警察文化とそれに対する批判である。例えば，クィーンズランド州で出された「ルーカス・レポート」（1977年）では，「悲しいことだが，真実は，"自白強要"は警察の特定のメンバーによって普通に用いられる道具である」と述べられていたし，ヴィクトリア州警察調査委員会による「ビーチ・レポート」（1978年）でも，「自白強要に関する手口のクラシック・モダンなやり口」が数々紹介された。ニュー・サウス・ウェールズ州における警察業務に関する王立委員会，通称「ウッド・レポート」によれば，「自白強要は"警察業務のある部門においては一種のアート"にすらなっている」と評されるほどであった。

　このように，各種の委員会などの度重なる取調べ実務に対する批判と録画導入勧告にも関わらず，豪州各州での立法化は速やかには進まなかった。こうした事態の中で，取調べの電子的記録に関する立法化を各州に普及させる契機となった最高裁判決が1991年のマッキニー判決である。この判決は，取調べの電子的記録がなされていない自白の場合には，その任意性に関する危険性について陪審に警告を与えるという判断を示した。

86　第2部　取調べ録画の比較法

同判決は,「最高裁のマニフェストの目的は,電子的記録を採用するよう警察と政府にプレッシャーを与えようというもの[15]」と評されるように,諸州政府の重い腰をあげさせ,警察の反対論を沈静化させる大きな役割を果たしたのである。[補注1)]

II　各州における取調べ録音録画立法

豪州は連邦制をとっているため,各州がそれぞれ個別に取調べの録音録画制度を規定している。以下,これを4つのカテゴリーに分けて概観する。すでに豪州では1970年代から取調べの録音録画が望ましいとの勧告が示されており,[16]豪州全土で録音録画導入の是非が様々なレベルや機関・団体で議論されるようになってきたが,そうした動向を交えて各州の立法経緯を簡単に振り返り,個々の規定ぶりを比較検討したい。

1　ヴィクトリア（VIC）州

ヴィクトリア州では,「被疑者だった,あるいは,被疑者とされるべきだった人物によってなされた自白は,ビデオ録画がないかぎり許容されるべきではない」と規定され,取調べであるとか,警察官の質問に答える際といった,空間的,場所的制約がない。これは1986年に出されたコールドレイ委員会の勧告に従ったものである。[17]1988年にVIC州は本規定を採択し,刑事法464のH条として法典化した。[18]これは豪州では最も古い歴史をもつ録画義務規定である。すでに同州では1966年から部分的に取調べの録音がおこなわれていたが,ビーチ・レポートが,「もし電子的記録が部分的にしかなされないなら,その効果は縮小されてしまう」と予見していたように,部分的記録では十分な違法取調べ抑止の機能を果たすことができなかったのである。

同州1958年刑事法は次のように定める（傍点・下線筆者）。

　　464のH条　自白（confession）および自供（admission）の記録
　　　第1項　第2項に定めるように,(a)被疑者,あるいは(b)犯罪をおこなったとして合理的に疑われている者によって,自白もしくは自供の証拠が捜

査官になされた場合，以下の条件が満たされなければ，正式起訴犯罪の手続において同人を弾劾するための証拠として許容されない。

(c) 取調べのはじまる前に自白や自供がなされた場合，当該自白あるいは自供が録音もしくは録画によって記録されているか，または，自白や自供の内容が当該者によって確認され，そしてその確認が録音もしくは録画によって記録されていること，

(d) 自白や自供が取調べをおこなうに適した設備のある警察署でおこなわれた場合，取調べと取調べを受けた者によって語られた内容が録音もしくは録画によって記録されていること，

(e) 自白や自供が取調べに適した施設のない警察署でおこなわれた場合，取調べと取調べを受けた者によって語られた内容が録音もしくは録画によって記録されるか，または，自白や自供の内容が当該者によって確認され，その確認が録音もしくは録画によって記録されていること，

(f) 自白や自供が464B条5項のもとで出された命令に従っておこなわれた取調中になされた場合，当該取調べや取り調べられた者によって語られた内容が，録画によって記録されていること，そして，その記録（録音であろうと録画であろうと）が証拠として提出可能となっていること。

第2項 裁判所は，第1項の理由で自白もしくは自供を証拠とすることができない場合であっても，証拠調べ請求する側が，裁判所に対して，以下の状況があるという蓋然性について納得させた場合には，それらを証拠とすることができる。

(a) その事案における状況が例外的であり，かつ

(b) その事案における状況が当該証拠を容認することを正当化していること。

第3項 取調べや自白・自供，または，ある者による自白あるいは自供の確認が，本条で要求されているように記録されているか，与えられた情報の授与が464B条もしくは464G条のもとで求められているように記録されている場合には，捜査官は，当該者もしくはその法的代理人に，無償で次のことをおこなわなければならない。

(a) 当該記録（録音であろうと録画であろうと）ないしその複写物を7日以内に交付すること，かつ，

(b) 当該記録の反訳が完成した場合には，その反訳の複写を交付すること。

第4項　本条で定める録音ないし録画に関する規定は，略式犯罪に関する手続において用いることを妨げるものではない。

　同条項の特徴は，取調べ中の自白・自供に録音録画がなくても，その自白・自供を録音録画なしでおこなったことを確認する場面が記録されていればよい，とする免除規定をもっている点である（傍点部分）。これは録音録画について，全部記録の要請よりもかなり柔軟な態度を示すものであろう。こうした規定の結果，自白以前の取調べ過程の記録が証拠として公判廷において利用可能かどうか，という点（下線部分）をめぐって，立法後，連邦最高裁まで，ポラード事件（1992年[19]）やヘザリントン事件（後述）によって争われることとなった。

　この問題の発端は，ヴィクトリア州における取調べ録音録画をめぐる立法過程にまで遡ることができる。すなわち，取調べ録画の立法意図を，「自白証拠の信頼性を確認（authenticate）するための手続きを提供する」ためだと考えるのか（ショーター委員会1985年），あるいは，コールドレイ委員会勧告のように，「被疑者に対する警察の不正な取扱いから被疑者を保護する」ことを重視し，被疑者の黙秘権行使や弁護人からの法的助言を受ける権利の保障に資するためだと考えるのかという点でそもそも違いがあったのである[20]。

　こうした観点の対立について，立法時には，「法執行官と被疑者との間でなされた会話の正確な記録の確保と，虚偽自白からの被疑者の保護，そして裁判官，陪審が適切な判断をおこなう基礎を提供すること」に目的があると位置づけられ，折衷的な見方が述べられていた。そうした立法経緯を経た後，ポラード事件が起きた。同事件では，被疑者は複数の警察施設とパトロールカーの中で一部自白をおこなったが，警察署での一部の供述だけしか電子的記録がなされなかった。464H条では，「取調べ（questioning）」と「捜査（investigation）」という文言が用いられているところ，連邦最高裁の多数意見は，取調べの全体に対する記録（録画も含めた）が要請されているが，実務では必ずしも取調べ全部が記録されなくてもよいと解釈した。少数意見は，取調べは個別におこなわれた場合でも，それぞれ個別に全部の記録がとられるべきであると考えた。多数意見の背後には，公判廷で証拠として用いられることになる供述を生み出した過程にだけ着目すればよい，という発想があり，言うまでもなく，上記

ショーター委員会のアプローチと共通する。そうなると，適法判断にあたっては，結局どのような取調べ内容であったかという主観的な判断が重視されることになる。他方，少数意見は，取調べ全体を一個のものとしてとらえ，全部録画が不可欠だと解釈する。それはまさにコールドレイ委員会勧告の立場に沿った考え方であったといえよう。

多数意見の考え方に沿うと，取調べを細切れにして，最終的に自白を得た前後だけを録画（記録）しておけば足りるということになって，長時間の取調べでも自白の反芻箇所のみが録画され証拠として提示されるということになりかねない。それは，ショーター委員会が自白証拠の観点からのみ取調べ録画をとらえていたからにほかならない。

2 西オーストラリア（WA）州，北部準（NT）州

このカテゴリーは，合理的な理由に基づいて"被疑者とされていた人物によって警察官に対してなされた自白"を規律の対象としており，ビデオ録画がないかぎり証拠として許容されないとする。この規定は，第一の VIC 州と同様，取調べで警察官が質問したときになされたのかどうかとは無関係かつ広い射程範囲が特徴であり，取調室以外の場面でも適用がある。もっとも，ビデオ録画できなかった「合理的理由」があれば録画義務は免除されることになる。「合理的理由」としてあげられている４つの理由のうち３つまでが取調べに関係している。1992年に西オーストラリア[21]（WA）州と北部準州[22]で採用されたアプローチだが，WA 州では1996年にようやく施行されることとなった。同州の規定は次のとおりである（傍点・下線筆者）。

刑事法570の D 条２項２号

重大事犯[23]において起訴される被告人の公判にあたっては，同人によってなされたいかなる自供（admission）証拠も以下の条件が満たされないかぎり証拠として許容されてはならない。

　(a) 自供が記録されているビデオテープが証拠とされていること，もしくは，

　(b) 自供のビデオテープへの記録がなされていない場合，合理的な理由

があることを，作為の蓋然性を考慮のうえ（on the balance of probability），検察側が証明した場合，もしくは，

(c)　裁判所が司法の利益に基づいて，<u>自供証拠を正当化する例外的な状況が存在すると認めた場合</u>，

前記(b)に規定されている「合理的な理由」を許容する目的に照らし，その理由には次のようなものを含む。

(a)　自供をビデオテープに記録することが実際的に無理であった場合，

(b)　取調べを記録する装置が，被告人を拘束した時点において得られなかった場合，

(c)　被告人が取調べをビデオテープに記録することに同意しなかった場合，

(d)　取調べを記録する装置が故障していた場合。

　上記条項における解釈論上の主たる問題は，言うまでもなく，自白をした取調べがビデオ録画されていなかった場合の理由が裁判所によって認められるか否かである（下線部分）。その際のひとつの鍵は，取調官が被疑者に対して「被疑者取調べをおこなっていることを告知する義務があるか」否かである。なぜなら，被疑者という法的地位にないのであれば，そもそも同条の法的義務は発生しないからである。これは，できるだけ取調べの録音録画の開始を遅らせたいと警察が考える場合に用いられる典型的なテクニックである。日本流にいえば「参考人取調べ」としておけば，「被疑者」ではない以上，録音録画義務は生じず，権利告知の必要も生じないからである。²⁴⁾

3　ニュー・サウス・ウェールズ（NSW）州，南オーストラリア（SA）州，タスマニア（TAS）州

　このカテゴリーは，"警察の質問中あるいは取調べ中に被疑者であった，あるいは被疑者とされるべきであった人物によってなされた自白"を規制の対象とし，ビデオ録画がなされていないかぎりこれらの自白を証拠とすることが許容されないと定める。NSW州²⁵⁾，SA州²⁶⁾，TAS州²⁷⁾がこのタイプである。ただ，SA州の規定の文言は若干異なっており，NSW州のような「取調べの過程で」

第4章　オーストラリア⑴　91

という表現ではなく，「"取調べを申し出ている"捜査官の義務」として定められている。1995年に採用されたSA州の規定だけが，自白にかぎらず被疑者と警察官との間で交わされたすべての会話を記録する義務があると解されている[28]。

ここではTA州法を例にみてみたい（傍点・下線筆者）。

刑法8条

第1項　本条において，「自白（confession）または自供（admission）」とは以下のような意味である。

(a)　自白または自供がなされた時点において，ある犯罪につき警察官から容疑をかけられていた，もしくは，合理的に考えてかけられるべきであった者によってなされたもので，

(b)　公式取調べの過程（in the course of official questioning）でなされたものをいう。

「公式取調べ」とは，ある犯罪に関与したこと，もしくは関与した可能性があることについて捜査に従事する警察官によってなされる取調べを意味する。

……

第2項　重大な犯罪について起訴されている者の公判において，いかなる自白や自供に関する証拠も，以下の点を満たさないかぎり，証拠として許容されない。

(a)　自白または自供がなされた過程における被告人の取調べについてのビデオテープが裁判所に提出されること，あるいは，

(b)　(a)項に定めるビデオテープが提出されなかった理由について合理的な釈明があったこと，あるいは，被告人が一定の条件のもとで自白や自供をおこなったと自身が述べていたり，自白や自供の内容について自身が確認していたりする最中に撮られた，自白や自供の内容をするに至った経緯と条件に関する，もしくは，その自白や自供の内容に関する取調べのビデオテープが裁判所に提出可能であるということを，作為の蓋然性を考慮のうえで検察側が証明できること，あるいは，

(c)　(a)や(b)で求められたビデオテープが提出されない理由について，検察側が合理的な釈明があると作為の蓋然性を考慮のうえで証明した場合，

あるいは，

　(d)　裁判所が，司法の利益の観点から，証拠を許容することを正当化できるような例外的な事情が存在していることに納得した場合。

　第3項　第2項の目的に関わり，「合理的な釈明」は，以下のようなものを含み，かつ，それに限定されない。

　(a)　当該自白あるいは自供につき，ビデオ録画の実行が不可能であった場合，

　(b)　取調べをビデオ録画する装置が，被告人を合理的に拘束しておける時間内に利用できなかった場合，

　(c)　被告人が取調べのビデオ録画に同意しなかった場合，

　(d)　取調べのビデオ録画に用いられる装置に不具合があった場合。

　このタイプの立法の問題は，録画（録音）の対象となるのが「公式取調べ」であるという点にある（傍点部分）。反対解釈すれば，「公式でない」取調べが存在していることになるが，これがいわゆる「事前取調べ」問題といわれるものである。[29]

　この「公式取調べ」文言にどの範囲まで含めるべきかについての問題は，その後，連邦最高裁による近年の解釈論争へと発展することとなったため，後に詳しく論ずることにする（後掲第Ⅲ節参照）。

4　連邦，首都特別区（ACT），クィーンズランド（QL）州

　このカテゴリーは，身体拘束されているか否かに関わらず，"被疑者として警察官により取調べをされている者によってなされた自白"に対して規制を設け，ビデオ録画がないかぎりその自白は証拠として許容されないとする。関連する規定により，当該者が警察の建物の中で自白をした場合にだけ適用されるようになっている。連邦では1991年からビデオ録画が実施され，[30]ACTでも同様の規定になった。[31]他方，QL州では，かつては身体拘束中の者に対する警察官による取調べにおいてなされた自白についてのみ，ビデオ録画がないかぎり証拠として許容されないとしていた（1997年から2000年にかけて）。[32]しかし，委員会の勧告を受け，[33]2000年に身体拘束の有無を問わない現在の規定へと変更された。[34]

第4章　オーストラリア⑴　93

例えば，連邦法は以下のように定める（傍点・下線筆者）。

1914年犯罪法

第23V条

　第1項　被疑者として取調べを受けている者が（逮捕されていると否とにかかわらず）自白（confession）もしくは自供（admission）を取調官におこなった場合，その自白もしくは自供は，以下の条件を満たさないかぎり，いかなる連邦犯罪に関わる手続きにおいても同人に対して不利な証拠として許容されない。

　（a）　自白もしくは自供をテープに記録することが無理なく実施できるような状況においてなされた場合で，当該者に対してなされた質問ならびに質問の間にその者によって語られたことがテープに記録されている，もしくは，

　（b）

　　（i）　ある者を取り調べている際に，もしくは，取り調べた直後に可能なかぎり速やかに，その者によって，あるいはその者に対して，英語もしくはその他の言語により語られたことが書面で記録され，

　　（ii）　記録がなされた後，可能なかぎり速やかに，当該取調べ中に使用された言語により当該者に対して読み聞けがなされ，かつ，その記録の複写が供述をおこなった者に提供され，そして，

　　（iii）　供述をおこなった者が，その供述の記録中もしくは記録後のいかなる時点においても，間違いや省略について注意を喚起する目的で読み聞けを中断する機会を与えられ，また，読み聞け終了時点において，その者が読み聞けの最中に注意を喚起したことに加えて，間違いや省略があったかどうかを指摘する機会を与えられ，

　　（iv）　前(ii)で言及された読み聞けにあたりテープ記録がおこなわれ，前(iii)に従った結果として，その者が述べた，あるいは，その者に対して述べられたすべてのことがテープに記録され，2項の要請が当該記録に関するかぎり遵守され，

　　（v）　前(ii)で言及された読み聞けに先立ち，別表に記載された様式に従い，本条の各項ならびに(iii)および(iv)を遵守させる目的で進められる手続きがその者に説明されなければならない。

第2項　その者に対する質問，自白もしくは自供，あるいは自白もしく
は自供の確認が，本条に基づいた要請に従って記録された場合，取調官は
無償で以下の役務を負う。

　(a)　当該記録が音声のみ，もしくはビデオ記録のみの場合，記録がおこ
なわれてから7日以内に，その者か，その者の法定代理人が記録の複写を
利用できるようにすること，かつ，

　(b)　当該記録が音声とビデオ記録の双方でなされている場合，記録がお
こなわれてから7日以内に，その者か，その者の法定代理人が音声記録も
しくは記録の複写を利用できるようにし，そして，請求があった場合，そ
の者か，その者の法定代理人に対してビデオ記録の閲覧の機会が与えられ
ることを告知すること，

　(c)　テープ録音の反訳が用意された場合，その用意ができてから7日以
内に，その者か，その者の法定代理人が反訳の複写を利用できるようにす
ること，

　第3項　自白もしくは自供が捜査官になされた場合で，その捜査官が上
司の命により隠密捜査に従事しているときには，本条の1項(b)ならびに2
項によって実施が求められている行為は，その隠密捜査に支障が発生しな
いと合理的に考えられる時点でなされる。

　第4項　略

　第5項　裁判所は，たとえ本条項の要請が満たされない場合であって
も，またそうした要請を遵守したことの証明が不十分な場合であっても，
それらを遵守しなかったことと証明の不十分さの性質ならびに理由につい
て，事案の状況に鑑みて証拠を許容しても司法の利益に反しないと考えら
れる場合には，本条項が適用されるべき証拠を許容することができる。

　第6項　裁判所は，本条第2項の規定が満たされない場合であっても，
そうした要請を遵守しなかった理由ならびにその他の関連事項に関わっ
て，要請に従うことが実際上困難であると認められる場合には，本条項が
禁ずる証拠を許容することができる。

　第6項A　疑念を避けるため，前項は第5項を制限しないものとする。

　第7項　もし裁判官が第5項もしくは第6項により陪審の面前に証拠を
提示することを許容する場合には，裁判官は，本条の要請が満たされな
かったこと，もしくは，本条の要請を満たしている点について十分な証明
が欠けていたことを陪審に告知しなければならず，また，裁判官が当該事

第4章　オーストラリア(1)　95

案において適当と考える証拠に関する警告を与えなければならない。

第23W条　いかなる手続きにおいても，捜査官が本節で言及されている事柄について合理的な根拠があると信じていたことを証明する責任は検察側にある。

　このカテゴリーの特徴は，①読み聞け手続きのみの録音ないし録画によって足りるとされている点，②被疑者の身体拘束の有無に関わりなく録音ないし録画を義務づけている点（傍点部分），そして，③免除（例外）が司法裁量によって認められるものの，そうした免除がおこなわれた場合には陪審に対する警告義務規定がある点（下線部分）である。③の点は，1991年の連邦最高裁マッキニー判決を想起させるが，証拠能力をゆるやかに認めて信用性の判断において自白問題の解決を委ねるという発想は，我が国における従前の裁判実務の考え方ときわめて似ている。

　こうした陪審への警告義務に関わる事例として，QL州のスミス事件（2003年）[35]がある。同州警察職務責任法（the Police Powers & Responsibilities Act 2000 (Qld)）に定められている義務を警察が怠って被疑者の自白に録音録画がなされなかったケースで，裁判長が十分に陪審に対する説示をおこなわなかったことを理由に，上級裁判所が原審を破棄している。

5　検　討

①　「取調べ」と「自白」

　取調べの録音録画の義務づけについて，NSW州では「公式取調べの過程において」，連邦では「被疑者として取り調べられている際に」という文言になっており，これらの規定を一見すると「取調べの規制」という色彩が強い。だが，NSW州はあくまで自白の許容要件の中でこの文言を用いている。より直截に取調べの規制として録音録画を位置づけているのはNT州とSA州である。これらの州では，公判での証拠利用とは無関係に取調官は電子的記録をしなければならないと定めている。

　この点について興味深い問題を提供しているのは，録音録画制度導入後，比較的初期のVIC州の事例に関する連邦最高裁判例であるヘザリントン事件

（1994年[36]）である。同事件は，4回の取調べのうち2回目が録画されていなかったケースである。すなわち，これらを一体と見れば一部録画が欠けていることとなり証拠として許容できないことになるが，別の供述だと見れば，録画されている部分だけを証拠として許容することが許される。この事件はVIC州の事案であったが，一審裁判官は，この2つの部分は別個の自白であると位置づけ，VIC州最高裁もこの結論を支持した。連邦最高裁もVIC州最高裁の結論を支持し，録画された自白の証拠能力を認めた。このケースは，VIC州がすべての取調べに録画を義務づけておらず，証拠の許容要件として録画を義務づけるという規定の仕方をとっていたために問題が生じたということができる。もし，VIC州が，NT州やSA州のようにすべての取調べについて録音録画を義務づけていれば，記録が欠けていた部分を根拠として自白を排除することができたかもしれない。

　これとは対照的に，NT州の事例であるクムス事件（1990年[37]）では，数日間にわたって取調べを受けていた被告人から，録音録画をしない状態で供述が得られた。その後，引き続いて録画された状態で自白がなされたが，NT州最高裁は，この自白を当初の不正な強要と圧迫の結果と見て，証拠として許容しなかったのである。言うまでもなく，全部取調べ録画が義務づけられているからである。このように，全部取調べ録画義務づけ規定があるか否かが，その後の不適切な自白の証拠能力判断に大きく影響を与えていることがわかろう。

　だが，たとえ全部取調べ録画義務づけ規定があっても問題は解決しない。例えば，連邦ロバーツ事件（2004年[38]）では，警察官であった被疑者の自白が録音録画されなかったため，先に紹介した連邦1914年犯罪法23V条を警察が遵守しなかったとして，不公正さと公共の福祉の観点から証拠を裁量的に排除するよう被告人側から申立がなされた。しかし，事実審裁判官はこの申立を却下した。上訴審は，自白がなされたのは取調べに先立つ40分の「会話」の中であったとして，この会話は同条にいう取調べには含まれず，したがって排除の必要はないと解釈した。確かに連邦法の場合，明文では全部取調べ録画義務づけの要請はなされていない。だが，そうした要請があったとしても，結局，「取調べ」とはいつからいつまでか，という問題は不可避となる。本件裁判所は，取調べに先立つ会話を取調べ記録義務の対象に含まれないとした。そうした場合

第4章　オーストラリア(1)　97

まで規制するためには，もはや「取調べ」という概念で録音録画の範囲を規定することをあきらめ，警察官と被疑者との間でなされたすべての会話を記録するというところまで拡張せざるを得なくなる。そのような観点からは，SA州の規定の仕方が参考となろう。

② 身体拘束の有無について

我が国においても，取調べ録画義務の対象事件を身体拘束事案にかぎるべきか否かについて議論が分かれている。[39]この点で，あらゆる被疑者─取調官のコミュニケーションを記録対象に据えようという意図があるのは，連邦，ACT，そしてQL州であるが，我が国では志布志事件のように任意取調べと称して長期間長時間の取調べがおこなわれていること，最高裁判例においても，高輪グリーンマンション事件のように4泊5日の宿泊を伴うような取調べでさえ「任意捜査として未だ違法とはいえない」とされている状況等に鑑みると，身体拘束の有無とは無関係に録画を義務づけるこのタイプと，自白にかぎらず警察官と被疑者との会話をすべて記録するよう義務づけるSA州の規定とのハイブリッド・タイプが最も漏れが少ないと言えよう。

③ 録画義務の免除規定

豪州各州における立法過程の当初から，録音録画義務について例外（免除）を認める意見が多かった。各州で出された勧告意見中，例えば，1989年の連邦のギブス委員会は，[42]「（音声テープであれ，ビデオテープであれ）警告（cautioning），自白，自供のテープ録音を推奨する」が，司法の利益に反しないかぎり，裁判所はテープ録音されていない自白や自供を証拠として許容する権限を有するとしていた。また，1986年のVIC州のコールドレイ委員会でも，[43]法は自白や自供（あるいは自認）について記録を義務づけているものの，「記録されなかった証拠も，当該証拠を請求する側が，記録できなかった状況が例外的なものであって，証拠の受理を正当化し得る可能性とのバランスを考慮して裁判所が満足するのであれば，許容される」と記していた。

こうした見解を受けて，いずれの州も録音録画ができなかった場合について免除規定を置いている。その規定の置き方は大きく分けて2つある。まず，SA州，NSW州，WA州の規定のように，例外要件を個別に規定する方法である。これに対して，連邦，VIC州，NT州，TAS州のように，一般的な表

現として例外を許容する方法がある。後者のようなあいまいな規定ぶりによって生じた解釈問題は，NT州のグリムレー事件[44]によく現れている。同事件で事実審裁判官は，「司法の利益（the interests of justice）」の観点から裁量を行使して，長期間にわたる録音録画のない取調べの結果得られた自己負罪供述に証拠能力を認めるとしたのである。その理由づけとして裁判官は，取調べにおいて圧迫がなかったこと，他の不正行為がなかったこと，録音録画がなされなかったのは故意によってではなく，捜査官は当該犯罪で被疑者が自白を始めるまでは録音録画する義務はないと信じていたこと，といった諸事情をあげた。また，WA州のウィリアムズ事件[45]の事実審裁判官は，捜査としてではなく捜査官とのプライベートな付き合いの一貫と信じて被告人が禁制品の輸入について自白してしまったケースにつき，録音録画義務の懈怠があるにも関わらず裁量的にこれを証拠として許容している。

　このように，録音録画義務を免除するための「相当の理由」については，規定の方法や裁判官の状況テストなど，流動的な側面が強いことが読みとれよう。その最大の原因は，前述したコモン・ロー上，自白の証拠能力が欠けている場合であっても，裁判所は「司法の利益」の観点からなお証拠採用することが許されると考えられているからである[46]。そうした裁量は我が国には存在しないが，例えば違法収集証拠排除法則の適用を考えたとき，我が国の場合，「重大な違法」があれば証拠が排除されるとされているところ，そうでない場面，すなわち単なる違法があるだけでは証拠排除にならない。したがって，自白の証拠能力規定に録画義務が課されたとしても，単なる違法があっても自白調書が証拠能力を得るという判断に結びつきかねないであろう。

④　録音録画への同意

　被疑者による録音録画への不同意は，免除理由に該当すると規定されているか，あるいは包括的免除理由の一部として認められている。すなわち，被疑者が同意しなかった場合の取調べ録画を証拠とすることはできない。実際には，実態調査によれば同意しない被疑者は多くはない。同意するかどうかの判断は，単に写されたくないとか，カメラが嫌いであるとかいった直感的な判断に依存していると見られる。しかしながら，後述するように，弁護人であれば録音録画の異なる観点について検討の必要を認め，また被疑者に録音録画のメ

第4章　オーストラリア(1)　99

リットとデメリットについて助言できるはずである。

　被疑者が同意していなかったにも関わらず，誤って録音録画された場合はどうなるか。例えば，被疑者が自白し，録画されていた取調べの中途で，それ以上の撮影は拒否するとしたにも関わらず，そしてその言動がビデオに記録されているにも関わらず，故意あるいは過失によって録画が続けられた場合が想定できよう。[47]

　⑤　権利告知と黙秘権保障，弁護人依頼権

　例えば，QL 州では，警察職務規程37条に黙秘権告知が明記されているが，各州でもそうした警告が被疑者に対して与えられることが義務づけられている。もっとも，そうした義務づけと証拠能力との関係は不明確なままである。

　さらに，弁護人依頼権の告知もなされるが，豪州ではどの州においても当番弁護士制度はなく，取調べ前に弁護士の助言を得ることは，私選弁護人がつかないかぎりあり得ず，実質的に被疑者弁護はほとんど保障されていない。[48]

　このように，単に録音録画を義務づけるだけでは被疑者の法的環境は改善されない。ニュージーランドでは，取調べ前の法的助言の機会が制度的に担保されているところ，ビデオ録画に応じないよう弁護人がアドバイスすることが頻繁におこなわれている。[49] そうした機会のないまま取調べ録画が実施されると，公判廷での「無罪推定原則」が事実上崩壊しかねないインパクトがあることに留意しておくべきであろう。[50]

Ⅲ　自白の証拠能力をめぐる近時の最高裁判例

　すでに各州の立法例について触れたように，取調べ録音録画と自白をめぐり州からの上訴事案として豪州最高裁まで争われるケースもある。そこで，録画立法後にあっても，録画がないまま被疑者により自白がなされたケースにつき，録画されなかった自白の証拠能力を肯定したケリー事件（2004年）と，取調べが中断した後になされた自白について録音録画がなく，部分的な録音録画があったケースで自白の証拠能力を否定したニコルズ事件（2005年）という近時の２つの重要な最高裁判例を取り上げ，州の立法によっていかなる解釈論上の問題が生み出されることになったかを検証し，取調べ録画制度の制度設計に

ついて示唆を求めてみたい。それに先立って，豪州における自白の証拠能力を
めぐる法規範を簡単に鳥瞰しておく。[補注2]

1 自白法則[51]

　豪州法においては，いわゆる伝聞禁止原則は証拠法上自白に適用されない。
統一証拠法81条はこれを明確に規定している。[52]なお，豪州には憲法のいわゆる
人権条項にあたる権利規定が存在せず，これがアングロ・アメリカ法との大き
な差異となっている。

　　統一証拠法81条
　　　第1項　伝聞禁止ならびに意見禁止の法則は，自供（admission）に関す
　　る証拠には適用されない。
　　　第2項　伝聞禁止ならびに意見禁止の法則は，従前の事実に関する告知
　　（representation）が以下の状況に該当する場合，自供に関する証拠には適
　　用されない。
　　　(a)　自供がなされた時点において，あるいは，その時点に近接した直前
　　直後において，その自供に関連してなされた場合，かつ，
　　　(b)　自供を理解するために参照することが合理的に不可欠であるような
　　場合，

　豪州各州の証拠法では，自白とは，手続きの当事者ないし当事者になる者に
よってなされた従前の「告知（representation）」で，かつ当該当事者に不利益
な内容のものを指す。「告知」とは，口頭であろうと書面であろうとなされた
明示（expressed）もしくは黙示の（implied）告知を含み，行為から推認される
ものでもよい。また，告知者が当該告知について他人に知られたり，見られた
りすることを意図していたかどうかに関わらない。したがって，告知者（自白
する被疑者）の主観的認識と法的な自白の位置づけは一致せず，Ⅱ節で見た諸
州の立法上，自供（admission）が録音録画の対象となるとしても，当該供述が
自供であるかどうかは，一義的には取調官が判断することになり，また，証拠
として提出する場合には検察官が判断することになる。例えば，NSW 州の証

第4章　オーストラリア(1)　101

拠法88条は，次のようにこの点について規定する。

　NSW 州証拠法56条
　　自供となる証拠が許容されるかどうかの判断のために，裁判所は，供述
　者が自供をおこなったと合理的に認定可能なとき，特定人が自供をしたと
　いう認定をすることができる。

　これらの自供をめぐる規定には解釈の余地が大きい。すなわち，統一証拠法
の説明を直接適用すると，非言語的表現が「自供」を意味することは避けられ
ない。例えば，取調官の質問に対して被疑者が何も語らず，その代わりに肩を
すくめるだけであったとすると，その行為は否定にも肯定にもとることができ
る。ひとつの解決策は，裁判官が陪審に非言語的表現についての危険性ならび
に両義性についての警告を与えるというもので，もうひとつの解決策は，危険
性ある自白としてこれを証拠排除するという考え方である。
　なお，先に示した，自白に関する伝聞法則不適用を定める統一証拠法81条だ
が，同法82条によって再伝聞までは許容されないとされている。そのため，被
疑者が自白したという取調官による証言は再伝聞であるので，供述調書に被疑
者の署名がある場合を除いて証拠とすることはできない。
　豪州の自白法則は，コモン・ロー上と制定法上の数多くの証拠能力ルールが
錯綜した状態になっているが，それらはまず，大きく２つに分けることができ
ると考えられている。ひとつは自動的（義務的）排除で，もうひとつは裁量的
排除である。
　前者の自動的排除の一例は，Ⅱ節でみた録音録画に関わる州法の要請であ
る。各州法規は自白の証拠能力について録音録画を義務づけているため，これ
が満たされなければ，“自動的に”証拠排除される。各州法規は同時にこれら
の義務づけにつき免除規定を有しているが，この例外条項についてはどの州で
も検察側の立証条項として規定されているため，免除理由，例えば被疑者の拒
絶や機器の現実的利用可能性の欠如につき証明がなければ，自動的に自白は証
拠能力を失う。
　他方，コモン・ロー上の自動的排除は，任意性ルールである。また，統一証

102　第２部　取調べ録画の比較法

拠法では，次の３つの場合について任意性がないものとして自動的排除を定めている。第一に，暴力的あるいは心理的抑圧によって得られた自白や非人道的方法によって得られた自白の場合（同法84条），第二に，訴追決定に影響力のある人物によっておこなわれた取調べにおける自白（同法85条），第三に，コモン・ロー上の要請（同法86条）である。言うまでもないことだが，自動的排除は自白内容の真実性や正確性とはまったく無関係である。

　統一証拠法84条にいう「暴力的あるいは心理的抑圧によって得られた自白」とはどのような場合か。すでにイギリス法でもPACE76条に同種の規定が導入されているが，こうした任意でない自白の解釈は伝統的なコモン・ローの任意性ルールに拘束されないことになっている。具体的には，捜査協力との交換としての取調官からの証人保護提供のもちかけ，捜査協力との交換としての量刑軽減の示唆，暴力が加えられるという脅かし，捜査協力をする最後の機会であるという言い回しなどが，任意性を否定する事情として例示されている[53]。

　また，「非人道的方法によって得られた自白」とはどういうものか。「非人道的」の意味については，国際人権規約の用法と同じ意味であると解されている[54]。欧州人権裁判所は，「非人道的」とは，人に心理的あるいは身体的苦痛を生じさせる行為，もしくは，良心に反するふるまいを人にさせる行為を指すとされており[55]，それらの行為と引き出された自白に何らかの因果関係が要求される。

　裁量的排除の典型は，不公正さに関するテストである。不公正テストは２つに分かれており，第一に，被告人に予断や偏見を与えるかどうか[56]，第二に，公共の福祉の観点から自白が違法に不当に得られた場合かどうか[57]，で判断される。もともと第二の公共の福祉型の不公正テストは，悪性格証拠の排除等で用いられてきたもので，供述証拠には利用されていなかった。ところが1982年に豪州最高裁が自白にも適用し[58]，前述のポラード判決（1992年）で最高裁はこれをさらに拡大した[59]。統一証拠法では138条と139条がこの裁量的排除について規定している。裁量的排除は，裁量の行使が可能な状況に依存しているため，もっぱら裁判官の総合的なバランス感覚を求めている。そうした判断の対象は当該証拠（自白）の価値と規範的側面の双方であり，考慮要素としては，①有罪の必要性，②公益，③警察に公正なルールを守らせる必要性，④被疑者の保護の必要性，⑤裁判所自身の廉潔性保持の必要性，⑥公正な裁判の必要性，な

第４章　オーストラリア(1)　103

どが一般に検討される。

2 ケリー判決——録画されなかった自白の証拠能力[60]

■ 事案の概要

1990年11月23日の午後，被害者はタスマニア州のある街で上告人に会う約束をしていたが，その後，行方がわからなくなっていた。パジェットという人物が，「上告人，マルロー，そしてウィリアムズの3人が相談して，上告人が被害者をおびき出し，マルローが殺害するということで合意していた」と証言した。またパジェットは，ウィリアムズは被害者の車を空港まで運転する役割だったとも証言した。パジェットによるとマルローは彼に対し，被害者をショットガンで殺害し，死体を遺棄したと告げたという。上告人は警察に，自身とマルローが被害者を殺害したと告げた。しかし，その後，ビデオ録画されていた取調べでは，自身が自白したことを認めたものの，それは虚偽であり，そういったことを述べたわけを話した。マルローは自白せず，いかなる供述も拒んでいた。2000年3月には被害者の遺体が発見されたが，穴掘り機械でしか埋められないような場所に遺棄されていた。上告人は熟練した穴掘り機械の運転手であった。

上告人とマルローは殺人罪で起訴され有罪となった後，タスマニア州最高裁に上訴した。上訴が棄却されたため，2人は連邦最高裁判所に上告した。ひとつの論点は，上告人が警察官に対しておこなった問題となる供述（impugned statement）が同州刑法8条にいう「自白あるいは自供」にあたるかどうかであった。この問題となる供述は，取調べがおこなわれて録画が開始された後，半時間から1時間の間になされたものであった。

「問題供述」までの経過は次のとおりである。

上告人はすでに何度も被害者の死について質問をされており，捜査官らは上告人に対し，マルローは殺人罪で起訴されることになるし，上告人もそうだと告げていた。その際，捜査官らは，協力すれば免責が得られるかもしれないと上告人に伝えた。その後，上告人は別の強盗罪で起訴され勾留された。1999年11月25日に捜査官らは上告人を警察署の取調室に連れて行ったが，上告人は外の空気が吸えるところで話したいといった。彼らは屋上へ行った。そこで上告

人は，マルローと自分が被害者殺害に関与したと認め，免責してほしいと訴えた。また上告人は保釈も求めた。取調べのビデオ録画は拒否したが，自身の手でどのようにマルローを手伝ったかについての供述書を作成した。

　上告人は保釈されていたところ，殺人罪で起訴され，ビデオ録画された取調べが始まった。午後5時57分から午後9時17分まで，休憩を挟みながら取調べがおこなわれ，捜査官らは前年11月25日に上告人が彼らにした自供を繰り返すよう求めた。しかし上告人は，そのときの供述は，話さないと保釈されないと警察から脅かされたからしたのだ，と釈明した。取調べではこの問題について多くのやりとりが交されたが，自白はなされなかった。ところが，捜査官らは，取調べの後，上告人から血液と毛髪を採取するために病院に移送しようと車両に乗ったとき，「さっきの取調べでは悪かったな。ちょっとばかりゲームをしていたんだ」と上告人が語ったと述べた。しかし，この言葉は調書に記録されることもなかったし，再度，上告人が取調室に連れ戻されることもなかった。この発言は，取調べ後30〜40分後であったとひとりの捜査官は証言し，もうひとりの捜査官は1時間後であったと証言している。

　検察側は，この病院移送前の上告人によってなされた自己負罪的な「問題供述」を証拠として用いることにした。これに対して，公判で上告人側は異議を申し立てた。しかし，裁判長は異議を退け，その理由として，この供述が公式の取調べの過程でなされたものではなかったからという点をあげた。もっとも，評議前の説示において，裁判長は，問題供述は注意を必要とする証拠である，と陪審に警告した。

■ 上級審での経緯

　有罪判決後，上告人は上訴したが，上訴審ではこの裁判長の警告については争われなかった。上訴理由は，問題供述が証拠として許容されるべきではなかった，というものであった。タスマニア州最高裁の多数意見は，事実審の裁判長の理由を支持した。当該「問題供述」は公式取調べの過程でなされたものではなく，ビデオ録画された取調室を出たときに公式取調べは終了していたとし，当該供述は上訴人によって任意になされたものであると判示した。反対意見を書いたスライサー裁判官は，上訴人が勾留中に当該供述をした点に着目し，多数意見に反対したものの，事実誤認の点ではこれを否定する多数意見に

同調した。

■ 上告審

　連邦最高裁は，3対2で上告人の訴えを退けた。多数意見は，問題は，取調べ後の問題供述が「公式取調べの過程」でなされたと言えるか否かであるとして，タスマニア州刑法8条2項の録画免除の事由(b)ないし(d)に照らして問題にならないとした。また，有罪方向を示す「問題供述」が，「自白もしくは自供」に含まれるのかどうかについても問題が大きいとしながら，州最高裁でこの点が論じられなかった以上判断を控える，とした。そのうえで，同州の刑法8条の立法目的と，その目的を推進する際の解釈に論点を絞った。多数意見は，「公式取調べの過程で」の解釈につき，自供と取調べとの間に何らかの因果関係があることを求めているわけではないとした。なぜなら，例えば，質問をしたわけでもないのに被疑者が話し始めた場合，これを取調べ中の自供から排除することは不合理だからである。だが，被疑者と警察官との間でなされたいかなる言葉までも含ませるべきかについては，上告人の主張は広すぎる解釈だとして認められないと判断された。多数意見は，「公式取調べの過程で」という表現は取調べが開始されてから終了するまでの一定の時間を指す，と解し，ビデオ録画は，その時間においてなされたあらゆる自白の証拠としての許容性の条件であると判示し，本件の場合，午後9時17分に捜査官が取調べの終了を告げた時点で「公式取調べ」は終わっているとした。そして，この「問題供述」の証拠としての許容問題が事実認定を覆すものではないとして，上告を棄却したのである。

　これに対して，マックハフ判事とカービー判事の少数意見は，多数意見の文理解釈的アプローチを批判し，目的的解釈をおこなうべきであるとの立場をとった。タスマニア州でのビデオ録画義務づけの立法資料を参照しつつ，マックハフ判事は，問題供述が広い意味で捜査官の質問に直接結びついていたと指摘し，この供述の証拠能力を認めることはできないとした。もっとも，事実誤認の点は否定しており，結論同調であった。

106　第2部　取調べ録画の比較法

3 ニコルズ判決[61]——部分的な録音録画に基づいた自白の証拠能力

■ 事案の概要

トマス・ニコルズ, マーチン・コーツ (いずれも上告人), そしてアマンダ・ホイの3人は, 1998年に21歳の売春婦を殺害した罪でWA州において起訴された。

コーツとホイは同棲中であった。氏名不詳 (身元秘匿証人) X氏の証言によって, 上告人らは被害者をモーテルにおびき出して殺害したとされた。X氏は彫物師で薬物中毒者であり, コーツの薬物取引の顧客でもあった。事件前に, X氏はコーツに頼まれ, 彼の腕に入れ墨を彫るために彼らの部屋を訪れていた。その際に謀議がなされた。X氏は被害者を迎えに行き, 被害者に薬物を投与する係を引き受けた。

だが, 上告人らは, 自分たちがモーテルに到着したときにはすでに売春婦は注射を打たれ, 枕で窒息死させられていたと主張した。X氏は検察側との取引により本件の証人となった (X氏の刑期は最低禁錮10年の有罪)。

上告人のひとりであるコーツは, 薬物の売人として知られており, 数多くの犯罪歴の持主で, 事件当時も仮釈放中であった。かつてある被害者に脳障害を与えるほどひどい傷害事件を引き起こした経歴もあり, 長年刑務所で暮らしていた。また彼は, 被害者に注射されたヘロインも扱っていた。検察側は, コーツが被害者にヘロインを致死量注入し, さらに共犯者であるニコルズが枕で被害者を窒息させたと主張した。

■ 訴訟の経緯

上告人 (コーツ) が殺人事件で取調べを受けていた際に, 中断が2度あった。上告人側は, 2度目の休憩は取調官によってうまく演出されたものであると主張し, 上告人に対する取調べは中断を挟んでそれぞれ別々のものであり, 上告人はビデオ撮影に同意を与えていなかったと論じた。事実審裁判官は, "ビデオ録画されなかった被疑者による自白について合理的な理由 (reasonable excuse) を構成するような事情があったかどうか"を検討すべきであるとして, 2度目の自白は許容されるとし, 陪審によって有罪評決が言い渡された。上訴審も2度目の休憩の間になされた自白は許容されるとして, ビデオ録画がなされなかったことに「合理的な理由」があったと判断した。本件でむずかしい点

第4章 オーストラリア(1) **107**

は，このオフカメラ状態での取調べは上告人が要求したものであったと認定されたことである。WA州刑法典570D条2項bの趣旨に照らせば，上告人が録画を求めなかった以上，録音録画義務に対する免除理由となる相当の理由に該当すると判断されたわけである。その後，同事件はWA州裁判所から連邦最高裁に上告された。

■ 上告審

マックハフ裁判官は，WA州刑法典の570D条で用いられている「取調べ（interview）」という言葉の性質と通常の意味，ならびに同条の目的に適った説明に照らすと，570D条4項の用語法上，同条でいう取調べとは，「上告人が警察に話し，また警察に質問されていた間のすべての時間をカヴァーしているという解釈に至る」との判断を示した（傍点筆者）。そして，570D条の立法趣旨に立ち入って考察し，「570D条における“取調べ”の自然な意味は，“重大犯罪”の容疑で被疑者から供述を引き出す目的で，特定の日においてなされた警察と被疑者との間での議論の全体を指す」と解釈した（傍点筆者）。その理由は，「立法者が，この用語を使う際，特定の日になされた，それぞれ別個の質問や回答もしくは供述を意味していて，そしてそうした質問や回答もしくは供述それぞれが“取調べ”を構成するものであると意味していたとは到底想像もできない」からであり，本件の事実関係に照らすと，「コーツ（上告人）の取調べの際，2つのビデオ録画された取調べがあって，2つの録画されていない取調べがあるからといって，少なくとも4回の別の取調べがあったと立法者が考えたというのはばかげたことに思われる」とした。

さらに，「オフカメラでの自供を記録するようにするのか，あるいは，記録がなされているときに関してすべてのできごとを記録しようとするのか，ひとつの目的的な説明を与えることによって，はじめて警察官に動機づけを提供することができる」と述べて，目的的解釈を採用する方が全部録音録画について取調官に動機づけを与える点で優れていると示唆し，「ビデオ録画されたやりとりのうち，特定部分への上告人による拒絶は，570D条4項cで定義されているような『合理的な理由（reasonable excuse）』の意味の中には入ってこない」として検察側の主張を退けた。

このように，マックハフ判事の目的的な解釈論は政策的な観点から見ても説

得的であるだけではなく，立法者による取調べ録音録画規定の立法趣旨に照らして，文理解釈をとった WA 州最高裁の考え方が妥当でないことも合わせて指摘するところが特徴的である。すなわち，「警察官がオンカメラで自供を記録しなかったことについて，オフカメラで自分たちが取り調べる主導権をもっていなかったという取調官の主張によって，"合理的な理由" を説明できるとしたら，立法の目的は容易に挫折してしまう」とし，「西オーストラリア州最高裁のアプローチは，"合理的な理由" の定義について立法者が述べなかったことも，意図しなかったことも何も付け加えなかったが，それでは 570D 条の目的を無にしてしまう」と判示する。

　また，カービー判事もマックハフ判事の結論に同調し，ケリー事件でみずからがとった目的的解釈（少数意見）が，今回，ニコルズ判決で多数意見となったことを歓迎した。ただし，カービー判事は注意深く，両事件は事案を異にすると断っている。「本件上訴にケリー事件の判示は何も影響しない。異なる立法だからである。記録を義務づける例外に関しても，異なった規定であり，事実関係もまったく異なる」と。[62]

　そこで，本件での録音録画義務免除に関わる "合理的な理由" の存否は，条文にあるとおり，検察側により録画できなかったことについて，"合理的な理由" が存在することが証明されたと認定できるのは，裁判所が "司法の利益" によって証拠の許容を正当化するだけの "例外的な状況" に納得した場合であるとカービー判事は断じた。そして，これを本件事実関係にあてはめるため，反訳に現れた会話の表現を分析したうえで，「反訳記録が示すかぎり，取調べの中断を招いたのは警察であって，上告人ではな」く，「取調官が 2 度にわたって上告人に，トイレ休憩をしたいかどうかを尋ねている」として取調官が終始リードしていたこと，また，上告人が録画しないでした自白後に直ちに中断を中止して当該自白が記録化されなかったことが明らかであるとし，例外的な状況は認められないと認定した。さらに，目的的解釈に立ったうえで，「（同条の立法上の）全面的な目的は，警察による "自白の強要（verbals）" にまつわる紛争を終わらせることにあった」として，少数意見の述べた解釈では本条項が抑止しようと意図していた過ちを永続化させてしまうと批判した。

　裁判体は 4 対 3 で上告を認めて原判決を破棄し，事実審裁判所に差し戻した。[63]

4 検 討

　ケリー事件において豪州最高裁は，「公式の取調べの間」という文言の狭い解釈に依拠し，公式の取調べが終わった後に被告人がおこなった，電子的に記録されなかった自己負罪供述を証拠に用いることを許容してしまった。ところが翌年，ニコルズ事件では，最高裁はこの狭い解釈から目的的なアプローチにシフトし，「取調べ」を「ある特定の日に，被疑者から供述を獲得する目的で，警察官と被疑者との間でおこなわれた会話のすべて」というように解することとした。[64]

　それでも問題は決して解決されていない。ニコルズ判決がケリー判決を完全に破棄したわけではなく，ニコルズ判決はケリー事件を制定法の文言が異なる事案だとして区別しているにすぎないと評されているからである。[65]

　豪州のように録音録画制度が普及すると，今度は警察は取調室以外で被疑者から自己負罪供述を得ようとするようになる。これは“取調室外尋問（field interrogations）”と呼ばれるテクニックである。この手法による自白獲得を防止するには，録音録画義務を取調室に限定せず，警察と被疑者においてなされたすべての会話に及ぶようにする，あるいは，取調室以外でなされた供述には証拠能力を認めない，といった対応が考えられる。実際に連邦最高裁は，近時，取調室外尋問で得られた会話中の自白部分につき，秘密録音の証拠能力を認めている。[66]

　さらに，解釈論上，「被疑者に対する公式の取調べ」という規定の解釈が目的的になされるとしても，次に問題になるのは，いつの時点から公式取調べの対象である「被疑者」として扱われ，録音録画義務が発生するのか，という点である。例えば，参考人として呼ばれた人物が共犯者であることが疑われたり，捜査の途中で話を聞いていた人物に対して何らかの別の犯罪について容疑を抱いたりするケースが考えられよう。[67] また，故意に被疑者として扱わないで参考人取調べをおこなったうえで自白を引き出し，その後被疑者取調べに切り替えるという手法も懸念されている。[68] この点，ウェスリングらは，SA 州やNT 州の規定方法の方が優れていると主張する。[69] すなわち，警察署内のいかなる場面についても警察に録音録画を義務づければ，記録されなかった供述が証拠として許容されるおそれが低くなるというのである。

なお，豪州でも当然ながら弁護人依頼権が保障されており，さらに弁護人が取調べに立ち会うことも可能である。だが，実際には取調べに弁護人が立ち会うことはきわめて少なく，取調べ前に弁護人から助言を受けている割合も大変低い。[70] この点，豪州で弁護人依頼権や立会要請権が任意に放棄されているのか，それとも何らかの圧力の結果なのかは争いがあったが，起訴前弁護制度体制が不十分であるというのがこんにちの説得的な理由と思われる。[72]

　録音録画が被疑者の拒絶により実施できず，調書に自白・自供が記録された場合の証拠能力はどうか。ニコルズ判決は，そうした問題に示唆を与えている。すなわち，この点を適正におこなうには調書のリード・バック（読み聞け）規定が立法上設けられていなければならないが，NSW，TAS，VIC，NT 各州の法律では，警察は被疑者に対して電子的に記録されなかった自白・自供を確認するよう求めるルールをもっている。ところが，SA 州と連邦にはそのような確認規定がない。単に，被疑者が警察による記録に誤りがあると考える場合に，それを指摘するために介入する機会が与えられなければならないと規定されているだけである。WA 州に至ってはまったくそうした規定もないが，ニコルズ判決の多数意見によれば，電子的に記録されなかった自白について警察が後の確認を怠った場合には，証拠として許容することに致命的だと判示しているのであるから，WA 州においても，判例法上他州と同じ規制がかかったととらえられている。[73]

IV　我が国で提案されている法案について

　これまで我が国では，取調べの録画録音について複数の法案が公表されているが，以下では，豪州における規定ならびに諸外国における録音録画をめぐる諸事情を参考にしながら，2 つの法案について検討を加えることにする（下線はいずれも筆者）。

　2003年12月に日弁連から提案された刑事訴訟法改正案は，198条の 2 を追加して「取調べの開始から終了まで全過程を，録画又は録音しなければなない」（下線筆者）とする。これに対して，2007年12月に民主党から参議院に提出された刑事訴訟法改正案では，「被疑者の供述及び取調べの状況のすべてについて，

その映像及び音声を記録媒体に記録しなければならない」（同）という規定になっている。両案共に，取調べのあいだはすべて録音録画されることを念頭に置いているが，民主党案の方がより供述の記録に重きを置いている。また，日弁連案が録音か録画のいずれかが記録されればよいという規定ぶりになっているのに対し，民主党案では双方が要求されている。音声記録の利便性が高く重宝されている諸外国の知見に照らすと，双方記録が望ましい。[76] いずれの法案でも被疑者において記録を拒否する権利は規定されていない。この点，実態的に見ても，NZ 等では，取調べの録画ビデオが公判で与える影響の大きさを考慮し，弁護人は録画を拒否するよう被疑者に助言することが多いとされているし（本書第 8 章参照），形式的に見ても，NSW 州，SA 州，WA 州等で被疑者が同意しない場合，録画の不履行であるけれども自白の証拠能力に影響しない例外扱いをしているし，アメリカの統一法典でも被疑者の拒否が例外事由にあげられている（本書175頁参照）ところ，拒否ならびに中止の権利を認めておくことが望ましい。この点は，後に触れる記録不履行事態への規定の必要性とも結びつく。

　日弁連案でも民主党案でも，録音録画を322条 1 項において自白の証拠能力付与の条件とする改正内容になっている。両案とも録音録画の有無のみならず，その方法について違反があった場合も証拠能力を否定する点で共通している。記録媒体について，日弁連案，民主党案のいずれも被疑者弁護人からの請求を待って複製を交付することとされている。なお，民主党案には，交付された記録媒体の管理保管について罰則つきの規定を置いているのが特徴的である。

　両案いずれも，捜査機関における取調べの録音録画義務規定と自白の証拠能力規定をそれぞれ独立して置いており，取調べの規制と自白の任意性の担保という両面を等しく重視していることが窺われる。とりわけ，いずれの法案においても取調べのすべての過程を記録するよう要請しており，これは豪州や英国等で「非公式取調べ」，「取調べ前質問」が実務上許容されている点につき強い批判がなされていること，取調べ全過程の記録が不可欠だとする意見が圧倒的であることなどから，国際的に見ても妥当な規定であろう。さらに，比較法的に見た場合，対象犯罪を限定していないのも特徴と言えよう。

112　第 2 部　取調べ録画の比較法

他方で，捜査機関には記録不能・不履行事態等，録画義務への免除措置が法文上認められていない。豪州各州では具体的規定によるか，抽象的規定によるかは別として，訴追側が相当な事情があったことを証明すれば記録不履行にあたって自白の証拠能力が認められている。そうした例外規定をもたない場合，実務上，①厳格に規定を適用して自白の証拠能力を否定する，②違法に収集された自白であるが，記録不履行に合理的理由があれば排除するほど重大な違法ではないとして証拠能力を肯定する，といった対応が考えられる。機器の故障や不備，機材の配備のない場所での緊急の記録といった事態を想定したとき，豪州型の例外規定を置くという手当が考えられてもよいであろう。免除規定がないままであると，その範囲については判例による解決に委ねられることになろう。

　なお，いずれの法案においても，反訳に関する規定がない。我が国に比べて取調べ時間の短い豪州においてすら公判で取調べ録画をすべて再生して見せることには苦痛を伴うこと，迅速で簡易な一覧性といった利便性から反訳が重宝されている。もっともそのコストはかなりのものが想定されるところであり，これをいちいち個別弁護費用に反映させることは望ましいものではないであろう。反訳についても，刑訴法あるいは刑事訴訟規則において，どの範囲で手続き上いつの時点までに作成し被告人側に交付するかを規定しておくことが望ましい。

おわりに

　以上見てきたように，豪州では取調べ録音録画につき，①自白の証拠能力問題と見るのか，②取調べ規制の一貫と見るのか，という２つのアプローチが並存しており，その２つが明確に立法上また解釈論上使い分けられていないことから様々な法的紛争が生じていることがわかるであろう[77]。これらのアプローチに対して NSW 州法改正委員会等は，③録音録画の目的は，証拠（自白・自供）の信用性（reliability）を確保することに基本的に資するものであるというとらえ方を示し，豪州連邦最高裁のスワフィールド判決（1998年）[78]におけるカービー判事による判示部分を引き合いに出し，統一証拠法の証拠排除規定を義務

第 4 章　オーストラリア(1)　113

的排除から裁量的排除に変更するよう提案している[79]。今後も豪州においては，法改正を含め，取調べ録音録画規定と自白の証拠能力との関係はなお流動性をもっているように見受けられる。

他方，録音録画規定の立法前後にわたって，最高裁判例は重要な役割を果たしてきた。1991年のマッキニー最高裁判決等の一連の判例は諸州の立法化を促したという点でその功績は大きい。だが，マッキニー判決の示唆した危うい供述証拠に関する陪審に対する警告にどれほど効果があるかは疑問である。その例は，連邦最高裁まで上告されたケリー事件によく現れている。同事件の法的争点は一部録画のなされた自白証拠の許容問題であったが，一審で裁判長は陪審に対し同事件の自白証拠の危険性に注意を喚起していた。にも関わらず陪審は有罪評決を出している。このように，裁判所がおこなう訴訟指揮ならびに判例法の限界が現れている。録音録画義務の範囲につき明確な要件や免責事由が列挙された立法が果たす役割は大きいはずである。

もっとも，立法後の連邦最高裁判例に見られるように，取調べ録音録画立法がなされても判例の重要性は決して失われない。ケリー判決において多数意見は条文解釈を重視したけれども，ニコルズ判決では州の立法者意思とその立法経緯に配慮した目的的解釈へとシフトした。この両判決の振り子の大きさは，裁判所の解釈いかんによって録音録画の義務や免除の範囲が大きく左右されることを示している。立法化だけで問題が解決されるわけではないことの例証であろう。いかなる立法も，その解釈については最終的に司法部の判断を仰がなくてはならないのは当然であるが，取調べ録音録画問題も例外ではない。

いずれにせよ，第一歩は，自白の証拠能力判断までも射程に置いた立法のあり方の検討であり，これは立法府における火急の課題である。だが，このことは単に裁判員裁判開始といった制度的理由から説明されるものではないことを強調しておきたい。この意味で示唆的なケースが豪州にある。それは，WA州で宝石店経営者のローレンス夫人殺害事件で1995年5月23日に有罪とされたアンドリュー・マラード氏のケースである[80]。同氏は，2005年11月15日に連邦最高裁によって有罪判決を破棄され[81]，翌年2月に釈放されるまで約11年を獄中で過ごしたが，事件当時，相当回数の取調べを受けていた（マラード氏が治療を受けていた精神病院内を含む）。だが，取調べが録画されたのは短時間であった。

114　第2部　取調べ録画の比較法

1994年6月17日に彼は3時間に及ぶ録音録画のない取調べを受けている。その前の晩，彼はほとんど眠っていなかったが，長い取調べを受けた後，20〜30分ほどの取調べが録画された。その際，マラード氏は当初否認していたにも関わらず，殺人について有罪を認めているかのように見えた。他の取調べでは警察官による調書が作成されており，それらの取調べが録音録画されなかった合理的な理由がなかったにも関わらず，マラード氏の自白調書は証拠採用されてしまった。WA州でのすべての取調べの録音録画が立法で義務化されたのは，マラード氏が取調べを受けた2年後のことであった。その結果，彼のケースには新しい法律は適用されなかったのである。

　マラード氏の衣服には返り血が見当たらなかったのだが，彼の自白では食塩水で洗ったためだというのがその説明だった。だが，いかなる科学的鑑定によっても彼の衣服から塩分の反応は出なかった。警察と法医学鑑定人はレンチが凶器であると主張し実験もおこなっていたが，それらの実験結果は被告人側に開示されていなかった。また，検察官はその他の関連する証拠の開示も怠っていた。録音録画問題だけがマラード氏の誤判原因であったわけではない。しかし，WA州の立法の遅れが彼の公判結果に大きく影響したことは否めない。[82]

　このように，立法が迅速になされていれば，自白の証拠能力を公判で問題とすることができ，誤判が防げた可能性の高いケースが実際に起きている。もちろん，先に述べたように，立法によって取調べと自白の証拠能力に関わるすべての問題が消え去るわけではない。いかなる規定も，その解釈と例外，そしてその基準について司法部の判断を仰ぐ必要がある。取調べ録音録画問題とは，単に警察や検察側に対して録音録画を義務づけて終わるものではなく，取調べの規律と，そこで得られた自白の適法性（証拠能力）の判断という双方の論点をめぐる，終わりのない論争のはじまりにすぎない。したがって，前者についていかなる規律が適切かつ有効なのか，また，後者についていかなる義務づけと例外が妥当なのかについて，少しでもより良い解決と解釈を求めて立法と司法は車の両輪のように働かなければならず，それは他の法律問題と異なることはない。

1） Nicholls v. R., ［2005］HCA 1；219 CLR 196；213 ALR 1；79 ALJR 468 （3 February 2005）at § 108.

2） 「取り調べ，自白は録音・録画　裁判員制度導入で検察方針」中日新聞2008年 3 月22日付け。

3） 「警察も取り調べ録画，警視庁など来年度から試験導入へ」読売新聞2008年 3 月15日付け。

4） すでに民主党から取調べ録画義務づけの法案が2007年12月に参議院に提出されている（第Ⅳ節参照）。

5） 吉丸眞「録音・録画記録制度について（上，下）」判例時報1913号（2006）16頁，1914号（2006）19頁，本江威憙「取調べの録音・録画記録制度と我が国の刑事司法」判例時報1922号（2006）11頁，小坂井久＝中西祐一「取調べ可視化（録画・録音）制度導入の必要性と構想について」法律時報1966号（2007） 3 頁，守屋克彦「取調べ録音・録画と裁判員裁判」法律時報80巻 2 号（2008） 1 頁など。

6） 各国の取調べ録音録画精度に関する邦語文献として，以下を参照。

〈英国〉渡辺修＝山田直子監修／小坂井久＝秋田真志編著『取調べの可視化——密室への挑戦：イギリスの取調べ録音・録画に学ぶ』（成文堂，2004），山上圭子「英国における取調べの録音制度について」法律のひろば56巻 6 号（2003）71頁，白川靖治「イギリスにおける被疑者取調べについて（上，中，下）」警察学論集60巻 4 号（2007）75頁， 5 号（2007）117頁， 6 号（2007）65頁

〈豪州〉渡辺修＝山田直子編『被疑者取調べの可視化のために——オーストラリアの録音・録画システムに学ぶ』（現代人文社，2005），秋田真志「オーストラリアの徹底した可視化事情」季刊刑事弁護41号（2005）146頁

〈米国〉金山泰介「米国における取調べの録画録音について（上）」警察学論第60巻 1 号（2007）202頁， 2 号（2007）128頁，田中優企「身柄拘束下の被疑者取調べの電子的記録について——アメリカ合衆国の導入状況も参考に」比較法雑誌41巻 1 号（2007）111頁

〈イタリア〉古田茂「録画・録音は最低条件のイタリアから学ぶ」季刊刑事弁護41号（2005）149頁

〈韓国〉甲木真哉「韓国における取調べ可視化への改革の動き」季刊刑事弁護48号（2006）124頁，李東憙「韓国における被疑者取調べの可視化」自由と正義56巻10号（2005）120頁，山下幸夫「韓国視察から学ぶこと」季刊刑事弁護39号（2004）93頁，朴燦運「弁護士が見た韓国における捜査の可視化」季刊刑事弁護39号（2004）98頁

〈香港〉森直也「可視化の最新システムを導入した香港」季刊刑事弁護41号（2005）141頁，Sunny Cheung Man Kwan「香港刑事司法制度における取調べ実務の変遷」季刊刑事弁護44号（2005）182頁

〈台湾〉財前昌和「台湾における可視化の実状」季刊刑事弁護39号（2004）87頁，渡辺修「台湾刑事司法見聞録——被疑者取調べの可視化」季刊刑事弁護34号（2003）146頁，陳運財「日本と台湾における被疑者取調べの規制」比較法（東洋大学）38号（2001）51頁

〈モンゴル〉赤松範夫「モンゴルにおける可視化の実状」季刊刑事弁護44号（2005）142頁

〈ニュージーランド〉拙稿「テレビ的パフォーマンス，あるいは取調べの監視？——ニュージーランドにおける被疑者取調べ録画制度」季刊刑事弁護54号（2008）146頁

〈中国〉山田直子＝賈子甲「中国における警察段階での取調べ可視化実験」季刊刑事弁護54号（2008）154頁

そのほか，デイビッド・ジョンソン（指宿信＝岩川直子訳）「風向きを知るのにお天気キャスターは要らない——日本における取調べ録音録画について合衆国と韓国から学ぶこと」法と心理 5 巻 1 号（2006）57頁も参照。

7) 英国においても，取調べ録画制度は2002年4月にPACE（1984年警察刑事証拠法）に録画に関する実務規範Fが加えられ，2006年1月から施行されたことによって基盤を得ることになり，複数の警察地区で導入されたものの，依然として音声記録が主流となっている。

8) Carr v. R. (1988), 81 ALR 236.

9) Williams v. R. (1986), 66 ALR 385.

10) "Verbaling" とは，警察俗語のひとつ verbal からきている。ある俗語辞典で「でっち上げ（invent）や誇張（embroider）によって口頭での自白により被疑者を有罪とすること」と説明されている。Tony Thorne, Dictionary of Contemporary Slang (1993). 豪州における verballing の実態を示した文献として，例えば，Mark Dimelow, *Police Verbals in New South Wales*, in The Criminal Injustice System 88-105 (John Basten et al. eds., 1982) など。

11) G. A. G. Lucas, Report of Committee of Inquiry into the Enforcement of Criminal Law in Queensland 14 (1977).

12) Barry Beach, Report of the Board of Inquiry into Allegations against Members of the Victoria Police Force 83-87 (1978).

13) J. R. T. Wood, Interim Report of the Royal Commission into the NSW Police Service 40 (1996).

14) McKinney v. R. (1991), 171 CLR 468.

15) D. Dixon & G. Travis, Interrogating Images: Audio-Visually Recorded Police Questioning of Suspects 15 (2007).

16) The Australian Law Commission (1975).

17) Coldrey Committee: Victoria, Consultative Committee on Police Powers of Investigation Custody and Investigation: Report of Section 460 of the Crimes Act 1958. 89 [6.22] (1986).

18) Crimes Act 1958 (Vic), s 464H, introduced by the Crimes (Custody and Investigation) Act 1988 (Vic).

19) Pollard v. Queen (1992), 176 CLR 177.

20) Debra Mortimer, *Tape-recording of Confessions in Victoria : The Troubled Interpretation of Section 464H*, 69 Australian Law Journal 540, 541-542 (1995).

21) Criminal Code (WA), s570D, introduced by the Acts Amendment (Jurisdiction and Criminal Procedure) Act 1992 (WA), s 5, not materially amended by the Criminal Code Amendment Act 1999 (WA), s 5.

22) Police Administration Act (NT), ss 142 and 143, introduced by the Police Administration Amendment Act (No. 2) (NT), s 7.

23) WA州でいう「重大犯罪」とは，禁錮14年を超える刑期が予定されている罪種を指す。被疑者取調べのビデオ録画に関する警察ガイドライン（The Commissioner for Police's Guidelines for Video Tape Recording of Interviews with Suspects）（1993年5月1日施行）参照。

24) こうした問題が争われたケースとして，マラタバンガ事件 R. v. Maratabanga (1993), 114 FLR 117；3 NTLR 77，ラソ事件 R. v. Raso (1993), 115 FLR 319；68 A Crim R 495，アレクサンダー事件 R. v. Alexander, [1994] 2 VR 249，ボルマー事件 R. v. Vollmer, [1996] 1 VR 95，ケリー事件 Kelly v. R. (2004), 78 ALJR 538；[2004] HCA 12 などがある。

25) Crimes Act 1900 (NSW), s 424A introduced by the Evidence (Consequential and Other Provisions) Act 1995 (NSW) Sched 1 [3]. In 1999, s 424A was transferred from the Crimes Act to the Criminal Procedure Act 1986 (NSW) as a 108: Crimes Legislation

第4章　オーストラリア(1)　117

Amendment (Sentencing) Act 1999 (NSW) Sched 2 [31] and Sched 3 [15]. 2001年に条文番号の変更があった。s 281: Criminal Procedure Amendment (Justices and Local Courts) Act 2001 (NSW) Sched 1 [102].

26) The Summary Offences Act 1953 (SA), s 74D.

27) Criminal Law (Detention and Interrogation) Act 1995 s 8.

28) JILL HUNTER, ET AL., LITIGATION: EVIDENCE AND CRIMINAL PROCEDURE 599 (7th ed. 2005).

29) 詳細については，本書第5章参照。

30) Crimes Act 1914 (Cth), s 23V, introduced by the Crimes (Investigation of Commonwealth Offences) Amendment Act 1991 (Cth), s 3; amended, but not materially, in 2000: Crimes at Sea Act 2000 (Cth) Sched 2, cll 1-2.

31) Crimes Act 1914 (Cth), s 23A (6) (indictable offences); Crimes Act 1900 (ACT), s 187 (summary offences).

32) Police Powers and Responsibilities Act 1997 (Q), s 104.

33) THE CRIMINAL JUSTICE COMMISSION OF QUEENSLAND, REPORT ON A REVIEW OF POLICE POWERS IN QUEENSLAND, VOL. 4, SUSPECTS' RIGHTS, POLICE QUESTIONING AND PRE-CHARGE DETENTION 738-740 (1994).

34) Police Powers and Responsibilities Act 2000 (Q), ss 246 and 263-266.

35) R. v. Smith (2003), 138 A Crim R 172; [2003] QCA 76.

36) Heatherington v. R. (1994), 179 CLR 370.

37) R. v. Cumes (1990), 102 F. L. R. 113.

38) R. v. Roberts; R. v. Urbanec, [2004] VSCA 1; (2004) 9 VR 295.

39) 積極説（限定説）として吉丸・前掲注5）を，消極説（非限定説）として小坂井＝中西・前掲注5）参照。

40) 志布志事件の経緯については，例えば，木谷明「鹿児島選挙違反事件にみる密室取調べの弊害」法学セミナー50巻3号（2005）76頁，中島宏「志布志事件（鹿児島選挙違反事件）無罪判決が問いかけるもの」法学セミナー52巻7号（2007）6頁など参照。

41) 最二決昭和59年2月29日刑集38巻3号479頁。

42) GIBBS COMMITTEE: AUSTRALIA, REVIEW OF COMMONWEALTH CRIMINAL LAW, INTERIM REPORT: DETENTION BEFORE CHARGE, ch. 7 (1989).

43) COLDREY COMMITTEE: VICTORIA, *supra* note 17, at 82-88 [6.17] − [6.22].

44) Grimley v. The Queen (1995), 121 F. L. R. 282.

45) Williams v. Commonwealth (1994), 12 W. A. R. 567.

46) 「司法の利益」に基づく義務の免除については限定的な態度が一般的なようである。例えば，R v Mckenzie（31 March 1999, Tas SC, BC9901201, unreported）において，ライト裁判官は「争われている証拠である自供を正当化するだけの例外的状況があるかどうかについては，並はずれた状況に至るほどの特徴がなければならない」としており，また，R v Arnol（1997）6 Tas R. 374 では，ジーマン裁判官も「[このような例外を] 頼りとして証拠を許容するについては，裁判所は慎重でなければならない」としている。

47) 隠し録音の事案につき，後掲注66）のエム事件を参照。

48) そうした実態につき，本書第5章参照。

49) 詳細は，本書第8章参照。

50) 詳細は，本書第10章参照

51) 豪州における自白の証拠能力問題については，Bram Presser, *Public Policy, Police Interest: A Re-evaluation of The Judicial Discretion to Exclude Improperly or Illegally Obtained Evidence,* 25 MELBOURNE UNIVERSITY LAW REVIEW 757; C. R. Williams, *Issues of ver-*

bal confessions and admissions, 26 (2) AUSTRALIAN BAR REVIEW 171 ; HUNTER, *supra* note 28, at 597-599.

52) なお,各州とも独自の証拠法を有しているため統一証拠法の規定は拘束力をもたないものの,州法のモデル規定となるので本章ではこれをもとに説明する。

53) R. v. Ye Zhang, [2000] NSWSC 1099.

54) R. v. Truong (1996), 86 A Crim R 188.

55) A. v. UK (13 October 1986, ECHR, unreported).

56) R. v. Lee (1950), 82 CLR 133.

57) Bunning v. Cross (1978), 141 CLR 54; Cleland v. R. (1982), 151 CLR 1.

58) Cleland v. R. (1982), 151 CLR 1 ; 43 ALR 619.

59) (1992) 176 CLR 177 ; 110 ALR 385.

60) Kelly v. The Queen, [2004] HCA 12 (10 March 2004).

61) Nicholls v. R., [2005] HCA 1 ; 219 CLR 196 ; 213 ALR 1 ; 79 ALJR 468 (3 February 2005).

62) しかしながら,カービー裁判官は,両事件の共通性についても併せて指摘する。すなわち,「2つの事件で共通しているのは,被疑者とされた者が警察で身体拘束を受け,殺人の疑いをかけられており,重要な供述が警察に対してなされたものの録画されていなかった,という点である。しかも,いかなる理由で録画できなかったとも,ビデオ装置が故障していたということも示唆されず,公判で警察によって被疑者が自白したと主張されている。さらに,実際には可能であったにも関わらず,即座に録画が開始されることも,被疑者の対応が録画されることもなかった」。このフレーズを見ると,いかにも両事件の射程が同じであって,ニコルズ判決が判例変更であるかのように黙示しているようにも窺える。

63) 差戻審は2007年10月に西オーストラリア州の裁判所で始まり,2008年2月28日,最低禁錮23年の刑が言い渡された。*10 year saga ends with 'hotshot' killer behind bars until 2023,* THE WEST AUSTRALIA, 29th Feb. 2008.

64) マックハフ裁判官による第104パラグラフ。

65) See HUNTER, *supra* note 28, at 610.

66) 2007年11月,豪州最高裁はエム事件判決(Em v. The Queen, [2007] HCA 46)において,このタイプの事案を扱った。捜査官が上告人を何度か取り調べたが上告人は録音録画するなら何も話さないと述べて自白が得られなかったため,隠し録音機を携えて同人を訪ね公園に誘い出した。そこで,捜査官は「言いたくなければ何も言わなくてもいい」と告げたものの,隠し録音されていることやそれが証拠となり得ることは告知していなかった。その後で捜査官は数枚の写真を上告人に見せ,質問をした。その間,何度も捜査官は「トリックはない」と断っている。とうとう上告人は殺人事件について詳細を語り,秘密録音が公判廷に証拠として提出された。同事件は NSW 州の事件であったが,一審裁判所では,この証拠が不当に得られた場合,被告人にとって不公正である場合,そして被告人に不公正さの危険がある場合,に該当するとして,証拠法138条に基づき許容されないと判断された。州上訴裁判所はこの証拠排除判断を支持せず,裁判官の裁量に誤りがあるとして破棄したため,差戻審ではこの秘密録音の会話に証拠能力が認められ有罪判決が出された。本件はその上告事案である。連邦最高裁は,会話の秘密録音において証拠の排除をおこなうほど不公正はなかったとして差戻審裁判官の判断を支持した。このように豪州では,取調べの録音録画問題から秘密録音へと論点が拡散するに至っている。

67) R. v. Dolan (1992), 58 S. A. St. R. 501, Pelham v. R., 82 A. Crim. R. 455 (1995).

68) CHESTER PORTER, THE CONVICTION OF THE INNOCENT 33 (2007).

69) W. Westling & V. Waye, *Videotaping Police Interrogation : Lessons from Australia,* 25

AMERICAN JOURNAL OF CRIMINAL LAW 493, 537 (1998).

70) NSW 州の実態につき，本書第5章参照。

71) A. Healey & I. MacClintock, *Getting it Taped : Recording Police Interviews*, in THE CRIMINAL INJUSTICE SYSTEM 30 (John Basten et al. eds., 1987).

72) *See*, DIXON & TRAVIS, *supra* note 15, at 125-126 and *see* also MARK FINDLEY ET. AL., AUSTRALIAN CRIMINAL JUSTICE 53, 58-59, 202 (3d ed, 2005).

73) *See* HUNTER, *supra* note 28, at 589-891.

74) 日弁連案は，以下で入手可能。「取調べ可視化のための立法案」
http://www.nichibenren.or.jp/ja/special_theme/data/kashika-rippouan.pdf

75) 民主党案は，以下で入手可能。
http://www.dpj.or.jp/news/dpjnews.cgi?indication=dp&num=12315

76) 記録媒体が2種類必要な点については，本書第5章および第8章を参照。なお，この点録画を優れているとする小坂井＝中西・前掲注5）5頁も参照。

77) このような豪州のアプローチに対して，取調べ録音録画を被疑者の権利として位置づける見解が提起されている。米田泰邦「被疑者取調べ可視化論の現状と課題」『刑事裁判の復興――石松竹雄判事退官記念論文集』（勁草書房，1990）23頁，40頁，渡辺修『刑事裁判を考える――21世紀刑事司法の展開』（現代人文社，2006）263頁，小坂井＝中西・前掲注5）など参照。この説は，憲法解釈として包括的な防御権の中に録音録画を求める権利を認めようとする。

78) R. v. Swaffield; Pavic v. R. (1998), 192 CLR 159 ; 151 ALR 98.

79) NEW SOUTH WALES LAW REFORM COMMISSION ET AL., REPORT : UNIFORM EVIDENCE LAW 337-339 (2005).

80) 事件について詳細は，http://www.andrewmallard.com/index.htm など参照。

81) Mallard v. R., [2005] HCA 68; (2005) 224 CLR 125; (2005) 222 ALR 236; (2005) 80 ALJR 160 (15 November 2005).

82) 最高裁判決の翌年，公訴局長は同氏の釈放にあたり新たな証拠が見つかれば再起訴の可能性を妨げないとして，公式には誤判を認めなかった。一方，2006年10月10日，事件の再調査をおこなったWA州警察委員会カール・オカラガン氏は，マラード氏に対しABCラジオを通じて公式に謝罪した。それを受け同年11月にマラード氏にWA州政府から20万豪州ドルの賠償金が支払われた。同事件の捜査ならびに訴追につき，WA州汚職防止委員会による調査のため公聴会が開催された。
http://www.ccc.wa.gov.au/files/pubs/Mallard Report Complete.pdf

補注1） 可視化時代になったからといって，オーストラリア警察の取調べが適正化されたわけではない。2006年にはヴィクトリア州で警察での取調べの野蛮さが問題とされ，査察によって起訴に至ったケースがあった。*Police accused of brutality, torture*, THE AGE.COM.AU, Sep. 19, 2006; *Violent cops on video*, THE AUSTRALIAN, Sep. 22, 2006.

補注2） 豪州における自白法則と取調べについては，例えばジル・ハンター「オーストラリア30年の歩み――取調べビデオ録画と刑事裁判」指宿信編『取調べの可視化へ！　新たな刑事司法の展開』（日本評論社，2011）163頁。

第5章 オーストラリア(2)
──取調べ録画制度の実態

> 取調べの電子的記録は規制手段の包括的なパッケージのひとつの要素にすぎないと
> とらえられるべきである。不幸なことに，それがあまりにしばしば万能薬のように
> みなされている。
>
> デイビッド・ディクソン

はじめに

　本章は，豪州（オーストラリア）における被疑者取調べの電子的録音録画（略称 ERISP[1]）につき，2007年に公刊された調査報告書を紹介し，我が国における取調べの録音録画制度の導入にあたり示唆を得ることを目的としている。

　豪州の取調べの録音録画は，1960年代からヴィクトリア州で実施され，80年代初頭には連邦，南オーストラリア州でも用いられていたが，91年に連邦で公式に採用され，最大州であるニュー・サウス・ウェールズ（以下，NSW）州でも同年に導入され，1995年に法制化に至り[3]，現在すべての州で実施されている。国際的にはイングランド・ウェールズ（以下，英国）などにならぶ「可視化先進国」と言うことができよう[4]。本章で紹介する『ディクソン・レポート』は，この NSW 州における取調べ録音録画の実態分析を目的として，1997〜1999年にかけておこなわれた，取調べ録画ビデオの分析や司法関係者に対する詳細なアンケートを含む包括的な調査報告書である。NSW 州では自白を証拠として許容する際に録音録画が要件とされていることや，被疑者取調べに弁護人が事実上ほとんど立ち会っていない点が我が国と共通していることなど，本レポートは比較法的資料として重要な意義をもつと思われる。ただし，300頁

近くの大部であり，録音された取調べのやりとりとその分析を含む膨大な情報を含んでいる。本章では，紙幅の関係上その全容を紹介することは断念し，特徴的部分に限定すると共に，著者へのインタビュー内容ならびに NSW 州警察でのインタビュー（2008年3月7日）を反映させていることを了解されたい。

当初 NSW 州で採用された取調べ記録の方法は，録画（VHS テープ1本）と録音（3本のカセットテープ）のハイブリッド・タイプであったが[5]，現在はデジタル化への移行が完了しており，DVD-R 3枚によって記録されている[6]。対象犯罪は正式起訴可能犯罪にかぎられている[7]。なお，録音録画義務には，被疑者が拒否した場合や記録装置が利用できなかった場合など，合理的な理由があると検察側が証明したときに例外が認められている[8]。

I　調査サンプル

調査サンプルは，NSW 州の実際の捜査で記録された ERISP のデータである。サンプル1は NSW 州全域より無作為抽出された175件の記録〔A〕で，サンプル2は英国式の取調べ方法の訓練を受けた取調官によってなされた87件の記録〔B〕である。加えて司法関係者にアンケートがおこなわれ，調査の対象は，警察官（回答数123人・回答率89％），検察官（71人・91％），弁護士（77人・58％），裁判官（49人・69％）となっている。また，地裁で ERISP が用いられた事件から無作為に75件を選び，ERISP を分析し，被告人や弁護人にインタビューを実施している。言うまでもないが，豪州も英国法圏の他の国と同様，検察官による取調べは通常おこなわれない。

収集された記録時間は，〔A〕では1時間以内が80％，〔B〕でも66％である。一番長いものでもそれぞれ3時間半，4時間15分であった。犯罪類型としては，強盗（13％，18％），窃盗（46％，28％），薬物（13％，14％）などが多い。被疑者の属性としては，男性が〔A〕で86％，〔B〕で88％，少年の比率はそれぞれ21％，13％であった。

Ⅱ　ERISPの実態

1　取調室でのポジション

　取調べ中の人のポジション（配置）に関するデータは〔A〕で集められた。NSW州警察ではERISPの導入に伴い取調室の什器が変更され，多くは卵型テーブルを採用している。一方（壁際）に撮影機器が設置され，被疑者はその対面に座る。取調官と補助官は残りの2面に対面して座る（カメラ対面方式。〔A〕では77％がこの方式）。被疑者を正面から撮影するためにこのようになっているが，他方，この配置だと被疑者と取調官が対面しないためアイコンタクトが困難になり，両者の「社会的関係性」のつくり方や，取調べ参加者の映り具合や録音の音質などにも影響が出ているとレポートは指摘する。

2　記録上の問題点

　録画において被疑者の表情が見にくくなるような事態がどの程度発生しているかについては，〔A〕では44％が「常に」，10％で「ほとんど」生じていた。ひとつの理由は，機器の異常や故障といった技術的な問題であり，画像の乱れが発生したりブランクが生じていた。2つ目の理由は撮影上の問題で，焦点ぼけや被疑者がフレームの外に出てしまうほか，様々な事情で被疑者の顔が見づらくなっていた。また，カメラ対面方式を採用した結果，取調関係者の撮影が困難になっている。〔A〕では，取調官で43％，補助者で39％，立会人で13％，監督者で63％が「常に撮影されている」が，他方で，取調官31％，補助者31％，立会人16％，監督者25％が「時折，ないし，まったく，撮影されていない」。また，（マニュアル方式をとっているので）テープが飛び出したため記録が中断するという事態も生じている（〔A〕で8％）。

　音声についても，テープの全部あるいは一部で取調べ参加者の声がきちんと記録されていないケースがあり，被疑者の場合，〔A〕のデータ中83％で良好であったものの，酔っぱらっていたり声が小さかったり頭を垂れたりしたために音声を拾えなかったり，ひどい場合は外の工事の音が入って聞き取りにくくなっていた例もあった（表5-1参照）。

■表 5 - 1 録音の十分さ（どの程度，音声が採取されているか：サンプル 1 ）

	被疑者%	取調官%	補助官%	立会人%	監督者%
常に聞こえる	46	80	59	13	85
ほとんど聞こえる	37	13	3	2	3
時折聞こえる	9	1	1	4	0
まったく聞こえず	4	4	4	4	3
探知できず	2	0	28	77	1
不　明	3	3	5	0	7

　レポートは，そうした事態への対策として，技術的問題については，アラーム（警告装置）などによって取調官・補助官に気づかせるしかなく，撮影上の問題については，補助官や監督者によるチェックで防止すべきであるとする。また，機器の維持管理につき責任体制を明らかにするよう指摘する。

3　取調べに対する影響

　録画による取調べ実務に対する影響については，裁判官・検察官において肯定率が高く，弁護士の見方は分裂しているのが特徴的である（表 5 - 2 参照）。

　当事者である警察官の75％が，取調べ計画を立てるなど準備をするようになったと答えている。取調べはもはや「場あたり的」あるいは「即興的」にはできなくなり，「あらゆる関係証人の供述を頭において臨まなければ，間抜けで，プロフェッショナルでない態度がテープに残ってしまう」と，ある警察官は回答している。弁護士による次のような回答はそうした事実を裏付ける。

■表 5 - 2　ERISP が被疑者取調べ実務に与えた影響

	検察官%	弁護士%	裁判官%
あ　る	72	43	69
な　い	22	49	10
不　明	6	8	18
無回答	0	0	2

警察はその責任をより自覚するようになっている。警察は彼らがカメラに
見られていることを意識しており，結果として上品な態度に変わり，几帳
面になり，攻撃的でなくなり，ずっと整然とした雰囲気に見える。彼らは
質問の言葉に気を配っており，より詳細な質問をしている。……また，被
疑者の取扱いにより注意深くなっていて，証拠能力を有しうる資料を得よ
うと気を配っている。
（公設弁護人）

　このように，我が国でいう「可視化」効果として，取調べを洗練させ，効率
化させるという「副作用」を生んでいる。もちろん，すべての取調官にそうし
た変化が現れているわけでない。検察官からは次のようなコメントが寄せられ
ている。

　多くの取調べで，警察は重要な証拠についてまず評価をおこない，質問に
備えて十分な準備をする，という手順を怠っていたことが明らかだ。

　ERISPは，とりわけ年長の警察官が，適切な質問を構成する尋問技術に
欠けていることを示してきている。これが，ERISP以前に用いられてき
たやり方だが，現在求められている方法とは完全にかけ離れたものだ。

　こうした事態は，警察による取調べ実務の改善とそのための教育訓練の必要
性を示している。英国では録音制度の発展と共に取調べ方法（PEACE）が開発
され（詳細については本書第11章参照），NSW州でもPEACEを導入した取調官
の教育がおこなわれるようになった。そうした訓練を受けた取調官による
〔B〕群と，受けていない〔A〕群の記録を検討した結果，〔A〕の取調官は詳
細な主張をおこなって，これに被疑者の同意を求める質問が多い（“Do you
agree…?”で始まる質問になるため「DYA」型と呼ばれる）。一方，〔B〕では取調
官はまず出来事について被疑者のとらえ方を尋ねていく傾向があり，加えて幅
広い質問方法をとることが確認された。〔A〕の「DYA」型の手法が誤判を招
きやすいことが先行研究から明らかになり，PEACEがそれとは異なる質問方
法を推奨するためである。この点，〔B〕の取調官が，〔A〕のほとんどの取調
官よりもずっとリラックスしていて，中立的で，また専門家らしく見える，と

第5章　オーストラリア(2)　125

いうレポートの観察は重要である。優れた取調べとは何かを定義することは困難だが，英国の研究も示唆しているとおり，取調べでは同意を押しつけるのではなく，相手から話を聞く技術，コミュニケーション技術が重要で，そのためには〔B〕群の取調官のような態度が必要になる。レポートも，「警察官にしてはならないことを教えるだけでは十分ではない。何をすべきか，どのようにすべきかを教える必要がある」と指摘する。

4　自白と供述態度

　ERISP による自白への影響に関する回答にはかなりばらつきがある。警察官の41％，検察官の48％，弁護士の25％が自白が減少したと回答している。他方，警察官の37％，弁護士の31％がいずれでもないとし，増加したと回答する者（検察官21％，弁護士19％，裁判官24％）すらいるところ，アンケートから見るかぎり，ERISP 導入反対の最大の根拠であった自白率の低下は，さほど問題となっていないように思われる。

　両サンプル中での自白率は〔A〕24％，〔B〕22％と差異はない。他方，部分的自白はそれぞれ50％，16％，否認は12％，53％と大きく異なる。この違いは，〔B〕が主として重罪事件を対象としていたことに原因があるとされている。ERISP の導入が被疑者の供述態度に影響を与えたかどうかについては，賛否が分かれる（表5-3参照）。

　検察官は，被疑者にとっての不利益な点として，最初に自白し後に否認に転じることがむずかしくなったことを指摘しており，弁護士もその傾向を認める。この現象を客観的に裏付けるデータは示されていないが，検察官と弁護士

■表5-3　ERISP は被疑者の取調べにおける供述態度に影響を与えたか

	検察官%	弁護士%	裁判官%
は　い	38	39	41
いいえ	37	40	35
わからない	25	21	22
無回答	0	0	2

126　第2部　取調べ録画の比較法

がこの点に最も敏感であることから，その見解はおおむね確かであろう。

黙秘権の行使については，完全黙秘は両サンプルで４％と３％と少なく，一部の質問に答えない被疑者はあるものの，〔A〕では67％が一度も供述を拒否していない。このように，ERISP 導入が被疑者の供述態度に直接的影響を与えた事実はデータ上確認されておらず[16]，被疑者の個性に依存しているという見方が強い。取調べ経験者の場合は，ほとんど影響がないか，警戒的になっているとする。

5　「事前取調べ」や事前の不正

サンプル中，〔A〕の74％，〔B〕の39％において「公式取調べ」（ERISP 収録）の前におこなわれる事前取調べの存在が確認された。事前取調べの存在は多くの取調官も肯定している[17]。その目的は，録音録画中の被疑者の答えを予測して取調べの計画を立てるなど，公式取調べの準備のためという回答が多い。本調査のサンプルでも，取調官が公式取調べで，事前取調べで作成したメモや記録開始前の被疑者の供述内容について言及していたとレポートは指摘する。なお，自白の69％は ERISP 以前にすでになされている。そのうち19％は犯罪現場で，12％は被疑者の自宅で，９％は警察での ERISP 前の準備書類作成中に，そして24％は警察での非公式取調べにおいて自白している。

言うまでもなく，ERISP に記録されない事前取調べは，保釈を餌にした取引や誘導・誘引などの危険性があり問題が多い（レポートはそうした事実を確認したわけではないが，そう訴えた被疑者はいた）。他方で，そうしたやりとりを記録されない方が被疑者に有利になる場合もあり得るため（共犯者に関する供述など），被疑者と警察の双方に動機が存在する。問題は，録音録画されていることで取調べ前の警察の圧力を推認できるかどうかである。これについて法曹の評価は分かれる[18]。検察官は86％が肯定的であるが，弁護士では45％，裁判官では59％にとどまる。ERISP によって取調べ前の警察の不正を抑止できるかどうかについても評価は分かれ（表5-4参照），警察・検察官の半数は肯定的であるのに対して，弁護士の８割近く，裁判官の半数が取調べ前の不正を抑止できないと考えている。（警察官ですら26％が懐疑的である[19]）[20]。

この問題については，検察官の扱った49件の事件中12件で ERISP 開始以前

■表 5 - 4　ERISP は警察の取調べ前の不正を抑止するか

	警察官%	検察官%	弁護士%	裁判官%
強く同意	22	4	3	10
同　意	32	48	6	18
中立／態度未定	17	11	9	14
反　対	19	22	52	27
強く反対	6	8	26	22
不　明	2	6	4	6
無回答	1	0	0	2

の段階で違法があったと被告人側から主張され（警察官による暴行 4 件，誘導 2 件，その他，圧迫，薬物の量のかさあげ，でっちあげ，弁護人への接見妨害，傷害など），また，弁護士の扱った52件中14件でも不正行為（暴行 4 件，脅迫 4 件，誘導 2 件，その他 4 件）があったと主張されていることから，録音録画が限定的で不完全であるため問題が残されることになっていると言えよう。私選弁護人からの次のようなコメントがこれを裏付ける。

　　ERISP が警察の違法行為を抑止するようになったという成功を過剰に評価する傾向があるように思われる。『自白強要（verballing）』は劇的に減少したものの，なくなったわけではない。自白はまだ脅迫とおどしで得られるのだ。

　　ERISP はわれわれが考えていたすべての問題を解決したわけではない。取調べに影響を与える ERISP 段階前のことがあまりに多すぎる。

　レポートは，録画開始前にどのような経緯があったかを知ることは不可能として，取調べの全部記録しかその対策はないとする。加えて，英国王立委員会が示唆したような拘置施設での監視カメラ導入[21]につき，プライバシーへの配慮を条件としつつ賛成する。

6 取調べの立会い

被疑者には取調べに立会人（support person: SP と略）を求める権利があり，弁護人依頼権も認められていて身体拘束時に権利告知もなされ，秘密交通権も保障されている。だが，NSW 州には，被疑者段階において英国のような「当番弁護士（duty solicitor）」制度も法律扶助制度もない。そのため，レポートが基礎とする ERISP のサンプル中弁護人が立ち会った例は少ない。SP がついた割合は〔A〕〔B〕でそれぞれ31％，24％あったが，弁護人の立会いは〔B〕群で２件だけであった。つまり262件の ERISP データのうち弁護人は２例でしか登場していない。

SP の半分は家族である。[22)]〔A〕では SP の62％は何らの発言も記録されていないが，幾つかの ERISP データには SP が情報を提示したり，質問を受けている場面もあった。また，SP が取調官と親密で，被疑者を支援しているようには見えないケースもあった。最悪な例としては，「本当のことを言いなさい」と被疑者に圧力をかけたり，取調官に代わって質問をしているケースもあった。ある少年事件では，取調官より立ち会った母親の方がずっと激しい態度で接していたが，取調官は母親の介入を制止するような行動をとっていなかった。なお，少年事件の場合，NSW 州法は供述が正確に記録されているかどうか，任意になされているかどうかにつき，SP に確認質問をしなければならないことになっているにも関わらず，どの ERISP データにもこの手続きは記録されていなかった。

SP が役に立たない場合は，その存在は被疑者にとってかえって害悪となるという指摘はすでになされていたが，[23)] これを裏付ける事実が確認されたといえよう。また，公的な起訴前弁護制度が欠落していることに加え，NSW 州の SP に関する規則自体にも，弁護人を立ち会わせる発想が乏しい。[24)] レポートは，権利だけは認めて実体の伴わない同州における起訴前弁護制度を「偽善的」であると非難し，録音録画によって弁護人の立会いを代替しようという考えは行きすぎであることが調査結果から明らかであるとする。[25)]

7 捜査担当者以外のチェック

NSW 州では，自白がなされた場合，取調べの録画が終わった時点で，その

第 5 章　オーストラリア(2)　129

内容を確認するため，事件の捜査を担当していない警察官による質問が記録されなければならないことになっている。この「担当者以外の者」は "Adopting Officer"（指定係官。AO と略）と呼ばれていて，サンプルでは 3 分の 2 が警部（一般的な取調官である巡査，巡査部長より上席になる）によって実施されている。[26] AO は，マニュアルでは次のように質問することになっている。

> あなたは，この記録された取調べにおいて自分の自由な意思で応じましたか。この取調べで，あなたが答えるよう，脅かしを受けたり，約束や勧誘を受けたり（もしくは，利益提供を受けたり）しましたか。あなたが今日受けた取調べにおける取調官の態度について何か不服はありますか。

〔A〕群のデータは，AO による質問のうち 4 割で，取調官の質問よりも早い口調で質問がおこなわれていたことを示す。また，幾つかのデータでは，AO が取調室でだらしない態度をとっているシーンも確認された。被疑者が取調べについて苦情を申立てた例は少なかったが，「ERISP 開始前に保釈を条件に自白するよう言われた」，「共犯者について述べないなら保釈を受けられないと言われた」などと述べたものもあった。しかし，これらに対する AO の対応は単に聞きおくだけにとどまっていた。

地方裁判所でインタビューされた被告人の何人かは，不満はあったがこの手続きでは述べなかったと回答し，その理由として「無駄である（pointless）」と答えている。レポートは，調査が示すかぎり AO の態度はほとんどが「おざなり」であり，AO の役割，中立性そして有効性に疑問があるとする。そして，「被疑者の不服に対応するだけの十分な独立性をもった存在としてほかの警察官に期待を寄せるというのは，まったく非現実的なこと」であると批判する。

8 法廷での利用と効用

では，実際に法廷では ERISP はどれほど活用されているのか。レポートでは，8 割の裁判官が法廷で陪審に対して映像を「頻繁に」あるいは「かなり頻繁に」見せていると回答した。ただし，多くの裁判官は，陪審員が映像に映る被告人の態度を評価できるのか，その能力に疑問を呈している。また，音声が

利用されたケースは検察官が取り扱った49件のうち6件にすぎず，多用されていないようである。[27]

　ERISPの導入によって公判日数に影響があったかどうかについては，警察官58％，検察官76％，弁護士61％，裁判官65％が公判日数は短縮したと答えている。[28] また，警察官の8割以上が警察の不正についての証人尋問のための準備作業が減少したと答え，71％は警察の不正以外に関する尋問事項への答弁準備に費やす時間も短縮されたと回答しており，ERISPが裁判実務と警察実務の効率化に役立っていることを示している。[29]

Ⅲ　ERISPに対する評価

1　司法関係者の評価

　司法関係者はERISPの導入をどのように評価しているのだろうか。司法関係者に対するアンケートからは，ERISPが圧迫的な取調べに対する不服申立を減少させ（後掲表5-7参照），同時に，そうした事態についての虚偽の訴えを抑止する効果を生んだ点が積極的にとらえられていることが窺える。後者の点については，職種に関わらず肯定的傾向が強い（表5-5参照）。

　ある裁判官はこう指摘している。

　　私のみるところでは，一般に警察の取調べに対する見方が好意的になってきている。だから，私は，取調べの供述が強制されたという訴えについて，以前よりは否定的である。警察官による証言や警察官に対する反対尋

■表5-5　ERISPは警察の不当な態度に関する虚偽申立を抑止したか

	警察官％	検察官％	弁護士％	裁判官％
同意／強く同意	71	85	63	84
どちらでもない	9	8	13	4
反対／強く反対	19	4	17	6
不　明	1	3	8	4
無回答	0	0	0	2

第5章　オーストラリア(2)　131

■表5-6　ERISP は，取調べのすべてではなく，証拠化
したい部分だけの記録に使われている

	検察官%	弁護士%	裁判官%
同意／強く同意	3	7	35
中立／未定	2	11	25
反対／強く反対	95	77	35
不　明	0	3	5
無回答	0	1	0

問は滅多におこなわれなくなった。

　また，公設弁護人も，「（警察官は）手続的な公正さに従うという単純なルールに，より注意を払うようになってきていて，取調べの最中に警察官にいじめられたといった不服申立がなくなっている」と，評価する。

　他方で，ERISP に対する消極的あるいは慎重な意見も少なくない。

　　ERISP は大がかりな改善をもたらしている。だが，私の経験では，そのメリットは，何人かの，依然として旧来のやり方を使う警察官によって出し抜かれているように思われる。つまり，保釈の約束や先行する自白のとりつけなどである。理想的には，とくに重大な事件の場合には，被疑者と警察官との間でなされたあらゆる種類の会話が録画されなければ証拠として許容されないという要請を依然として必要としている。自白強要はまだ死んでいない。しつこく続く伝染病に苦しめられているようなものだ。
　　（公設弁護人）

　このような懸念は，ERISP の記録が恣意的な証拠作成プロセスを助けていたり，あるいは検察側にのみ有利に働いているのではないかと疑う裁判官が3分の1もいることに現れていよう（表5-6参照）。ただし，そうではないとする裁判官も同数存在する。

　ERISP の導入によって被疑者の供述の信用性が高まったか否かについては，警察官95%，検察官97%，弁護士83%，裁判官98%が肯定的で，自白が記録さ

■表5-7 それぞれの専門職に ERISP のもたらした利益は何か（複数回答）

	警察官%	検察官%	弁護士%	裁判官%
異議申立や証拠排除申立を減少	56	58	9	47
廉潔性や記録・証拠の信頼性を推進	74	19	43	24
被疑者の外見，態度，声のトーンがわかる	31	42	19	33
警察を規制し，被疑者を保護	2	7	25	12

れているかぎりその信用性の向上に大きく貢献したことが窺える。このことは
弁護人の助言にも影響を与えており（弁護士の48％が ERISP の導入で助言内容に
変化が生じたとする），早期の有罪答弁の増加と有罪答弁率の上昇をもたらして
いる。有罪答弁への影響については，警察官62％，検察官73％，弁護士49％，
裁判官49％が有罪答弁は増加したと回答している[30]。

　こうして ERISP は，取調べが不正であるとの訴えを抑止し，自白問題の紛
糾を減少させ，有罪答弁を促し，その結果，公判期間を短縮した。ERISP が
刑事司法の効率化と迅速化に貢献していることは明らかで，司法制度に対する
公衆の信頼も増進させている。警察官の支持も強く，93％が従前のタイプ打ち
調書の方が ERISP より時間がかかると考えている[31]。

　他方で，取調べの全部録音録画がなされておらず，事前圧力などの懸念が残
されていることから，とくに自白の任意性判断について取調べ録画がどれほど
有益かについてはなお慎重な評価が必要であるとレポートは指摘する[32]。すなわ
ち，ERISP の直接的な受益者は，現在のところ，被疑者被告人よりも司法関
係者であり，また手続過程そのものであるといってよい。レポートは，司法関
係者にその受益内容を質問しているが，警察を規制し被疑者の保護に貢献した
という点をあげた割合は，最大値の弁護士ですら25％にとどまっている（表5
-7）。

　反対に，ERISP による被疑者への不利益を懸念する声も強い。弁護士の75
％，裁判官の65％が，被疑者のタイプによっては不利益を受けやすいと答えて
いる。レポートは，映像のインパクトに照らして，「陪審には，［被疑者の］ふ
るまいだけから結論を出してはならないとういう警告が与えられることが望ま
しいだろう。……おそらく，裁判官や弁護士に対しても，被疑者の取調べでの

第5章　オーストラリア(2)　133

不安定な反応についての評価の仕方を教育しておくことが望ましい」と警告する。この最後の部分について、次に紹介する。

2　映像が誤った判断を導く危険性

　NSW 州の法改正委員会が ERISP の導入について報告書をまとめた時点で、被疑者の容ぼうや様相というビジュアル・イメージが問題となる可能性がすでに指摘されていた。具体的には、入れ墨であるとか、話し方や言葉遣い、マナー、服装などがその例である。映像のインパクトは調書や音声の比ではない。むしろ警察や検察官は、法廷でのきちんとした身なりの被告人と、捜査段階でのみすぼらしい姿を対比させることを欲しているような回答が多いとレポートは紹介する。

　ERISP のカメラは 3 分ごとに20秒間だけ取調べテーブル全体を広角撮影するようにセットされ、その後被疑者の顔のアップに戻る。つまり、ほとんどの間、取調官は画面に映らない。取調べ録画の目的が取調べの監督とその説明責任（アカウンタビリティ）のためにあるというなら、被疑者だけを映すカメラ対面方式にはデメリットの方が大きいとレポートはいう。

　他方、取調べ録画の目的を、被疑者の表情や態度を観察して供述の任意性や信用性判断に生かすためであるとするなら、メリットがあるということになる。だが、そこには潜在的な問題がある。レポートは、第一に、質問に答える人物（被疑者）の反応だけを見ることは、質問者と回答者の両方を見る場合に比べて、不完全で不正確な解釈を招いてしまう危険が大きいこと、第二に、表情や態度が供述の真実性を担保できるかに疑問があること、を指摘する。後者の点につき司法関係者の見方は大きく分かれている（表 5 - 8 参照）。検察官と裁判官が肯定的であるのに対して、警察官と弁護士には中立的あるいは否定的傾向が強い。

　検察官には、表情だけではなく、「ボディ・ランゲージ」の重要性を強調する者が多い。この点、警察官は反対に評価が低いが、それは日常的に酔っぱらいや乱れた様子の被疑者を多数見てきているせいではないかとレポートは指摘する。また、被告人にとっての利益が存在するという弁護士は、感情的に乱れていたり、酔っぱらっていたり、薬物の影響がある場合などは、有利な認定に

134　第 2 部　取調べ録画の比較法

■ 表5-8　取調中の被疑者の態度は真実を述べているかどうかを示唆するか

	警察官％	検察官％	弁護士％	裁判官％
同意／強く同意	28	56	26	57
反対／強く反対	32	10	38	20
中立／不明	36	28	35	16
知らない	3	6	1	2
無回答	1	0	0	4

■ 表5-9　被疑者の態度は証拠として重要か

	検察官％	弁護士％	裁判官％
同意／強く同意	84	78	73
反対／強く反対	3	8	8
中立／不明	11	14	14
知らない	1	0	0
無回答	0	0	4

働く可能性を示唆する。だが，理論上はさておき実際にはその可能性は低い。調査では，被告人側だけがERISPを証拠調べ請求したケースは皆無であった。この点，ERISPが被告人の利益になる可能性は，量刑に残されている。ERISPは判決手続だけではなく，量刑手続でも用いられ得るからである。取調べの初期段階で反省・後悔を示していれば有利となる。もちろん反対もまた起こり得る。[37]もっとも，量刑への利用についての裁判官の意見は分かれ，7割は量刑手続でERISPを参照したことがないと述べており，半数が量刑手続にERISPは不要であるとする。典型的には，有罪答弁があれば両当事者の同意に基づいて反訳書に依拠することができるからである。

　いずれにせよ，利益不利益の存在は，映像に対する「解釈」が求められることを意味し，ときに誤った判断が引き起こされる可能性を示している。一方で，証拠として被疑者の態度を重視する傾向は強く（表5-9），検察官・弁護士が8割以上，裁判官も7割以上がその重要性を認めているだけに，映像のもつ影響力には，少なくない問題が残されていよう。残念ながら，レポート自体

第5章　オーストラリア(2)　135

はそうしたインパクトに関するデータを有していないが,「裁判官は(検察官も,陪審も,警察官も同様に)正確に虚偽自白を見抜くことはできず,高度に訓練された心理学者にしかできないということは,[これまでの]研究結果が明確に示唆している」と警告する。

3　録音録画システムに関する不満

では,司法関係者は,ERISP についてどのような不満を感じているのか。技術的な問題としては,本章第Ⅱ節2で述べたような問題が発生しているほか,とくに検察官の半数,裁判官の4分の1が現状の撮影範囲に不満をもっている。被疑者の顔が画面から外れることが多いためである。裁判官たちは,ERISP の画質の向上と同時に,最も重要なこととして取調室全体のイメージと被疑者の顔のクローズアップの切替えを可能にするテクノロジーが必要であると回答している[38]。

関連する問題として,検察官の25%が反訳書の質に不満を示す。反訳作成は警察と契約した専門会社がおこなっているが,欠落や省略,不正確な記述すらあるという。実際,司法関係者は録画を見ることにしばしば「苦痛」を感じるため[39],効率性の観点から反訳が重宝されている[40]。反訳は証拠ではないものの,ある私選弁護人が指摘するとおり,「陪審も裁判官も,そして弁護人すら,録画テープを見るのに大変疲れてしまうので,反訳はとても重要」とされる。すなわち,反訳の質が低いと証拠能力判断や事実認定判断にとって致命的となる[41]。

おわりに——我が国における「可視化論」への示唆

では,レポートの有する,取調べ録音録画制度の導入にあたっての示唆は何か。さしあたり次の5点を指摘できよう。

① 全部録音録画の実施

NSW 州では,前述したように,自白を証拠とするには電子的記録が求められているが,記録開始時点が不安定になっている。レポートが豪州でも取調べ全過程を記録するよう勧告している点は,我が国でも参考にすべきである。2007年秋には我が国の裁判所でも,一部録画された自白を記録した DVD の証

拠排除決定がなされたり，自白調書の任意性が否定されたりしているが，これ[42]
は当然といえよう。レポートは「不完全な記録は被疑者にとってむしろ危険
で，権利保護からもほど遠い」とする[43]。

② 身体拘束の規制と取調べ技術の改善

英国で開発されたような，「自白強要」に依存しない，また，誘導や詐術を
用いない，洗練された取調べ技術の確立が求められる。「踏み字」や「身体の
自由との取引」などは論外であろう[44]。併せて，身体拘束に対する厳格な規律と
任意段階での取調べの規制も必要である。任意取調べであるにも関わらず退去
の自由を告知しないまま長時間取り調べるといった手法がある以上[45]，我が国固
有の身体拘束の実態に即した検討の必要があろう[46]。

③ 警察内部による取調べ規制の限界

警察庁では取調室に覗き穴やマイクを設置して外から監視できるようにした
り，捜査監督部門を設立したりするなどの改善策を進めるが，その有効性には
疑問がある。レポートは，NSW 州で実施されてきた（取調べ後の確認を行う）
AO 制度につき有効性が乏しいと指摘している。こうした見方は，すでにこれ
まで複数の公的な調査委員会から提示されてきているが[47]，レポートも内部統制
には懐疑的で，より現実的な方策が望まれるとする。

④ 撮影方法の改善

現在，検察庁で実施されている撮影方法は二画面同時撮影方式で，ひとつの
カメラは被疑者のアップ用，もうひとつは広角でありながら取調官の背面と被
疑者しか映らないようである。任意性や事実認定判断を適切におこなうため，
また，取調べの適正さを確認するため，被疑者と取調官の双方が等しく映って
いる映像が画面に組み込まれる必要がある。

⑤ 評価手法の確立

法律専門家であるからといって，画像データから正確に供述の真実性を判断
できるかどうかは疑わしい。直感やイメージの危険性を踏まえ，レポートは相
応の訓練の必要性と，他の証拠との総合的な評価の必要性を提示する。すなわ
ち，十分な証拠開示と弁護人や裁判官の訓練が不可欠とする。今般，司法研修
所から自白の任意性判断を裁判員に委ねるという提案がなされたようである
が[48]，その際，録画記録があれば大いに参考とされるであろう。とすれば，事実

第 5 章　オーストラリア(2)　137

認定にあたって映像だけに依存することが危険であるとのレポートの指摘は,[49] 任意性判断においても見過ごすわけにはいかない点である。裁判官ですら「訓練」が必要とされるほどの自白ビデオの評価については,今後,裁判員裁判実務にあたって大きな課題になると考えられる。

さて,我が国では,取調べ録音録画の導入について依然強い異論や慎重論が示されているところである。英国の伝統を受け継いだ豪州に関する『ディクソン・レポート』は,そうした可視化反対論に対する示唆をも含んでいるように思われる。可視化反対論によれば,①当事者対立主義的な英米両国とは異なり,日本では何より真実発見が重視され,英米両国では「あっさり」した捜査である,②英米両国は被疑者と取調官が対立的であるのに対して,日本では取調べは被疑者と「心を通わせ」,「被疑者の更生にも資する」場であるから被疑者も自白するようになるのだ,とする。第一については,豪州でも従前,きわめて厳しい "verballing" と呼ばれる自白追及型の取調べが横行しており,自白こそ証拠の王という考え方が実務に強くあった。1970年代から1980年代にかけて,そうした自白追及型の取調べに対して強い批判が起こったため,豪州でも録音録画が導入されていった経緯がある。[50] 自白重視は日本に特殊な事情ではない。レポートも,自白は依然として豪州で重要な証拠と位置づけられていることを示す。ただ,その獲得過程(取調べ)の正当性に,より重点が置かれるようになったのである。第二については,前述したように NSW 州でも完全黙秘の比率は低く,〔A〕群では記録に現れているかぎり 7 割近くが質問にすべて答えていて,「対立的なイメージ」は裏付けられない。[51] また,録音録画されるようになっても被疑者の態度に大きな変化はない。だとすると,仮に可視化反対論者の指摘するような「日本型特殊」取調べ機能があるとしても,そうした働きが妨げられることはないと予測される。

レポートは,実際の録音録画記録の分析ならびに広範な実務家へのアンケートに基づいて問題の指摘と改善を示唆しており,きわめて説得的な内容である。同時に起訴前弁護の充実や,十分な証拠開示,証拠法上の規制,上級職による確実な監督体制といった方策が併せて必要であると述べ,本章冒頭引用のような警告を示した。そして,そうした方策は「いずれもが万能薬でも,特効薬でも」なく,「録音録画制度を含むさまざまなメカニズムの組み合わせが

138　第2部　取調べ録画の比較法

［取調べの］規律を可能にする」と示唆する。[52] 我が国でも傾聴すべき言葉であると思われる。

1） ERISP とは，"Electronically Recorded Interviews with Suspected Persons" の略。

2） D. DIXON & G. TRAVIS, INTERROGATING IMAGES: AUDIO-VISUALLY RECORDED POLICE QUESTIONING OF SUSPECTS（2007）。著者デイビット・ディクソン教授は豪州における警察研究の第一人者で，現在，ニュー・サウス・ウェールズ大学法学部長を務める一方，カナダやイギリスの警察活動に関するコンサルタント活動も行っている。トラビス氏はディクソン教授のリサーチ・アシスタントである。

3） NSW 州警察は，英語圏では最大の警察組織のひとつとされている。管轄人口は700万人で，警察官は 1 万3,000人を超える。管轄面積は80万平方キロメートルに及び，合衆国最大州であるテキサスに匹敵し，イングランド・ウェールズの倍に相当する。人口10万人あたりの犯罪率の統計例（2004年）は，殺人で2.2（日本は1.2），窃盗で3676.1（同1552）である（NSW 州のデータは NSW RECORDED CRIME STATISTICS 2002-2006 RECORDED CRIMINAL INCIDENTS に，日本のデータは犯罪白書に基づく）。殺人発生率は英，米，独，仏に比べて低く，窃盗発生率は米，独，仏並みである。

4） 各国の調査報告については，本章注で別途参照する。ただ，いずれの国の調査とも異なり，ディクソン・レポートは無作為抽出法をとっているため取調官が調査をまったく意識していないという点が特徴的である。加えて，その調査規模からみても取調べ録画記録に関する実態調査としては世界でも唯一のものではないかと思われる。

5） 詳細については，渡辺修＝山田直子編『被疑者取調べの可視化のために——オーストラリアの録音・録画システムに学ぶ』（現代人文社，2005），とくに31-33頁を参照。

6） DVD 3 枚は，それぞれ被疑者用，捜査機関用，保存用で，被疑者用は音声のみとなっている。

7） NSW 州での正式起訴可能犯罪の定義を説明するのは困難であるが，例えば財産犯の場合（窃盗），5,000ドル以上の被害金額であれば該当する。「可能」である以上，正式起訴とするか略式起訴とするかは検察官の訴追裁量に依存している。この点に関わり，取調べ録音録画義務のない別件の取調べ中に，正式起訴可能犯罪について供述をしたケースが本レポートでも報告されている。NSW 州の刑事手続については，渡辺＝山田・前掲注 5）132-138頁参照。

8） Criminal Procedure Act 1986（NSW）Sec. 281. 渡辺＝山田・前掲注 5）135頁の訳文を参照。例外問題を含めた判例上の証拠能力問題については本書第 4 章参照。

9） サンプル中に現れた事象として，頭だけしか映っていなかった，赤ん坊を抱いていたために顔が一部隠れていた，帽子を目深にかぶっていた，酔っぱらっていてずっと下を向いていた，頭を垂れていた，逆光のため顔が白く映っていた，などがある。

10） 実際の取調べ反訳を日本語で確認することができる資料がある（シドニー事件の取調べ反訳書）が，休憩を挟んで 2 時間近い取調べ中に30カ所近い音声不明瞭箇所が記されている。渡辺＝山田・前掲注 5）106-130頁。事件については，同書96頁以下の正木幸博弁護士の解説ならびに山下潔＝正木幸博「シドニー陪審裁判無罪評決と市民の感覚」自由と正義54巻12号（2003）60頁などを参照。

11） DVD 化への移行に伴い，ハードウェアに関するクレームは「まったくなくなった」とNSW 警察は説明する。機器のサプライヤーは，イギリスの David Horn Communications 社

で，2007年 8 月に250台が一括して納入された。

12) PEACE とは，Preparation and planning; Engage and explain; Account, clarification and challenge; Closure; Evaluation の略称で，英国内務省の訓練部門から出された A Guide to Interviewing and The Interviewer's Rule Book において提示された。PEACE に関する邦語文献として，ミルン＝ブル（原聡編訳）『取調べの心理学』（北大路書房，2003）参照。

13) Barry. J. McGurk, et. al., Investigative Interviewing Courses for Police Officers: An Evaluation Police Research Series Paper No. 4 (1993).

14) タスマニア州で実施された調査では，自白率は録画導入後約15％上昇したということである。L. R. Prins, Tasmania Police Video Recording of Police Interviews (1989).

15) この点，渡辺＝山田・前掲注 5 ）168頁に登場する公訴局ソリシタの「被疑者はほとんど自白しない」という言及は本調査結果と矛盾している。なお，英国で取調べ録音が導入された当時の実態調査においても，自白率は 4 割から 6 割であった。レスター（Leicester）では導入前49％が導入後58％に，ウィラル（Wirral）では64％で変化なく，ハンプシャー（Hampshire）では48％が63％まで上昇していた。一部自白も含めるとその数値はさらに15-21％の幅で増す。Carole F. Willis, The Tape-Recording of Police Interviews with Suspects: a second interim report 34 (1988).

16) 他の国での実態調査でも同じように指摘されている。カナダにつき，Alan Grant, Videotaping Police Questioning : A Canadian Experiment, Criminal Law Review 375, 383 (1987), 米国につき，本書第 6 章を参照。

17) 取調官に対するアンケートでは63％が事前に質問をおこなうと認めている。NSW 州の規定（前掲注 8 ）参照）では，録音録画が「公式取調べの過程（in the course of official interrogation）」について要求されていることが原因である（傍点筆者）。なお，事前取調べは英国で実施された調査でも 4 割ほど確認された。J. Baldwin, Suspect interviews, New Law Journal, 31 July 1992, 1095, 1095-1096.

18) この点につき，渡辺＝山田・前掲注 5 ）81-82頁のソリシタによる説明参照。

19) 英国につき，1991年，ヨークシャーで 5 週間にわたってテレビ局と警察の協力で取調べが録画されるという実験がおこなわれた。その結果から，ビデオ録画は，「オフ・カメラ状態での警察官と被疑者とのやりとりを抑止することとは何ら関係がない」と指摘する，M. McConville, Video taping interrogations, New Law Journal, 10 July 1992, 960.

20) NSW 州の場合，参考人であれば録画義務は発生しない。そのため参考人段階で自白をさせ，その後に公式取調べに移行するというテクニックが懸念されている。Cheter Porter, The Conviction of the Innocent 33 (2007).

21) ランシマン委員会勧告第50項。Report of the Royal Commission on Criminal Justice, Cm2263 (1993).

22) その他の立会人で多いのは，友人，通訳者，宗教関係者，先住民代理官などである。

23) J. Hodgson, Vulnerable suspects and the appropriate adult, Criminal Law Review 785, 785-795 (1997).

24) NSW 州規則では，SP は，「被疑者を援助し支える（assistance and support）」役割だとされている。一方，英国では「質問されている被疑者に助言する（advice）」役割と規定されている（PACE, Code C, Section 11.16）。

25) こうした実態に関するソリシターの証言につき，渡辺＝山田・前掲注 5 ）79-80頁参照。ERISP 導入にあたって，前提として取調べ前の弁護士をつけるよう提案し，法律扶助が適用されるべきであるとしていた。Prisoners Action Group, Will Video Stop Verbals ?, 1 Current Issues in Criminal Justice, 79, 81 を参照。また，取調べ前の全被疑者への弁護人による助言，弁護人取調立会義務化を提案する。M. Findley et al., Australian Criminal Jus-

TICE (3d ed. 2005) 53, 58-59, 202 も参照。ただし，現在のところ豪州では，膨大な資金投入が必要な当番弁護士制度などの整備は，政治的にも社会的にもほとんど期待できない状況にあるとディクソン教授は著者に語った。

26) 渡辺＝山田・前掲注5) 29-30頁に，模擬取調べに AO が質問する場面が収録されている。

27) 法廷での利用実態については，渡辺＝山田・前掲注5) 100-102頁，179-180頁など参照。

28) 審理時間の短縮については，渡辺＝山田・前掲注5) 53頁にあるマジストレイトの発言参照。なお，英国の実態調査では録音導入の前後で1事件あたりの審理時間に変化が認められる。地方裁判所（crown court）では，1事件平均審理時間がレスターで導入前145分から導入後91分へ，ウィラルで207分から89分へと劇的に減少している。WILLIS, *supra* note 15, at 68 参照。

29) スティーブンソンは NSW 州では1980年当時で一審公判時間の約半分が自白の証拠能力問題に費やされていたと報告している。N. STEVENSON, A STUDY OF EVIDENCE PRESENTED TO THE DISTRICT COURT IN NSW (1980); *criminal Cases in the NSW District Court - A pilot study* in THE CRIMINAL INJUSTICE SYSTEM 106 (J. Richardson & G. Zdenkowski eds., 1982).

30) この点，渡辺＝山田・前掲注5) 53頁の発言参照。マジストレイトの立場から，有罪答弁の増加を ERISP 導入の利益として言及する。

31) タスマニア州の調査では，タイプ打ちにかかる時間と比べ，取調べ録画で済ませれば警察官の負担は3分の1に減少したという。Prins, *supra* note 14.

32) この点は，英国の専門家でも評価が分かれている。悲観的な見解として，M. McConville, *Videotaping interrogations*, NEW LAW JOURNAL, 11 May 1992, 960, 962. 楽観的な見解として，J. Baldwin, *Police interview techniques : Establishing truth or proof ?*, 33 BRITISH JOURNAL OF CRIMINOLOGY 325, 328 (1993) をそれぞれ参照。McConville は，「公的な説明では，取調べのビデオテープは被疑者の権利を守り警察官を保護する二重の目的を有していたかもしれないが，後者は達成されているものの，それは前者の犠牲のうえにたっていることを証拠は示している」とする。M. McConville, *Videotaping Interrogations : Police Behavior on and off Camera*, CRIMINAL LAW REVIEW 532 (1992).

33) CRIMINAL LAW REVIEW DIVISION, A PROPOSED SYSTEM OF ELECTRONICALLY RECORDING POLICE INTERVIEWS WITH SUSPECTED PERSONS 15 (1986).

34) DVD 移行後は，アングル，フォーカスともに固定されており，被疑者の両側に座る取調官も撮影されるようになっている。

35) この問題についての詳細は本書第10章を参照されたい。

36) この点，1992年以降取調べビデオ録画が導入されているニュージーランドで，弁護士が基本的に否定的見解に立っているのが参考となろう。詳細は，本書第8章参照。

37) この点については，渡辺＝山田・前掲注5) 89-91頁のバリスタによる説明参照。

38) DVD 移行後もカメラアングルは1つ（広角125度）だけで，クローズアップ機能はない。

39) 裁判官がどの程度執務室で ERISP を見ているかについて尋ねたところ，56％は決して見ない，31％が滅多に見ない，8％が時折，4％がしばしば，と回答している。

40) NSW 州では，録音録画記録の要約書は偏見が助長される可能性があるため，法廷では全記録の反訳書が用いられることになっている。反訳ではなく要約がつくられる英国においても，ソリシターも検察官も録音テープを聞かずに要約書に依存している実態が明らかにされている。J. Bedward & J. Baldwin, *Summarising Tape Recordings of Police Interviews*, CRIMINAL LAW REVIEW 671 (1991).

41) 前掲注10) で言及したシドニー事件の反訳につき，正木弁護士は，注意深く聴けば不明個所はもっと減少すると筆者にコメントした。

42) 東京地判平成19年10月10日判例タイムズ1255号134頁，大阪地決平成19年11月14日判例タイ

第5章 オーストラリア(2) 141

ムズ1268号85頁など参照。

43) 日弁連の提案も"全事件における全取調べの全過程"を原則とする。田中敏夫「取調べの全過程の可視化（録画・録音）の実現を」現代刑事法6巻4号（2004）2頁。

44) いずれもいわゆる「志布志事件」の取調べで用いられたとの司法判断が示されているところである。鹿児島地判平成19年1月18日判例時報1977号120頁ならびに2月23日判例タイムズ1313号285頁参照。

45) いわゆる「佐賀・北方事件」。福岡高判平成19年3月19日高刑速報（2007）448頁参照。

46) 身体拘束事件に記録対象を限定する危険を指摘するものとして，小坂井久＝中西祐一「取調べ可視化（録画・録音）制度導入の必要性と構想について」判例時報1966号（2007）3頁，6頁参照。

47) 1978年のビーチ・レポート（ヴィクトリア州）Report of the Board of Inquiry into Allegations against members of the Victoria Police Force, Vol. 1 103 (1978), 1997年のウッド・レポート（NSW州）Report of the Royal Commission into the NSW Police Service 466 (1997) など。

48) 「自白任意性，裁判員が判断」京都新聞2007年11月11日付け（共同通信配信）参照。

49) 「事実審ならびに上訴審の裁判官たち法律の専門家は，事実問題について判断する際に，証人のふるまいに依存することを控えて，そのかわり，同時に存在している資料や，客観的に証明された事実，出来事に関する明白な論理に可能な限り依拠するべきである」Fox v. Percy (2003), 214 CLR 118におけるカービー最高裁判事らの意見。レポートは「この問題は，取調べの記録に対する評価でも等しく妥当する」と指摘する。

50) 豪州における録画導入に至る経緯については，例えば，K. Alderson, *Powers and Responsibilities : Reforming NSW Criminal Investigation Law*, PhD thesis, University of New South Wales (2001) の第6章を参照。
http://www.library.unsw.edu.au/~thesis/adt-NUN/uploads/approved/adt-NUN20030901.135310/public/02whole.pdf

51) この点は米国や英国でも同じように確認されている。米国（約8割が黙秘権を放棄）につき，R. A. Leo, *Miranda's revenge : Police interrogation as a confidence game*, 30 (2) Law & Society Review, 259 (1996). 英国（7割以上が協力的）につき，Baldwin, *supra* note 32 を，それぞれ参照されたい。

52) 英国で実態調査をおこなったボールドウィンも同様の指摘をする。J. Baldwin, Videotaping Police Interviews with Suspects-an Evaluation Police Research Series Paper No. 1 (1992). 渡辺修＝山田直子監修／小坂井久＝秋田真志編著『取調べ可視化——密室への挑戦：イギリスの取調べ録音・録画に学ぶ』（成文堂，2004）30-31頁における同氏へのインタビュー参照。

第6章　アメリカ
──法制化までの長い苦闘の歴史

「……おれがほしいのは隙のないがちがちの供述書だ」，彼はデスク脇の台に載った録音機のスイッチを指ではじいた。
「今夜それを録音して，明日文書にする。もし偉いさんが供述書の内容に満足すれば，あんたは釈放されるかもしれん。街を離れないという条件つきでな」，そう言って録音機のスイッチを押した。
レイモンド・チャンドラー（村上春樹訳）『ロング・グッドバイ』
（早川書房，2010）より[1]

今ではロビイは泣いていた。ジェッシイの机にテイプ・レコーダーがのっていた。ジェッシイが録音ボタンを押した。
……
「それでお前が入って行って火をつけたんだな」ジェッシイが穏やかに言った。
「ちがう」ロビイが悲鳴に近い声で言った。「ちがう。ぼくじゃない。スナッパーとアールが火をつけたんだ」
ジェッシイがテイプ・レコーダーの停止ボタンを押した。立ち上がって机を回り，ロビイの手首の手錠をはずした。
ロバート・パーカー（菊池光訳）『忍び寄る牙』
（ハヤカワ文庫，2004）より[2]

はじめに

　冒頭に掲げられた2つの引用は，アメリカを代表するハードボイルド作家であるレイモンド・チャンドラー（1888-1959）とロバート・パーカー（1932-2010）の小説の一節である。
　ひとつ目は「探偵フィリップ・マーロウ・シリーズ」の一節で，カリフォルニア州ロサンゼルスを舞台とした作品である。警察署の取調室で主人公マーロ

ウの供述が"録音"される様子が描かれている。原作の刊行は1953年だから，カセットテープの製造が1962年以降ということを考えるとオープンリール・テープによる録音と見るべきだろう。早くも50年代において米国の警察署では供述の録音が日常的であったことを窺わせる描写である。だが，カリフォルニア州が被疑者の取調べの録画を義務づけるのは，後述されるように，ずっと下って2013年のことだ。

　2つ目は，ストーン署長が活躍する「ジェッシイ・ストーン・シリーズ」の一節で，主人公が勤務するのはマサチューセッツ州の郊外に位置するとされる架空の街パラダイスの警察署である。この本の原作は1998年に刊行されているので，作者のイメージはオープンリールとは考えにくくカセットテープと見るべきだろう。供述の録音風景が描写されている内容からみて明らかに"一部"録音である。この作品も，1980年代にすでに同州では被疑者供述が音声によって記録されることが日常的だったことを窺わせる。だが，後述されるように，2015年12月の現在も，マサチューセッツ州では未だに取調べの全面的な録音録画の法的義務は設けられていない。

　探偵マーロウが描かれた時代から60年以上を，そしてストーン署長が描かれた時代から20年近くを経たこんにち，米国ではおよそ半数近くの州で身体拘束下の被疑者取調べを録音録画することが義務づけられるようになっている。すなわち米国は，本章で描かれるとおり，世界で最も早期に被疑者取調べを録音していたにも関わらず，その立法化については国際的に見ても大いに遅れをとっていた法域であるといえるだろう。

　しかし，DNA型鑑定による大量の誤判事例の発覚などを経て，今では州レベルでの立法の動きが加速しており，2010年には取調べ録画に関する模範法典が制定され，連邦法域でも2014年7月から司法省が連邦捜査機関に録画義務を課すなど近年目覚ましい動きを示している。他方で，連邦制度を採っていることから，州ごと地域ごとで運用方法や要件などのばらつきが大きく，国としての取調べ録画制度の実情を概略することは容易ではない。[3]

　そこで本章前半では米国内における取調べ録音録画に関わる調査報告をとおして普及の実態を学び，後半では州レベルの判例や立法をとおして米国における「可視化」制度を把握することとしたい。

I 立法化前史その1——被疑者取調べ録音録画の実態

かつてハーバード・ロースクールのディーン（学長）であったロスコー・パウンド教授は次のように述べたことがある。

> わたしの提案は，拷問（third degree）に対する救済とその派生物は，嫌疑を受けている人物に対する取調べという警察や検察の合理的な要求を満たしつつ，同時に法を逸脱した尋問に対する言い訳を認めないというものである。そこで，次のように提案したい。すなわち，治安判事の面前での被疑者や被告人の合法的な取調べに関わる明確な法規定を置くべきであり，取り調べられる人々は自己の権利を防御するために弁護人の立会いが認められるべきである。さらに，（取調べの）正確性を保証できるような証拠を記録するための規定が設けられるべきである[4]　（傍点筆者）

アメリカを代表する法学者であったパウンドが，1930年代という警察による不正な活動が問題とされた時期に取調べ内容を機械的に記録することを訴えた慧眼と評すべき指摘である。こうした指摘は，立法によって取調べの録音録画が義務づけられるはるか以前から度々繰り返されてきている。つまり米国では，一朝一夕に「取調べの可視化」が実現したのではなく，そこには長い歴史が隠されている。その端緒はこのパウンドの指摘に見られるように相当遡ることができるだろう。

例えば1960年代にも，米国連邦政府代理人となる訟務長官（Solicitor General）アーチボルト・コックスが，その上告趣意書で録音テープの活用を主張したことがあるし[5]，ニューヨーク地区検事局では1975年から取調べにはビデオ録画が利用されていた[6]。1984年に起きた有名なニューヨークの地下鉄自衛射殺事件の公判（1987年）でも，被疑者取調べの録音録画内容が一部だが再生されたこと[7]が報じられている[8]。

第6章　アメリカ　**145**

1 取調べ録音に向けた勧告・推奨

さて，米国で被疑者取調べの録音録画が立法問題であることが明らかにされたのは1970年代にまで遡る。例えば，1974年の「統一刑事訴訟法典」（Uniform Rule of Criminal Procedure, 1974）では，その243条で次のように定められていた。すなわち，「身体拘束されている場所で尋問がおこなわれる場合，（被尋問者に対する）権利告知やその放棄，いかなる質問も録音機器（a sound recording device）によって適宜録音されるものとする」と。

その翌年の1975年にまとめられた「起訴前手続模範法典」（The Model Code of Pre-Arraignment Procedure, 1975）130の4条も，以下のように取調べの録音義務を定めていた。

> 1）　法執行官は以下で求められているように，（取調べを）録音するものとする。……
> 3）音声録音　音声録音に関する規則は以下の内容に適用されるものとする。
> 　a）　130の1条2項に従い逮捕された人に示される告知
> 　b）　140の8条に従いなされる弁護人依頼権の告知ならびに放棄
> 　c）　被逮捕者に対してなされるあらゆる尋問と，その人物によってなされる供述
> 　かかる記録は，（取調べの）最初と最後の時間を明示しなければならない。被逮捕者は，音声記録がおこなわれていることを告知されねばならず，そして彼に対してそのことを告知した供述も当該音声記録に含まれていなければならない。施設詰めの職員は，かかる音声記録が確実になされるよう責任を負うものとする。　　（傍点筆者）

1970年代の刑事手続に関する最も重要な2つの模範法典が示しているとおり，当時，取調べの会話を音声記録にとることが望ましいという知見はアメリカの法曹界において確立したものとなっていたといえるだろう。そして，ニュース記事から明らかにされるように，また冒頭引用の小説でみられたように，取調べを一部であっても録音ないし録画することはとくに不自然なものではなくなっていた。

そうした背景が（後に紹介される）1980年代の判例による取調べ録画義務化へと繋がっていったと考えられる。実際，1970年代にある連邦関係者が次のようにその普及について言及していたほどである。

　　コストや複雑な操作，携帯用のビデオ記録ユニットのサイズなどは相当改善されてきており，もはや小さな警察署ですら常備している[9]

　このように米国では，1970年代にすでに警察署に取調べ記録用の音声レコーダーが設置されているのは日常的で，加えて，音声記録のみならず録画（映像記録）まで実施する法域も少なくなかった。
　学説においても，立法化以前から取調べの録音録画については積極的な発言が多かった。その支持は保守派から改革派まで広がっている。米国における被疑者取調べ研究の第一人者であるリチャード・レオ教授は，1996年の論文でこの点について次のように記している。

　　（取調べの録音録画は）無限定の社会的財（social goods）となる。だからこそ，進歩派・保守派の双方の法学者が取調室でのビデオ録画の使用を推奨してきたのである。[10]

　すなわち，1980年代になって突然に州裁判所が新たな知見を得たというわけではなかったし，2000年以降の州立法が捜査機関に突然取調室に機材の用意を押しつけたというわけでもなかった。
　実際，合衆国最高裁も1980年代初頭に自白の任意性判断に関わりテープ録音に依拠したことがあるくらいである。[11]むしろ，被疑者段階の取調べビデオが自白の任意性を担保するツールとして裁判実務に登場した当初は，被告人側から自己負罪拒否特権が侵害されたという主張が示されたほどであった（これは裁判所によって排斥された）。[12]
　米国では，有罪立証にあたってそうした（取調べの一部録音や録画の）有用性を認めた警察・検察実務の普及や機器の整備を踏まえ，1980年代に入って判例法による義務化を迎えたというのが正しい見方であろう。その実態をより詳し

第6章　アメリカ　147

く知るため，以下では，米国における被疑者取調べ録音録画を調査した2つの
報告書を紹介する。

2　ゲラー・レポート（1992年）

　立法化こそ遅れていたものの，米国各州では警察署レベルで取調べの録音や
録画が普及していた。とはいえ，その実像はなかなか把握することが困難だっ
たところ，1992年8月に米国で最初の実態調査がおこなわれる。これが全米司
法協会と米国司法省から出された『警察による被疑者取調べのビデオ録画と自
白——その諸問題と実務に関する予備的調査』（Police Videotaping of Suspect
Interrogations and Confessions: A Preliminary Examination of Issues and Practices
(National Institute of Justice, 1992)）で，調査にあたったゲラー氏の名前をとっ
て「ゲラー・レポート」と呼ばれている。

　同レポートは，1980年代から全米の刑事司法機関においてビデオ撮影が多様
な目的のために幅広く用いられていること，また，警察の訓練や研修，捜査活
動中の証拠保全，交通や犯行現場の記録分析，公判手続，拘禁施設などでの活
用実績と共に，取調べについても多くの州で多くの警察署によって実施されて
いることを明らかにした，米国における初めての全国的な実態調査である。

　同レポートは全体で200頁を超え，調査目的と意義について述べた第1章，
調査研究の方法論を述べた第2章に引き続き，第3章では英語圏の文献調査研
究から得られた知見，第4章では米国各地における警察取調べの実施状況，第
5章では警察ならびに刑事司法関係者の評価と自白への影響がまとめられてい
る。本章では主としてこの4章と5章の内容を紹介する。

　① 全米における取調べ録画の実態

　ゲラー・レポートでは，調査時においておよそ1万4千あると推定された法
執行機関（警察）[13)] から無作為に1078の機関をサンプルとして抽出し，そのうち
778の機関（72%）との電話インタビューに成功した。423（54.3%）の機関が取
調べの録画設備を整えていると回答し，334（42.9%）の法執行機関がフォロー
アップの調査に応じると回答した。

　1988年12月から1991年6月に全国で12の法執行機関に対して訪問調査が実施
された。そのうちの11機関では録音ではなく取調べ録画がおこなわれていた。

148　第2部　取調べ録画の比較法

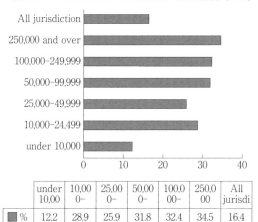

■図6-1　米国人口サイズ別取調べ録画実施率(1989)

	under 10,00	10,00 0-	25,00 0-	50,00 0-	100,0 00-	250,0 00	All jurisdi
%	12.2	28.9	25.9	31.8	32.4	34.5	16.4

　12の法執行機関は8つの州とワシントン特別区にまたがっており，管轄人口は2万4千人程度から大きいところでは100万人を超えていた。録画件数も200件程度から2万件を超えるところまで多岐にわたっている。長期の経験を有する管轄もあれば，まだ実施開始から時間が経っていないところもある。調査内容は同種の実態調査が先行していたカナダやイギリスのものを参考にしてなされ，それらと対比可能なようにデザインされている。

　実態調査の分析の結果見積もられた数値として，少なくとも全国の法執行機関の16.4％にあたる2400の機関が何らかのかたちで1980年代中には取調べを録画していると推定された。その実施率は，それぞれの警察を管轄に置く自治体の人口規模によって左右され，人口1万人以下では12.2％にすぎない一方で，25万人以上の管轄では34.5％の警察が取調べ録画を実施していると評価された（図6-1参照）。

　人口規模が小さい警察において実施率が低い理由としては，第一に，ビデオ撮影機器が高額なため支出できないこと，第二に，相対的に重大事件が発生しないため機器購入のコストが正当化されないこと，第三に，そうした小さい警察署は隣接する他の大規模警察の協力で捜査を実施するため独自の施設を不要と考えられていること，に求められている。冒頭に引用された小説に登場するパラダイス署は署員10名以下の小さな機関であったことから，ビデオ設備を保

第6章　アメリカ　149

有していなかったとしても不自然ではない。

　レポート作成者は，1989年の段階で，全米でおよそ５万７千件の刑事事件において ビデオ録画による供述の録取がなされたと推計している。ただし，訪問調査で明らかになったこととして，ビデオ録画撮影記録台帳には事件の被疑者，目撃者，被害者のいずれが録画されたかの記録が明確ではない場合もあり，上記件数のうち，被疑者取調べの割合や，同一被疑者が同一事件で何度取調べを録画されたかなどの詳細が判明しなかった。こうした点につきレポートは，警察における録画実施記録の管理を徹底するよう求めている。

　録画対象となった犯罪類型は各法執行機関によって様々であったが，実施機関の83.1％が殺人事件の取調べを録画すると回答した。一般的に録画実施率は犯罪の重大性に応じて高くなっている。

　②　訪問調査データ

　デンバー警察署で1988年に被疑者，証人，目撃者の供述がビデオ録画された件数は合計で198件であった。そのうち56％が殺人事件で，次いで加重暴行（Aggravated Assault, 12％），警察官の発砲事件（９％）の順に多かった。同じくカンザス州カンザス・シティ市警察で1986年に収録された件数は110件で，うち57％が殺人事件，27％が性犯罪事件であった。この２つの法執行機関では録画実施記録に録画対象の属性が記録されていなかったが，インディアナ州フォート・ウェイン市警察やカリフォルニア州オレンジ郡警察では，被疑者を対象とした録画件数が記録されていた。以上４つの法執行機関は，いずれも警察であったが，ニューヨーク市では検察局によって取調べ録画がおこなわれていた。1975年から1989年にかけて，同市ブロンクス地区検事局では毎年300件から500件の殺人事件被疑者に対する取調べ録画の実績を示している。

　③　撮影方法

　取調室での撮影方法は大きく分けて２つある。すなわち，隠しカメラ・タイプ（covert videotaping）と通常撮影タイプ（overt videotaping）である。回答のあった全法執行機関のうち96％が撮影について被写体人物に口頭で告知しており，そのうち７割が通常撮影タイプで実施していた。口頭告知をおこなっていない法執行機関ではビデオカメラは様々なやり方で設置され，マジックミラーを通して，設置された機材から，あるいは隣室との間に設けられたのぞき穴な

どを使って，撮影されている。訪問調査されたオレンジ郡ハンティントン・ビーチでは，いかなる告知も記録前に被疑者にされておらず，カメラの存在は取調室内からはわからないように工夫されていた。カンザス・シティー市警察では，カメラや機器は隠されていたが，取調官は被疑者に取調べが録画されることを日常的に告げていた。一方，デンバーではマイクロホンが被疑者の目の前に置かれ，カメラはマジックミラーの向こうに隠されていた。ニューヨーク州ブロンクス地区も同じ方法を採っていた。

　サンディエゴ市警察のように，カメラが目に見える場所に置かれているところもあった。同警察では日常的に録画の告知を被疑者にしていなかったが，天井から被疑者を捕らえるカメラの存在は明らかに被疑者に撮影記録の可能性を示唆していた。オクラホマ州警察では，被疑者から撮影中止を要求された場合，それに従ったふりをして実際には録画を続けるという対応だったが，サンディエゴ市警察でも同じ方法が用いられていた。

　④　部分録画

　取調べ録画をおこなっている法執行機関のうち48%は署内でのすべての取調べを録画していると回答した。52%は取調べがしばらくおこなわれた後でなければ録画されることはないと回答した。その場合，被疑者が供述をおこなっているハイライト部分だけが記録されることが多い。典型的には，無罪供述か自己負罪供述をおこなっている部分が対象になる。

　取調べ全部録画には意味があるとする取調官からは，取調べ時には意味がないように思えた供述であっても後に意味をもつこともあるのでハイライト部分だけを記録することには危険性があると指摘するコメントが寄せられている。とくに，公判段階で被告人が被疑者段階における主張を変更してきた場合など，弾劾証拠として重要になるとして全部録画の有用性を指摘する。

　反対に，供述の主要部分のみの録画を支持するコメントとしては，自己負罪供述だけをガイダンスに則ったかたちで獲得することが効率的でわかりやすいというものがあった。その場合，録画されていない時間帯における被疑者の供述態度や取調べ前に取調官が得ていた情報などが問題になり得るとも指摘された。

　レポートは，法執行機関が「完全に」すべての取調べを録画しているかどう

第6章　アメリカ　151

か判定することは困難であるとの留保を付けつつ，訪問調査をした11の法執行機関のうち３つしか実際には全部録画をおこなっていない事実に言及している。タルサ市警察は，ときには全部録画をおこなうと回答しているが，興味深いことに隠し録画をするようになってから全部録画を始めたと回答している。

　訪問調査を受けたブロンクス地区検事局の主任検察官は，「取調べが全部録画されているか，主要部分だけかによって，取調べ手続に関する信用性や正当性が判断されるべきではない」との見解を示す。「重要なことは，被疑者が誘導的質問に対して，"はい"と答えているのではなく，被疑者自身がカメラの前で自分から話をしていることであり，録画されていない状態で（取調官によって）訓練されたとおりに被疑者が話をしているわけではない」という点を強調する。レポートは部分録画では，この「録画前のコーチ（訓練）問題」を解決できないと指摘しつつも，少なくとも誘導尋問によったのかどうかについては記録されていれば明確に判断できる，とした。

　記録時間は，部分録画を原則として録画をおこなっている法執行機関では平均15分から45分程度であった。全部録画が完全には実施されていないところでも，平均２時間から４時間の取調べが記録されていた。中には平均で７時間というところもあった。

⑤　被疑者の協力・同意

　殺人事件を担当する捜査員らにどの程度の割合で被疑者が取調べ録画に同意するかを尋ねたところ，39.1％の回答者が８割以上と答えた。

　録画をしないなら供述するという態度を被疑者がとった場合に捜査員はどのように対応したかについても質問された。59％が常に尊重，20.9％が通常は尊重，17.7％がときに尊重，2.4％はまったく尊重しない，と回答している。取調べ中に被疑者が態度を変更してきた場合について，デンバー，フォート・ウェイン，セントルイス，そしてワシントンDCでは，そうした態度変更を許容しているとし，他方で，サンディエゴのように，いったん録画が開始されると中断を認めない警察もあった。

　訪問調査で明らかになったのは，実際に取調べを録画するかしないか，いかなるメディアで取調べや自白を記録するかは，多くの警察署では取調官の裁量に委ねられているという現実である。デンバー，フォート・ウェイン，ヒュー

ストン，ハンティントン・ビーチ，セントルイス，そしてタルサのいずれの警察署でもそうであった。他方で，ブロンクス地区やオレンジ郡では，特定の罪種について特別な状況でないかぎりビデオ録画されることになっていた。もっとも，そうなっていたからといっても法的規制がない以上そこに拘束力はなく，ビデオ録画を好まない担当者によっては実施されないこともあった。

法的拘束力ある法律の代わりに，幾つかの警察署ではビデオ録画に関するガイドラインや実施細則がつくられていた。訪問調査をとおして，そうしたガイドラインにより，取調べ録画がおこなわれる冒頭で日付，時間，場所，取調べに至った経緯，取調べ開始前に強制のなかったことなどについて取調官が口述するよう求められていることも明らかになっている。

訪問調査をおこなったどの警察署や検察庁でも，取調べが録画されている最中に邪魔が入らないよう（不意の取調室へのノックや入室）配慮していた。

ニューヨーク市は調査対象となった法執行機関の中で最も長い取調べ録画の歴史を有しており，すでに15年も前から（すなわち1970年代から）被疑者の供述をビデオに記録していた。音声録音にかぎってみれば，1930年代にまでその歴史は遡れるとされている。なお同市ブロンクス地区では，通常であれば警察が取調べの進行を管理する。しかし，殺人事件の場合には検察局に連絡がとられ，ビデオ録画を指揮するために検事補が警察に来るということであった。

⑥　取調室の設備・機器

では，取調室での録画機器の整備状況はどうか。フォート・ウェインやカンザス・シティー，セントルイス，ワシントンDCといった大都市でさえ，ビデオ供述を記録できる取調室は1箇所しかなかった。他方で，訪問調査された中ではもっとも人口の少ないハンティントン・ビーチでは3，4室で音声記録が可能となっており，1，2室でビデオ録画が可能であった。このように，設備投資は必ずしも管轄規模には比例していない。取調べ録画の歴史の長いニューヨーク市ブロンクス地区では16もの取調室（ただし，設置場所は管轄内に散らばっている）で録画機器が用意されていた。

米国では取調室の録画設備，機器，配置（マイクとカメラ），アングル，人員などはまったく統一されておらず，各機関に委ねられている。フォート・ウェインでは，被疑者と取調官を，真横に設置されたオペレーション・ルームの中

からオペレーターが撮影するという方式をとっていたが，デンバーでは被疑者と取調官が相対し，もうひとりの取調官が両者の中間に座り，取調官の背後にあるマジックミラー越しにビデオカメラが設置され，オペレーターが撮影をおこなっていた。カメラに収まる撮影範囲も各機関ばらばらであり，ある署では被疑者だけの表情を撮影し，別の署では取調官も映るように撮られていた。

　レポートは撮影時のカメラアングルの重要性を強調している。なぜなら，あまりに撮影位置が高すぎると被疑者の表情が見づらくなるからである（とりわけ被疑者が顔を下に向けた場合にはそうだとする）。例えば，サンディエゴ警察では天井にカメラが設置され上からのアングルで撮影がおこなわれ，壁に付けられた室温計に隠しマイクがセットされていた。そのため被疑者の顔の映像は見にくく，小声になると音声を拾うことができず，アングルも音声も設備として相応しくないとレポートは批判する。

　訪問調査によって明らかになった設備の違いのひとつは録画機器の質である。ブロンクス地区とセントルイスではプロ用（テレビ局）の機材が用いられていたが，他の署では一般向けの撮影機材が使われていた。カラー撮影はバーリントン，マサチューセッツ，サンディエゴの３箇所だけで，他はモノクロ撮影だった。

　取調室を録画可能な部屋にするには相当のコストが必要となることもわかっている。例えば，デンバーでは１室あたり３万ドル（300万円）ほどかかっていた。とくにマジックミラー越しの撮影をする場合には，隣の取調室をつぶして撮影場所として転用しなければならなかった。ハンティントン・ビーチでは７千ドルから１万ドルが施設費用として必要であった。ブロンクス地区検事局の録画担当官の報告によれば，ビデオ撮影・再生装置と部屋などを用意するために1990年当時で平均２万５千ドルが必要であり，これはパトカー１台分あるいは警察官１人分の年俸よりは安い，とされている。

3　サリバン・レポート（2004年）

　その後10年ほどして，民間でも実態調査を進める者が現れた。それが元検察官でありイリノイ州シカゴで弁護士を務めていたトマス・サリバン氏であった。彼のチームは電話で全米の警察署に問い合わせ調査を実施した。その報告

書は『サリバン・レポート[14]』と呼ばれている。

　もともとこの調査は，死刑制度の存廃をめぐって設置されたイリノイ州知事の諮問委員会のワーキンググループ[15]が被拘束者の取調べに関する実態調査を進める中で個人的に実施された内容をまとめたもので，公的な調査ではない。ゲラー・レポートのように訪問調査までおこなったわけではない。各警察署に対して取調べの録音録画の実施内容について「電話で」尋ねているにすぎない。

　けれども，その単純な手法ながら，サリバン・レポートはアメリカの各地で立法の要請のないまま多くの警察署が自主的に取調べ内容の音声・映像による記録化を進めている実態を明らかにすると共に，取調べ録音録画制度のメリットを警察自身に語らせるという方法によって米国における可視化立法を後押しする推進力の役割を担うことになったのである。電話調査を踏まえ，また自身も〝可視化〟推進論の論文を相当数執筆したこともあって，まさにサリバンは米国の「ミスター可視化[16]」となった。

　2004年に最初のレポートがノース・ウェスタン大学の誤判研究センターから公刊された時点で，調査チームは43州，300以上の警察署に電話で聞き取りをおこなっている。アンケートに答えた警察署は，人口50万人以上，20万人から50万人以下，20万人以下の郊外という３つのクラスに分類された。最上位群にはロサンゼルスやサンディエゴ，サンフランシスコやヒューストンといった大都市が含まれている。

　各警察署からの回答は表にまとめられており（付録としてレポートの末尾に収録された），管轄人口，警察官数，取調べ録音ないし録画実施の有無，そして経験年数の４項目が整理されている（調査当時，アラスカとネブラスカ州のみが判例で取調べの電子的記録を義務づけられていたのでこの２州のみが全警察署において同一の環境を整備済みだった）。また，80以上の警察署における「被疑者への記録の告知の有無」と「撮影機器の可視性」についての調査結果もまとめられた。

　①　普　及

　回答したすべての警察署に録音機器が配備され，録画機器も用意されているところがほとんどであった。

　②　実務規則の有無

　書面化された規則を整備しているところは少なく，コロラド州とコロンビア

第6章　アメリカ　155

特別区においては実務規則が確認された。

③　義務的かあるいは裁量的か

ほとんどの捜査機関が録音録画の実施を取調べ担当官の裁量に委ねていた。

④　開始と終了

付録リストにあげられたすべての警察署では，取調べの最初から最後まで記録されることになっている。

⑤　対象犯罪

ほとんどの捜査機関では記録の対象を殺人事件や性犯罪，武装強盗といった重大事犯における取調べにかぎっている。

⑥　機　材

ビデオと録音の併用による記録がほとんどである。カメラ台数もほとんどが一台で被疑者に焦点を合わせて撮影している。

⑦　被疑者の認識

付録資料によれば7割程度の警察署では被疑者から撮影機器が可視的状態にある。被疑者に対する撮影記録の告知がなされるのも同じく7割程度である。

⑧　効　果

レポートは取調べ録音録画の最大の効果として，第一に，「自白の証拠排除申立を激減させる」ことをあげる。多くの電話インタビューで警察官も検察官もこの点を指摘しているからだ。第二に，「陪審員に対する説得」もあげられる。どんなに法廷での態度が立派であっても，取調室の態度を示すことが最大の武器になると警察官たちは知っている。第三に，「（ノートやメモではなく）取調官を取調べに集中させる」効果が指摘されている。その間接的効用として，被疑者の様子をより仔細に観察でき，供述の矛盾や取調べ時に見落としていた点にも気づくことができるようになるとされている。第四に，警察，検察官の強力なツールとなり「有罪答弁を増やし刑事司法を効率化させる」というメリットがある。第五に，警察官が公判で虚偽の証言をすることを抑止するとされている。このことは間接的に「警察に対する信頼を生み出す」効果もある。第六に，取調べの音声記録や録画が捜査官に取調べ技術を教育する際の効果的な教材となることもあげられている。

⑨　一部録音録画

多くのアメリカの警察署で実施されている取調べの一部を録音録画する方法について，レポートは，「そうした一部録画は異議の対象」となるため公判での余計な紛争を招き，かつ被疑者が有罪であることを示す決定的な部分を記録から落としてしまうという欠点があるとして批判する。

⑩　自白率

しばしば取調べの録音録画に対する反対意見として出される，取調べを録音録画すると被疑者が自白しなくなる結果が生じるという懸念について，レポートは「（調査への回答をとおして得られた）経験は……自白を引き出すことを妨げない」という結論を示す。もしも被疑者が撮影に協力的でない場合は，記録機器を停止して録音録画せずに取調べを続ければよい，とする。

4　小　　括

米国の取調べ録音録画実施状況に関する2つの調査報告書を踏まえると，本章冒頭で引用された小説の描写が決してフィクションとして片づけられるものではなく，米国の取調室における日常的な姿であることが明らかにされたといえるだろう。

もっともこの2つの調査は，警察や検察官という法執行サイドに調査対象を限定していたため，裁判官や弁護士からの評価，意見を得ていない。この点では，第4章および5章のオーストラリアや第9章のイギリスで実施されていた実態調査に比べて難点が存することは否めないだろう。

しかしながら，『サリバン・レポート』がこのあと紹介される諸州での「可視化」法制や模範法典の制定にあたって大いに参考にされたことや，通常は「可視化」に対する異論が法執行サイドから唱えられることが多いことを考えると，2つの調査で示された普及実態調査の意義は決して小さいものではない。

米国では，法律や判例による義務化以前に裁量によって一部供述を記録しようとする実務が相当に普及していたし，また内規や運用を通して全部録音録画する法執行機関も一定程度広がっていたのである。そうした実務は，主として被疑者の権利保護のためというよりも捜査機関の便宜や効率化，公判での有利な影響といった実利的観点から普及していたものであった。

第6章　アメリカ　**157**

米国ではようやく1980年代に州レベルで判例法による取調べ録音録画義務づけという方向性が生まれ，その後，相当期間の足踏み状態が続く。そして2000年代に入ってDNA型鑑定によって多くの無実者の雪冤が果たされた後におこなわれた刑事司法改革をとおして，冤罪の主要原因のひとつであった虚偽自白を抑止するため，多くの州で取調べ録音録画義務づけ立法が進められることになる。

当初普及した実利的観点からの録音録画の普及が，実は判例や立法の普及の妨げとなったというのは皮肉というほかない。けれども，同様の現象は日本においても生じている。2007年頃から捜査機関において録音録画機器設置の普及が進んだにも関わらず，警察が「義務化」反対の姿勢を採っていることとも共通性を見出し得るのであり，米国固有の事象とはいえない。

とすると，日本の法執行機関は米国の経験や歴史をとおして，実務において取調べ録音録画の運用を先取りすることによって制度改革を遅らせることができることを学んだ，ともいえるだろう。

II　立法化前史その2——被疑者取調べ録画に関する州判例の動向

このように1980年代には全米ですでに身体拘束中の被疑者に対する取調べが広く録音ないし録画されるようになっていた。さらにその後，諸州において判例や立法によって取調べ録画の義務化が進められることになる。本節では判例によってこれを進めた管轄を取り上げるが，州によって対象となる犯罪や根拠となる原理が異なっているため，以下では3つのアプローチ（適正手続アプローチ，司法の監督権アプローチ，政策的アプローチ）に整理して紹介したい。

1　適正手続アプローチ

1985年のステファン事件[17]において，アラスカ州最高裁は次のように判示して，自白の証拠能力判断の前提として取調べのビデオ録画を要件とした。

　　こうした（被疑者取調べ）録画は，身体拘束がおこなわれている場所で取調べが実施され，録画が可能な場合には，州による適正手続の要請であ

158　第2部　取調べ録画の比較法

る。我々は，かかる状況においては，被疑者の弁護人依頼権，自己負罪拒
否権そして最終的には公正な裁判を受ける権利に十分な保護を与えるため
に，録画が合理的で不可欠の保護策であるという理由で，この結論に達し
た。　（傍点筆者）

　こうして，米国判例史上画期的な，適正手続に基づく取調べ録画の必要性を
論じた判決が出されることになった。

2　司法の監督権アプローチ

　だが，そうした動きが続いたわけではなかった。アラスカ州の判決からおよ
そ10年後の1994年に，ミネソタ州の最高裁はスケールズ事件において，アラス
カ州の適正手続原理とは異なる，司法の監督権に基づいて被疑者取調べの全部
録音録画を義務づけるアプローチを示した[18]。
　すなわち，州最高裁は，前節で紹介された起訴前手続模範法典や統一刑事訴
訟法典を引用して取調べの録音録画が推奨されてきた歴史を振り返り，次のよ
うに言明したのである。

　（確かに）これまで合衆国最高裁が直接録音問題に言及したことはなかった
　が，我々は，たとえ連邦憲法における適正手続の要請を満たすために身体
　拘束下の取調べが記録される必要がないとしても，ミネソタ州憲法の下で
　録音要請を認めることから免れるわけではない。本法廷は，合衆国憲法の
　下で許容されるよりも更に広い範囲でミネソタ州憲法の下で個人の権利を
　提供する権限を有する。

　（アラスカ州における）ステファン事件での裁判所の判断と同様，身体拘束
　下の取調べの録音は今や合理的なものだし，必要な安全策であり，被疑者
　の弁護人依頼権，ひいては自己負罪拒否特権や，最終的には公正な裁判を
　受ける被疑者の権利に対する十分な保護として重要であると我々は確信し
　ている。

　我々は，今回，ミネソタ州憲法の適正手続条項の下で被疑者が身体拘束下
　の取調べにおいて録音される権利を有しているかどうかの判断をしない。

第6章　アメリカ　159

むしろ，我々の持つ，公正な裁判を確実にするための司法の監督権を用いて，権利告知やその権利放棄を含むすべての身体拘束下の取調べとすべての質問は，それが相応しい場合には（where feasible）電子的に記録されなければならず，そして拘束されている場所で取調べがなされる場合には記録されるべきだと判断する。[19]　（傍点筆者）

　こうした録音録画義務の捜査機関における懈怠に関し，例えば1997年の同州高裁[20]は，警察署などの身体拘束施設ではない場所での尋問に際してテープ・レコーダーを用意していなかった事案において，州最高裁が要求していたのは「身体拘束施設における録音録画」であって，屋外の場合には望ましいと言及していただけとして，同事件において一審裁判所が被告人側からの証拠排除申立を棄却した決定を支持している。

　これは，いわゆる「例外事由」に関わるものであり，物理的な不能を理由に録音録画が履行できない場合を許容するひとつの典型例といえるだろう。判例による義務づけをおこなう場合には常に原則に対する例外をこうしたケースのように個別に判断していく必要に迫られることになる。

3　政策的アプローチ

　2006年，アイオワ州最高裁は Arif Hajtic 事件[21]において，ボスニア系移民の子どもで，逮捕当時17歳であった少年本人とその母親によるミランダの権利放棄が無効であるという主張を退けた際に，警察が録画したビデオテープが有益であること，すでにアラスカ州，ミネソタ州の判例で被疑者の取調べ録画が義務づけられていること，8つの連邦巡回裁判所がそうした制度に好意的な姿勢を示していることに触れて，「我々は，電子的記録，とりわけビデオ録画が，身柄拘束中の被疑者取調べについて推進されるべきだと信じており，今回我々はそうした機会を持ち得た」と全員一致により判示した。

　本件は，事件の7年前から移民として米国で暮らしていた少年が被疑者となったケースである。少年の母親は英語を満足に話せず，ミランダの権利の内容と放棄の意味は，少年の妹（当時14歳）によってボスニア語に通訳された。取調べの間は母親も妹も同席していたが，その後，少年は自白した。警察は少

年と母親が権利を放棄した場面や自白の場面をビデオに録画していたため，最高裁はこの録画記録に基づいて，権利放棄が有効になされていること，そして自白も任意になされていて不当な利益供与や脅迫も取調官から加えられていなかったことを認定し，上告を退けている。

　本判決では取調べにビデオ録画が判例上義務づけられる旨は明言されなかったものの，判決後間もなくアイオワ州郡検察官協会は，各郡の検事に対して州検事総長事務局による "本判決は本質的に（取調べ録画を）義務づけたものと解釈されるべきだと信じている" とのメッセージを送っている。2012年にも同州最高裁は再び録音録画が望ましいとの判示をおこない，今度は非拘禁者の取調べについても録音録画することが望ましいと勧告した。[22]

　2015年夏，アイオワ州知事は同州刑事司法改革のためのワーキンググループを設置した。知事への答申では取調べ録画の義務化が扱われる予定になっている。[23]

4　小　　括

　判例法による取調べ録音録画義務の発展は，米国では見られなかった。[24] それは，多くの州で憲法上の録音録画義務が否定的ないし消極的に解されたからである。[25] 1990年代にその流れはほぼ決定的となった。しかしながら2000年代に入ると取調べ録音録画の義務化は法整備の動きによって息を吹き返すのである。次節では立法によって録画義務化を果たした管轄を見ていく。

Ⅲ　被疑者取調べ録画をめぐる州立法

　以下は，取調べの録音録画義務を怠った場合の手続法上の制裁の方法を分類要素（証拠排除，陪審説示，証拠排除と陪審説示の併用，制裁なし，ガイドライン，その他）として，各州の立法を概観したものである。

1　証拠排除型

　①　イリノイ州は，全米で最初に身体拘束下にある被疑者の取調べを録音録画する義務を法制化した法域である。オバマ大統領が州の上院議員時代にこれ

第 6 章　アメリカ　161

を提案したもので、イリノイ州はまず2003年に殺人事件の取調べを対象に（施行は2005年）、そして10年後の2013年には重大犯罪の取調べを対象にして録音録画を捜査機関に義務づけた（705 ILCS 405/5-401.5 (juveniles) and 725 ILCS 5/103-2.1 (adults)）。オバマ上院議員（当時）は、「虚偽自白に基づいた無実の人の誤判の抑止となる」「と共に、捜査機関にとっては有罪を得るための道具となる」と、取調べの録画制度の二面性を強調していた。

　イリノイ州法の特徴は、次のとおり、義務規定が履行されなかった場合の証拠排除が要請されていることである。

　　(b)　以下の条件が満たされないかぎり、口頭でなされた、もしくは書面でなされた、あるいは手話でおこなわれた被疑者による供述は、本法に基づくいかなる刑事手続においても証拠として許容されてはならない。
　　(1)　電子的記録が身体拘束中に実施され、
　　(2)　当該記録が実質的に正確なもので、故意に改変されていない場合。
……（中略）……
　　(d)　裁判所が、証拠の優越によって、本条に違反した状態で被告人が身体拘束中の取調べを受けたと認められるときには、身体拘束中の取調べの間、あるいはそれに引き続いて、記録されないまま被告人によってなされたいかなる供述も、本条の規定に合致する場合であっても、弾劾目的の使用の場合を除いて、被告人に対するいかなる刑事手続においても許容されてはならないものとする。　　（傍点筆者）

　イリノイ州では取調室の録音録画機器もユニークである。例えばシカゴ市警察では取調室の構造そのものが独特で、取調室の電気をつけて室内に入ると自動的に録画が開始される仕組みになっている。カメラは天井に1カ所あるのみで、俯瞰的に撮影がなされる。

　録画媒体は遠隔ハードディスクに記録されており、署内のある部屋で集中的に管理されている。これらの記録にはリモートでのアクセスも許されており、上司や捜査関係者が取調べを遠隔観察することもできるし、後から別の署の取調べ録画データにアクセスすることも可能となっている。

162　第2部　取調べ録画の比較法

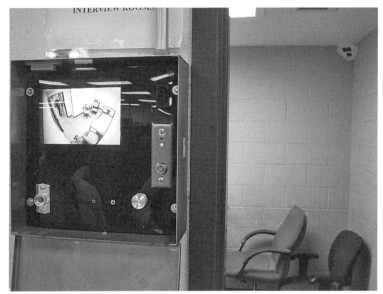

(2010年5月26日,シカゴ市警にて筆者撮影)

　取調室は拘置施設も兼ねているため,弁護人が訪れると警察から鍵を借り受けて録画スイッチをいったん停止することができるような仕組みとなっている(写真参照)。取調べの透明性と接見の秘密性を両立させるための工夫である。[27]

　②　イリノイ州のほかに録音録画義務違反に証拠排除要請を有するのはワシントンDCである (D. C. Code §§5-116.01-03)。同区はイリノイ州に続いて2006年に立法化を果たした。

　同区のガイドラインでは,身体拘束中の被疑者が取調室に入って始められた会話の最初から記録されることとされており,被疑者に与えられる取調官による警告もすべて記録されなければならない。

　ただし,同区では履行義務が果たされない場合に自動的に自白を排除するところまでは要求しておらず,例えば,記録されないように被疑者からの真摯の要求がなされている場合は例外であり,さらに,記録がなかったとしても「被告人の意思が(取調官によって)強要された結果として自白するほど威圧された」ものでないかぎり被告人の供述は任意性があると推認されることになっている。

第6章　アメリカ　163

警察のガイドラインは，取調室のカメラが「被疑者の顔が映る」ことを求めているほか，「可能であれば」取調官の顔も撮影されるべき，としている。また同ガイドラインは，被疑者が取調べの記録を望まない場合に取調官が録音録画機器を停止することを認めるが，そのような場合は被疑者の意思を文書として記録するよう求めている。さらに，機器の故障で録音録画ができない場合は，多くの法域では記録が免責されるが，同区では近隣の設備のある警察署に連行して取調べを実施するよう義務づけている点が特徴的である。

③　その他，2011年に取調べの録音録画に関わる州法を定めたコネチカット州も，録音録画義務に対する不履行について証拠能力否定の推認規定を置く（Conn. Gen. Stat. § 51-10(5)(d)）。ただし，弾劾目的の場合は例外とされている。

2　陪審説示型

録音録画義務の不履行に対する制裁として証拠排除を求める管轄は少ない。かかる違反について多くの州は，その事実を任意性判断にあたって考慮してよいという，陪審に対する裁判長の説示（direction）の中に解消するところが多い（後掲表 6 - 1 参照）。

①　例えば，ウィスコンシン州がそうした初期の立法例である。同州では，2005年に最高裁がすべての身体拘束中の少年に対する取調べが電子的に記録されるべきだと判示した後[28]，直ちに州議会がこれに対応して重罪事件での身体拘束下にある被疑者の取調べを録音録画する立法を進めた（Wis. Stat. Ann. §§ 968.073 & 972.115 (2005)）。同州では録画か音声かいずれかの方法で取調べが記録されることとした。例外としては，法に定める場合のほか，被疑者が記録に同意しない場合，機器の故障など取調官が悪意なく記録をおこなわなかったことについて適切な理由が示された場合がある。例外としても許容されないような録画義務の不履行があったときには，裁判官は公判で陪審に対してその事実を考慮するよう説示することとされた（§ 972.115 2(a)-(b)）。

②　2012年に法律で義務づけをおこなったミシガン州は，終身刑ならびに20年を超える禁錮刑に相当する重罪で身体拘束下にある被逮捕者のすべての取調べ中の供述の録音録画を義務づけた（Mich. Comp. Laws §§ 763.7-11）。法律上，録音録画義務の不履行については陪審に説示をおこなうことができるとす

るのみである。しかし，2011年のパークス事件最高裁判決において，ケリー最高裁判所長官が少数意見の中で次のように指摘して，立法に先立ち立法府とは別に司法の監督権を行使して録音録画義務の不履行について制裁を裁判所が定めるよう説いている。

　（これまでの州の被疑者取調べ録音録画に関わる）展開に鑑みれば，私は本件上告人による上告を認めたい。上告人が提示している論点は，本州の司法にとって重要な問題についての法原則に関わるものである。本法廷はミシガン州における身体拘束中の被疑者のすべての取調べが電子的に録音録画されるよう求めるべきか否かを司法の監督権に基づいて判断すべきだと考える。もしそうすべきであると考えるなら，そうした要請に違反した場合に（被告人に保障される）妥当な救済についても判断すべきである。[30]

　もともと同州での取調べの録音録画の法制化も，刑事司法に起きた「悲劇」から学んだ改革の成果であった。

　立法に先立つこと6年の2006年4月，同州デトロイト警察署が取調べの録音録画を開始すると報じられた。[31]これは，イノセンス・プロジェクト共同代表で全米刑事弁護人協会の前理事長だったバリー・シェック弁護士が同州で雪冤を果たしたエディー・ジョー・ロイド氏と同警察署の和解を仲介した成果であった。ロイド氏は知的障がいを抱えており，自身の関与していない強姦殺人事件で自白し，有罪判決を受けて17年獄中にあった。この和解に基づいて同警察署長は，「（取調べ録画の実施は）第一に，警察官を正直にする。それは取調べを受ける市民に対する保護になる。だが本当の受益者は警察であり，（録画をしていれば）警察が被疑者を圧迫せずに作成した調書を法廷に提出することができる」と，その長所をアピールしていた。2008年5月には州弁護士会も身体拘束下の被疑者取調べをすべて録音録画するよう意見を公にし，州内での法制定の時期が熟し，先の法制化へと繋がったのである。

　③　2014年に立法で身体拘束中の被疑者取調べに録音録画義務を課したヴァーモント州は，現在，最新の立法化法域である（13 V. S. A. Ch. 182 Sub. 3; Law Enforcement Practices, §5581, Sec. 4 & 5 (2014)）。立法後間もないことから

現在のところ録画は絶対条件ではなく，録画機器を用意する財政的余裕がない警察署では音声記録のみでも許容されることになっている。

　記録対象とされているのは殺人罪と性的暴行罪の二種の犯罪で，録画する場合には取調官と被疑者の双方を同時に映像に記録するよう求めているのが特徴的である。

　例外条項として，本人が拒否したときにはその状況について証拠の優越による証明がなされた場合が置かれた。だが，たとえそうした例外の挙証責任が検察官によって果たされない場合でも，自動的排除ではなく，裁判官は陪審に不履行の事実を説示にあたって言及することが求められるにとどまる。

3　併用型

　2013年に身体拘束中の被疑者取調べの録音録画義務に関する立法化を果たしたカリフォルニア州では，その対象を殺人事件の容疑で身体拘束されている少年被疑者に対する取調べに限定した（Cal. Penal Code §859.5／Welfare & Insts. Code§626.8（2013））（傍点筆者）。

　ただし，例外については，検察官が明白で確実な証拠によって電子的記録が緊急状況で実施できないことを証明した場合，取調べが記録されていないときだけ供述をすると被疑者が述べた場合，取調べがほかの管轄で実施された場合，殺人事件が発生していたことを取調官が認識していなかった場合，取調べの会話が機密情報を明らかにしてしまうおそれがあったり，法執行官，供述者，その他の人の安全を脅かすおそれがあった場合，そして，機器の故障の場合が列挙されている（§859.2(b)(c)）。

　また，記録義務を懈怠し，それが免責されない場合には二通りの制裁が予定されている。第一に，証拠の排除申立を許容すること，第二に，陪審に対する説示に際して注意をもってその事実を取り扱うよう助言すること，である。これら2つの制裁を用意したため本節では「併用型」として分類した。

　他州ではほとんど見られないことだが，カリフォルニア州法では録音録画媒体の「保存」に関する規定も用意された。すなわち，取調べがなされた事案が起訴後に確定し，すべての可能な上訴手続が終了するまで記録は保存されると定められた。

なお，上記の立法が制定される以前に，同州では「司法の公正な運用に関する委員会」が身体拘束中の被疑者取調べの録音録画を勧告し[32]，複数回にわたって法案が上程されていた。同委員会が開いた公聴会には，冤罪被害者，虚偽供述研究の専門家が招聘された。また，異例にも冤罪者が誤って起訴され有罪となっていた事案の被害者の遺族も呼ばれている。日本でも犯罪被害者遺族が立法過程に参与することが最近目につくが，誤判問題に関して，一般的な犯罪被害者遺族ではなく，冤罪事件の被害者の遺族が意見を求められたという点が重要であろう。また，委員会にはすでに州内で録音録画を実施していた複数の有力な警察署等から義務化立法に好意的反応があったことも報告されている。

その結果，2006年と2007年の二度にわたり，殺人事件あるいは暴力的な重罪事件で身体拘束されている被疑者取調べを義務づける法案が議会で承認された。にも関わらず，二度とも知事が拒否権を発動したため，最終的に立法化は果たせなかった。

シュワルツェネガー知事は，署名をしないまま議会に法案を送り返す際に次のように述べている。

　私は本法案を署名なしに議会に送り返す。多くの虚偽自白を減らすことが賞賛に値する目標である一方，法執行官が殺人や暴力的な重罪の被疑者の取調べをおこなうにあたって，必要性が明白でないような，あるいは，（取調べに）必要とされる柔軟性を否定してしまうことになるような手段を（私は）支持することはできないのだ。警察による取調べは，いかなる尋問方法がその場で最適かを判断する経験を備え，鋭い洞察力と技術を用いることが取調官に求められるダイナミックな手続きである。

そうした抵抗の後に，シュワルツェネガー知事の後任で民主党推薦のジェイ・ブラウン知事の時代になって，ようやく，少年殺人事件という限定された犯罪を対象とした立法化が果たされることとなった。難産の末の立法と呼べるだろう。

第6章　アメリカ　167

4 無制裁型

以上のように取調べ録音録画義務を課し，義務不履行に証拠排除あるいは陪審説示による制裁を用意する法域がある一方，まったくそうした手段を担保しない法域も存在する。

① 例えば，ニュー・メキシコ州は2006年に重罪につき身体拘束中の被疑者取調べのすべてを録音録画（いずれか，あるいは両方）するよう立法で義務づけた（N. M. Stat. Ann. § 29-1-16)。例外事由は，不履行について適切な理由が示された場合，例えば機器の避けられない不具合や利用できない状況の発生，被疑者の拒絶などである。もっとも，不履行が説明されない場合であっても同州法は証拠排除も陪審説示も求めていない。わざわざ「証拠を排除する目的で（録音録画義務規定が）解釈されることがあってはならない」と明文で断っている。

② メイン州も，初期の立法に属するが，やや特殊なタイプに位置づけられる。同州は2004年に特定の「重大犯罪」につき身体拘束中の被疑者取調べの電子的記録に関する政策と手続きをすべての警察が書面で作成することを求める法律を定めた（ME Rev. Stat. Ann. Title 25 §2803-B(1)(K))。2006年3月，メイン州刑事司法機構（the Maine Criminal Justice Authority）は「身体拘束中の被疑者取調べに関する最低原則（Minimum Standards)」を発出し，2011年8月になってようやく，州警察署長会議（The Chiefs of Police Association）はすべての警察署において録音録画を遂行する準備を整えるよう命じた。

同州の場合は施行細則が警察署レベルに委ねられているため，例外事由や不履行に対する手続的な制裁が用意されていない。不履行については500ドルの懲罰が科されることだけが明文化されているにすぎない。「（メイン州法は）義務と制裁措置については最も緩やか」だと評される所以である。[33]

③ テキサス州もまた風変わりな規定をもつ法域である（Tex. Code Crim. Proc. Ann. Art. 38.22)。すなわち，「いかなる被告人の供述証拠も音声記録か署名がなければ証拠として許容されない」と定めつつ，法執行機関に対する録音録画の義務規定をもたない。取調べの透明性，公正さを証拠採用の段階で担保する出口規制の「証拠法タイプ」に属する法域である。したがって，取調べ中に録音録画がなされなかった場合であっても，これを直接に制裁する制度は用

意されていない。また，そうした義務履行の有無に関わらず，真実と認定され
有罪の立証に貢献する供述が調書に記載されている場合は，これを公判で証拠
とすることが認められている。こうした不徹底な法規制のあり方は，州法執行
機関に実務上のばらつきを与えてしまっている。テキサス州のNGOである
"The Justice Project" が実施した調査によれば，441の法執行機関のうち380
（およそ80％）がほぼルーティンとして特定の重罪について身体拘束中の被疑者
取調べを捜査主任の判断で録音録画していると回答している一方で，その他の
署は不明である。[34)]

　2013年には，下院に録音録画を義務づけるための法案が提出されたものの，
これは採択されずに終わった。同州では2015年に誤判原因を探求し必要な立法
手当を提案するための特別委員会が設置されたことから，[35)]今後，法提案が再度
提出されるのではないかとの観測もある。

　④　2013年に警察委員会（RIPAC）のモデル政策によって，すべての警察署
における死刑相当事件の身体拘束中の被疑者取調べにつき録音録画義務を課し
たロード・アイランド州もまた異色である。同州のモデル政策は判例でも立法
でもないため，同州ではかかる義務に取調官が服さず，例外事由に該当しない
場合でも制裁は予定されていない。すでに2009年と2010年の二度にわたって同
州では特定の身体拘束中被疑者の取調べを録音録画する法案が通過していたも
のの，二度とも州知事の拒否権にあって成立をみなかった。そのため，2011年
に州全域にまたがる取調べ録音録画制度の確立に関する特別委員会（タスク
フォース）が設置され，調査研究が進められた。委員会のメンバーは法執行機
関関係者，刑事弁護人協会会員，人権委員会委員などにより構成されていた。
調査の結果，ロード・アイランド州でも被疑者取調べの録音録画を推進するこ
とが求められるという意見がまとまり，2012年2月には最終報告書が刊行さ
れ，委員会は上記意見を勧告した。この意見書に従い，2013年5月，同州警察
委員会は州内のすべての警察署（43署）に対して，死刑相当事件の身体拘束下
にある被疑者取調べの録音録画を義務づける州警察の政策を発出し，録音録画
機器の配備を求めている。

第6章　アメリカ　169

Ⅳ　裁判所規則による取調べ録画義務

　最高裁規則の改訂で身体拘束中の被疑者取調べに録画の義務を課している管轄としては，ニュー・ジャージー，インディアナ，アーカンソーの各州がある。

　①　例えばニュー・ジャージー州最高裁は2004年にある判決の検討を受けて，「身体拘束下の被疑者取調べ記録に関する特別委員会」を設置し，その報告に基づいて2005年に裁判所規則を改訂して，特別な事情がないかぎりすべての身体拘束下にある被疑者が拘束場所において特定犯罪に対する取調べを受ける場合には，当該取調べは電子的に記録されなければならないと定めた。特別委員会は，現職判事，引退した判事，検察官，警察関係者，弁護士会関係者の15名からなっており，最終報告書は175頁にのぼる大部なもので，国内外の法動向，州内での試験的実施状況，コスト分析，長所の検討を踏まえて導入を勧告している。

　取調べ録音録画の不履行に対する制裁手段としては以下の2つが規定されている。第一に，裁判官が自白の任意性の判断に際して考慮すること，第二に，陪審に対する説示の中でその事情を考慮するよう指示すること，である。

　陪審に対するモデル説示は次のように定められている。

　　　私たちの州の決まりでは，被疑者が特定の犯罪で逮捕されている場合，取調官による尋問（interrogation）のすべてを電子的に記録することが求められています。これは，検察官が主張している供述を被告人が被疑者段階で述べた際の状況に関するすべての様子（picture）をこの法廷にいる皆さんが把握できるようにし，それによって皆さんが，当該供述が実際になされたのかどうか，そして，それが正しく記録されたかどうかを判断することができるようにするためです。仮に取調べの電子的記録がなされなかった場合，皆さんは被告人がこう述べていたと検察官が主張している供述をめぐるすべての事実に関する完全な様子や，そしてその供述の確かな詳細は提供されません。例えば，皆さんは，被告人や取調官の声のトーンや抑揚

170　第2部　取調べ録画の比較法

を聞くことができませんし，質問と回答の両方について，尋問をすべて直接聞くこともできません。その代わり，皆さんは取調官自身の記録に基づいた（供述の）要旨を（公判で）提供されてきました。そのため，皆さんは検察官が主張するような被告人の供述を証拠とするかどうかについて大いに注意を払わなければなりませんし，その供述が実際になされたのかどうか，そして，もしそうだとしてそれが検察側証人によって正確に記録されたかどうか，また，たとえ記録されていたとしても皆さんの評議の際に重きを置かれるべきは何なのか，といった点を検討するに際して注意深くなければなりません。(但し，) 電子的記録がなされなかったという事実は，皆さんに特定の供述が実際になされたということを検察官が証明できなかった，そして，そうだとして検察側証人が正確に記録できなかったと結論づけることを認めるものではありますが，しかしそう結論づけるよう強制するものではありません（permits but does not compel)。

② 他方で，義務の不履行に対する制裁として，明確で確実な証拠に基づく例外的場合を除いて証拠能力の否定が予定されているのはインディアナ州である。同州は2009年に州最高裁が司法に固有の監督権を用いて証拠規則を改訂し，身体拘束中の被疑者から得られた特定の重罪に関する供述に録音録画を要求するルールを採用した（Indiana Rule of Evidence 617)。例外事由は，被疑者が録音録画をせずに供述することに同意した場合，適当な機器が用意できなかった場合，取調官が当該事案を重罪でないと判断していた場合，そして緊急の場合や録音録画が適切でないと考えられた場合，である（§ (a)(1)-(7)）。

③ アーカンソー州も2012年に最高裁判所刑事手続規則を改訂し，身体拘束下にある被疑者の取調べを録音録画することを義務づけた（Supreme Court Rule of Criminal Procedure (2012) 4.17)。しかし，録音録画義務の不履行は自動的に証拠排除を求めるものとはされておらず，供述の任意性を判断する際に考慮されないことになっている。

V ガイドラインによる取調べ録画義務

判例法や制定法によらず，内規やガイドラインで録音録画を推奨したり義務

づけたりする法域もある。典型はハワイ州で，ハワイには4つの警察署が存在するがこれらすべてが重罪事件の被疑者取調べを全部録音録画する内規をもっている。そうした録音録画義務の立法のない状態については，ハワイ州最高裁で何度も争われてきている。例えば，1994年，同裁判所は被疑者取調べ録音録画の重要性を承認しながら，ハワイ州憲法のデュー・プロセス条項がこれを被疑者の権利として求めている点については消極に解しているし，2001年にもその判示を繰り返した[40]。

　ハワイの場合，内規で定められているため，義務履行が果たされなかった場合については，自動的証拠排除も陪審への説示も規範とされておらず，排除申立については個別の事件での裁判所の利益衡量に委ねられている。例えば，ミランダ告知を記録しないまま得られた自白を排除しなかったケースでは，取調べにあたった警察官の証人尋問において被告人側に反対尋問の機会が与えられていることを排除しない判断の理由としていた[41]。他方で，録音録画がなされないまま取調官がミランダ告知をする前に「事前取調べ（pre-interview）」に入り自己負罪供述を得て，その後，「公式取調べ（formal interview）」においてミランダ告知をおこなったうえで自己負罪供述を繰り返させた事案については自白を証拠から排除するなど，事案ごとのばらつきが大きい[42]。

　ガイドライン方式の場合にはこうした不履行への制裁や法執行機関に対する義務履行の動機づけが欠けるほか，各警察署での実施状況も不透明になる傾向がある。例えば，本章冒頭引用の小説はマサチューセッツ州を舞台にしていたが，サリバン・レポートによると2004年時点で同州ではひとつの署だけが全部録音録画をおこなっていたにすぎない。その後，2006年になって同州警察署長会議と地方検察官会議が合同で録音録画ガイドラインを刊行し，州内のすべての法執行機関が身体拘束中の被疑者の取調べを録音ないし録画するよう指示するに至る[43]。ところが，同州でおこなわれた実態調査によると，300程ある州内の法執行機関のうちのおよそ100が全部録音録画を実施と回答したものの，残りの200は未回答であった。しかもその実態については何の公式報告も存在しない。前述したように，アイオワ州でも州最高裁の勧告を受けて内規による録画推奨方針がとられていたが，実態調査によれば取調官の半数ほどしか電子的記録を実施していないことが明らかになっていた[44]。

172　第2部　取調べ録画の比較法

そこでサリバンは，ガイドラインなどの指針では実務上の普及が確認できないことから，州全体を統括する州法による義務づけが不可欠であると説いている[45]。また，ヴァージニア・ロースクールのイノセンス・プロジェクトも，録音録画立法のないヴァージニア州内の警察署に対して実施されたアンケート調査を踏まえ，たとえ文書化された実施要項（interrogation policy）が存在する場合であっても取調べ全体を録音録画するよう義務づけるにはまったく不十分であるとする[46]。

もっとも，デラウェア州でも法務総裁（Attorney General）によるガイドラインが準備中（2015年12月時点[47]）と伝えられており，今後もこうした内規での実施方法をとる法域が残ることは十分予想されるところである。

おわりに——米国諸州における取調べ録音録画に関する制度概観と今後

2016年１月現在の規制状況をまとめると表6-1のようになる。全米で半数近くの24州が，判例法，制定法あるいは裁判所規則などによって捜査機関に対して身体拘束下にある被疑者の取調べを録音録画することを義務づけている。

判例法の州では録画対象とされる犯罪がすべての犯罪類型である一方，制定法の州では限定的な管轄（殺人，特定重罪あるいは重大犯罪に限定する）が多い。自白に関して録音録画記録が欠如していた場合の制裁方法についても，先に分類したように多様で管轄ごとの差異が大きい。

また，驚くべきことに，州法での録音録画が義務づけられても不履行への制裁がないメリーランド州などでは，多くの警察署がその後も財政的困難を理由に録音録画機器を取調室に配備していないなど[48]，完全実施への後押しのため，さらなる対応が必要な管轄も存在する。

2015年に法案が提出された州として，ニューヨーク[49]，サウス・カロライナ[50]，マサチューセッツ[51]，テキサス[52]などがある。とりわけニューヨーク州では，長年にわたって州内の弁護士が熱心に取調べ録画法制化を求めてきた[53]。2010年に同州で警察内部の指針により一定の重大犯罪について取調べ録画が推奨されていたところ[54]，その後実際にはまだ半数の警察署でしか録画が実施されていないことが明らかになっていたことから，指針ではなく法律による義務づけをおこな

■表6-1

州	年	方 法	対 象	不履行に対する制裁
アラスカ	1985	判例	全犯罪	—
ミネソタ	1994	判例	全犯罪	—
イリノイ	2003 2013	制定法 制定法	殺人 特定重罪	証拠排除
メイン	2004	制定法	重大犯罪	陪審説示
ニュー・ジャージー	2005	判例・規則	全犯罪	—
ウィスコンシン	2005	判例・制定法	重罪	陪審説示
DC	2006	制定法	暴力犯罪	証拠排除
ニュー・メキシコ	2006	制定法	重罪	制裁なし
ノース・カロライナ	2007 2011	制定法 制定法	特定重罪 少年全犯罪	陪審説示
テキサス	2007	制定法	全犯罪	制裁なし
メリーランド	2008	制定法	特定重罪	制裁なし
ネブラスカ	2008	制定法	特定重罪	陪審説示
インディアナ	2009	判例・規則	重罪	証拠排除
ミズーリ	2009	制定法	特定重罪	制裁なし
モンタナ	2009	制定法	全犯罪	陪審説示
オレゴン	2010	制定法	特定重罪	陪審説示
コネチカット	2011	制定法	特定重罪	証拠排除
アーカンソー	2012	判例・規則	全犯罪	制裁なし
ミシガン	2012	制定法	特定重罪	陪審説示
カリフォルニア	2013	制定法	少年・殺人	証拠排除・陪審説示
ロード・アイランド	2013	警察指針	死刑犯罪	制裁なし
ハワイ	—	実務指針	重大犯罪	裁判所の利益衡量
ヴァーモント	2014	制定法	殺人，性的暴行	陪審説示
ユタ	2016	制定法	重罪	証拠排除

うよう，法曹界から強く求められたものである[55]。

　こうした立法化を後押ししているのが，2010年に制定された模範法典（The Uniform Electronic Recordation of Custodial Interrogations Act）である。模範法典

は，統一法典協会（Uniform Law Commission: ULC）によって制定されたもので，法的拘束力はないものの各州の立法作業で参考にされることが多いため，立法普及に関しては有力な資料である。[56] 模範法は23条からなり，第3条は取調べ全体をすべて電子的に記録するよう義務づける。ただし，模範法典は対象となる犯罪類型については立法者の裁量に委ね，これを特定していない。また，記録される場所についても拘束されている施設かどうかの限定がなく，記録方法も録音なのか録画なのかという具体的手段の特定がない。被疑者への録音録画告知についても要求しておらず，唯一，被疑者と弁護人の会話の記録だけを禁じている。

　模範法典には義務の例外条項が多く用意されている。すなわち，緊急事態（5条），被疑者の拒否（6条），他の法域での取調べ（7条），記録が必要とされる罪種の取調べであると取調官が認識していなかったことに合理性があるとき（8条），機密情報が会話に含まれる場合や捜査官や被疑者あるいは第三者の生命身体に危険が及ぶ場合であると取調官ないしその上司が考えるとき（9条），機器の不調で代替措置が適わない場合（10条），などである。11条はこうした例外条項について検察官が証拠の優越性で証明することを求めている。記録義務の不履行について，模範法典は自動的証拠排除条項を盛り込まず，ただ，自白の任意性判断にあたって「考慮すべき」と述べるにとどまる（13条a）。そして，免責されない不履行があったと認定した場合は陪審に説示を「おこなわなければならない」（13条b）とする。

　模範法典の制定過程で注目されたのは，免責されないような不履行が捜査機関にありかつ当該自白が虚偽であるか否かが争われた場合の専門家証人の召喚である。草案段階で盛り込まれていたにも関わらず，この手続きは最終的には除外された。また，模範法典の救済策に関する姿勢で注目されるのは，16条に定める規則違反に対する賠償請求訴訟の禁止である。この点は，15条で違反に関わる行政上の懲罰規定を制定することを求める反射的利益として，一種のセーフ・ハーバーを設け，取調べ録音録画義務の法制化に対する法執行機関のアレルギーを緩和しようと考えられたようである。

　多くの利害関係者が集った統一法典協会によるこの模範法典の規定ぶりについては論議を呼ぶ点も多々あり，すでに実施されている判例法や法律と比較し

ても穏やかな内容となっているが，草案作成者が政治的な妥協を優先したと見られている[57]。

　こうした模範法典の制定が州の立法を後押ししていることは間違いない。そしてさらにそうした動きを加速させる動きとしては，2014年5月の連邦司法省による5つの連邦捜査機関に対する，同年7月から取調べの全部録画を義務づけるとの発表や[58]，そのガイドラインが公表されたことがあげられる[59]。こうなると被疑者の取調べの録画義務を課していない州はいかにも「遅れている」と見られるようになり，「FBIだって録画していない」という言い訳が効かなくなってくるからである。

　以上，初期のテープ録音時代から，州レベルの普及実態と最新の動向を振り返ってきたが，米国の取調べ録音録画（可視化）問題は現在大きな転換期にあると見るのが適当だろう。

　模範法が制定されたとはいえ，その実施内容は州議会に委ねられており，未だに連邦捜査機関を含めてガイドラインのような内規で実施されている法域も少なくない。

　合衆国最高裁が直ちにこの制度に介入すると現時点で予想を立てることはできないが，今後実務ならびに判例が大きく変わる可能性は否定できない。その理由として，第一に，州法と連邦法のばらつきが被告人の自白法則と関わって見直される可能性があること，第二に，法執行官が着装するウェアラブル・カメラによる街頭や法執行中の撮影問題との関わりがあること，第三に，身体拘束されていない被疑者の取調べの記録問題に対する裁判所の動向が未知数であること，があげられる。

　第一については，自白の任意性判断につき定着しているいわゆる「全状況考慮テスト」に関わって，今後，取調べの録音録画義務の有無やその履行がどの程度合衆国最高裁によって考慮されることになるかが不確定である。現在の裁判官の構成からみてオーストラリア最高裁判所のようなリベラルな判決が直ちに米国連邦最高裁から出される可能性は低いものの，ほとんどの法域で取調べが記録されるようになった場合，何らかの判断が示されるかもしれない。思い出されるのは，1963年の被疑者弁護に関する最低基準を示したギデオン判決や[60]

176　第2部　取調べ録画の比較法

1957年の無実方向証拠の開示を検察官に義務づけたジェンクス判決である。[61] 可視化をめぐって今後そうした憲法判例が登場する可能性は残されているだろう。

　第二については，現在各州でウェアラブル・カメラを推進する立法が急速に整備されており，これが取調べ録音録画立法を上回ることになれば，こちらの法律が録音録画立法に影響を与える可能性がある。

　第三については，身体拘束されていない被疑者の取調べについて米国の裁判所がどのような法的保護を与えるかにかかっている。

　いずれにしても，こうした今後予想される取調べ録音録画に関する米国の立法，司法の動きが日本法にも大いに示唆を与えることは間違いなく，調査研究の必要はなお高いと言えるだろう。

---

1 ）　原作は，1953年に米国で刊行された。RAYMOND CHANDLER, THE LONG GOODBYE（1953）.

2 ）　単行本は1999年刊行。原作は ROBERT PARKER, TROUBLE IN PARADISE（1998）。

3 ）　米国における立法動向を紹介した邦語文献として，例えば以下参照。高倉新喜「イリノイ州の取調べの可視化への動き——ライアン・レポート」季刊刑事弁護42号（2005）126頁，金山泰介「米国における取調べの録画録音について（上，下）」警察学論集60巻 1 号（2007）202頁，2 号（2007）128頁，田中優企「身柄拘束下の被疑者取調べの電子的記録について——アメリカ合衆国の導入状況も参考に」比較法雑誌41巻 1 号（2007）111頁，堀田周吾「取調べの録音・録画をめぐるアメリカ合衆国の動向」警察学論集63巻 3 号（2010）86頁，アラン・ゲルシェル（岩川直子＝拙訳）「取調べの録音／録画を義務づけるアメリカ諸州の法制度」指宿信編『取調べの可視化へ！』（日本評論社，2011）192頁など。翻訳として，クリストファー・スロボギン（拙訳）「取調べ録音録画に向けて——その憲法的考察」判例時報2064号（2010） 3 頁。

4 ）　Roscoe Pound, *Legal Interrogation of Persons Accused or Suspected Crime*, 24 AMERICAN INSTITUTE CRIMINAL LAW AND CRIMINOLOGY 1014, 1017（1934）.

5 ）　*Brief for the United States at 8, Massiah v. United States*, 377 U.S. 201（1964）. コックスは次のように主張した。「（取調室での会話の記録は）被疑者を歪んだ供述から保護し，司法制度の助けとなるだろう。……会話の中でのちょっとしたニュアンスの違いも非常に重要となる……確かに，こうした重要な事実が会話それ自体の記録によって確保されることが望ましいのである。」

6 ）　*Smile, You're on the D. A.'s Camera*, TIME, Jun. 27, 1983. TIME 誌は，ニューヨークやほかの大都市で取調べのビデオ記録が日常的になされており，有罪答弁率と有罪率の向上に大いに貢献している様子を伝える。

7 ）　バーナード・ゲッツ事件（1984年12月22日）。詳細は，ジョージ・フレッチャー（渡辺修＝佐藤雅美訳）『正当防衛——ゲッツ事件とアメリカ刑事司法のジレンマ』（成文堂，1991），とくに「第 7 章　陪審が見たもの，聞いたもの」163頁以下を参照。

8 ）　*Jury Watches an Angry Goetz on Tape*, NEW YORK TIMES, May 14, 1987 at Sec. B, p. 1;

Goetz Account of Shooting 4 Given on Tape, NEW YORK TIMES, Apr. 30, 1987 at Sec. B, p. 1.

9) Robert H. Gebhardt, *Video Tape in Criminal Cases*, FBI LAW ENFORCEMENT BULLETIN, MAY 1975, 6.

10) Richard A. Leo, *The Impact of Miranda Revised*, 86 JOURNAL OF LAW & CRIMINOLOGY 621, 692 (1996).

11) *California v. Prysock*, 453 U. S. 355 (1981).

12) 最初期の判例として，*State v. Lusk*, 452 S. W. 2d 219 (Mo. 1970).

13) なお，2000年におけるある統計によれば，全米で1万7千以上の法執行機関が確認されている（1万3,289の地方警察，3,070の保安官事務所，49の州警察，そして特別な管轄を有する1,376の法執行機関である）。US DEPARTMENT OF JUSTICE, CENSUS OF STATE AND LOCAL LAW ENFORCEMENT AGENCIES (2000).

14) Thomas Sullivan, POLICE EXPERIENCES WITH RECORDING CUSTODIAL INTERROGATION (2004). http://mcadams.posc.mu.edu/Recording_Interrogations.pdf 訳文は，指宿信編『取調べの可視化へ！』前掲注3）245頁以下に収録されている（訳：中西祐一）。また，著者によるサリバン氏へのインタビューとして季刊刑事弁護46号（2006）154頁参照。

15) この諮問委員会については，例えば，田中輝和「イリノイ州死刑えん罪の原因と対策——死刑に関する州知事委員会報告書を基にして」阿部純二古稀『刑事法学の現代的課題』（第一法規，2004）631頁など参照。

16) LexisNexis での検索によれば，サリバン氏は録音録画に関して少なくとも12本もの論稿を刊行している。

17) *Stephan v. State*, 711 P. 2d 1156, 1160 (Alaska, 1985).

18) *State v. Scales*, 518 N. W. 2d 587 (Minn, 1994).

19) *Id.* at 592.

20) *State v. Jones*, File No. 9576963. unreported (1997).

21) *State v. Hajtic* N. W. 2d (Sup. Ct. No. 03-1481).

22) *People v. Madsen*, 813 N. W. 2d 714 (Iowa 2012).

23) アイオワ州における被疑者取調べの録音録画制度につき，Brian R. Farrell & Sara K. Farrell, *Watching the Detectives : Electronic Recording of Custodial Interrogations in Iowa*, 99 IOWA LAW REV. BULLETIN 1 (2013) 参照。

24) 積極論者の論稿として，スロボギン・前掲注3）参照。

25) 取調べの全部録画は州憲法上求められていないとする州判例は以下のとおり。アラスカ州 *Starks v. State*, 594 So. 2d 187, 196 (Ala. Crim. App. 1991), *cert. denied*, 594 So. 2d 187 (Ala. Crim. App. 1992), アーカンソー州 Clark v. State, __ Ark. __, __ S. W. 3d __ (Sup. Ct. of Ark. Sept. 25,. 2008), アリゾナ州 *State v. Jones*, 49 P. 3d 273 (Ariz. 2002), カリフォルニア州 People v. Holt, 937 P. 2d 213 (Cal. 1997), *cert. denied*, 522 U. S. 1017 (1997), コロラド州 *People v. Raibon*, 843 P. 2d 46 (Colo. Ct. App. 1992), コネチカット州 *State v. James*, 678 A. 2d1338 (Conn. 1996), ジョージア州 *Coleman v. State*, 375 S. E. 2d 663 (Ga. Ct. App. 1988), ハワイ州 *State v. Kekona*, 886 P. 2d 740 (Haw. 1994), アイダホ州 *State v. Rhoades*, 809 P. 2d 455 (Idaho 1991), *cert. denied*, 504 U. S. 987 (1992), イリノイ州 *People v. Everette*, 543 N. E. 2d 1040 (Ill. App. Ct. 1989), *rev'd on other grounds*, 565 N. E. 2d 1295 (Ill. 1990), インディアナ州 *Stroker v. State*, 692 N. E. 2d 1386 (Ind. Ct. App. 1998), アイオワ州 *State v. Morgan*, 559 N. W. 2d 603 (Iowa 1997), カンサス州 *State v. Speed*, 961 P. 2d 13 (Kan. 1998), ケンタッキー州 *Brashars v. Commonwealth*, 25 S. W. 3d 58 (Ky. 2000), *cert. denied*, 531 U. S. 1098 (2001), ルイジアナ州

State v. Thibodeaux, 750 So. 2d 916 (La. 1999), *cert. denied*, 529 U.S. 1112 (2000), メイ ン州 *State v. Buzzell*, 617 A. 2d 1016 (Me. 1992), メリーランド州 *Baynor v. State*, 736 A. 2d 325 (Md. 1999), マサチューセッツ州 *Commonwealth v. Fryar*, 610 N. E. 2d 903 (Mass. 1993), ミシガン州 *People v. Fike*, 577 N. W. 2d 903 (Mich. Ct. App. 1998), *app. denied*, 590 N. W. 2d 64 (Mich. 1999), ミネソタ州 *State v. Scales*, 518 N. W. 2d 587 (Minn. 1994), ミシシッピ州 *Williams v. State*, 522 So. 2d 201 (Miss. 1988), ネバダ州 *Jimenez v. State*, 775 P. 2d 694 (Nev. 1989), ニュー・ハンプシャー州 *State v. Barnett*, 789 A. 2d 629 (N. H. 2001), ニュー・ジャージー州 *State v. Cook*, 847 A. 2d 530 (N. J. 2004), ニュー・ヨーク州 *People v. Martin*, 294 A. D. 2d 850 (N. Y. App. Div. 2002), *app. denied*, 778 N. E. 2d 560 (N. Y. 2002), ノース・カロライナ州 *State v. Thibodeaux*, 549 S. E. 2d 501 (N. C. 1995), オハイオ州 *State v. Smith*, 684 N. E. 2d 668 (Ohio 1997), *cert. denied*, 523 U.S. 1125 (1998), ペンシルバニア州 *Commonwealth v. Craft*, 669 A. 2d 394 (Pa. Super. Ct. 1995), テネシー州 *State v. Godsey*, 60 S. W. 3d 759 (Tenn. 2001), ユタ 州 *State v. James*, 858 P. 2d 1012 (Utah Ct. App. 1993), ヴァーモント州 *State v. Gorton*, 548 A. 2d 419 (Vt. 1988), ワシントン州 *State v. Spurgeon*, 820 P. 2d 960 (Wash. Ct. App. 1991), *re'w denied*, 827 P. 2d 1393 (Wash. 1992), ウィスコンシン州 *In re Jerrell C. J.*, 699 N. W. 2d 110 (Wis. 2005), ウェスト・ヴァージニア州 *State v. Kilmer*, 439 S. E. 2d 881 (W. Va. 1993), ワイオミング州 *Gale v. State*, 792 P. 2d 570 (Wyo. 1990).

26) *Taped Confessions to be Law*, CHICAGO TRIBUNE, July 13, 2001. http://articles.chicago tribune.com/2003-07-17/news/0307170299_1_interrogations-and-confessions-death-penalty-death-row-inmates

27) Sheri H. Mecklenburg, *Control Box : Turning the equipment on and off*, in A LAWYER'S GUIDE TO THE CHICAGO POLICE DEPARTMENT'S ELECTRONIC RECORDING OF INTERROGATIONS 6. http://www.chicagopolice.org/LawyersGuide.pdf 参照。

28) *State v. Jerrell*, 699 N. W. 2d 110 (Wis. 2005).

29) *State v. Parks*, 797 N. W. 2d 136 (Mich. 2011).

30) *Id.* at 137-138.

31) *Wrongful Conviction Prompts Detroit Police to Videotape Certain Interrogations*, NEW YORK TIMES, April 11, 2006.

32) CALIFORNIA COMMISSION ON THE FAIR ADMINISTRATION OF JUSTICE, REPORT AND RECOMMEN-DATIONS REGARDING FALSE CONFESSIONS (July, 2006)

33) ゲルシェル・前掲注3）196頁参照。

34) THE JUSTICE PROJECT, ELECTRONIC RECORDING OF CUSTODIAL INTERROGATIONS IN TEXAS: A REVIEW OF CURRENT STATUTES, PRACTICES, AND POLICIES (2009).

35) E. Rangel, *Tim Cole exoneration commission bill clears Texas Legislature*, LUBBOCK AV-ALANCHE-JOURNAL (May 28, 2015).

36) State v. Cook, 847 A. 2d 530 (N. N. 2004).

37) REPORT OF THE SUPREME COURT SPECIAL COMMITTEE ON RECORDATION OF CUSTODIAL INTER-ROGATIONS (Apr. 15, 2005).
https://www.judiciary.state.nj.us/notices/reports/cookreport.pdf

38) SUPREME COURT OF NEW JERSEY, ADMINISTRATIVE DETERMINATION, RE: REPORT OF THE SPE-CIAL CMMITTEE ON THE RECORDATION OF CUSTODIAL INTERROGATIONS, ATTACHMENT 1 (Oct. 14, 2005).
https://www.judiciary.state.nj.us/noticies/reports/report070802.pdf

39) *State v. Kekona*, 886 P. 2d 740, 746 (Haw. 1994).

第6章 アメリカ **179**

40) *State v. Crail*, 35 P. 3d 197, 206（Haw. 2001）.

41) *State v. Eli*, 2012 WL 1320167（2012）.

42) *State v. Joseph*, 109 Hawai'i 482, 128 P. 3d 795（2006）.

43) ガイドラインの翻訳として，「マサチューセッツ州取調べ録音／録画ガイドライン」指宿編・前掲注3）273頁以下参照。

44) Farrell & Farrell, *Watching the Detectives : Electronic Recording of Custodial Interrogations in Iowa*, 99 Iowa Law Review Bulletin 1（2013）.

45) Thomas Sullivan, *Arguing for Statewide Uniformity in Recording Custodial Interrogations*, 29 Criminal Justice 1（2014）.

46) 州内180の法執行機関のうち116が回答し，その半数が内部規定を有していたものの，取調べ全体を記録するよう明示的に求めていたのはわずか8％（9署）にすぎなかったという。Brandon Garrett, *Interrogation Policies*, 49 University of Richmond Law Review 895, 898（2015）.

47) http://www.delawareonline.com/story/news/local/2015/12/10/guidelines-coming-soon-police-interrogations/77087878/

48) 州犯罪統制抑止局が実施した州内の実施状況調査では，法制定後6年を経過した2014年12月段階でも131の法執行機関のうち81しか条件を満たす取調室を用意していなかった。

49) https://www.nysenate.gov/legislation/bills/2015/s2419

50) http://scstatehouse.gov/billsearch.php?billnumbers=906&session=121&summary=B

51) http://www.repdaverogers.com/wp-content/uploads/2015/01/An-Act-requiring-audiovisual-recordings-of-certain-police-interrogations.pdf

52) http://www.capitol.state.tx.us/BillLookup/History.aspx?LegSess=84R&Bill=HB541

53) 例えば，ニューヨーク郡法曹協会の勧告など参照。New York County Lawyer's Association, "Report on the Electronic Recording of Police Interrogations", (2004). http://www.nycla.org/publications/revisedvideotapereport.pdf

54) http://www.criminaljustice.ny.gov/pio/press_releases/video-recording-interrogation-procedures.pdf

55) http://www.nysba.org/interrogationrecording/

56) 模範法典原文（コメント付き）は以下参照。http://www.uniformlaws.org/shared/docs/electronic%20recordation%20of%20custodial%20interrogations/uerocia_final_10.pdf

　策定については http://www.uniformlaws.org/Act.aspx?title=Electronic%20Recordation%20of%20Custodial%20Interrogations を参照。邦語文献として堀田周吾「アメリカ合衆国における取調べの電子的記録のモデル法案」駿河台法学24巻1＝2号（2010）616頁以下がある。

57) Andrew E. Taslitz, *High Expectations and Some Wounded Hopes : The Policy and Politics of a Uniform Statute on Videotaping Custodial Interrogations*, 7 (2) Northwestern Journal of Law & Social Policy 400（2012）参照。

58) In Policy Change, *Justice Dept. to Require Recording of Interrogation*, The New York Times（May 22, 2014）.

59) U. S. Department of Justice, Memorandum, New Department Policy Concerning Electronic Recording of Statements（May 12, 2014）.

60) Gideon v. Wainwright, 372 U. S. 335（1963）. 同判決に関する邦語文献として，例えば拙稿「弁護人の弁護を受ける権利」樋口範雄ほか編『アメリカ法判例百選』（有斐閣，2012）110頁参照。

61) Brady v. Maryland, 373 U. S. 83（1963）.

第7章 カ ナ ダ
——導入勧告と裁判例

> もし被告人に対する取調べの完全なビデオ録画があれば，供述の任意性に関する検察側の主張は十分に支持されたはずだということは，いまさら言うまでもない。検察側から何も明らかにされていない以上，現段階では，供述がなされる以前に何があったかに関して懐疑的にならざるを得ない。[すなわち]被告人が述べるできごとについて反証はないのだから，検察側は本件で問題となっている供述の任意性につき必要とされる証明に失敗したということになる。
>
> マニトバ州のある裁判所での証拠決定より[1]

はじめに

　1985年から1987年にかけてカナダ最大の都市トロント（オンタリオ州）のホルトン地区警察で実施された，被疑者取調べの録音録画に関するパイロット・プロジェクト[2]をまとめたアラン・グラントは，取調べの録音録画が弁護人からも検察官，警察からも積極的に支持されたことを明らかにした。その際，検察官も弁護人も録画をチェックして答弁手続に備えられるので，司法全体として有罪答弁の割合が増え，公判での対立を軽減させ，効率的な司法の運営が図られるというメリットがあると強調していた。[3]

　このように早くから被疑者取調べ録音録画に着手していたカナダであったが，法執行機関に取調べ録音録画を義務づける法令はなく，最高裁判例においてもかかる法的義務は課されることがなかった。そのため，全国一律の録音録画に関する基準やマニュアルはなく，今日に至るまで州や警察署レベルでの運用もしくは内部指針に委ねられているのが現状である。

　例えば，ブリティッシュ・コロンビア（BC）州では，重大事件の被疑者取調

べはほとんどビデオ録画されており，アルバータ（AT）州でも，エドモント
ン，カルガリーなどの都市部では主要犯罪の被疑者の取調べは録画されること
になっている。サスカチュワン（SW）州では，公式の録画に関する指針はな
いが，主要犯罪の場合，録画することがルーティンとなっている。サスカ
トゥーン市警察では，殺人，性的暴行などすべての重大事案の取調べが録画さ
れており，エステヴァン市警察では，すべての対人犯罪の取調べが録画される
ことになっている。マニトバ（MB）州ウィニペグ市警察では供述を調書化す
ることになっているが，特定の犯罪については自己負罪供述も否認供述もビデ
オ録画の機会を与えるようにしている。リストには謀殺，故殺，過失致死，加
重暴行，加重性暴行，児童に対する性的暴行，強盗，住居侵入，放火，誘拐，
強要罪などが含まれている。同州の連邦警察（RCMP）もビデオからデジタル
化による録画システムの導入に至った。[4] オンタリオ（OT）州でもほとんどの
警察は重大事案の被疑者からビデオ録画された供述を得るようになっている。
トロント市警察[5]では，被疑者に対して一律にビデオ録画や録音がおこなわれ，
ピール地区警察でもすべての身体拘束中の被疑者取調べをビデオ録画するよう
定められている。ケベック（QB）州でも謀殺，故殺，武器所持強盗，誘拐，
加重暴行や過失致死などの重大事案の取調べをビデオ録画することになってお
り，すべてのポリグラフ・テストが録画されている。

　カナダではこれほど被疑者取調べ録画が普及しているにも関わらず，法的義
務を明示した法源（法令ならびに判例）がないことから，取調べで自白が得られ
た場合であっても，供述の録画がなされていなかったり，あるいは一部しか記
録されなかったりといったケースが後を絶たなかった。当然ながら，得られた
自白の証拠能力について被告人側により争われる原因になり，裁判所は明確な
法的義務のない中で証拠の許容性判断を長年迫られてきており，その結果，一
群の下級審裁判例を生み出すに至った。

　かかる法的状況は，いわゆる「可視化」議論が進んだ結果，ようやく検察
官，警察での一部録画が開始されながら，未だ明文での法的義務を課していな
い我が国の現状に似ているところがある。そこで本章では，取調べ録画規定を
もたないカナダにおいて，取調べ録画導入の勧告が繰り返し各種の公的な委員
会等から示されてきた経験を紹介する（I節）と共に，カナダにおける自白法

則と最高裁判例を概観し（Ⅱ節），その後，自白の証拠能力と録画の有無との関係をめぐる下級審の判例動向を分析する（Ⅲ節）。最後に，近時のカナダにおける取調べ録画をめぐる議論状況に言及する（Ⅳ節）。こうした比較法的な検証をとおして，我が国の刑事裁判実務において被疑者取調べ録画と供述の任意性判断とをどのように関係づけるかという課題について示唆を求めたい。

Ⅰ　カナダにおける被疑者取調べ録画導入論

　米国では DNA 型鑑定による大量の誤判発覚に触発された結果，被疑者取調べのビデオ録画が誤判予防策として注目され，近年少なくない州で立法化が進んでいる。カナダでは同様の事態がより早い時期に発生しており，すでに1980年代から誤判防止や不正防止の手段として，また，自白の任意性判断の確実性を図るため，取調べ録画が最善の手段であるという提案が示されてきていた。本節では，各種の公的な組織から示されていた初期の導入見解を見ておきたい。

1　カナダ法改革委員会（1984年）

　カナダ連邦における統一的な証拠法の制定を目指して「統一証拠法に関する連邦・州合同特別委員会（the Federal/Provincial Task Force on Uniform Rules of Evidence)」が設置され，1982年に法案（Bill-S33）が提出された。[6]自白の証拠能力に関わって同法案では録音録画などの条件が付されることがなかった。そのため，カナダ法改革委員会は，法案において自白法則に必要とされる検討事項を明らかにすることを目的として，報告書を策定することとなった。委員会は，まずワーキングペーパー（WP)[7]において，18世紀に始まった自白法則以来の任意性を基準とするコモン・ローの立場を踏まえつつ，カナダでは供述者が自己の供述の結果がどのように用いられるかについて理性的な理解をしたうえで供述をおこなっていることが前提になる，との確認をおこなうと共に，任意性とは単なる証拠法の問題にとどまらず，供述を得る過程の問題でもある点を重視するとした。[8]

　そのうえで，警察が犯罪の嫌疑を受けている人物から供述を得る権限を有す

第7章　カナダ　183

ることに配慮しながら，供述を強要されない被疑者の権利にも配慮し，バラン
スのとれたアプローチを検討するとして，証拠の許容性を判断するうえで実効
性ある仕組みを確立することが重要であるという立場を示し，取調べにおける
被疑者への黙秘権告知ならびに不利益使用の可能性についての告知の義務化と
ならんで，取調べの録音を義務づけるよう，次のように勧告した。

　　　勧告10　警察署もしくは留置施設においておこなわれる取調べは，実
　　行可能な場合はいつでも，録音もしくは録画によって記録されるべきであ
　　る。そうした取調べの開始にあたっては，取調官は被疑者に対して取調べ
　　が録音されていることを知らせなければならない。取調官は，勧告6＊で
　　要求されている形式によって，被疑者に警告を与えなければならない。ま
　　た取調官は，取調べの開始に先立ってその時刻を告げなければならない。
　　　　＊勧告6は，取調べに先立って被疑者に対して黙秘権の告知を要求する。
　　　勧告11　テープ録音録画された取調べの最後に，取調官は日付と時刻
　　を告げ，安全な場所にそのテープを保管しなければならない。テープは検
　　査済証を張り付けておかなければならず，その上に取調官の署名が求めら
　　れ，取調べ中に在室したすべての人物の身元ならびに取調べ開始と終了時
　　刻が記載されていなければならない。
　　　勧告12　被疑者が警察署もしくは留置施設で取調べを受けたにもかか
　　わらずその取調べが電子的に記録されていない場合には，取調官は，可能
　　なかぎり速やかに，最大限，すべての質問と被疑者の答えを書面に記録す
　　るようにしなければならない。その場合の記録とは，取調べの開始と終了
　　の時刻を含んでいなければならず，中断の事実や取調べ場所，在室したす
　　べての人物の身元，書面の記録を作成した時刻も含まれるべきである。記
　　載が完了したら，それに署名をしておかなければならない。

　WP は，「有罪無罪の判断にあたって自白供述が大変な影響力を与えている
観点からすれば，法廷に当該供述の内容とそれがなされた状況を，可能なかぎ
り完全に，そして正確に説明するような記録を検察官が提示することは絶対に
必要（imperative）なこと」であるとして，「取調べを再現することを可能にす
る手段を提供する」ために供述を電子的に記録することが不可欠であるとし

184　第2部　取調べ録画の比較法

た[9]。また WP では，取調べの録音録画という手段を伴わない供述証拠については，自動的排除の立場——証拠不許容の推認（presumption of inadmissibility）——を提案した[10]。

　この WP を受けて，委員会は最終報告をまとめた[11]。法改革委員会の目的は，第一に，カナダにおける警察による被疑者取調べにつき，効果的な黙秘権保護の仕組みとしてどのようなものがふさわしいか，第二に，被疑者取調べに対する司法的監督の枠組みとしてどのようなものがふさわしいか，を提案することであったが，いずれについても，委員会は，単純な手続準則を制定するだけでは不十分と考え，結局，証拠に関する新たなルールを設けることが不可欠であると考えた[12]。

　そこで，第一の目的のためには取調官から被疑者に対する黙秘権告知の義務づけを明記し，第二の目的のためには義務づけと共に取調べの経過や内容を記録化（可視化）することが第一の義務を実質化することになると考えた。カナダ権利章典（Canadian Charter of Rights and Freedoms）には被疑者の黙秘権が明記されておらず，捜査機関に対する記録の義務づけもない。他方で，その24条2項は，権利侵害を伴う場合の証拠排除を許容する。そこで委員会は，黙秘権告知の義務化や記録化を証拠の許容性の問題と関連させて考慮することとし，記録化を怠った場合には，自白の任意性の判断とは別に証拠を不許容とする推定が働くという考え方を採用するとしたのである。また，法改革委員会は，そうした枠組みを採用することが取調べに対する手続的規律を構築するのみならず，規律に応じて取調べをおこなっている警察に対して不正な訴えがおこなわれることを抑止するとして，新しい方向性の正当性を主張した[13]。

　しかしながら委員会は，WP の勧告10で示されていた警察官における全供述の電子的記録義務づけという方向性を最終的に緩和させ，書面での記録も併記し，録音録画によらず書面による記録でも足りるとした。すなわち，電子的記録をすることが最終的な目標ではなく，記録化によって最善の証拠が獲得されることが重要であると考えたのである。最終報告書は，この時点で電子的記録を立法化する勧告までおこなう必要がないとして，将来，警察が（供述に関して）最善の証拠を裁判所に提出していないということが明らかになってきたとき，立法府に向けて電子的記録を義務づける法律の制定を勧告することになる

第7章　カナダ　185

との見解を示した。[14]

　勧告された条文は次のようなものである。

　　447.4(1)　取調官はそれぞれ，可能なかぎり，最大限，すべての尋問と
　なされた供述を記録するようにしなければならない。
　　(2)　前項の記録は，書面もしくは電子的になされなければならず，以下
　のことを含んでいなければならない。
　　　(a)　取調べの開始時刻，中断した時刻ならびに終了時刻
　　　(b)　取調べをおこなった場所
　　　(c)　取調べに出席した者の身元
　　　(d)　記録が作成された時刻
　　　(e)　記録を作成した取調官の署名
　　(3)　取調べが電子的に記録されたときには，本条で要求されている記録
　は全取調べ過程に立ち会った警察官によって作成されなければならない。
　　447.5　本条項に違反して得られた証拠は，証拠を許容しても司法の運
　営を悪評あるものにしてしまうことがないと検察側によって証明されない
　かぎり，予備審問あるいは公判廷において検察側が証拠請求したとしても
　許容されない。

　法改革委員会は，単純な取調べの可視化論や規律論ではなく，黙秘権の保護
を実効性あらしめるよう，問題を証拠法に結びつけるという指針を示した。こ
の点は高く評価されてよい。しかしながら，最終案では供述の証拠調べ請求に
あたって書面での記録を許容し，録音録画は警察の裁量的な手段にとどまるこ
ととなった。その原因は，取調べの記録が適切になされていない場合の自動的
証拠排除の方針に，法執行機関サイドから厳しい反発があったためと見られ
る。[15]先に紹介したように，カナダ全土で各警察は録音録画機器を広く整備して
いったものの，法的規範が未整備の状況では，結局のところ録音録画されな
かった場合に生じる追及的，威嚇的な取調べという訴えを検証，確認すること
ができず，場合によっては虚偽自白による誤判の発生を止めることができな
かった。そうした事態は，後に紹介される複数の誤判事件に関する調査委員会
の報告で明らかとなる。

2 警察苦情処理委員会（1984年）

1981年10月，トロント市警察の複数のメンバーによる被疑者に対する拷問行為を告発する7人の弁護士からの苦情を契機として，法務総裁の命により調査が開始された。その調査にあたった警察苦情処理委員会（Office of Public Complaints Commissioner）は，警察業務の信頼性を確保するため，組織ならびに業務の改善に関する勧告意見を19項目にわたってまとめた[16]。そのひとつとして委員会は取調べ録画制度の導入をあげ，さらには取調べ録画の試験運用を開始するよう勧告したのである。

H. 警察署でのビデオ録画（Video Taping at Police Station）

弁護士会の会員から提案された主要な改善のひとつは，被疑者取調べを記録するため警察署の取調室にビデオ撮影機器を配備するというものである。この点は，最近になってメディアでも報道されてきており，カナダ法改革委員会でも研究されていて，裁判所からも言及されているところである。こうした改革により改善される点と複雑化する点に照らして，本報告書4章をその調査にあてている。その調査のために，1975年以降ビデオ録画システムを導入し機能させているニューヨーク市を訪問して運用を視察してきた。警察署におけるビデオ録画の適否について多くの理由がそれを支持しており，本報告書でも紹介されることになる。

こうして，報告書では被疑者取調べ録画に関する詳細な議論がまとめられた。すなわち，第一に，取調べ録画ビデオの公判廷での証拠としての許容性，第二に，取調べ録画に関する諸見解，第三に，ビデオ録画積極論，第四に，ビデオ録画消極論，第五に，消極説の検討，第六に，先行する実施例，第七に，結論，となっていて，報告書全体の半分にあたる70頁以上が費やされた。以下，それぞれの項目を簡単にまとめておく。

① 取調べ録画ビデオの公判廷での証拠としての許容性

報告書は，実際に被疑者と警察官とのやりとりがテープに収められていた事案を参照しながら[17]，カナダ法における自白の任意性に関する判例法の展開に照らして，「取調べ録画，少なくとも取調べ録音が法廷に計り知れない助けとな

るだろう」と評価した。

② 取調べ録画に関する諸見解

報告書は，これまでの見解については，すでにカナダ国内で提示されていた肯定的意見を示す判例をまず取り上げている。1978年のジェームズ・バーン事件[18]では，「取調室に画像や音声を記録するためビデオテープを用意することを防げるものは何もない。大変安価な（そしてどこでも入手可能な）カセット・レコーダーを取調べの音声を記録するための手段として用意することを妨げるものは，実際にはまったくといっていいが，ほとんどない。そして，被告人側がその真正性に異議をとなえるかもしれないということはまったく答えになっていない」と強い調子で語られ，「最善の証拠」の入手という裁判所の観点から録音録画の必要性が指摘された。また，同年のプリホダ事件[19]においても，「ある人が訴追されたときにしばしば主張されるのは，取調べで暴行を受けた，というものである。そうした取調べを録音録画しておけば，起訴された人も，取り調べた人も，双方を保護することになる」として，取調べの検証という観点から判示されている。そうした裁判例に加えて，委員会はカナダ内外の論文や著書あるいは王立委員会報告書など，多様な法律文献を収集した。[20]

③ 取調べ録画積極論

取調べ録画のメリットとして，第一に正確性，第二に誤解の回避，第三に権限濫用に対する保護，第四に虚偽の訴えの抑止，第五に供述証拠の許容性の確保，第六に有罪答弁の増加，第七に裁判時間の短縮，をあげている[21]。とくに，第三の点に関して，被疑者から，不正がおこなわれたとの訴えがなされた場合，警察には「仲間意識」から同僚の不正を隠蔽したり明らかにしない傾向があることを指摘するグランビル・ウィリアムズ教授の見解を引用し，警察組織のインテグリティ（廉潔性）を確保する装置として，むしろ，警察に対する公衆の信頼を確保するという観点から取調べを録画することが重要であるとした。[22]

④ 取調べ録画消極論

反対に，そのデメリットとしては，第一に公判での被告人への偏見，第二に不完全な（部分録画）記録，第三にコスト，第四に変造編集の危険，第五に公判の長期化，第六に自白獲得の困難さ，第七に警察に対する公衆のイメージへ

188　第2部　取調べ録画の比較法

の悪影響，を示している。[23] とくに第二の点については，1967年のカナダ矯正保護委員会報告書，通称オーミット・レポートが，「ある場合においては，警察署での取調べの電子的記録は，疑いなく，供述がなされた状況を裁判所が判断することの助けとなるだろう。だが，そうした機器の使用は，すべての供述が誠実に記録されていたという完全な正確性がない場合には，隠された危険を覆い隠してしまう。そしてその正確性の確保は困難であろう」と指摘したことを引用している点が注目される。

⑤　取調べ録画消極論の検討

　そうした消極論に対する検討として，委員会は，第一の偏見問題をめぐっては陪審の面前での再生が不可欠であるとしつつ，偏見の問題は非常に重要であるとする。その対策として，警察での録画にあたって適切な方法と手続きが採られていること，裁判官が録画ビデオの証拠価値につき偏見の影響を凌駕していると確認すること，そして陪審に対する適切な説示でもそうした悪影響を除去できない場合は証拠排除すること，を示唆する。第二の部分録画問題については，確かに録画されていない時間帯に被疑者に不当な圧力がかけられる可能性が常にあることを認め，そうした危険性を縮小するための2つの方法，すなわち，取調室以外での録画の利用（例えば留置施設や身元確認室等）と，被疑者の移送や移動にかかる時間の正確な記録，を示唆している。第三のコスト問題については，米国ワシントンDCでの取調べビデオ録画の実態報告や英国のテープ録音の導入実験を参照し，コストを上回る利益が得られるとした。第四の変造の危険についても，ビデオテープにタイム・コード・カウンターがある以上，まったく気づかれずにおこなうことは困難であるとする。また，大きな時計を撮影の際に背景に映し込むという，米国ブロンクス地区でおこなわれている手法も適当であると紹介する。第五の公判の長期化の懸念については，取調べ録画ビデオの真正性や内容の正確性がすべてのケースで争われるわけではなく，むしろそうした紛議を回避することになるとする。また，音声や画像の不十分な記録が必ずしも録画ビデオの自動的証拠排除に繋がるわけではなく，そうした不十分さが救済され得ることも同時に指摘した。第六の自白率の低下についても，英国王立委員会による報告書やその他の国の例を引きつつ，取調べを録音しても自白率に大きな影響はなかったという事実を紹介した。第七の

第7章　カナダ　189

警察に対する公衆のイメージへの悪影響の問題については，ビデオに収録された取調べのテクニックの多くはドラマなどによってすでに大衆に知られているところであり，大した影響はないとするウィリアムズ教授の楽観的見解を紹介し，録画をおこなうことによって取調べの理論性が向上し，許される取調べと許されない取調べの線引きが明確となって規範性が高まり，同時に公衆からの信頼も厚くなるとする。また，音声の場合，被疑者が自白を強制されているような演技をするかもしれないとの危険については，ビデオ録画であればそうした戦略は完全に抑止できるとした。[24]

⑥　先行する実施例

報告書は，国内例として，オンタリオ州ハルディマンド・ノーフォーク地区警察署での1978年からの実践例を紹介する。1984年1月までの3つの警察署における取調べ録画のための総支出は4万ドルで，それによって警察に対する不服が70％以上も減少し，当初抵抗していた現場警察官からの異論もなくなったことが指摘された。外国の例としては，ニューヨーク市ブロンクス地区，スコットランド，英国（ダートフォードの実証実験と内務省による導入提案）が紹介された。[25]とくに注目されるのは，ノーフォーク地区では，被疑者の到着した警察署のガレージから身元確認室，呼気検査室などに至るまで撮影されていて，そうした撮影は被疑者に対して大きな掲示板で告知されていたことである。そのため被疑者は自分たちが常に監視下にあり同時に不正な取扱いから保護されることを知っていた。これに対し，スコットランドにおいては，警察官は取調べの録画前，あるいは録画されていない間にできるだけ被疑者から情報を聞き出そうとしていたことが記録から窺えた。[26]同委員会の報告書は，スコットランドのような運用にならないようにと警告を発している。

⑦　結　論

報告書は，取調べのビデオ録画の有用性が確認されたとして，トロント地区での採用を提案する。他方で，検討しなければならない多くのファクターが存在することも認め，さらなる検討のために試験的導入を勧告した。これが実現に移されたのが，本章冒頭に紹介されたホルトン地区でのプロジェクトである。

3 マーシャル事件調査委員会 (1989年)[27]

カナダ東部に位置するノヴァ・スコシア州シドニーという街の公園で1971年5月28日，先住民である被告人（ドナルド・マーシャル・Jr 氏，当時17歳）が黒人男性（当時17歳）を刺殺したとして有罪とされ，無期刑を言い渡された。しかしその後，真犯人が逮捕され，捜査や起訴，そして公判において多数のミスが重なっていたことが明らかになり，1986年，王立委員会が設置され，誤判原因をめぐる調査がおこなわれることになった。委員長には，州外からニュー・ファンドランド州元最高裁長官のアレキサンダー・ヒックマン判事が選ばれた。700万ドルの費用をかけ，延べ93日間に及ぶ聴聞と113人の証人喚問を経て同委員会は1989年に報告書を刊行するが，全 7 巻，総頁数で1,500頁を超える報告書の最後に，カナダ刑事司法制度に対する80以上にのぼる勧告が提示された。その中には，取調べ録音録画に関する勧告も含まれていた。

同調査委員会は，勧告意見第75において，「殺人などの重大事案に関して警察によっておこなわれる，主な被疑者，証人，少年ならびに簡単に影響を受けやすい人物に対する尋問につき，これを録音録画することが推奨される」と提案した（傍点筆者）。これは，マーシャル氏が事件当時17歳で少年であったこと，マーシャル氏が犯行をおこなったとの目撃供述をした 2 名の少年証人に対する過酷な事情聴取があったこと，マーシャル氏が先住民族（ミクマック族というカナディアン・インディアン）で英語能力が不十分であったこと，などから導き出された意見であった。

4 モラン事件調査委員会 (1998年)[28]

1984年10月 3 日，オンタリオ州クィーンズビルで 9 歳の女子が誘拐され，後に遺体が発見された。隣家に住んでいたガイ・ポール・モラン氏が殺人罪で逮捕・起訴され有罪評決を受けたが，1995年になって，DNA 型鑑定によりモラン氏の無罪が証明され自由の身となった。[29]1996年にオンタリオ州政府は誤判原因調査を目的として王立委員会を設立し，ケベック州の上訴裁判所のカウフマン判事を委員長に任命した。聴聞会の日数は146日に及び，120人の証人が召喚され，10万頁を超える公判記録や上訴記録が検討に付された。1998年に刊行された調査報告書は1,380頁という大部であり，119にものぼる勧告を含んでいた。

第 7 章 カナダ

取調べ録音録画に関わる勧告は次のとおりである。

勧告96

- ダーラム地区警察は，真に特別な事情がないかぎり，警察署内における被疑者との取調べをすべて録画ないし録音しなければならないと，その実務マニュアルを変更すべきである。公式の取調べに先立って記録せずに（off the record or off-camera）被疑者を取り調べるやり方は，この方針を無意味にしてしまう。同様に，取調べ中に被疑者に対して記録せずに供述するよう促すやり方も，この方針を無意味にしてしまう。録画あるいは録音をおこなえば，最終的に公判での争点を減少させ，公判期間を短縮し，取調官，被疑者の双方を根拠のない疑惑から保護することとなり，法の遵守を促すことになる。こうした（録音録画の）方針は，当事者ならびに事実認定者の双方の，当該取調べ過程によって供述の信用性がどの程度増強されるのか，あるいは，反対にどの程度損なわれてしまうのか，といった点に関する評価を容易にする。
- ダーラム地区警察は，警察署以外の場所でおこなわれる尋問や令状の執行，その他類似の状況において，テープレコーダーを携帯することにつき，オーストラリア連邦警察の方法を採用する可能性を検討すべきである。
- 録音録画されていない供述が警察署外でなされた場合には，録取された供述は被疑者に対して警察署でビデオテープによる撮影のもとで読み上げられなければならず，読み上げに対する被疑者からのコメントも記録されなければならない。代替的な手段としては，録取された供述がその場で書面に記録された場合には，被疑者は当該書面を読む機会を与えられ，誤りがない場合にはそれに署名をおこなうものとする。

    警察が上記の方針に服していない場合，警察はかかる方針に服することができなかった理由を書面で報告しなければならない。
- 法務総裁は（少なくとも）上記の方針がオンタリオ州内のすべての主要な警察署で採用されるよう行動すべきである。

勧告97

    事実審裁判官は，勧告96に従って確立された方針に警察が従っていない場合，公判前の予備審問の際に証拠の許容性を検討するにあたってその点を考慮すべきであろう。また，かかる方針に警察が従っていなかった事実

から引き出される推論について、陪審（もしくは事案が非陪審手続にかかる場合には裁判官自身）に説示すべきであろう。その際、事実審裁判官（また、適用される場合には陪審）には、警察が法遵守をおこなわなかったことについての釈明を考慮する機会が与えられなければならない。

　この委員会報告の勧告は、以下で紹介される下級審における自白の任意性判断につき大いに参考とされるようになる。とりわけ勧告97の示した「予備審問」における考慮は、オンタリオ州上訴裁判所で展開されることになる「不任意推論」アプローチ（後述）に大きな影響を与えることとなった。

　同委員会の勧告を積極的に引用したケースとして、オンタリオ州のデルモローン事件判決（2002年）がある[30]。リブマン裁判官は、判決文中、同委員会の報告書を引用して、「不十分な録画記録は、取調べや捜査活動の中身について正しく記憶する術を阻害してしまうだけでなく、取調べの過程が信用できるもので、供述者の記憶を正しく、損なうことなく記録できているかどうかを事実認定者が判断する能力に深刻な影響を与えてしまう」と述べ、全部録画のない取調べに懸念を表明した。

5　ソフォノー事件調査委員会（2001年）[31]

　1981年のクリスマス・イブの前日の夜、カナダ中央部に位置するマニトバ州ウィニペグで、ドーナッツ店員の女性が襲われ、5日後に死亡した。複数の目撃証人がおり、彼らの証言からトマス・ソフォノー氏が逮捕・起訴された。ところが、1回目の裁判では陪審は評決に至ることができず、2回目の裁判では有罪評決が出されたものの、上訴裁判所により事実審裁判官の手続違背を原因とする再公判が命ぜられ、3回目の裁判でも有罪評決が出されたが、再び上訴審は陪審員の不当な排除、信頼できない目撃供述への依拠、不在証人の証言朗読などを原因として原判決を破棄した。カナダ最高裁が1986年に検察側上告を棄却したため、ようやく破棄判決が確定した。

　その後、2000年になってウィニペグ州は誤判原因調査のための王立委員会を設置し、元カナダ最高裁判事のピーター・コーリー氏を長として調査が始められた。64人の証人喚問、400万ドル以上の費用をかけて2001年6月に委員会は

第7章　カナダ　193

調査を完了した。委員会は，ソフォノー氏には総額260万ドルの補償が支払われるべきであるとの結論を示し，刑事司法制度の9つの領域に関する43項目にわたる勧告を出したが，取調べの録音録画についても次のように改善意見を示した。

- 被疑者・被告人の供述を証拠とすることは，公判で常に，そしてきわめて重要になる。熟達した速記官以外の者によって手書きで作成された供述録取書面には誤りが発生する可能性が高い。たとえわずかではあっても，こうした状況のもとでは，被疑者・被告人の言葉の意味をとり違える可能性も高いし，虐待的なやり方が用いられる可能性もある。テープ録音が容易であることを考えると，そうした被疑者・被告人による記録されていない供述を排除することは不可避となろう。これが，不正確で誤解されやすい，誤った供述を許容しない唯一の手段となる。
- そこで我々は，被疑者取調べのビデオ録画を義務づけるように，そして，取調べの録音だけが許容される場合には十分な説明が与えられるように，勧告する。こうしておけば，すべての取調べが録画されるか，すくなくとも録音されるようになるに違いない。
- さらに，テープに残されなかった取調べは，原則として許容されないとすべきである。口頭でなされた供述を記録した調書はあまりに危険性が高い。こうした調書は逐語的ではなく，誤解や誤りを含んでおり，とりわけ省略も多い。こうした危険を考えると，証拠として許容するにはあまりに危険性が高く，かつ甚大である。すべての取調べに用いることができ，またすべての被疑者の供述の記録に使える程度に，すでにテープレコーダーは安価で入手しやすいものとなっている。

　ソフォノー事件報告書は，モラン事件報告書よりもさらに一歩進んで，録音録画されなかった自白供述に証拠能力が認められないことを原則とするよう勧告した。すでに録音録画機器やメディアが安価になり，利用しやすい道具となっている以上，実施の障がいは見当たらないとして，より強力な録音録画義務化を展開したのである。

194　第2部　取調べ録画の比較法

6 小　括

カナダでも，イギリスなどと同じ時期にその検討が始められ，様々な公的組織によって提案されるに至った被疑者（証人，少年を含む）取調べの録音録画であるが，法制定にまでは至らなかった。ところが実際には，冒頭で紹介したように，カナダ全土で実務上広く被疑者取調べの録画が行われている。そのひとつの推進力となったのは，前述の1984年の警察苦情処理委員会報告書による勧告であり[32]，これを受けてトロント地区警察がパイロット・プロジェクトとして被疑者の自白部分にかぎって録画を始めたことである[33]。もっとも，その録画範囲が取調べの全部ではなかったことにトロント地区刑事弁護人協会が強い反対を表明していたし[34]，すでに20年以上前から，コスト論などから実務で部分録画が導入され，それに対して法改革委員会も全部録画こそが「被疑者の諸権利の保護と供述の正確性を確保する」と指摘していた。今日の我が国の議論状況は，20年以上前にカナダでおこなわれていたこととあまり変わらないということがわかる[35]。

その後，録画制度は被害者証人に関して判例によって別なかたちで証拠法上導入されるに至った。すなわち，1993年のB（K. G.）事件においてカナダ最高裁は，公判廷で原供述と異なる供述をした証人の従前の証言を許容する際，宣誓と供述の完全なビデオ録画の双方を要件としたのである[36]。

II　カナダにおける自白法則と取調べ録画

1　伝統的自白法則

さて，カナダ法では，証拠能力は voir dire（予備審問[37]）と呼ばれる公判前の手続きにおいて裁判官によって判断される。場合によっては公判中にもたれることもある，この予備審問には，通常，陪審員は立ち会わず，判断事項は裁判官に専権的に帰属する。

予備審問で判断される事項としては，①被告人によって捜査当局に対しておこなわれた供述の許容性，②法廷に召喚予定の証人の証言能力，③同種の事実に関わる証拠の許容性，④科学的証拠の許容性，⑤証明力はあるが偏見のおそれのある証拠の許容性，⑥特定のコミュニケーションの秘匿特権該当性，⑦弾

第7章　カナダ　195

効供述の許容性，⑧傍受会話の許容性，⑨違法収集証拠排除の適否，などがある。

　被告人による公判廷外の従前の供述は，それが自己負罪的である場合には検察側の主要な証拠となり，「自白（confession）」と呼ばれる。かかる自白供述が捜査機関の特定の人物に対してなされた場合，当該供述が任意になされたものであることを合理的疑いを超えて立証するのは検察側の責任である[38]。

　初期のカナダ判例は，「任意」であるか否かについて，「自律的心理状態（Operating Mind)」テストを用いていた。これはかなり狭い考え方で，当該供述が被告人にもたらされた脅迫や誘導によって獲得されたものではないかどうかを判断しようとするものであった。その後，次第に裁判所は供述が文字どおり任意でなされたのかどうかを判断するために幅広いファクターを考慮するように変化していったが，必ずしもその外延は明確にされていなかった。

　規範となる考え方はこうである。すなわち，検察側によって，被疑者が供述を任意におこなったことにつき合理的な疑いを超えて（beyond a reasonable doubt）証明しないかぎり，当該被疑者が捜査機関に対してなしたいかなる供述も証拠から排除する，というものである。伝統的にカナダの裁判所では，供述が「不利益をおそれ，また，利益を望んで」おこなわれた場合，もしくは，脅迫や約束の結果誘導され獲得された場合，その供述は不任意であると認定してきた[39]。また，圧迫的な取調べで供述が得られた場合と同様，被疑者が，自分が何を言っているのか，自分の供述がいかに自己に不利益となるかを理解しない[40]まま供述したなら，「自律的心理状態」に該当する場合であっても証拠から[41]排除するということが徐々に認められていった。最高裁においても，全員一致ではないものの，取調官が，良心にショックを与えるほどトリッキーなやり方で尋問をおこなった場合には，その供述が証拠から排除される可能性も示唆されるに至っている[42]。

2　オイクル事件最高裁判決（2000年）[43]

　こんにち，カナダにおける自白の証拠能力と録音録画との関係性を示す判例法は，オイクル事件最高裁判決である。

　カナダ最東部に位置するノヴァ・スコシア州のウォータービルという街とそ

の周辺で，1994年2月5日から4月4日にかけて発生していた8件の放火事件（家屋と自動車に対するもので，いずれも午前1時から4時の間に発生していた）の捜査において，被告人はポリグラフ・テストを受けることを承諾した。そのテストはモーテルの一室でおこなわれ，警察は一連の手続きを録音した。その際，被告人は黙秘権と弁護人依頼権を告知され，ポリグラフ検査結果は証拠とならないが，供述内容は証拠になると告げられた。テストが終了した際，取調官は結果がクロと出たと告げた。その後さらに1時間取調べを受け，午後6時30分頃，被告人はフィアンセの車に放火したことを認めた。被告人は午後8時30分頃から9時15分頃にかけて，疲れているため家に帰りたいと訴えたが，取調官は被告人に，逮捕されているので弁護人を依頼できるが家に帰ることはできないと説明した。9時52分から別の取調官が尋問を開始し，11時頃まで続き，8件すべての放火について自白した。その間，被告人はビデオ撮影機器の配備された取調室で取調べを受けていたが，録画されることはなかった。その代わりに，警察は供述調書を作成した。結局，被告人は翌日の午前2時45分に留置場に戻された。ところが午前6時には警察によって起こされ，同じ供述を繰り返すよう求められた。これがビデオテープに録画されており，権利告知の様子も記録されていた。その後，警察は被告人をいろいろな放火現場に引き回し，どのように火をつけたか，詳細を述べさせた。

　被告人は7件の放火罪につき起訴され，予備審問において，ビデオ録画された供述ならびに当初作成された供述録取書の証拠能力が認められ，公判では7件すべてに有罪評決が出された。しかし，控訴審であるノヴァ・スコシア上訴裁判所は本件自白を証拠排除して無罪を言い渡したため[44]，検察側により上告された。

　カナダ最高裁は6対1で控訴審判決を破棄し，有罪評決を有効とした。自白の証拠能力判断（任意性テスト）につき，多数意見は，自白の信頼性（reliability）のみに焦点をあてるべきではなく，全状況を総合的に考慮し，関連性を有する事情を検討（consider all the relevant factors）すべきであるというアプローチを示した。

　同判決のいう関連性を有するすべての事情とは，取調官による脅迫や約束，圧迫，心理操作，そして詐術などである。圧迫的と評価される例として最高裁

第7章　カナダ　197

は，食料や飲料，衣類，睡眠，治療の提供を拒否したり，弁護人へのアクセスを拒絶したり，でっちあげた証拠を提示したり，長時間にわたって攻撃的な尋問にさらしたりすることをあげた。そして，本件ではこうした手段が警察によって用いられておらず，自白を不任意とするような事実はないとの認定をおこなったうえで，証拠能力を肯定したのである。

本判決は，カナダ権利章典の採択（1982年）以降の自白の任意性をめぐるカナダ最高裁のリーディング・ケースとなった一方で，カナダにおける被疑者取調べの録音録画義務問題について一石を投じることとなった。すなわち，多数意見は，取調べがすべてビデオ録画されることの重要性につき，ホワイトの論文[45]などに触れながら事実認定において有益となると指摘する一方で，取調べ録画を義務化したり，自白の証拠能力の要件としたりするところまでは至らなかったのである。

オイクル判決は，伝統的な自白法則の考え方を，虚偽自白によって発生した誤判事件とその原因を解明しようとした1980年代後半からの調査研究を踏まえ，より現代的なルールへと変更した。それが，「全体状況テスト（assessment of the totality of the circumstances）」と呼ばれる考え方である。この考え方は，供述の任意性判断をおこなうにあたり，事実審裁判官は多様な観点から供述の任意性に合理的な疑いを抱かせるのかどうかを判断するため，あらゆる観点を考慮しなければならないとする[46]。そのうえで，供述が任意になされたことについて合理的な疑いがあれば，当該供述は排除されなければならない[47]。トリックを用いた供述の獲得も同様に考えられている[48]。

3　小　括

以上のカナダ法における自白法則のポイントをまとめると次のようになる[49]。

① 脅迫や約束は，自白法則の核心をなす。
② 脅迫や約束によって生まれたかどうかを判断するうえで最も重要な考慮事項は，警察官から提供された quid pro quo（対価・交換）を見つけ出すことである。
③ 暴力による脅迫は自白を不任意のものとする。

④ 巧妙で，ベールに覆われたような脅迫，例えば，「もし本当のことを話せばよくしてやるぞ」といったものは，自動的な排除には至らない。

⑤ 誘導には様々なタイプのものがあり，必ずしもすべての誘導が排除に至るわけではない。

⑥ 誘導は，それ自体，または他の事情と合わさって，被疑者の意思が押しつぶされたと見えるほどに合理的な疑いが生まれるものであったか否かで判断される。

⑦ 警察が自白と引き替えに寛大な措置を約束した場合には，ほとんど，例外的な事情のある場合を除き証拠排除される。

⑧ 自白と交換で物質的な供給がなされたり，その他の相談をすることが誘導にあたることは明らかだが，自動的に証拠排除に至るわけではない。こうした場合には，裁判所は他の状況から全体を見て判断しなければならない。

⑨ 道徳的な，あるいは精神的な誘導を用いる場合，一般には誘導が警察によって掌握されていないので，不任意自白とはならない。

⑩ 脅迫や約束が圧迫的な効果をもつためには，必ずしもそれが被疑者に向けられる必要はない。

⑪ 強制的な雰囲気は，潜在的には虚偽自白の温床となる。他の要素とも合わさって，実在しない，あるいは許容されない証拠を用いたりすると，供述は任意とはみなされない。

⑫ 「自律的心理状態（controlled mind）」という要件は，被疑者が自分が何を言っているのかを理解し，自分が警察に言ったことがみずからに不利益になることを認識している場合を指し，不任意自白は証拠として許容されないという一般原則に関する（任意性を肯定するための）ひとつの適用場面である。

⑬ 他の事情とは異なり，警察が偽計を用いた場合には，別の取扱いがされる。この原則の主たる目的は，コミュニティにショックを与えるような警察の活動を抑止することによって刑事司法制度の廉潔性を維持することにあるからである。

⑭ 任意性の分析は文脈的なものである。裁判所は，当該自白がなされた時

第7章 カナダ　199

点で存在するあらゆる状況を把握するよう努めなければならず，任意性に関してそうした状況が合理的な疑いを発生させるかどうかを調べなければならない。自白法則に関わるあらゆる局面が考慮されなければならない。

その一方で，オイクル判決は，いかなるタイプ，いかなるパーソナリティをもった被疑者について（例えば，精神的な観点や状況的な観点から）その供述の任意性判断に危険があるかを示すようなガイドラインを提示してはいない[50]。また，取調べのビデオ録画についてその有効性を認めつつも，英国，オーストラリアやニュージーランドのように英米法圏では常識になりつつあった録画義務を明示することもしなかった。多数意見は，「ビデオ録画されなかった取調べが"本質的に疑わしい（inherently suspect）"とまでは言えない」と強調したのである。

こうしたオイクル判決のビデオ録画義務化に関する消極的姿勢に対しては，学界から強い批判が示されている。例えば，西オンタリオ大学のアイブス助教授は，同判決の態度を不満足なものであるとして，理想的にはすべての取調べ過程がビデオ録画されるべきであるが，少なくとも，録画が可能であるのにビデオ録画がされなかった理由について警察からきちんとした説明がないかぎり，録画のない取調べは「本質的に疑わしい」と見るべきであると述べている[51]。また，法的義務を設けるのは立法府の仕事であって，裁判所は警察に録画義務を課すべきではない，といった消極論[52]に対して，マニトバ大学のストイサー教授は，検察官に公判前の証拠の全面開示を義務づけた1991年のスティンチコム事件カナダ最高裁判決[53]やオーストラリアの最高裁判決[54]といった例を出して，司法の主導が望ましいと反論している[55]。同様に，トロント大学のケント・ローチ教授も証拠開示に関する判例が想起されるべきであると指摘しつつ，ビデオ録画によって虚偽自白の危険性を減少させ，誤判を探知する可能性を高めることは，「司法の固有の領域に含まれる事柄」であると強調した[56]。

III　取調べの録画と自白の証拠能力──下級審裁判例から

前述したように，カナダ最高裁から取調べ録画の義務化に対して控えめな態

度が示されたにも関わらず，実は2000年以降も下級審では取調べの録音録画に対する要請を考慮しようという傾向が強まっている。そのような解釈態度の先駆けとなったのが，最高裁判決の翌年，2001年にオンタリオ州上訴裁判所から出されたムーア事件判決である。[57] 同判決は，最高裁の論点であった捜査機関の録画義務問題を回避しつつ，そのうえで，録画の伴わない取調べの結果得られた自白供述を証拠から「自動的に」排除する方策として，問題を捜査法から証拠法（任意性問題）へと移し替えようと試みた。

これ以後，カナダの下級審裁判例は，オイクル事件最高裁判例に追従して，捜査機関に録画義務がない以上自白に録画がなかったからといって証拠能力を直ちに失わせないとする判例群と，ムーア事件判決に倣って任意性判断を厳格化しようという新しい判例群とに分裂することになる。本節ではそうした混沌としたこんにちのカナダ判例の状況を概観しておく。

1　ムーア事件判決（2001年）[58]

被告人M, Bらはコンビニエンス・ストアでの強盗罪とほかの関連犯罪により起訴され，Mは強盗罪への関与を予備審問で否認し，警察署で警官から無線機で顎を殴られたと訴えた。さらに，警察は一度しかビデオ録画した取調べはなかったといったが，Mは三度，ビデオの前で供述をおこなったと証言した。Mは，その供述（自白）は強制されたもので，取調官らに裸にされ暴行を受けたため，その後に述べたものだと主張した。しかし，事実審裁判官はこの自白供述が任意にされたものであると認定した。Bも予備審問において強盗事件への関与を否定した。Bは，逮捕時に警察官から胡椒スプレーをかけられたため，警察官はBを病院に連れて行って眼を洗浄させなければならなかった。その後，署に戻って取調べがおこなわれたが，取調べはビデオ録画されなかった。Bは取調べの際何度も弁護士と会いたいと希望したが，機会を与えられなかったと予備審問で訴えた。また，Bもパンツ一枚で取調べを受けたと訴えた。しかし，裁判官はBの供述も任意になされたものであると認定した。M, Bともに有罪評決を受け，オンタリオ州上訴裁判所に上訴した。

上訴裁判所は原判決を破棄し再審理のため差し戻したが，その際，以下のように判示している。

供述の記録（録音録画）を求める絶対的なルールは（現在のカナダ法に）ないということに私は同意する。……しかしながら，検察側は，被疑者と警察との間でなされた会話について十分な記録を用意する責任を負っている。……実際のところ，私見では，被疑者が身体拘束されており，録音録画機器がすでに利用可能であったにも関わらず，警察が信頼に足る記録を作成することについて十分な考慮を払うことなく，被疑者を取り調べたような場合には，かかる状況では結果として得られた供述が疑わしいものとなることは避けられない。こうした場合，事実認定者においては，検察側に被疑者の供述について録音録画がなされなかったことについて満足のいく理由を示させたうえで，合理的な疑いを超えて得られた自白の任意性が証明されたかどうかを判断しなければならない。　（傍点筆者）

　本件では，警察署に録音録画機器があったにも関わらず，警察はこれを使用しないで供述調書を作成しており，公判前の予備審問ではこの調書が証拠として採用され有罪となった。かかる録音録画機器の不使用について，シャロン裁判官は次のように述べて検察側が任意性立証を怠ったと指摘した。

　私の見方では，（供述に関する）記録の完全性，正確性，そして信用性は，裁判所による取調べや供述をめぐる諸事情に関する吟味に負っている。だが，適切な手続記録が適切に作成されなかった場合，検察側が合理的な疑いを超えて任意性を証明する重い責任を免れることは困難であろう。

　（このような状況では）本件で事実審裁判官が自白の任意性を判断することができない事態にあったことは明らかである。自白の証拠としての重要性とほかの証拠との関係に鑑みると，（本自白の証拠能力を認めた判断を）治癒可能なものとすることは妥当ではない。陪審が上訴人それぞれの自白だけに基づいて，公判において弁護人から指摘されたほかの問題について適切な検討をおこなわないまま有罪としたことはきわめて甚大な危険があった。それ故，再度の審理がなされなければならない。

　こうしてムーア事件判決は，取調べのビデオ録画がないことが自白の任意性に疑問を投げかける根拠になることを判例上初めて明らかにし，それ以降のカ

ナダ諸州におけるビデオ録画をめぐる下級審の動向に大きな影響を与えることになった。その特徴は，捜査機関に取調べの録画を法的に義務づけようとするアプローチから離れ，任意性の有無の判断にあたって，検察側の挙証責任としてビデオ録画を位置づけるという考え方にある。すなわち，被告人側から自白の任意性を否定する主張が示された場合，これを覆す証拠を何らかの記録によって検察側が提示できなければ，任意性を否定する推論が働き，証拠能力が否定されることとなる。本章では便宜上これを「不任意推論アプローチ」と呼んでおく。

　このアプローチは，捜査機関に取調べ録画を義務づける考え方を退けたオイクル事件最高裁判決を踏まえたうえで，証拠の許容性の要件論のかたちをとっている。その核心部分は，結局のところ捜査機関においては任意性が争われた場合に備えて取調べ録画をおこなわなければならなくなり，実質的に取調べ録画を義務づけるのと同じ効果が得られるという点にある。また，自白の任意性判断基準としてみた場合でも，オイクル判決で示されていた裁量に依存する「全体状況テスト」に比べ，裁判所にとってずっと明確な基準を提供するものとなっている。

2　下級審判例の動向

　引き続き，取調べ録画をめぐる近時の下級審判例の動向を紹介しておく。

① 　不任意推論アプローチ

　前記ムーア事件判決による基準の明確さや自白の任意性確保の容易さという観点から，一部の州の事実審や上訴裁判所において同種の判断が示されるようになってきた。

　例えば，2001年，ブン事件でマニトバ州上訴裁判所は，住居侵入窃盗罪で有罪とされた事案で被告人上訴を受け入れ，差戻しの判断をおこなったが，その際に取調べの録音録画の必要性について次のように言及している。

　　　取調べと同時におこなわれた録音録画がないことは，いかなる会話が取調べでなされたかについて事実審裁判官が警察側の主張の信用性を判断するうえで考慮しなければならない要素である。そして，私の見方によれば，

第 7 章　カナダ　203

たとえ取調官において被疑者は録音録画がない方が話しやすいと信じる場合であってもこれは変わらない。こうした解釈が共通して受け入れられていれば，事実認定者が自白を評価する際に大いに助けとなるような運用を可能にするはずの，警察が取調べの録音録画をおこなうという動機づけはなくなってしまうのである。

　そのうえで，「警察による被疑者取調べの同時録音録画がない場合には，事実審裁判官は，釈放の約束についての被疑者との会話が自白に先立ってなされていたかどうかを判断するにあたって大変むずかしい任務に直面してしまう」こととなるため，「事実審裁判官は，警察が被告人を誤って（自白へと）導いたことを証明するよう被告人に求めている。このような挙証責任は（カナダ法には）存在しない」として，録音録画のような手段で釈放の約束がなされていなかったのかどうかを明らかにすることが必要で，それが検察側に求められていると暗示したうえで，自白調書以外に有罪証拠がないとして原判決を破棄した（傍点筆者）。

　オンタリオ州上訴裁判所では，ホワイト事件（2003年[60]）やラフランス事件（2004年[61]）においても，身体拘束中の被疑者に対して取調べ録画機器が使えるにも関わらず利用されなかったケースであるとして，警察が録画のないまま供述記録の正確性を確保する手段を用意せず取調べをおこなったことは，当該供述の任意性を疑わしいものにすると判示されている。

　②　全体状況テスト

　こうした任意性の要件に取調べ録画を含ませるムーア判決のアプローチに立つ裁判例に対して，オイクル事件最高裁判決を前提にすると，カナダにおいては録画記録がないことを理由に自白供述を自動的に証拠から除外する措置はとり得ない，との消極論に立つ裁判例も依然として存在する。

　例えば，マニトバ州上訴裁判所のデュカルメ事件判決（2004年[62]）では，モラン事件調査委員会報告，ソフォノー事件調査委員会報告書や複数の上訴裁判所の裁判例に触れつつ，次のように述べて，録画義務について否定的な解釈をとっている。すなわち，「これらの有益な調査報告は司法上の先例ではないという事実はそれとしても，本件はビデオ録画が望ましかったという問題につい

て適切なケースではなかった。事実審裁判官は，自説を力強く述べて，［任意性を判断するにあたり］疑いが残るとしているが，私には実務と反対の方向で論じるのはできそうにない。その点で，警察の（録画）義務を最高裁が明示的に示したことはないし，立法府の制定した従うべき手続きも形成されていないという難点が存在する。従って，任意性についてはコモン・ローの定義が効力を有するものとなる。というわけで，ビデオ録画や電磁的記録がおこなわれていないことが，予備審問で自動的に証拠排除につながるとはいえない」とした。

また，東部のノヴァ・スコシア州でも一連の判例で全体状況テストが広く用いられている。例えば，2005年のウェスト事件判決は銀行強盗事件に関わって被告人が多数の訴因で起訴されたケースであるが，被告人側は，連邦警察（RCMP）に対して被告人がおこなった供述は権利章典に違反して獲得されており証拠排除されるべきであると主張した。ノヴァ・スコシア州上級裁判所は，当該自己負罪供述の任意性についてオイクル判決に依拠して判断をおこなうとしたが，取調べの一部が録画されていない問題につき，被告人の弁護人依頼権は侵害されておらず，自然な態度で取調室で過ごしていたことなどを指摘して，検察側は合理的な疑いを超える程度に供述が任意におこなわれたことを証明したと結論づけて，被告人側の主張を退けた。

2006年のハーレイ事件判決でも，同州上訴裁判所は，2件の性犯罪事件に関して被告人を無罪とした原判決に対する検察官からの上訴事件において，被告人の供述について任意性に疑いがあるとして証拠排除を認めた事実審裁判官の決定を破棄した。本件の被告人の供述はいずれもビデオ録画されていたが，その際，カナダ最高裁によるオイクル判決に依拠しつつ，圧迫，脅迫，トリック，そして「自律的心理状態」の観点から任意性が判断されるべきであるとした。事実審裁判官は，ビデオ録画の質が劣悪であった点，すなわち，取調室でのアングルが悪く被告人の表情が読み取れないため，その態度からは任意性を判断できないとして，かかる状況のもとでは取調べに疑問が生ずると考え，検察官が合理的な疑いを超えて任意性を立証したとは言えず供述を証拠から排除したものである。これに対し上訴裁判所は，原審の認定を支える法的根拠（先例）を見出せないとして，オイクル判決のいうような，そして被告人側が主張するような，圧迫的取調べを示す証拠がない以上，任意性を否定すべきではな

第7章　カナダ　205

いとして原判決を破棄，差し戻した。

2007年のイゼナー事件[66]では，被告人は暴行罪で起訴されていたが，警察に対する供述は任意になされたものではないとしてその証拠能力が争われた。勾留中に被告人がおこなった供述はビデオ録画されていたが，被告人側の主張は，ビデオ録画されていない会話の中で被告人のガールフレンドに不利益が及ぶという脅迫的文言が取調官から与えられ，その結果被告人は無理やりに供述させられた，というものであった。確かに身体拘束中の公式取調べに先立つ事前取調べがあり，その部分は録画されていなかったが，裁判所は，オイクル判決で示された「全体状況テスト」に依拠して，録画部分の供述に任意性を疑わせる事情が窺われない以上，ビデオ録画のない部分を理由として不任意と推論することはできないという見解を示したのである。

3 取調べ録画をめぐる諸論点

① 被疑者の録画承諾ならびに拒否

では，被疑者取調べにおいて，録画に被疑者が同意しなかった場合，録画記録がないことと供述の任意性との関係についてカナダの裁判所はどのようにとらえているのか。

カメロン事件判決（2002年[67]）は 2 人の被告人が若い女性に対する脅迫罪で起訴されたケースであるが，取調べにおいて捜査官らは録音録画機器のない取調室で被告人らを取り調べた際，ポータブルの録音機もメモも何も持参しなかった。1 階下には，ビデオ撮影や録音のための十分な装置を備えた取調室があったにも関わらず，そうした施設は利用されなかった。オンタリオ州地方裁判所の裁判官は 2 つの理由から被告人のひとりであるカメロンに関する供述を証拠として採用できないとした。その第一の理由は，完全な供述録取過程の記録，すなわち，述べられた内容やどのように供述がなされたかについての記録が欠けていることであり，第二の理由は，「録音録画をしないで供述したい」といった部分についての記録がないことである。

また，2005年のバックハウス事件[68]において，オンタリオ州上訴裁判所は，被疑者が録画しなければ取調べに応じるとして供述調書が作成されたと検察側が主張した際，そうした主張が常に受け入れられてしまうと録画されなかった供

206 第 2 部 取調べ録画の比較法

述については常に被疑者のせいにされてしまう，として，後に争われないよう被疑者の録画に関する要望部分につき記録しておくべきであると判示した。

2006年のヤング事件でも，オンタリオ州地方裁判所は，「被告人がビデオ録画されることを拒否した場合であっても，警察官には取調べを中断する法的義務はない」と確認したうえで，「警察による取調べをビデオ撮影する目的は，なされた供述について可能なかぎり正確な記録を得ることにある。これは被疑者・被告人の権利の保護のため」であると位置づけ，「もし被疑者がこうした安全策による保護を望まず，警察に話そうとする場合には，警察は質問をおこなってその答えを聞き，できるかぎり正確にその結果を記録するよう努めるだけである。本件ではそれはなされている」と判断した。

他方で，「警察が少なくとも，被疑者取調べのうち，ビデオ録画がなければ警察に話すと彼が言っている部分についてビデオ録画記録していれば，非常に役に立っていたであろう」と注意を促し，結論的には，供述（自白）の証拠能力を認めた事実審裁判官の判断を支持している。

このように，下級審判例を見るかぎり，カナダでは，取調べ録画について被疑者から放棄可能であると位置づけつつ放棄場面については録画されるべきであると考えられている。反対に，被疑者が録画の拒否を申し出たにも関わらず撮影がおこなわれ，供述の任意性判断のためにビデオ録画が用いられた場合はどうなるか。2007年，オンタリオ州上訴裁判所は，同意の必要性について判断を示すことなく，被告人は取調べ中ビデオ録画されていたことを知っており，にも関わらず供述をおこない続けたことを重視し，警察からも供述をおこなう必要がないと告知されていた点を強調して，本件で被告人から得られた供述が任意になされたものであることについて合理的疑いを超える程度に検察側が証明した以上，供述に証拠能力は認められると判断している。

② 事前取調べと一部録画問題

前出のカメロン事件判決では，供述が録音録画されて証拠として提出されていたものの，取調べに先立つ非公式な事前取調べは記録されていなかった。裁判官はこの部分に関する取調べについて問題があるとして，このような録音録画前の記録されない事前取調べを止めるべきであると指摘している。また，2003年のマニトバ州のガウビン事件判決では，強盗罪で起訴された被告人は3

度にわたる取調べを受けたが，1回目と2回目は録画されず，3回目でも録画がおこなわれる前に1時間の事前取調べがおこなわれていた。裁判官は，同州ウィニペグ市警察の運用指針では被疑者に強盗のような重大犯罪の嫌疑がかかっている場合，可能なかぎり，ビデオテープによるか，あるいは正確な書面による供述を提供する機会が設けられなければならないことに触れ，被告人に対してビデオ録画の機器が利用可能であったにも関わらず提供されなかったのは指針に反したとして，自白の証拠能力を否定した。

　その際，マッコーリー裁判官は，「ビデオ録画機器は，2001年4月3日において，第三分署でも特捜部（Major Crime Unit（MCU））でも自由に利用可能であった。その際，現行の指針のほかに被告人の取扱いをめぐって録画を妨げる事情は何もなかった。本指針は，すべての重大犯罪の被疑者の取調べを録画するよう要請していないし，公式の取調べ前に質問をおこなう"事前取調べ"も許容している。けれども，この指針については，誤判調査委員会による強い批判にさらされてきており，その間違いは幾つもの裁判所によって等しく明確に指摘されてきている。最善の証拠が，被疑者の外見や，身体表現，そして態度を示すことのできるビデオ録画であることに疑いはない。ビデオはまた，声のトーンも尋問のペースも記録できるし，警察官が手書きする場合には反映されないような，同時に発生する会話に伴うあらゆる微妙な部分を記録できる」として，オンタリオ州のムーア判決を引用しつつビデオ記録の有用性を説いている。

　2007年のマニトバ州ウィニペグ市地裁によるロス事件判決[72]は，武器を用いた暴行罪で起訴された事案であったが，その公判前の予備審問手続における決定で被告人側は録画されていない公式の取調べ前の事前取調べ，ならびに，録画された取調べの双方に任意性があるという証明が検察側によってなされていない，と主張した。すなわち，事前取調べで獲得された供述を読み聞けすることなく，誤りを訂正する機会を与えていないこと，事前取調べの時間経過が不明であること，などがその論拠である。

　この事件の取調べをめぐるいきさつは次のとおりである。被告人は，警察署に引致された後，まずビデオ録画機器のない部屋（A）に入れられ，権利告知がなされ，供述が不利に用いられる警告を受けた（事前取調べ）。その後，機器

のある部屋（B）に移され，そこで取調べがおこなわれ（公式の取調べ），その様子はビデオに録画された。公式の取調べにおいていかなる脅迫や誘導もなされていなかったことは明らかであった。

　事前取調べは午後5時47分から6時15分まで実施された。そこでは25の質問をし，ノートに正確に答えを書き取ったと捜査官は証言した。ただ，読み聞けや内容確認の機会は与えていなかった。検察側からは，ビデオ録画された取調べがあるのでそうした機会は不要であると説明された。しかし裁判所はこれに同意しなかった。警察は事前取調べで被告人に犯行現場の監視カメラの映像を見せ自白を迫り，最終的に被告人は自白した。その後，捜査官は公式な取調べを調書に記録するかビデオ録画するかの選択を被告人に与え，被告人が後者を選んだため，録画機器のある部屋（B）に移動している。ビデオの冒頭で被告人に権利告知や警告がなされているものの，その口調はあまりに早すぎて聞き取れないほどであった。

　判決は次のように言う。すなわち，「事前取調べからビデオ録画による取調べに移るという選択をしたことによって，むしろ反対に，彼ら（2人の警察官）は読み聞けも署名もないノートに依存した事前取調べがいかに危険で満足のいくものではないかを証明したことになる。身体拘束を受けている被告人に関する最善の証拠のひとつを提供することによって，彼らはなぜビデオ録画が（自白の）任意性に関する最低限の基準となるべきかを明白に示したことになる。彼らがおこなったことは，検察官が克服できないほどの障がいを生み出している。なぜなら，13分のビデオ録画された取調べ内容は，28分間の事前取調べでノートに記載された質問と回答よりも3倍も多い。ビデオに記録された速さや調子では，（監視カメラの）写真を被疑者に提示する時間を鑑みても，事前取調べはおそらく最後の5，6分ほどであったと見積もられる」。

　こうした事実認定に基づいて，裁判所は「事前取調べのおこなわれたケースに固有の記録の途切れが発生していることに鑑み，本件には合理的な疑い」があるとして，本件の事前取調べもビデオ録画された取調べも両方ともに（証拠として）許容されないとの結論を導いている。もっとも，ポラック裁判官は，デュカルメ判決などマニトバ州の先例を引きつつ取調べのビデオ録画が自白の許容性につき不可欠の要件ではないとした。

本章冒頭に掲げられた判決文は, 2004年のミア事件判決からの引用であるが, 同事件は共犯者供述の部分的な録画が問題とされたマニトバ州のケースである。[74)]

住居侵入罪の事案につき, 検察側証人は共犯関係にあった被告人ら3人に対し不利な供述をおこない, この供述を記録した27分間のビデオテープが予備審問に証拠として提出された。被告人側はその任意性を問題とし, 供述は無理矢理に言わされたもので, 証拠として許容されるべきでないと主張した。すなわち, 公判で共犯者である被告人らを事件に結びつけるような供述をしない場合, 10年の禁錮刑になる可能性があると証人は取調官に告げられていたと訴えたのである。2人の取調官はそうした脅迫的言辞を否定した。

ウィニペグ市裁判所のコリン裁判官は, 被告人側の主張を受け入れ, 「取調べの完全なビデオ録画があれば, 供述は任意になされたという検察側による主張は十分に支持されることになったはず」であると述べた。そして, 検察側が証人の供述の任意性立証に失敗しており, 証人の供述は証拠から排除されるとの判断を示した。

③　録画に関する陪審への説示

オイクル事件最高裁判決に従えば, 裁判官がビデオ録画のない自白を許容した場合でも, かかる自白は陪審の前に証拠として提供されることになる。その場合でも, 裁判所はビデオ録画の不存在に関して, 陪審に警告あるいは説示をしなければならないか。ウィルソン事件判決（2006年）[75)]は, そうした裁判所の配慮義務を扱ったケースである。

同事件はコカイン密売容疑に関する上級裁判所での有罪評決に対する被告人側上訴であった。ジャマイカからの国際便がトロント空港に着き, 上訴人がスーツケースとカバンを持って到着したところ, 入国検査官が上訴人のカバンが新しいにも関わらず穴があいているのに気づき, 内容検査をしたところ212グラムのコカインが発見されたというものである。争点は, 上訴人がこのコカインを所持しているとの認識があったか否かだった。この認識を証明する検察側の証拠は, 上訴人を逮捕した警察官に上訴人が述べたという供述だけで, その供述の際には録音も録画もなされていなかった。そのため上訴審は原判決を破棄し, 差し戻した。ローゼンバーグ裁判官は判決文の中で次のように述べて説示の欠けたことが違法となると指摘している。

私の見るところ，警察が信用に足りる録音録画による記録の作成について
何ら配慮することなく意図的に取調べを実施したという事実に対する判断
は，陪審に委ねられている。それゆえ陪審は，この事実が，警察官の供述
に関する見方に依拠するかどうかの判断において考慮すべき重要な要素と
なるとの，Swanek 事件判決で示された方向に沿った説示を受けていなけ
ればならなかった。

　検察側は，双方の代理人が陪審の面前で，録音録画がなされていなかった
ことから引き出される問題について言及していたのだから，書面による供
述の信用性について陪審は理解していたはずである，と主張する。私は，
この考え方に同意できない。……弁護人は，こうした情況についての法的
効果に対し，事実審裁判官による説明がなされるだろうと陪審に期待を込
めて語っていた。……残念なことに，事実審裁判官は，こうした特別の説
示をすることを拒否する判定をおこなっている。……いかなる場面におい
ても，弁護人の考え方が，事実審裁判官による適切な法的説示に代替する
ことはない。……適切な説示が欠けても，上訴人の防御に不利益をもたら
すことはなかった，というような考えを受け入れることはできない。

　このように，適切な説示が陪審に対してなされることが「全体状況テスト」
を用いる際の生命線とも言える手続的措置であることが示されている[76]。

Ⅳ　取調べ録画をめぐる近時の動向

　カナダでは，近時に至っても引き続き取調べ録画の必要性が検察当局や公的
委員会からたびたび指摘されている。いずれも諸外国の動向を参照しつつ，取
調べの全過程を録画するよう勧告している。

1　マクファーレン・レポート（2003年）[77]
　本レポートは，マニトバ州検事総長補佐であったブルース・マクファーレン
氏が2003年にオーストラリアで開催されたコモンウェルス会議でおこなった報
告をもとに作成されたものである。

第7章　カナダ　211

第一勧告　殺人事件のような重大犯罪に関して，警察署での拘禁下でおこなわれる被疑者取調べはビデオ録画されなければならない。ビデオ録画は取調べが終わった後の供述に限定されてはならず，すべての取調べ過程（the entire interrogation process）が記録されなければならない（傍点筆者）。

　第二勧告　警察は，虚偽自白を警察官が引き起こすという事実や，その原因ならびに心理に関して，必要とされている適切な訓練を取調官におこなわなければならない。すなわち，警察官は有罪であろうと無実であろうといかに心理的な策略によって自白が生じ得るかについての十分な理解を必要としている。加えて，警察官は単純な虚偽となる物語を含め，信用性のある供述とない供述との判定方法について適切な訓練を受ける必要がある。ほかのすでに立件されている事件の事実と矛盾するような供述をテストすることは，（取調官の）視野狭窄を防ぐことになろうし，最終的に法廷に事件を持ち込む際には事件を強く支える可能性をもたらす。

　第一勧告は，自白の証拠能力とは無関係に重大事案における被疑者取調べの録画義務を提案し，第二勧告は，捜査・司法関係者の学習や訓練の必要を提起する。このように検察の最高幹部からも虚偽自白防止のために取調べ録画が推奨されたということの意味は非常に大きいものがある。[78]

2　合同検察首脳会議ワーキング・グループ報告書（2004年）[79]

　カナダ連邦・州・テリトリーによる合同検査首脳会議が設置した「誤判防止に関するワーキング・グループ（WG）」は，2004年に最終報告書を刊行した。このWGは連邦検事総長補佐ベルメアー氏とマニトバ州検事総長補佐フィンレイソン氏によって指導され，誤判原因メカニズムに関して検察官や警察官の理解を促し，誤判を防止するために取り組むべき課題を明らかにするため，連邦，州そしてテリトリーの各検察庁の合同プロジェクトとして2002年に開始されたものである。[80]

　報告書は160頁を超える大がかりなもので，誤判防止のために多岐にわたる改善が必要であると指摘し（①視野狭窄的な捜査，②目撃証言の評価，③虚偽自白の信用性，④同房者通報の信頼性，⑤DNA型鑑定の機会保障，⑥科学的根拠の適切な使用と専門家証言への的確な反対尋問，⑦司法関係者の教育・訓練の充実，⑧証拠の取

扱いに関する指針の整備，⑨弁護権の拡充），このうち③に関する検討の中で，取調べの録音録画が不可欠であると論じている。

　さらに報告書は，判例法上未だ取調べ録画の義務が課されていないものの，少なくとも重大事案については，被疑者の（供述の）記録ないし，記録がないことの十分な説明が欠けている場合には，身体拘束中の被疑者から獲得された供述に証拠能力を与えるべきでないとの見解を示した。そして，興味深いことに，カナダで（録音録画が）義務化されるのは時間の問題であるとの見通しも示している。その根拠としては，カナダ国外の複数の管轄で電子的な記録の要請が広がっており，隣国の合衆国でも，複数の州で判例や立法により，重大犯罪の嫌疑を受けた被疑者が身体拘束されている場合にその取調べを電子的に記録するよう求めている点をあげている。そのうえで報告書は次のような勧告をおこなった。

　　（カナダでは）管轄ごとに記録の使い方に関する実務は異なっているけれども，警察による取調べがおこなわれるとき記録機器を用いることが増えていることに疑いはない。犯罪が重大になればなるほど，警告が与えられたうえで電子的に供述が記録されるようになっている。確かに，事案が殺人罪であるようなときは，こんにちのカナダの基準でも，少なくとも警察署における取調べは記録されることになっている。
　　理想的には，取り調べられる対象となっている犯罪の重大さや取り調べられる者のタイプや取調べ場所に関わらず，すべての取調べが電子的に記録されるべきである。

　このように述べたうえで，取調べ録画の賛否に関わる主要な論点を検討した。第一に，録画自体に対するコスト論にはもはや懸念される点はないとして，むしろ「主要な関心は取調べテープの反訳の必要性」にあるとする。すなわち，「検察官，弁護人そして事実認定者のいずれも公判で反訳を必要とするし，検察弁護双方はそのコピーを公判前に欲しいはずである。反訳の作成には費用がかかるし，時間もかかる。取調べテープの増加は公判準備のコストを劇的に増加させることになり，裁判手続の進行を遅らせてしまうかもしれない」

第7章　カナダ　213

という懸念を示す。

　第二に，施設・設備投資や保存コストについても検討の必要性を強調し，「実際に設備投資にかかる費用がとるに足りないものかどうかも不確定である」として，「理想的には，どの警察署でもすべての（取調べの）記録ができるよう，モニター，２台のカメラ，３ないし４台のビデオ・レコーダーを繋いだ録画機器（タイムスタンプ付き），音声モニターと音声記録機器，そしてカラー・ビデオテープといったものが準備される必要がある」と指摘した。また，「適切な保存場所にも費用がかかるので，将来の技術革新によって記録テープの情報へのアクセス可能な装備があるとよい」とする。

　第三に，すべての場所での録画が相応しいとしつつ，対象となる犯罪類型の共通化も課題であるとする。「マーシャル事件調査委員会でも，モラン事件調査委員会でも，（収録対象範囲に）制限が設けられていた」が，本 WG は，「"重要な対人犯罪に関する捜査"（例えば，故殺，謀殺，過失致死，加重暴行，加重性的暴行，子どもに対する性的暴行，武器所持による強盗等）でのビデオ録画を勧告する」とした。

　第四に，録画される範囲についても検討を加えている。すなわち，警察署によっては（被疑者がおこなう）実際の供述部分だけをテープにとっているからである。これでは，供述前に起きた事柄はテープに残らない。WG では，これは勧告に値するやり方ではないと考え，「自白に至るまで，すなわち何が自白を生み出したのかが，自白に任意になされたのか否か，また，権利章典を遵守したか否かの判断にあたって重要」とする。そして，「通常の取調室内でおこなわれる"取調べ全体"が記録されるべきである」と勧告した。

　以上の勧告をまとめると以下のようになる。

　　謀殺，故殺，過失致死，加重暴行，性的加重暴行，子どもに対する性的暴行，武器所持強盗といった個人に向けられた重大な暴力犯罪に関して，身体拘束されている被疑者に対する警察署における取調べはビデオ録画されなければならない。ビデオ録画は，被疑者によってなされた最終的な供述に限定されるべきではなく，取調べ全体を含むべきである。　　（傍点筆者）

後述するように，合同会議の報告書からはその限界も明らかに読みとれるものの，取調べ全体録画に向かうべき道筋を検察サイドから明らかにしたという意味で貴重である。確かに，同報告書は現在のカナダにおける「可視化」論の限界をも同時に示していよう。これは，報告書を批判的に検討した西オンタリオ大学のシェリン准教授による以下の指摘からも明らかである[81]。すなわち，第一に，録画を警察署内で 1 回に限定した点である。報告書は主にコスト論に立って，財政的，運用上の負担からそうした要請が検討されているが，これは危険が残ると批判されよう。第二は，録画対象を被疑者取調べだけに限定した点である。被疑者以外の参考人まで広げないと，被疑者も最初は参考人として取調べを受けることが多いため，リスクが高い。第三は，身体拘束中の被疑者に限定した点である。任意の段階から録画を要請しておかなければ，録画義務対象範囲を不当に狭めてしまう。なぜなら，虚偽自白は身体拘束とは直接関係ないからである。第四に，録画を警察署に限定した点である。警察署外での録画も義務化されないと抜け穴となってしまうので，それを防止する必要がある。第五に，録画対象事件を重大事件に限定した点である。名目上ほかの軽微な犯罪で取調べをおこなう方法（日本風に言えば別件逮捕に基づく取調べ）も考えられ，また，窃盗のような軽微事案でも虚偽自白は起こり得る以上，重大事件に限定する合理性は乏しい。

3　レイマー委員会報告書（2006年）[82]

　1990年以降，複数の誤判事件が発覚したニューファンドランド州では，刑事司法に対する抜本的な改善が必要だと認識されるに至った。そのきっかけは以下の 3 件の重罪事件における誤判であった。

　まず，1988年に，ロナルド・ダルトン氏は妻を殺害したとして有罪とされていたが，2000年に科学的証拠によって無実と判明した。1994年に19歳のとき，母親殺害につき有罪とされたグレゴリー・パーソンズ氏は，2002年に DNA 型鑑定によって無実と判明した。また，1995年，ランディー・ドラケン氏はガールフレンドを刺殺したとして有罪とされたが，1999年にやはり DNA 型鑑定により無実と判明した。そこで，ダルトン，パーソンズ，ドラケンの 3 氏に関する事件についてニューファンドランド州において誤判原因追求のための調査が

おこなわれることになった。

2003年にニューファンドランド州法務総裁は，元カナダ最高裁判事，アントニオ・レイマー氏に事件の調査を委嘱し，65万ドルもの資金が投入され，調査が実施された。2006年6月，全485頁（うち本文330頁）にわたる報告書が公刊され，21項目，45点の改善勧告がなされた。その際，取調べの録画についても，先に紹介されたモラン事件調査委員会にならった意見が示されている。

> 第5 (a) ニューファンドランド州警察（Royal Newfoundland Constabulary）は，モラン事件調査報告書におけるメモや尋問，供述録取といった点に関する勧告を見直し，その運営指針のなかにガイドラインを組み込むべきである。
> (b) すべての主要な犯罪について，警察署での取調べはビデオ録画されるべきで，署外での聴取については録音されなければならない。

取調べにあたって記録されなければならない重要な情報として，まず時間的な情報があり，①被疑者の到着，②取調べの開始，③取調べの終了，④取調べ参加者の退室，が含まれていなければならず，取調べに参加した者の氏名や取り調べた場所についても正確な記録が要求されるとする。そのうえで，取調べの内容を記録するには，すべての取調べのやりとりを電子的に記録することが，不正や過ちを防ぐ唯一の手段であるとした。

4 ミルガード事件調査委員会（2008年）[83]

ミルガード事件とは，1969年1月にサスカチュワン州で起きた女性看護師（当時20歳）殺害事件の犯人として逮捕・起訴されたディビッド・ミルガード氏が，1970年に有罪とされ，無期刑で服役中，無実と判明したケースである。捜査段階でミルガード氏が被害者を刺したという目撃証言が得られたが，証人自身は公判での証言をおこなわず，目撃供述を録取した書面が陪審に対して読みあげられただけであった。1970年1月30日，陪審はミルガード氏を有罪とし，翌年，最高裁が上告を棄却して有罪判決が確定する。[84]

1988年に始められた再審請求を受け，1992年4月，カナダ最高裁は，ミル

ガード氏の無実が証明されたとまでは認定できないが，有罪判決を破棄し再審公判を開始すると決定したため，同氏は釈放された。

　1997年に支援者らによって実施されたDNA型鑑定により，被害者の衣服に付着していた精液のDNA型がミルガード氏のものとは一致せず，真犯人の疑いをかけられていた人物のものと一致することが証明され，この結果を受け入れたサスカチュワン州政府が誤りを認めた。その後，この人物が真犯人として逮捕・起訴された。なお真犯人は，1968年から1970年にかけて起こった4件の婦女暴行事件について，1971年に同州の裁判所で有罪答弁をおこなっていたが，看護師殺害事件への関与については見過ごされていた。1999年5月，サスカチュワン州政府はミルガード氏とその家族に対し，1,000万ドル（約10億円）の賠償金を支払った。

　2004年にサスカチュワン州政府は誤判原因の調査のため調査委員会を発足させることを決定し，2005年1月からアルバータ州のエドワード・マッカラン裁判官を長として2006年12月までおよそ2年間かけて調査がなされ，114人の証人が尋問を受けた。調査には1,000万ドルもの費用がかかっている。2008年9月にようやく調査委員会報告書が刊行された。

　報告書は次のように指摘する。

　　現在，（被疑者による）供述は録音，録画あるいは両方で記録されているが，実務上可能な範囲でこれは維持されなければならない。もっとも，公式の供述録取の機会以外で発言がなされた場合，関連性があるなら，ビデオ録画や音声記録がないという理由だけで証拠として許容されないとされるべきではない。これは事実審裁判所の考慮する事柄である。にも関わらず，取調べの記録は大変望ましいもので，注意深い供述の録取に繋がり，自白は脅迫された結果であるという被疑者による虚偽の申立から取調官を保護することができ，より重要なこととして，公判において被告人や証人の双方の益となる公正さの確保に資するのである。　　（下線筆者）

　報告書は被疑者取調べ録画を推奨するものの，オイクル事件最高裁判決に配慮してか，ビデオ録画のない供述を自動的に証拠排除する取扱いを肯定する姿

第7章　カナダ　**217**

勢を示していない。わずかに，未成年の被疑者の取調べを全面的にビデオ録画するよう勧告するにとどまっている。

おわりに

1980年代から取調べのビデオ録画をおこなってきていたカナダであるが，同国では，立法においても判例においても，明確な録画義務は課されなかった。様々な委員会などからの度重なる勧告によって，取調べの録画が望ましいことはカナダ司法界，法曹界において十分に認識されているはずであるが，カナダ連邦議会には未だ法案すら提出されていない。[補注1]

他方で，捜査現場ではほぼ全州において取調べの録画体制が整備されていることから，実際に取調べ録画ビデオが公判に証拠として提出されることも日常的になっている。そうした中で生まれてきた下級審判例における「不任意推論アプローチ」という証拠法上の挙証責任ルールを用いて実質的に全部録画を普及させようという試みは，未だ録画法制をもたないまま一部取調べ録画が先行する我が国の現状に示唆的であるように思われる。

すなわち，カナダ最高裁がオイクル判決で示したように，法的義務づけについて法源がないにもかかわらず，下級審裁判所は，その証拠決定という権限を利用したかたちで取調べ録画を徹底させる法的枠組みを構築しようとしたと言えるだろう。こうした，下級審裁判所の法的判断の枠組みを用いて立法上の義務と同様の効果を実現しようという態度は，我が国の司法においても十分に参考となるであろうし，立法と司法との関係一般を考えるうえでも興味深いあり方を示していよう。

カナダでも，録音録画に関わる法的義務が何らかのかたちで示される日が近いかもしれないが，ただ立法を待つだけでなく，より適切な手段がわかっている以上その叡智に学ぼうとする裁判所の姿勢や，検察関係者ですら取調べ録画の必要性や妥当性を明らかにしようとする態度から我が国が学ぶべき点は少なくないであろう。

1) R. v. Mir, Thomas and Hall, [2004] M. J. No. 157, 2004 CanLII 313 (MB P. C.).

2) この実験プロジェクトは1985年7月1日から始められ, 2年間で同地区にあるバーリント ン警察署において実施された946件の被疑者取調べ中, 645件の自白ないし自己負罪供述と226 件の否認供述が記録され, 45件では被疑者の要望により「オフ・カメラ」状態での供述がお こなわれた。自白率は68%, 録画拒否率は5%程度であった。ALAN GRANT, THE AUDIO-VISUAL TAPING OF POLICE INTERVIEWS WITH SUSPECTS AND ACCUSED PERSONS BY HALTON REGIONAL POLICE FORCE ONTARIO, CANADA: AN EVALUATION FINAL REPORT (1987).

3) Alan Grant, *Videotaping Police Questioning : A Canadian Experiment*, CRIMINAL LAW REVIEW 375 (1987); *The Videotaping of Police Interrogations in Canada* in THE MEDIA AND CRIMINAL JUSTICE POLICY 265 (R. Surett ed., 1990).

4) RCMP のシステムは FTR 社製である。詳細は以下参照。
http://www.fortherecord.com/images/rcmp%20case%20study.pdf

5) トロント市警察は TranTech 社製のシステムを導入している。これは米国イリノイ州やワ シントン DC のものと同じである。
http://www.trantech-inc.com/clients/clients-Toronto.html

6) 同法案は1982年に公表され (REPORT OF THE FEDERAL/PROVINCIAL TASK FORCE ON UNIFORM RULES OF EVIDENCE/PREPARED FOR THE UNIFORM LAW CONFERENCE OF CANADA (1982), 議 会 に上程されたものの否決されてしまった。1986年に改訂案が提出されたが再び否決された。 こんにちまでカナダにおいて統一証拠法は制定されるに至っていない。

7) LAW REFORM COMMISSION OF CANADA, QUESTIONING SUSPECTS, OTTAWA: LAW REFORM COMMISSION OF CANADA, 1984, (series; Working Paper; 32). http://www.lareau-law.ca/LRC-WP32.pdf

8) *Id.* at 2.

9) *Id.* at 59.

10) *Id.* at 63.

11) LAW REFORM COMMISSION OF CANADA, QUESTIONING SUSPECTS, OTTAWA: LAW REFORM COMMISSION OF CANADA, 1984, (series; Report; 23).
http://www.lareau-law.ca/LRCreport23.pdf

12) *Id.* at 4.

13) *Id.* at 6.

14) *Id.* at 18.

15) Peter Solomon, Jr., *The Law Reform Commission of Canada's Proposals for Reforms of Police Powers : An Assessment*, 27 CRIMINAL LAW REVIEW 321, 340-344 (1984-1985).

16) OFFICE OF PUBLIC COMPLAINTS COMMISSIONER, REPORT ON THE INVESTIGATION OF ALLEGATIONS MADE AGAINST SOME MEMBERS OF THE METROPOLITAN TORONTO POLICE HOLD-UP SQUAD 78-146 (March, 1984).

17) Horvath v. The Queen (1979), 44 C. C. C. (2d) 385. 同事件では専門家が録音テープを 聴き, 被疑者の声のトーンから被疑者が催眠状態に陥っていたと鑑定証言をおこない, その 結果, 事実審裁判所は, 取調官が故意に被疑者を催眠状態に誘導したとは認められないもの の, その証拠能力は否定されると解した。

18) R. v. James J. Byrne (unreported. January 26, 1978).

19) R. v. Prihoda (unreported. September 28, 1978).

20) Office of Public Complaints Commissioner, *supra* note 16, at 85-97.

21) *Id.* at 97-105.

第7章 カ ナ ダ 219

22) Granville Williams, *The Authentication of Statements to the Police*, Criminal Law Review 6（1976）.

23) Office of Public Complaints Commissioner, *supra* note 16, at 106-109.

24) *Id*. at 110-119.

25) *Id*. at 120-145.

26) スコットランドについては，M. McConville & P. Morrel, *Recording the Interrogation : Have the Police Got it Taped ?*, Criminal Law Review 158（1983）を引用する。

27) マーシャル事件については，拙稿「カナダ司法界を揺るがしたマーシャル事件——王立委員会報告書とカナダの刑事司法」季刊刑事弁護5号（1996）148頁参照。王立委員会報告書は，Royal Commission on the Donald Marshall Jr. Prosecution（1989）.

28) http://www.attorneygeneral.jus.gov.on.ca/english/about/pubs/morin/

29) モラン事件に関する優れたノンフィクション作品である Kirk Makin, Redrum The Innocent（Revised ed. 1998）を参照。

30) R. v. Delmorone, [2002] O. J. No. 3988 (Ont. Ct. Just.).

31) Thomas Sophonow Inquiry Report (2001). ソフォノー事件と委員会報告については，拙稿「カナダにおける取調べ可視化と目撃証言問題——ソフォノー事件調査委員会報告によせて」季刊刑事弁護38号（2004）144頁参照。報告書は以下 URL 参照。
http://www.gov.mb.ca/justice/publications/sophonow/index.html?/toc.html

32) *Videotaping urged of interrogations by Metro's Police*, The Globe and Mail, April 7, 1984.

33) *Suspects to confess on film $500,000 police project*, The Globe and Mail, Sep. 7, 1984.

34) *Videotaping is criticized*, The Globe and Mail, June 16, 1984.

35) Elliott Goldstein, *Using Videotape to Present Evidence in Criminal Proceedings*, 27 Criminal Law Review 369, 374-375（1984-1985）.

36) R. v. B. (K. G.), [1993] 1 S. C. R. 740, 79 C. C. C. (3d) 257.

37) A. W. Mewett & S. Nakatsuru, An Introduction to the Criminal Process in Canada 163-171 (4th ed. 2000); *The Voir Dire*, in Criminal Procedure: Canadian Law & Practice Chapter 18（2001）など参照。

38) Fitton, [1956] S. C. R. 958, 24 C. R. 371, 6 D. L. R (2d) 529; Towler. [1968] 65 W. W. R. 549（BCCA）.

39) Prosko v. The King, [1922] 63 S. C. R. 226, 229-230.

40) Hobbins v. The Queen, [1982] 1 S. C. R. 553, 556-7.

41) Ward v. The Queen, [1979] 2 S. C. R. 30, 40.

42) Rothman v. The Queen, [1981] 1 S. C. R. 640, 697.

43) R. v. Oickle, [2000] 2 S. C. R. 3, 147 C. C. C. (3d) 321.

44) Nova Scotia Court of Appeal (1998), 164 N. S. R. (2d) 342.

45) W. S. White, *False Confessions and the Constitution : Safeguards Against Untrustworthy Confessions*, 32 Harvard Civil Rights-Civil Liberties Law Reviews 105（1997）.

46) Oickle, [2007] 2 S. C. R. at 31.

47) *Id*. at 25.

48) *Id*. at 40-41.

49) *See, Supra* note 37（The Voir Dire), Ch. 18 at 15-16.

50) オイクル判決を含めたカナダ判例法による自白法則が，心理学・社会学的知見に照らしたとき事実審裁判所における任意性判断にあたっていかに不十分かを検討した文献として，Christopher Sherrin, *False Confessions and Admissions in Canadian Law*, 30 Queen's Law

JOURNAL 601 (2005); Lisa Dufraimont, *Regulating Unreliable Evidence : Can Evidence Rules Guide Juries and Prevent Wrongful Conviction ?*, 33 QUEEN'S LAW JOURNAL 261 (2008).

51) Dale Ives, Preventing *False Confession : Is Oikle Up to the Task ?*, 44 SAN DIEGO LAW REVIEW 477, 497 (2007).

52) R. v. Richards (1997), 6 C. R. (5th) 154 (C. A.).

53) R. v. Stinchcombe (1991), 8 C. R. (4th) 277 (S. C. C.). 同判決について詳しくは，拙稿「カナダ刑事手続における証拠開示——検察官の証拠開示義務を認めたカナダ最高裁」ジュリスト1062号（1995）98頁参照。

54) McKinney v. The Queen (1991), 171 C. L. R. 468 (H. C. A.). 同判決については，本書第4章参照。

55) Lee Stuesser, *The Accused's Right to Silence : No Doesn't Mean No*, 29 MANITOBA LAW JOURNAL 149, 164-170 (2002).

56) Kent Roach, *Unreliable Evidence and Wrongful Convictions*, 52 CRIMINAL LAW QUARTER-LY 210, 231 (2007).

57) オイクル最高裁判決以前にも，判例上，取調べの録画録音に積極的な下級審判例は少なくなかった。例えば，R. v. Barrett (1993), 82 C. C. C. (3d) 266 (Ont. C. A.), rev'd on unrelated grounds 96 C. C. C. (3d) 319 (S. C. C.) など。

58) R. v. Moore-McFarlane, [2001] O. J. No. 4646, 56 O. R. (3d) 737 (C. A.).

59) R. v. Bunn, [2001] M. J. No. 31 (C. A.).

60) R. v. White (2003), 16 C. R. (6th) 162, 176 C. C. C. (3d) 1 (Ont. C. A.).

61) R. v. Lafrance, [2004] O. J. No. 4833, 2004 ONCJ 302.

62) R. v. Ducharume, [2004] MBCA 29, 20 Criminal Reports (6th) 333.

63) Id., para. 46.

64) R. v. West, [2005] NSSC 329.

65) R. v. Hurley, [2006] NSCA 104.

66) R. v. Isenor, [2007] NSPC 36.

67) R. v. Cameron, [2002] O. J. No. 3545 (Ont. Sup. Ct. Just.).

68) R. v. Backhouse (2005), 194 C. C. C. (3d) 1 (Ont. C. A.).

69) R. v. Young, [2006] O. J. No. 4632, 2006 CanLII 38868.

70) R. v. Rock, [2007] CanII 13366.

71) R. v. Gauvin, [2003] MBQB 95.

72) R. v. Ross, [2007] MBPC 19.

73) R. v. Ducharme, [2004] M. J. No. 60 (C. A.).

74) *See, Supra* note 1, R. v. Mir, Thomas and Hall.

75) R. v. Willson, [2006] CanLII 20840.

76) もっとも近年では，そうした自白の性質につき陪審に対する警告や注意といった措置では不十分であると指摘されてきている。Sherrin・前掲注50) 639-640頁。

77) http://www.wrongfulconviction.ca/PDF%20DOcuments/Convicting%20the%20Innocent. pdf また，B. MacFarlane, *Convicting the Innocent : A Triple Failure of Justice System*, 31 MANITOBA LAW JOURNAL 403-488 (2005) も参照。

78) マクファーレン氏は，現在マニトバ大学に司法省から出向中。マニトバ，アルバータ州で検察官として働いていた後，1987年から連邦検察官。1993年から2005年までマニトバ州検事総長補佐，2005年からマニトバ州検事総長。

79) FTP HEADS OF PROSECUTIONS COMMITTEE REPORT OF THE WORKING GROUP ON THE PREVEN-

TION OF MISCARRIAGE OF JUSTICE (2004).

80) この委員会の成果は，2005年10月にマニトバ州ウィニペグで開催された国際的な誤判問題カンファレンス，"Unlocking Innocent" における討議のたたき台として提出された。
http://www.wrongfulconviction.ca/

81) Christopher Sherrin, *Report on Prevention of Miscarriages of Justice*, 52 CRIMINAL LAW QUARTERLY 140, 157-162 (2007).

82) LAMER INQUIRY REPORT: THE LAMER COMMISSION OF INQUIRY INTO THE WRONGFUL CONVICTION OF RONALD DALTON, GREGORY PARSONS, RANDY DRUKEN (2006).
http://www.justice.gov.nl.ca/just/lamer/
要旨：http://www.releases.gov.nl.ca/release/2006/just/0621n03.htm

83) REPORT OF THE COMMISSION OF INQUIRY INTO THE WRONGFUL CONVICTION OF DAVID MILGAARD, Chapter 4 Executive Summary 43. Systemic Issues and Recommendation (d) Recording of Interviews and Chapter 7 Summary of Findings and Recommendations
http://www.justice.gov.sk.ca/milgaard/

84) ミルガード事件について詳細は，例えば以下参照。
http://www.cbc.ca/news/background/milgaard/
ノンフィクションとして，C. KARP & C. ROSNER, WHEN JUSTICE FAILS: THE DAVID MILGAARD STORY (1991).

補注1) 立法府がなお取調べ録音録画法制を進めない現状を批判し，司法のリーダーシップの必要を説く近年の文献として，以下参照。Steven Penny, *Policy Questioning in the Charter Era : Adjudicative versus regulately Rule-Making and the Problem of False Confessions*, 57 SUPREME COURT LAW REVIEW 263 (2012).

補 論

圧迫的取調べ技法を厳しく指摘した裁判例

　2012年，アルバータ州において，カナダにおける被疑者の取調べの実情を厳しく批判する決定が示され，注目された。

　被告人はカルガリーの保育所に勤務する女性で，ある日子どもが負傷して病院に搬送されたため任意で2度にわたって取調べを受けた。その後，1年ほどした2011年5月5日に被告人は謀殺等の容疑で逮捕され取調べを受けた。取調べは朝8時41分から始まり午後4時50分まで続けられ，取調室から被告人が解放されたのは午後6時26分で，9時間半以上経っていた。その間の反訳は501頁にものぼる。

222　第2部　取調べ録画の比較法

取調べ担当官は科学捜査支援班の尋問の専門家であったが，いわゆるリード・テクニック（本書第11章参照）を用いて取調べをおこなった。最終的に被告人は自己負罪の供述をしている。被告人は少なくとも24回，弁護人の助言に応じて取調べ中に黙秘権の行使を申し出て，供述しない意思を伝えていた。同時に被告人は，取調べ中に飲食の機会や風呂の時間を与えられていた。

　最終的に被告人は加重暴行の罪で起訴され，公判前の準備手続がもたれた。そしてこの日に被告人がおこなった供述の任意性が争われることとなり，検察側が3人の警察官を証人請求した。尋問の専門家だったMDもその中に含まれていた。

　尋問者MDはその証言の中で，本件取調べに際して以下のテクニックを用いたことを明らかにしている。

- 被疑者の黙秘権行使を断念させるよう働きかける
- 被疑者が黙秘権行使を求めた際に，それは弁護人がいつも言うことだがそれは被疑者のためにならないと告げる
- 被疑者が黙秘権行使を求めても質問を続ける
- 被疑者に弁護人の助言が役に立たないと助言する
- 被疑者が黙秘権を行使したいという意思表示をした際にそれを妨げる
- 質問に対する答えを得られるまで話をし続ける
- 被疑者に警察が考えているシナリオを示唆し，それに被疑者が同意しない場合でもそのシナリオを語り続ける
- 取調官が示唆した内容に被疑者が同意しないと言っても言い負かす
- 取調べの流れを統制しようと努め，警察に何も話さないという被疑者の態度を変えて話すように仕向ける
- 被疑者を疲れさせ，混乱させるくらい長い時間尋問を続ける
- 質問をし続けられるよう，被疑者の記憶の不一致を指摘する
- 被疑者に話させた後，長い時間睨みつける
- 起きた出来事に対する被疑者の説明と矛盾する強い証拠を提示する
- 家族について話しかけ被疑者の感情を弄び，被害者の写真を見せつけ被疑者が自分を守ることができないよう仕向ける
- 被疑者を長時間取調べで引っ掻き回し，ストレスの強い状況に追い込まれ

第7章　カナダ　**223**

ていると感じさせる

・個人的な事柄について長い議論を仕かけて被疑者とのラポールをつくり，尋問者を信頼できるよう仕向けて，それを強化する

・最初に，起こったことが大したことではないと示唆し，取調べの終わりでは責任を最小化する

・被疑者が怪物ではないと感じられるような被疑者の行為に関する説明を用意してやる

・被害者に非難の目を向ける

・低い責任について同意を得られたら，それを徐々に重い責任へと引き上げていく

・被疑者が話し始めたら，被害者（遺族）に謝罪の手紙を書く機会を与える

尋問者 MD が用いた数々の手法はリード・テクニックと呼ばれるもので，検察側は「こうしたテクニックが悪であるとする法がなく，それゆえ，こうした手法を使えないということはない」と主張し，本件での争点はこうした手法の良し悪しではなく単に被疑者の述べた供述が任意になされたものかどうかであるとした。

これに対して被告人側は，尋問者 MD が用いたテクニックが被疑者の自由意思を押しつぶしていたことや，用いられた尋問技法は被疑者を圧倒して供述させるために用いられたことなどを主張した。そして争点は，被疑者の自由意思が押しつぶされるほどの状況がリード・テクニックによって生み出されたかどうかであると述べた。

ディンケル裁判長は，決定中，オイクル事件最高裁判決（本書196頁）に触れてカナダにおける任意性判断の判例を説明した後，「圧迫（oppression）」が重要であるとした。そのうえで，リード・テクニックが「有罪推定に立つ」技法であると指摘し，無実の被疑者から虚偽の自白を得る危険性があると指摘されていると述べた。複数のカナダの法廷がすでにこの技法に批判的であったことを紹介し，本件で注目される事情として以下の5つをあげている。すなわち，①取調べ時間の長さ，②黙秘権行使の意思の無視，③法的助言の否定，④策略の使用，⑤様々な技術（誘導やシナリオの提示，被害者への非難，責任の軽減，情緒的な写真の提示，二者択一的な選択の強制，など）の駆使，である。

裁判長はビデオテープから被疑者と尋問者 MD との会話記録を抜き出した
うえで詳細に以上の５つの項目を精査し，本件での尋問は真実発見に名を借り
た有罪推定に基づく尋問であったと結論づけ，リード・テクニックの訓練を受
けた尋問者 MD がこうした技法の部分的な使用をおこなっていると認定した。[1]

　そして，リード・テクニックの使用は法的に禁じられているわけではないに
しても，有罪が証明されるまでは無実と推定されるという個人の法的権利を犠
牲にしたものだと評し，検察側が供述の任意性について満足させなかったた
め，本件自白を証拠から排除すると結論づけた。

　裁判長はその結論部分において，「(尋問者) MD は，犯罪の捜査をおこなう
職務を被疑者の黙秘する権利を無視する正当化根拠と混同した」と非難してい
る。本件はカルガリーの一地裁で出された証拠排除決定だが，メディアに注目
され全国に報道されることとなった。[2]

　日本の取調室でもこうしたテクニックが日常的に用いられていることを示唆
する弁護士もいる。[3]これはリード・テクニックの哲学に内在するのと同様，取
調官が「抵抗は無駄である」という事実を被疑者に思い知らせるために用いら
れている。

　我が国が「可視化」時代に入ったいま，いかなる取調べ技法が用いられてよ
いかについての法的限界を音声や映像記録で示すことが可能となっている。実
際に裁判所でも我が国の取調べのやり方を不適切であると指弾し，警察全体の
組織的責任を問うケースも現れている。[4]すなわち，大阪東署事件判決で大阪地
裁は，

　　　大阪府警察内部において，被告人ら個々の警察官に対する指導教育に際
　　し，いかなる場合であっても本件のような取調べを行ってはいけないとい
　　う意識を周知徹底できず，さらには，本件のような違法な取調べが行われ
　　ないよう監視する体制を運用・構築できていなかったともいえる。これら
　　に鑑みれば，大阪府警察内部の意識や体制にも本件を誘発した一因があっ
　　たというべき　(傍点筆者)

と指摘したのである。カナダ司法で現れた本件も，司法がそうした限界の設定

に積極的になることがいかに重要かを示す格好の参考資料と言えるだろう。

---

1 ）　*R. v. Chapple*, [2012] ABPC 229.
　　http://www.canlii.org/en/ab/abpc/doc/2012/2012abpc229/2012abpc229.html
2 ）　*Alberta judge slams use of 'Reid' interrogation technique in Calgary police investigation*, CALGARY HERALD, Sep. 10, 2012.
　　http://www.calgaryherald.com/news/Alberta+judge+slams+Reid+interrogation+techniq
　　ue/7223614/story.html
3 ）　下村忠利「取調べ室内における警察官の暴行等の具体的態様百態」（2003年 1 月25日開催「シンポジウム　司法の崩壊　警察・検察・裁判の正義を問う‼」配布資料）参照。
4 ）　例えば，大阪地判平成23年 4 月28日公刊物未登載・裁判所ウェブは，怒号を交えて被疑者に自白を迫り脅迫罪で有罪となった警察官に対する事案だが，裁判所は単に被告人である警察官個人の責任のみならず，当時の警察組織そのものにこうした取調べ手法を許容していた点に原因があったとする。

第8章　ニュージーランド
―――録画制度の歴史とその実情

疑ってください。

ここに映っている私を，信じないでください。

野沢尚『破線のマリス[1]』より

はじめに

　本章の目的は，これまで我が国にかぎらず海外においてもほとんど知られることのなかったニュージーランド（以下 NZ と略）における取調べ録画制度を紹介することにある[2]。いわゆる「可視化」先進国としては，英国（イングランド・ウェールズ）や豪州（オーストラリア）などが知られているところであるが，NZ においても1992年に取調べ録画がすべての警察署において導入されている。本章では，筆者の訪問調査ならびに文献調査に基づき，NZ における取調べ録画の導入経緯と現状を報告すると共に若干の検討を加え，我が国における取調べ可視化論に対する示唆を明らかにしたい。

I　取調べ録画制度の導入まで

　1985年，NZ 全国裁判官会議の小委員会が，自白を録音録画する方法に関する海外の動向について調査報告をまとめ，これを受けて1987年に NZ 証拠法改正委員会は警察での取調べを録音録画すべきであるという勧告を示した。1988年には司法省の諮問を受けたディビッド・ビーティー卿が取調べ録画制度について包括的な調査をおこない，試験的な実施を勧告した[3]。そこで翌年，内閣は

試験実施についての概要をまとめ，2つの地区が選ばれ，1990年にビデオ録画の試験プロジェクトが始まった。

1991年にNZ警察庁から出された報告書（タキティム・レポート）は，この試験結果と取調べ録画に関するアンケート調査をまとめたもので，正式起訴犯罪について全被疑者に対する完全実施，取調べ技術の教育体制の確立やコストなどについて勧告をおこなった[4]。この勧告に基づき，1992年7月から全国の警察署で取調べ録画が実用化されることとなった。

以上の導入経緯を見るかぎり，警察による取調べに対する社会的不信や，誤判事件の続発による司法制度に対する不満といった背景に乏しいのがNZの特徴と言える。豪州[5]や英国[6]，米国[7]では，録音録画制度の導入の背景にこうした社会的事情が大きく影響しており，それだけに導入反対論も根強く，豪州などでは政治的に長い葛藤の末，導入に至っている。NZにおいては，取調べ録画制度はもっぱら司法制度全体の効率性と信頼性の構築という積極的観点から導入されており，政治的軋轢はそれほど生じなかった。この点は，NZという国の特性，リベラルで透明性の高い社会であることが大きく影響しているように筆者には感じられる[8]。また，録画導入が，権利章典の制定（1990年）——黙秘権や被疑者段階での弁護人依頼権保障——と時期を同じくしていたことも幸運であったようだ[9]。

II 取調べ録画制度の試験結果

以下は，試験結果をまとめたタキティム・レポートの概略である。試験プロジェクトへの評価は，警察庁と司法省が協力しておこなっている。2つの地区の合わせて9つの警察署に録画機器が配備され，6か月間で1,888件の取調べ記録が収集された。89件（4.7％）で被疑者により録画が拒否されるか（取調べには応じるが撮影は拒否，自白の条件として撮影しないなど），実施不能（泥酔状態，大暴れをしたなど）であった。このうち半分では何らかの方法で供述が記録されている（24件は音声，24件は書面）。

1件あたりの記録時間は，10分以下が30％，20分以下が30％で，両方合わせると半数を超える。否認率は28％，自白率は72％であった。NZ警察では取調

べにおける自白率の統計をとっていないため従前との比較はできなかったが，ビデオ録画が被疑者の態度に影響を与えていたとは言えず，大した差異は生まれていないというのが各地区での評価担当者の意見であった。被疑者の属性は40％がマオリ（先住民族），36％が白人，21％が南太平洋出身者（NZ生まれも含む），それ以外が3％である。起訴率は約76％であった。61件で録画が不可能であったが，そのうち9件は機器の不具合，43件が録画機器のある部屋が使用中，9件はその他の理由であった。うち7件で取調べ録画すべての反訳が作成されたが，そのほとんどが要約であった。1時間の音声を反訳するには平均15.8時間かかり，反訳にかかった費用は時間あたり25NZドルであった。

　弁護人が取調べに立ち会っていたケースは2割ほどで，22人の弁護人がアンケートに答えた。取調べ録画につき，16人は積極，1人は消極，5人は態度保留である。18人は録画の導入で警察官の取調べ方法が変わったか，あるいは変わるだろうと述べている。ほとんど（21人）が音声だけよりも録画を好むとしている。そして，有形力の行使や威迫，圧迫が減少することが期待されるとする。他方で，20人がどのように事件を取り扱えばよいか録画導入によってむずかしい状況が生じたと回答した。例えば，「どの段階で有罪答弁を助言すればよいか」，「自白の任意性を攻撃できない」などである。また，半数の11人が録画導入によって不利益になるのは被害者であると答えている。

　レポートは取調べやコミュニケーションに関する社会心理学の領域での研究にも着目し，ビデオ映像がなければ陪審員に生じないはずの，被告人に不利益な点を検討している。例えば，ハミルトンらの示唆した，「ステレオ・タイプ」（ギャングメンバーであることが映像からわかる場合），ルッチンらのいう「第一印象」（後の情報の解釈は第一印象に基づいている）などとならび，ラシターらが示した撮影方法の差異が判断者に影響を及ぼすという指摘[10]を受け，試験プロジェクトでは取調べ録画の際に被疑者にのみ焦点をあてず，取調官と被疑者の双方を平等に撮影する方法を選んでいる。

　最終的にレポートは，ビデオ録画導入の利点として，①不正に関する訴えからの警察の保護，②取調べ過程についての説明責任実現，③自白強要の危険縮減，④公判前手続の短縮，⑤取調官証言の裏付け，⑥有罪答弁の増加，⑦自白の裏付け，⑧有罪立証の簡略化，⑨警察のイメージ改善，⑩取調べ技術の改善

第8章　ニュージーランド　229

向上，⑪有罪立証負担を縮小，⑫被疑者の保護，⑬被疑者の供述態度に対する正確な評価，⑭取調べ時間短縮，をあげた。反対に，欠点として予想された，a）被疑者の供述回避，b）被疑者の録画拒否，c）録画記録改ざんのおそれ，d）高いコスト，e）機器の故障，f）取調べ記録の手抜き，g）反訳の負担，h）被疑者の態度が陪審に及ぼす影響，については，実施を阻止するほど重大ではないとみなしている。それらの対策として，例えばg）については不可欠な場合のみ反訳する，c）については裁判所の許可のない編集を禁止する，などをあげている。そのうえで，録画制度の全国的導入に躊躇する理由はないと結論づけた。

Ⅲ　取調べ録画制度の現状

　全国的に導入された取調べの録画制度は，これまで，警察の指針による実務慣行としてガイドライン[11]に基づいて運用されてきた。対象とされたのは正式起訴可能犯罪[12]のみであるが，証拠法上も捜査法上も義務とされていない。法律上録画が要請されたのは，少年事件や精神障がい者の場合などのかぎられた類型だけである。設備としてはVHSビデオテープが2本同時に録画されるシステムを採用し，スクリーン上に日付・時間が記録されるようになっている。カメラ，VHS録画装置，VCRモニター，操作パネル等の各コンポーネントがユニットに納められた機器はシリーズ102と呼ばれ，コンピュータ制御されている。ガイドラインでは，カメラのアングルは「部屋のほとんどが映るように」セットされることになっている。

　筆者は，2008年1月30日，ウェリントン中央署において取調室を見学する機会を得たが，被疑者・取調官の双方を真横から撮影できるよう両者は机に向かい合って坐り――NZでは取調べは基本的に1対1で実施される――，残りの一方向にユニットが置かれていた。筆者がとくに注目したのは壁や床の素材で，床には絨毯が，壁にも柔らかい防音素材が張られていた。これは音声の反射を抑えないと録音の質が低下するためである。撮影中の画像は別室の執務室に置かれたモニターにも映し出され，その部屋にいる者は誰でも様子を知ることができるようになっている。また，児童虐待などの被害者用に特別な部屋が

用意されており，ここでは壁の上部から撮影がおこなわれる。撮影用ユニットは隠されていて，この取調室だけは別室に機器を置いてモニターするよう工夫されている。これは，子どもに威圧感，不自然な雰囲気を与えないための配慮である。

　反訳については，被告人が有罪答弁をせず正式裁判が開始されないかぎりおこなわれない。反訳は外注ではなく警察官の手でおこなわれており，これが負担になっているということであった。ビデオ記録のコピーは被疑者・弁護人に提供されており，弁護人はその内容をチェックして助言をおこなうことが可能である。弁護人立会権は認められているが，殺人などの重い罪を除くと立会いは少ないようである。警察によれば，多くの場合，弁護人は電話による助言だけで済ませ，ビデオ録画を拒否するよう指示しているということである。公判で裁判官や陪審の印象が悪くなることを懸念している，というのが警察サイドの見方であった。ビデオ録画が拒否された場合は，別の方法で記録する。現在のシリーズ102では音声だけという選択ができないため，書面によることになる。

　2006年8月に証拠法が改正され，それまで多岐にわたっていた違法に獲得された証拠についての法理がひとつに集約されることとなった（2006年証拠法30条）。この規定は客観証拠だけではなく自白も対象としており，同条の付則として「取調べに関する実務注釈（Practice Note on Police Questioning）」が定められ，NZの取調べ録画制度は立法上の根拠を初めて得るに至った。すなわち，注釈5項は，「勾留中の者，あるいは，ある犯罪について十分な証拠があると疑われている者によってなされたいかなる供述も，実行不可能な場合あるいは，録画を当人が拒否した場合を除いて，なるべくビデオ記録に録画されるべきである」と規定する。録画ができない場合は，音声か調書による供述の記録が求められている。注釈によれば，同項の違反が直ちに証拠排除に至ることはないが，30条6項によれば，違反に関して裁判官は（証拠排除に結びつくほどの）不公正なケースかどうかを判断しなければならないとされている。

　証拠採用されると取調べビデオはすべて再生される。カットされるのは，被疑者が前科前歴について語っている場合などで，陪審に予断を与えるとして編集が認められている。ビデオテープが証拠採用された場合，反訳を陪審に与えることは陪審の正確な判断を促進するものとして許容されている。[13]システムの

デジタル化が進められていて（2008年5月までに配備），3つのDVDに同時録画する方式が採用されている。DVDは1回のみの書込みが可能なディスクが用いられ，それぞれ，マスター，警察業務用，被疑者開示用となっている。ユニットにはキーボードの接続ができ，種々の情報（被疑者名，日時，取調官，立会人名など）を書き込むことができるようになっている。また，LANやメール接続も可能で，遠隔地からのアクセスやほかの警察署からの視聴もできるようになっている[14]。

Ⅳ　取調べ録画のインパクト

　取調べの弁護人立会権が認められ，さらにそれを保障する枠組み（逮捕時弁護制度（PDLA）[15]，当番弁護士制度[16]，法律扶助制度[17]）までできているNZでは，ビデオ録画制度の導入に伴い弁護活動の変化が顕著である。例えば，1998年に出版された『警察署での被疑者への助言──弁護士のための実務的ガイド』という書物では，「テレビ的"パフォーマンス"のスキル」という項目が設けられており，取調べがすべて記録されるため，いかなる時点で，どのように弁護人が尋問に介入するかが重要であること，取調室での座り方，服装，態度などにも気をつけること，被疑者に対しても撮影を前提とした助言（服装，表情や態度など）が必要なことを指摘する[18]。取調べの録画に関して，かつてロンギ元首相はその講演の中で，「あなたがそれをどのように語るのか，ということがすべてである」と語ったことがあるが[19]，これは，被疑者が何を語ったか以上にビデオの中で被疑者がどのように語ったかが裁判官・陪審員にとって重要であるというメッセージである。取調べ録画映像は，被疑者の態度を見る者にきわめて大きなインパクトを与える。前述した弁護士の不安や懸念はそうした影響を潜在的に指摘したものと言えるであろう。

　自白ビデオのインパクトが争われたケースとしては，1991年のエドワーズ事件がある。弁護人は被疑者が録画の危険性を知らないまま取調べに応じたとして上訴審で争った。裁判所は「（法廷で強力な効果があるという）結果の危険性があるかもしれないが，その点はほかの偏見を与える可能性のある証拠と同じく裁判官によって制御され得るものである」と述べて弁護人の主張を一蹴してい

232　第2部　取調べ録画の比較法

る。だが，弁護士たちはこうした楽観論に懐疑的である。バリスタのローワン弁護士によれば，弁護人は，裁判官からいかなる警告や説示があろうと陪審がビデオを被疑者に不利な証拠として扱うだろうと取調べ前に被疑者に対して助言しなければならないと指摘している[21]。首都ウェリントンでバリスタとして長年刑事弁護に携わってきたサインスバリー弁護士は，録画の許否につき，容疑の重大性，被疑者の希望，助言の時期などを接見において総合して判断すると筆者に語った。また，一般的には，公判まで進んだ場合にイメージがもたらす危険性が大きいので録画は勧められないという。こうした弁護サイドの見方は前述した警察サイドの評価と一致している。もっとも，初期から自白をしている場合など，録画は「悔恨（remorse）」を示す証拠として非常に強力で，量刑段階で有利に働くことも指摘されており[22]，録画に対する認否の判断は一筋縄ではいかない。

また同弁護士は，取調べに立ち会う際に助言や介入ができるが，録画されているときはそのタイミングと内容がきわめて重要であると述べた。なぜなら，陪審が映像でそうした弁護人の行動を見たとき，何かを隠蔽するためではないかと疑うのが一般的だからであると説明した。

V　取調べ録画制度における問題点

以上概観した NZ の取調べ録画制度について，簡単に問題点を指摘しておきたい。

第一に，実務注釈上はもちろん，ガイドライン上でも，取調べ録画を「いつからいつまで」実施しなければならないのかが明確ではない。そのため，取調べに先立つ被疑者の自白にも証拠能力が認められている[23]。この点は，自白の任意性を担保する目的で録画制度を位置づける立場からすれば大きな問題であろう。録画前取調べは存在しており，サインスバリー弁護士もすべての会話を録画させるのはむずかしいと指摘した[24]。

第二に，弁護人は通例，録画を拒否するよう指示している点である。このことは，量刑場面はさておき，弁護実務上，自白事件の場合には録画にメリットが乏しいことを表している[25]。すると，後に取調べの違法を主張したい場合に決

第8章　ニュージーランド　**233**

定的な証拠に欠けるということになるが，両者はトレード・オフの関係にあると見るほかない。

　第三に，新しい証拠法の枠組みでは，否認した場合に録画を証拠とすることができないとされている（サインスバリー弁護士の指摘による）。これは，録画録音制度を自白の証拠能力問題としてアプローチするのか，取調べの規律手段としてアプローチするのか，それとも捜査過程の記録保全としてアプローチするのか，という制度設計における理念的な違いを際立たせている。

　さて，冒頭に述べたように，NZ では1990年の権利章典の制定により逮捕時から弁護人依頼権が保障されており，取調べ立会権まで認められていて，身体拘束時間も取調べ時間も日本に比べてきわめて短く，警察活動に対する監督や不服申立制度が完備され，我が国の取調べ実務や被疑者の置かれている実態と比べて異なる文脈で理解しておく必要があるように思われる。NZ では，被告人サイドは取調べ録画を不要とするわけではないが，否定的あるいは慎重にこれをとらえている。前述したように，タキティム・レポートは取調べ録画のメリットとして被疑者・被告人に有利な側面を指摘するが，弁護人はビデオ映像が陪審に与える影響の大きさについて経験的に警戒している。我が国での取調べ録画論は，自白の任意性について迅速・公正に判断させることをその根幹に据えている。英国をはじめ豪州もそうしたアプローチをとる。他方，NZ では，むしろ録画が公判での心証形成においてどのように作用するかが中心に考えられている。言うまでもなく，前者は取調べの適正さを確保する装置として録画の重要性を位置づけるものである。だが，取調べ前に弁護人の助言が受けられ，取調べ立会権も認められている NZ では，録画の導入は取調べ段階よりも公判段階で主として影響を受けることになったわけである。このことは，価値的に中立であるような技術（録画装置）とその利用も，他の手続保障や権利保障の有無[26]，証拠法上の規律あるいは捜査機関の権限などとの関係によって効果もインパクトも異なってくることを示唆している[27]。

おわりに

　2007年，NZ 最高裁はきわめて重大な判断を示した。ある殺人事件において

無罪となったケースで取調べを録画したビデオが証拠排除されていたが，テレビ局がこれを警察から入手し，放映しようとした（ロジャース事件）。元被告人が放送の差止め命令を求めて訴訟を提起した結果，地裁は差止めを認めたものの上訴審がこれを破棄し，最高裁に上告された[28]。最高裁は3対2の僅差であったが，情報の自由（知る権利）を重んじる多数意見がプライバシーを重視する少数意見を上回り，差止めを認めなかった。このロジャース事件のインパクトは大きい。つまり，弁護人は被疑者に対して，（たとえ証拠排除された場合であっても）録画されたビデオが法廷外で使用される危険性にまで言及しなければならないからである。情報公開重視の風土がこうした最高裁の態度を形成したと思われるが，たとえそうでない国であっても，いったん記録された映像のもつ危険性には留意しておく必要があろう[29]。

　また，警察活動全体の透明性確保も重要で，取調べ過程を含めた広い視野をもつべきである。NZ の警察制度には，監督組織として，警察とは独立した，Commission of Inquiry into Police Conduct（警察活動調査委員会：CIPC）[30]，Police Complaints Authority（警察不服委員会：PCA）[31]，警察オンブズマン（PO）[32]の三者による評価，監督，監査の3つの規制がかけられていて，適正な警察活動を維持運営するための多様な工夫が組み込まれており，それらの活動はオープンで，年次報告書など膨大な資料が公開されていて，捜査活動を含めた警察活動全体の透明化に一定程度成功している[33]。これまで NZ では，英国や米国，カナダ，豪州のように著名誤判事件が知られておらず[34]，取調べを含めた捜査活動に対する社会的批判がそれほど強くないということも併せて指摘しておく必要があるだろう[35]。

　ウェリントン中央署の取調べ施設を案内していただいたニナ・ウェステラ上級警部が，取調べ録画に反対する議論があることについて，「もし誰かの秘密をオープンにさせたいのであれば，自分たちもまたオープンでなければならないのではないか」と語っていたのが印象深かった。取調べ録画制度は「包括的な（取調べ規制の）パッケージのひとつにすぎない」と語ったのは豪州の警察研究第一人者であるディビット・ディクソン教授であったが[36]，その意味を深く考えさせられる出来事であった。

　いずれにせよ，取調べ録画の導入については，それを①いかなる趣旨で，ま

第8章　ニュージーランド　**235**

た②いかなる要件のもとで実施するのかについて，明確な位置づけが不可欠であると思われる。同時に，③その付随的影響にも十分に留意し，対応を用意しておくことも NZ の経験が教えていよう。①の点については，我が国の検察庁での実施はもっぱら任意性立証を目的としていて取調べの規制手段として位置づけられてはいない。②の点については，検察庁が現在実施している録画については，被疑者の同意や承諾は要件とされていないようであり，NZ の弁護実務で行使されている「撮られない自由」が明確ではない[37]。③の点では，NZ 警察で実施されているような，映像のインパクトを減少させる被疑者と取調官を平等に撮影する方式が検討されるべきであろう[38]。また，取調べ前に取調べ映像が公判でいかなる影響を与えるかについて，被疑者に対して弁護人が助言を与える機会が用意されるべきであろう[39]。映像のインパクトがときには裁判の公正さを揺るがしかねないという点を忘れてはなるまい[40]。

1）　野沢尚『破線のマリス』（講談社文庫，2000）。

2）　NZ の人口は2007年現在418万人で犯罪発生率は人口1,000人あたり102.55件（2005-2006年）と国際的に見ても低い水準にある。警察官総数は 1 万500人（うち8,000人が制服）で，通常，路上勤務でも英国の伝統にならい銃器を携帯しない。NZ の刑事司法に関しては，JULIA TOLMIE & WARREN BROOKBANKS, CRIMINAL JUSTICE IN NEW ZEALAND (2007) 参照。NZ はいわゆる「修復的司法（restorative justice）」発祥の地としても知られている。例えば，前野育三「被害者問題と修復的司法——ニュージーランドの Family Group Conference を中心に」犯罪と非行123号（2000） 6 頁など参照。

3）　SIR DAVID BEATTIE, ELECTRONIC RECORDING OF POLICE INTERVIEWS: REPORT TO THE MINISTRY OF JUSTICE (1988).

4）　LANI TAKITIMU ET AL., A REPORT ON THE NEW ZEALAND VIDEO INTERVIEW PROJECT (1991).

5）　豪州 NSW 州につき，渡辺修＝山田直子編『被疑者取調べの可視化のために——オーストラリアの録音・録画システムに学ぶ』（現代人文社，2005）参照。

6）　英国については，渡辺修＝山田直子監修／小坂井久＝秋田真志編著『取調べの可視化——密室への挑戦：イギリスの取調べ録音・録画に学ぶ』（成文堂，2004）参照。

7）　米国については，高倉新喜「イリノイ州の取調べ可視化への動き——ライアン・レポート」季刊刑事弁護42号（2005）126頁，「イリノイ州死刑諮問委員会と米国の取調べの可視化について——トーマス・P・サリバン氏に聞く」季刊刑事弁護46号（2006）154頁を参照。

8）　なお，リベラルな社会だと犯罪に対する姿勢が甘いというのが一般的な見方かもしれないが，NZ の実刑率は高く，人口10万人あたりの刑務所人口も英国（148人），豪州（126人）をはるかに上回る186人である（2006年統計）。この点について詳しくは，J. Pratt, *Dark Side of Paradise : Explaning New Zealand's History of High Imprisonment*, 46 (4) BRITISH JOURNAL OF CRIMINOLOGY 541 (2006).

9）　NZ の権利章典については，例えば，ANDREW BUTLER & PETRA BUTLER, THE NEW ZEA-

LAND BILL OF RIGHTS ACT: A COMMENTARY（2005）など参照。

10) その後もラシターらは同種の実験研究を発展させ，警鐘を鳴らし続けている。詳細は，本書第10章参照。

11) NEW ZEALAND POLICE: ELECTRONIC RECORDING VIDEO INTERVIEWS: POLICY AND PROCEDURAL GUIDELINES（1992）.

12) 大まかな目安としては，3か月以上の拘禁刑を科すことができる犯罪類型。

13) R. v. Accused, [1992] 2 NZLR 52.

14) NEW ZEALAND POLICE, ELECTRONIC RECORDING OF POLICE INTERVIEWS: POLICY AND PROCEDURAL GUIDELINES 7-9（2007）.

15) Police detention legal assistance. Legal Services Act 2000, s 51.

16) The duty solicitor scheme. Legal Services Act, s 47.

17) The legal aid scheme. Legal Service Act, s 6(c); Legal Services Amendment Act 2002, s 125.

18) A. BECROFT & S. O'DRISCOLL, ADVISING SUSPECTS AT THE POLICE STATION: A PRACTICAL GUIDE FOR LAWYERS 19, 111-112（1998）.

19) 1995年に NZ 法曹協会でおこなわれた講演 "Police Video Tape Interviews; The Do's and Don'ts" より。

20) R. v. Edwards（1991), 7 CRNZ 528（CA）. 本件は，NZ の法廷で初めて取調ビデオが証拠として用いられたケースであった。同様の見方が，R. v. Pauga, [1992] 3 NZLR 241（HC）でも示されており，裁判官は「ビデオを見せられた陪審員は理性的であり，適切な説示があったので，この証拠に基づいて有罪の結論を安全に導くことができたと私は確信している」と述べている。

21) John Rowan, *Electronic recording of police interviews in New Zealand（II）*, NEW ZEALAND LAW JOURNAL, Nov. 1992, 400. 著者は，取調べのビデオ録画が訴追側に有利で被疑者・被告人に不利であることはあまりに明白だと見ている。

22) *Id.* at 408.

23) 例えば，R. v. Sturgeon, [2005] 1 NZLR 767では，当初自白をした被疑者が，弁護人との接見後に否認したいとして録画を求めたが，警察はこれを拒否した。事実審裁判官は，当初の自白の証拠能力を認めている（別の理由で原判決破棄）。

24) Pivac 事件では，薬物ならびに金銭強奪の共犯者とされた被疑者（女性）が，令状逮捕後，直ちに電話で弁護人（PDLA）と話し，3時間後に接見の約束をとりつけた。しかし，弁護人が現れなかったため別の弁護人を探し，1時間半後に当番弁護士が来て12分の接見があった。取調べで被疑者は，保釈や証人保護制度について説明を受ける段階では録画しないよう求め，その後，録画のうえで自白した。公判で，なぜ弁護人の立会いを求めなかったかという質問に対して被疑者は，疲れ果てていてただ早く眠りたかったからだと答えた。弁護人は，自白が警察から脅迫された結果であると訴えたが認められなかった。R. v. Pivac, 3 BILL OF RIGHTS BULLETIN 50（1996）.

25) ローワン弁護士も被疑者が有罪を認めているなら録画に利益はないとする。Rowan, *supra* note 21, at 402.

26) なお，制度が完備されていても，身体拘束にあたり被疑者に制度を告知する義務があるかどうかが問題となる。判例はこの点をあいまいにしていたが（R. v. Alo, [2007] NZCA 172），前述の実務注釈がこの義務を明確にし，解釈論上の問題は決着をみた。他方，取調べ録画制度が普及している豪州では，捜査段階での弁護人へのアクセスが十分でない（権利保障はある）。例えば，NSW 州で実施された実態調査では収集された262件の取調べ中，2件しか弁護人が立ち会っていなかった。また，取調べ前に弁護人から助言を受けることはほど

んどない。David Dixon & Gail Travis, Interrogating Images: Audio-Visually Recorded Police Questioning of Suspects (2007). 紹介として，本書第5章参照。

27）　例えば，1980年から多くの警察署で部分的に自白の録音録画がなされていた米国が好例であろう。ミランダ・ルールにより逮捕時に弁護人依頼権が認められ，録画までされていながら，大量の誤判事件がDNA型鑑定などによって発覚している。すなわち，米国では実際には半数近くの被疑者が弁護人依頼権を「放棄させられて」おり，録音が部分的にしかなされていなかったのである。米国では現在，州レベルでの録画義務づけの立法化が急速に進んでいるが，取調べの全部録画の対象犯罪が限定されている州が多く，取調べ前の段階の弁護人へのアクセス問題も解決をみていない。立法の紹介として，金山泰介「米国における取調べの録音録画について（上，下）」警察学論集60巻1号（2007）202頁，2号（2007）128頁ならびに本書第6章参照。

28）　Rogers v. TVNZ, [2007] NZSC 91.

29）　同じ問題は，取調べ録画ビデオが法廷で再生された場合に，裁判のテレビ中継を認めている法域で起きる。すでに，米国のテレビ・ニュースでは法廷で再生中の自白映像が頻繁に流されている。なお，昨年参議院に提出された民主党による「可視化法案（取調録画の義務づけ，検察官手持ち証拠のリスト開示などを含む）」には，開示された取調べ録画記録の管理につき罰則つきの規定が盛り込まれている。

30）　http://www.cipc.govt.nz/

31）　Police Complaints Authority Act 1988.

32）　Ombudsman Act 1975.

33）　こうした制度は主として1980年代に構築されている。もちろんPCAの監査活動が万全というわけではなく，CIPCは法改正の必要を勧告している。

34）　言うまでもないことであるが，NZが誤判と無縁な国というわけではない。古くは，1970年にオークランド郊外で起きた夫婦殺害事件について有罪とされたAuthur Thomas氏が1980年に無実を根拠に恩赦を受け，王立委員会が事件を調査した結果，警察によるフレームアップが確認された。その後，NZ政府はThomas氏に100万ドルの賠償金を支払っている。Report of the Royal Commission to Inquire into the Circumstances of the Convictions of Arthur Allan Thomas for the Murders of David Harvey Crewe and Jeanette Lenore Crewe (1980). 最近では英国枢密院が，1995年に家族5人を殺害した罪で有罪とされ服役していたDavid Bain氏からの申立てを入れて，本件が誤判（miscarriage of justice）であったと認めて有罪判決を破棄している。Bain v. The Queen (New Zealand), [2007] UKPC 33 (May 10, 2007). また，元最高裁判事のトーマス・ソープ卿の調査により，少なくとも20名の冤罪者が刑務所に収容されているという報告が2006年になされ（Sir Thomas Thorp, Miscarriage of Justice (2006)），NZ議会司法委員会も独立した誤判審査機関の設立を勧告したため，現在，政府がどのような調査体制をとるのか注目されている。

35）　NZ検察庁統括検事のジョン・パイク氏もこの点，ほかの英米法圏の国との違いを強調する（2008年1月29日，筆者とのインタビュー）。なお，NZ社会での警察活動に対する満足度は，1993年で85％が「満足」ないし「非常に満足」である。これは先進国の中ではきわめて高い数値であろう。1990年代後半，複数の警察不祥事により一時的に60％まで落ち込んだが，2002年には76％まで回復した。

36）　Dixon, supra note 26, at 272. 同書については，本書第5章参照。

37）　報道によれば，「容疑者に事前に了解をとり，録画を告知」，「拒否すれば実施しない」ということであるが（東京新聞2008年2月15日付け夕刊），明文化の必要があろう。英国や豪州（NSW州など）でも，法律上被疑者に撮影拒否が認められている。

38）　映像インパクトの影響についての詳細は，本書第10章参照。

238　第2部　取調べ録画の比較法

39) 英国でも，弁護士から次のような警告がなされている。「被疑者がビデオ録画されるときに うまく演じていれば，証言するために彼を召喚して音声記録をとることよりもずっとよい代 用物となり得るだろう。だが，取調べがむずかしい局面にあるときや，長い沈黙があったり， 取調官の目を見ることができなかったときには，逆のこともまた真実となる」。Margaret Barnes, *Current Topic : One Experience of Video Recorded Interviews*, CRIMINAL LAW RE-VIEW 444（1993）.

40) 五十嵐二葉「『ビデオ時代』の刑事裁判の自白」法律時報57巻3号（1985）77頁，79頁を参 照。ビデオの使用は「客観的に事実を写し取っているものだという強い信仰が，見る者を支 配してしまう」危険性を指摘しており，これはラシターらの実験による知見と合致する。

第8章　ニュージーランド　239

第9章　イギリス
——取調べ録画装置のネットワーク化

> 「供述の内容に，変更はないかい？」
> テリーは挑むように顎を突き出した。
> 「もちろん，ないさ」。
> 「だったら，サインをしてもらおうか」。
> 　フロストは，ウェブスターからボールペンを借りて，それをテリーに手渡した。
> テリーは書式の下の余白に自分の名前をぞんざいに書きつけ，続いてフロストと
> ウェブスターが供述書作成の立会人として署名した。
> R. D. ウィングフィールド（芹澤恵訳）『フロスト日和』
（東京創元社，1997）より

> 　ギルモアとしては，この2人組の事情聴取はそれぞれ個別に行いたかったが，2
> 人一緒のほうが世話がない，との見解をフロストが示したのだった。
> 　テープレコーダーのスウィッチを入れ，テープの頭に採録の日時と同席者氏名を
> 吹き込んでから，ギルモアは椅子を引き寄せ，テーブルを挟んで2人と向かい合う
> 格好で腰を降ろした。
> 「供述したいことがある」とホスキンズがいった。
> 「君の発言は記録されている。さっさとはじめろ」。
> R. D. ウィングフィールド（芹澤恵訳）『夜のフロスト』
（東京創元社，2001）より

はじめに

　よく知られているように，イングランド・ウェールズ（以下，イギリスないし
英国と略）は，被疑者取調べの録音制度を1980年代からいち早く実施していた。
そのためイギリスは我が国で言う取調べの録音録画＝「可視化」の先進国とし
て言及されることが多い。厳密に言うと，録音が基本とされているイギリスの
取調べは視覚的に記録されているわけではないから，可視化という語はふさわ

240

しくないだろう。もっとも，イギリスで取調べ録画がまったく実施されていな
かったわけではなく，本章で詳しく紹介されるように，特定の地域で一時期義
務化されたこともあったし，こんにち個々の警察において録画を選択すること
は法令上可能となっている。とはいえ，すべての被疑者取調べに録音を義務づ
けたイギリスで，なぜ国際的に主流となっている録画が採用されてこなかった
かという問題は，世界中の刑事司法関係者の関心の的であった。そこで本章で
は，被疑者取調べ適正化の手段として「録音」と「録画」の2方式で揺れるイ
ギリスの実態につき，試験的に実施された録画義務化プロジェクトを紹介する
ことにより「録画」導入を困難にしている原因を分析し，引き続いて，イギリ
スで始まった取調べ録音に関わるデジタル化やネットワーク化といった最新動
向に照らして，被疑者取調べの録音録画につきいかなる視点で検討すべきかに
ついて示唆を求めたい。

　さて，1988年に英国議会は，1984年警察刑事証拠法（Police and Criminal Evi-
dence Act 1984. 以下，PACE と略）の実務規範 E の施行日を決定し，それにより
英国は被疑者取調べ録音を法的に義務づける先駆的地位をもつに至った。その
後，我が国でも少なくない文献がイギリスの取調べ録音について紹介を重ねて
いるところである。他方で，こんにち世界で主流となっている取調べの可視化
手段である録画についてはイギリスはこれを義務づけなかった。もっとも，イ
ギリスで最初に取調べのビデオ録画が実施されたのは1989年11月に遡り，バー
ミンガムのベルグレイブ・ロード警察署がはじまりとされている。つまり，法
制化の有無は別としてイギリスは録画についても相応の歴史を有している。と
ころが，長らくイギリスでは取調べのビデオ録画実施は警察の判断に委ねられ
てきていて，法令上の根拠はなかった。そうしたところ，2001年 PACE 実務
規範 F として取調べ録画に関する規範が設けられ，刑事司法警察法76条に
よって取調べ録画に関する規定が置かれ，2002年よりかぎられた複数の警察地
区で全事件の取調べを録画する試験的プロジェクトが実施された。しかし，
2003年にはこの録画義務規定は廃止されプロジェクトは終了する。その後イギ
リスでは取調べ録画について義務化はおこなわれず，録音か録画のいずれかに
よる記録化が法令上可能とされるにとどまる。

　本章は，2002年から2003年にかけて，エセックスなどの5つの警察地区で実

施された取調べ録画パイロット・プロジェクトの報告書を紹介しながら，2010年に入って英国で進められつつある取調べ録音システムのデジタル化への移行の動きなどについても言及する。前者は，イギリスにおける録画導入をめぐる動向についてほとんど文献が刊行されていないことから資料的価値が高く，我が国において議論されている被疑者取調べ録画制度の法制化をめぐって示唆を与えるものと思われる。後者の動向は，ビデオや DVD といった記録媒体への収録からネットワークによる集中的な記録システムへの移行であり，世界的にも最先端の試みであるので技術的制度的に大いに参考とされよう。なお，プロジェクト報告書は未公刊のものであるが，関係者のご厚意により筆者に提供されたものであることをあらかじめお断りしておきたい。

I　取調べ録音制度から録画制度へ

1　PACE の制定と取調べ録音義務化まで

　1981年に，刑事手続に関する王立委員会による改善意見において捜査過程全般の見直しが提案され，とりわけ取調べの規制に着目してその手段として取調べの録音を義務づける勧告がなされた。それは何より自白の任意性や許容性に関する判例法ならびに裁判官準則がまったく機能しておらず，非現実的なものと評価されたためであった。もっとも，当初の王立委員会の勧告は，とくにコストの問題への配慮から取調べの最終段階の調書読み聞け部分だけを録音するというものであった。1982年，ホワイトロー内務大臣は下院に提出した書面で，コスト問題や実務上の課題を検証するトライアルを開始することを明らかにした。それに先立ち内務省は，録音に関するガイドラインを策定する。これは後につくられることになる実務規範の基礎となったものだが，王立委員会勧告に対する批判を受け，要正式起訴犯罪（indictable offense）を対象として取調べ全部を録音するよう要請した。そのうえで取調官は要約調書を作成するよう求められた。トライアルでは自白率の低下や取調べによって得られる情報量の減少は確認されず，捜査への影響は見られなかった。こうしたガイドライン策定やトライアルと並行して PACE の草案が作成され，1983年には法案にテープ録音を求める規定が盛り込まれるに至り，1984年に成立する。

続いて内務省は，1984年から1986年にかけて取調べテープ録音につき5つの警察区にある警察署においてパイロット・プロジェクトを実施した[10]。この実験においても自白率に大きな変化はなく，不起訴となった被疑者は早い機会に保釈されており，取調べ時間が短縮され，取調官たちは効率化を支持していた[11]。最終的に政府は，取調べ録音に関わる手続きと運用を指導する実務規範（code of practice）の制定に着手し，1986年9月26日に草案が発表され，1988年2月には実務規範Eの制定に至る。

このような現場での各種の実験や報告書作成，そして録音から保管やアクセスなどに関する実務規範の策定，イギリス全土の警察署への機材配備などにさらに期間を要したが，ソフト面，ハード面での環境整備を進めた結果，正式に1992年1月より警察刑事証拠法（PACE）60条1項に基づき，要正式起訴犯罪に関するすべての取調べの録音が法的義務とされた[12]。なお，実務上は要正式起訴犯罪かどうかに関わらずすべての取調べで録音がおこなわれている[13]。本章で冒頭引用しているのは英国で人気の警部フロスト・シリーズの取調べ場面であるが，最初の引用では取調べにあたって供述調書が作成されているだけである。ところが2番目のシーンでは，テープレコーダーで記録されている。この差異は些細なものに思えるが決してそうではない。原作の出版年は前者が1987年であるのに対し（A Touch of Frost (1987)），後者は1992年である（Night Frost (1992)）。この5年の間にイギリスの取調べ風景が一変していることを，著者ウィングフィールドが見事に描きこんでいることに感心させられる。

2　PACE実務規範E（録音）

PACE60条1項は，「内務省は，警察署において警察官によっておこなわれる犯罪事実に関して嫌疑を受けている者の取調べの録音についての実務規範を発する」として，被疑者取調べ録音に関する規範制定を定めた。これを受けて1988年に定められた実務規範Eの概要は以下のとおりである。

警察官が警察署において要正式起訴犯罪につき被疑者の取調べをおこなう場合は，これをテープ録音しなければならない。ただし，録音機材のある取調室が用意できないとき，あるいは録音機材に故障があるとき，取調べを遅延できないと取調官が判断したときには録音しないで取り調べることができる。ま

た，いかなる起訴もなされない場合には録音せずに取り調べることができる。そうしたケースでは，録音しない理由を記録しておかなければならない（3.1, 3.3）。

被疑者が録音機器のある取調室への引致を拒否したり入室を拒否する場合，ポータブルの機器を使って留置施設において録音のうえ取調べをおこなうことができる（3.5）。

取調べの開始にあたって取調官は遅滞なく被疑者の面前で新しいテープを装塡し，録音を開始する。新しいテープは被疑者の面前で開封されなければならない。取調官は録音されていることを被疑者に告知し，自身ならびに同席者がいるときはその者の氏名と階級，被疑者とそのほかの同席者，例えば弁護人などの氏名，開始時刻，取調べの場所について口述しなければならない（4.4）。

被疑者が録音を拒否したり，休憩中に録音を拒否した場合，取調官はまず録音が実務規範で求められていることを説明し，さらに，被疑者の拒否の意向を録音して記録に残さなければならない。その録音も拒否された場合は，書面で拒否の事実を記録にとどめなければならない。ただし，取調官が録音を続行することが相当だと考えた場合には，録音の継続が許される（4.8）。

録音テープが一杯になると取調官はテープを新しいものと交換しなければならないが，新しいテープの開封と装塡は被疑者の面前でおこなわなければならない。その際，取調官は複数のテープが混同してしまうことを避けるためナンバリングをおこなう（4.11）。

また，取調べ中に休憩をとる場合はその理由と時刻が記録されなければならない。機材の不具合によって取調べを中断する場合にはその理由を記録しなければならず，機器を利用することができなくなった場合には，録音なしで取調べを継続することは可能であるが，その際は留置担当官の承諾を求めなければならない（4.15）。

取調べ終了時に被疑者は自身の供述につけ加えたり，供述を明確にする機会を与えられ，取調官は作成した要約調書を読み聞けし，マスター・テープを封印し，被疑者ならびに立会人に署名を求める。被疑者はその後，テープの使用目的やアクセス方法，複写物の提供などの情報を受け取る。

取調べ終了後は，取調官は終了時刻や場所，マスター・テープの封印番号，取調べ参加者などの情報を警察官手帳（pocket book）に記載する（5.1）。警察

官は，刑事手続や上訴手続に関わってマスター・テープの封印を解く権限は有
しておらず，開封の要がある場合は必ず公訴局関係者の立会いを必要とし
(6.2)，被疑者，弁護人も同席する権利を与えられる。開封にあたっては必ず
日時，場所，立会人の氏名が記録されなければならない。

　その後2005年の改正において，それまで「テープ（tape）」ないし「テープ
録音（taping）」という用語が用いられていたところ，録音方式につきダブルト
ラックのカセットテープを用いたマニュアル方式からデジタル方式への移行を
可能とするため，「記録媒体（recording media）」，「録音（audio recording）」に
それぞれ変更された。

3　PACE 実務規範 F（録画）

　2001年，被疑者取調べ録画に関して1984年警察刑事証拠法に60条 A が追加
され，警察署における被疑者取調べの映像記録（visual recording）実施のため
実務規範を制定するよう求められた。その後，取調べ録画に関わる手続きにつ
いて制定された規範 F の概要は以下のとおりである。

　まず，取調室には可能なかぎり録画機器が目立たないよう設置されることが
求められた。また被疑者には録画機器や録画媒体に干渉する機会はない。規範
F によれば録画媒体は VHS か CD のいずれかとされ，時刻と日時のスーパー
インポーズが使用条件とされた。カメラはできるかぎり取調室全体を撮影する
よう設定されなければならず，録画媒体は必ず2つ用意され，録画終了後はマ
スターコピーとして1本が被疑者の面前で封印され保管に回される。もう1本
は捜査活動用に用いられる。これらの手続きは犯人識別手続にも準用可能であ
る。

　また，対テロリズム2000年法に関わる事件の捜査の場合，あるいは取調官が
録画媒体に自身の氏名を記録することで危険が生じると判断される場合には，
録画にあたって当該取調官の身元を記録しないことができる（規範 F2.5）。

　留置担当官は次の場合に録画しない取調べを許容することができる。(a)録画
機器が利用できなかったり不具合がある場合や録画可能な取調室が利用できな
い場合，(b)いかなる訴追も予定されていない場合，(c)録画可能な取調室への引
致を被疑者が拒絶した場合や入室を拒否した場合，あるいは，録画可能な取調

第9章　イギリス　**245**

室の利用が可能になるまで取調べを遅延させることができないと判断された場合，である（3.3）。録画にあたっては，供述調書の読み聞けを含むすべての尋問が記録されていなければならない（3.4）。なお。上記(a)のケースにおいて音声のみ記録可能な場合は，取調べ録音が推奨されている。

　取調べの開始にあたって，取調官は被疑者の入室後直ちに録画を開始しなければならず，被疑者の面前で媒体を開封し録画装置に装填しなければならない（4.3）。その後，取調官は公式に被疑者に録画記録について告知しなければならず，取調べが映像として記録されること，自身の階級と氏名，同席者がいる場合にはその階級と氏名，そのほかの同席者の氏名，開始の時刻と場所，そして必要事項を告知した旨を口述しなければならない。

　取調官は，取調べに先立って取調べ前に何か重要な供述をしていたか，あるいは黙秘していたかを被疑者に確認しなければならず，つけ加えることがあれば促さなければならない（4.6）。聴覚言語障がい者の取調べにあたっては，規範Ｃで定められているように，通訳者選任規定が適用される。

　被疑者が録画による記録に異議や不服を申し立てた場合，あるいは録画の途中で中断を求めた場合，取調官は録画が実務規範の要請であることを説明し，そのうえで，被疑者の異議や中断要請について録画して記録しなければならない（4.8）。取調官は，そうした異議に基づいて中断することを述べたうえで機器を停止する。録音機器が別途使用可能なときは，取調官は被疑者に録画を拒否する理由を録音してよいかどうかを確認する。もし被疑者が録音も拒否するという場合は，録音に関する実務規範E4.8が準用され，取調官は調書を作成して書面で記録する。ただし，取調官において録画が不可欠であると考える場合は，被疑者の異議に関わらず録画をおこなうことができる。

　被疑者が，自身が直接関わらない犯罪について供述したいが録画されることを望まない旨を取調官に伝えた場合には，被疑者はそうした事柄に関する供述をおこなう機会を公式取調べ（formal interview）の終了後に与えられることになる（4.10）。[14]

　取調べ録画中に中断があり被疑者が退席するときは，その事実と理由，そして時刻が記録されなければならない。中断時間が短時間の場合は録画は停止されないままでもかまわない。停止された後に取調べが再開される場合は同一の

媒体に記録されなければならず，再開時刻が記録されなければならない
（4.13）。録画機器に故障がある場合でも直ちに修復したときは，取調官は事故
の発生と再開時刻を記録しなければならない（4.15）。一方，回復が困難な場
合でほかの方法がないときは，留置担当官の許可を得て録画のないまま取調べ
を続行することもできる。

　取調べの終了にあたっては，被疑者は自身のおこなった供述について追加す
る機会を与えられる（4.17）。供述調書が作成された場合，読み聞けをおこ
なった後に終了する。終了時刻が記録されたうえで，媒体を機器から取り出
す。その後，マスター・コピーにテープを貼って厳封し，ラベルにサインをし
たうえで，被疑者，同席者や第三者にもサインを求める。被疑者などがサイン
を拒否した場合は，監察官による署名によって代替する（4.18）。被疑者には
録画媒体へのアクセスの機会があることを説明しなければならず，録画テープ
の複写が交付されることを告げなければならない。

　マスター・コピーは取調べがおこなわれた警察署に保管されるが，安全な場
所でなければならず，証拠として利用する場合には証拠物と同じように取り扱
われる。警察官は許可なくマスター・コピーを開封できない。マスター・コ
ピーにアクセスする必要がある場合，公訴局の担当者が同席しなければなら
ず，被疑者ないし弁護人も同席させる必要がある（6.2）。もっとも，犯罪捜査
のうえで誰かに危害が発生するおそれがある場合には，関係者の同席要請を回
避する裁量が認められている（6.6）。録画についても，録音と同じく全反訳は
作成されない。

Ⅱ　取調べ録画パイロット・プロジェクトの概要

　取調べの録音義務化で先行していた英国でも，海外の潮流を受け取調べ録画
の導入機運が高まり，2002年に試験的な導入がおこなわれることとなった。そ
れまで警察地区あるいは警察署によって個別に導入されていた取調べビデオ撮
影は，前述したPACE実務規範Fの制定により初めて法令上の根拠をもつに
至り，エセックスほかの５つの地区で実施された。本節ではそのプロジェクト
の調査結果報告書の概要を紹介する。

この被疑者取調べ録画実験は以下のような計画であった[15)]。すなわち,

> 37条　警察署長協会（ACPO: Association of Chief Police Officers）と公訴局（CPS: Crown Prosecution Service）は，CPS の地方支部の協力のもとに5つの警察署で被疑者取調べ録画の合同実証実験をおこなう。この実験グループのメンバーは，裁判所，大法官府（Lord Chancellor's Department），ソリシタ協会，内務省，ACPO，そして公訴局である。取調べ録画に関わる新たな PACE 実務規範 F は2002年5月8日に施行されている。
>
> 38条　本実証実験の目的は，現在実施されている取調べ録音と比較して，被疑者取調べ録画の刑事司法における利益につきその内容と程度を明らかにすることにある。実験に対しては独立した評価がおこなわれ，様々な機器で実施し，どの程度録画が警察の取調べに有益なのか，事件処理にあたりいかなる示唆を含んでいるかを調査する。
>
> 39条　エセックス，ハンプシャー，ケント，ロンドン，ウェスト・マーシアの各公訴局が実験場所となる。実験は1年間実施する。

1　録画の方式

5つの地区でおこなわれた録画方式に統一性はない。その理由は機器サプライヤーが3社も参入したことと，ウェスト・マーシアだけが従前から VHS による取調べ録画をおこなっていたためである。また，録画機器が導入されたとはいえ従来の実務との兼ね合いから録音メディアが必ず用意されていた。これは取調べ録音制度の普及に配慮し，いきなり録画のみの記録に全面的に移行することへの懸念を踏まえたものであった。各地区のハード面での構成については表9-1を参照されたい。

ウェスト・マーシアを除いて VHS は採用されず CD への収録となっており，このプロジェクトではコストとの関係から DVD は用いられなかった。そのため，表9-1からわかるように最大録画時間がきわめて短いものとなっている。

2　撮影の方式

撮影については少なくとも2台カメラが用意され，マルチカメラ方式を採用

■表9-1　各地区のハードウェアとシステム構成

地区名	CDの数	テープの数	VHSの有無	カメラの数	転送の可否	最大録画時間(分)	最大録音(分)
ハンプシャー	3(6)	3	なし	2	可	37(74)	45
ケント	3	2	なし	2	否	37	45
ウェスト・マーシア	なし	3(2)	2(3)	2	否	3時間	45
メトロポリタン	2	2	なし	3	否	37	30
エセックス	3(6)	3	なし	2	可	74	45

している。もっとも、そのアングルやフォーカスは多様である。以下、順に紹介する。

　複数のカメラによって撮影された映像の出力方法（VTR上の構成）は以下の図9-1のとおりで、ピクチャー・イン・ピクチャー方式を採用し、被疑者の上半身が大画面に映され、大画面中に部屋全体などが小画面として映しこまれている。

　ケント地区では、3台のCDと2つの音声テープが用いられたが、録画録音時間は同じ長さに揃えてある。ピクチャー・イン・ピクチャーに重ねられる部屋全体の撮影は広角でおこなわれ、メイン画面の被疑者アングルは、被疑者の隣に座る人物まで撮影できる。メトロポリタンでは、クリア・ビュー社製機器を用いてCDと録音テープが併用された。同地区のみ3台のカメラが使用さ

■図9-1

第9章　イギリス　249

れ，カメラのひとつは取調官に向けられているのが特徴的で，これがメイン画面にスーパーインポーズされている。ハンプシャーでは AV ニッチェ社から機器が提供され，３台の CD と３つの録音テープが用いられた。最大記録時間は37分であるが，それを超過した場合，予備の３台の CD をもったセットにデータが転送され記録できるようになっている。録音時間は45分である。エセックスの機器も AV ニッチェ社の提供であるが，こちらは長時間の CD 録音を可能にしている点が特徴的である。その結果，映像の質が減殺されてしまった。録画については最大74分であるが，予備 CD に転送可能になっている。ウェスト・マーシアでは，すでに取調べ録画のパイロット・プロジェクトを経験しており，５つの地区で唯一 VHS 方式による録画を経験していた。サプライヤーはニール・コミュニケーションズ社で，２本の VHS テープに３時間までの録画が可能になっていた。

3　データの収集

サンプルとして第一段階では68人の，第二段階では110人の関係者のインタビューがおこなわれ，録画の導入によってどのようなインパクトが刑事司法過程に生じるか評価された。対象となったケースはおよそ500件で，収集された電子的記録は，ビデオ6,049件，音声2,017件である。事件データとして，罪種，被疑者名，取調官名などが記録され，また，事件処理経過（不送致，不起訴，公判結果など）も記録された。収集されたデータの多さにも関わらず，実際に録画録音が法廷で用いられたケースは非常に少なかった。争われる事件でこそ，映像記録された証拠のインパクトを理解することが重要である。そのため，そうした事件の記録を収集することが必要と考えられ，過去のケースの中からサンプルがハンプシャーとケント地区において200件ずつ収集された。合計400件が裁判所と公訴局を通じて集められた結果，音声のみで記録されたサンプルとの比較が可能になった。

4　関係者の事前準備と実際

取調官のおよそ４分の３が機器の使用に関して何らかの研修を事前に受けていたが，実際の内容は各警察署まちまちであった。ハンプシャーではプロジェ

クトがスタートしたときにはほとんどの取調官が機器の扱い方を忘れていたし，ケント地区では契約関係にあったクリア・ビュー社の社員から研修を受けた少人数に頼っていた。ウェスト・マーシアはすでに VHS での録画経験があった。そのうちテルフォード署ではニース社の技師が丸 2 日にわたってトレーニングをおこなっていたので取調官たちは機器の取扱いに慣れていた。

　記録されたデータを評価する役目を負っていた公訴局における研修も統一されていなかった。ケントではおよそ 1 時間の，ハンプシャーではわずか20分のトレーニングが実施されたにすぎなかった。エセックスに至っては公式の研修はなく，仲間同士による非公式のレクチャーがあったにすぎなかった。ケント，ハンプシャー，メトロポリタン，そしてエセックスでは，ラップトップ・コンピュータが録画 CD を視聴するために供給されている。それは公訴官（crown prosecutor）が IT に親しんでいるという前提があったためである。

　弁護人でインタビューに答えた12人中ひとりしか公式の研修を受けたことがなかったが，そのひとりは公訴局に雇用されたことがあり，2 時間のトレーニングを受けていた。検察側バリスタの10人もほとんど機器に馴染みがなかった。そのため，プロジェクトに関わったクリア・ビュー社や AV ニッチェ社は初期のトレーニングが重要な鍵であったと総括している。エセックス地区のように準備時間に余裕のあったところは実施前に十分なトレーニングができていた。そこで，報告書は継続的かつ合同の研修の必要を指摘し，オン・ザ・ジョブ式の研修では十分な成果が得られないとする。

　取調べにあたった警察官の 8 割は「録音も録画も差異はない」と回答している。他方で，取調べ中の被疑者の様子や外見が何らかの証拠になり得るとも考えている。警察官は CD の交換や封印などに要する時間を嫌がっており，そうした手間を邪魔だと感じている。そこで，長時間の取調べが予想される場合は同僚に手助けを頼む取調官もいる。

　弁護人（ソリシタ）の多くは録画導入に積極的であったが，ひとりは「依頼人があまりにひどい状態だったので」録画に同意しないよう助言したという。別のひとりも，複数のケースで依頼人が助言に反して個人的理由から録画に同意しなかったことがあると回答した。興味深いことに，弁護人らは取調べの間に警察官による不適切な行為から被疑者を保護する必要についてほとんど関心

第 9 章　イギリス　251

を見せなかった。公訴官も，弁護人が取調べの適法性について争う姿勢を見せないかぎり決してビデオなど見ないと語っている。その一方で，録音や録画の導入後，取調べは明らかに改善されてきているとも回答した。理由は集計されていないが，依頼人からそうした不満が聞かれなくなったことが不適切取調べの減少への認識の根拠と考えられよう。とすれば，被疑者に対する取調べサイドによる取扱いが改善されたと見るべきこととなる。

　取調べを受ける側，すなわち依頼人＝被疑者の声としては，14人の被疑者のうち10人が以前にも取調べを受けた経験をもち音声記録を経験していた。そのうち9人は録音手続でわずらわされたことはないと答えた。14人中9人の取調べにソリシタが立ち会っており，ひとりは録画をするなら立会いが必要であると感じたと述べている。9人は取調べ中撮影されていたこと自体に気づいておらず，3人はよくわかったと回答した。ひとりだけ取調べ前に撮影に関して座る場所や目線などについて注意を受けている。12人は録画されても大して差異はないと答えた。9人の音声記録経験者のうち3人が録音時代と比べて取調官の態度が変わったと感じたとする。「ずっと礼儀正しかったし，落ち着いて見えた」という。他方で，2人は取調官が録画技術に慣れていないように見えたと答えた。ひとりの被疑者は，録画は潜在的に偏見を与えるのではないかとの感想を述べている。映像記録がそのほかの証拠を凌駕するように見えるというのである。「人々はたぶん被疑者を嫌うだろうし，適切でない理由や，見映えや話し方で［被疑者を］判断してしまうだろう」と答えている。

　報告書は，「取調べ録画は一般的には受け入れられている」としつつ，実務上幾つかの問題があるとした。とりわけ，「録音の習慣が染みこんでいること，2つのシステムが並存することが警察官にフラストレーションを与えていること」が確認されており，「異なるメディアによる記録が新しい手法の導入に抵抗や摩擦を引き起こしている」とまとめた。

5　ハードウェア関係

　ある地域調整官は，取調べ録画プロジェクトにおいて最も主要な障がいは技術の進歩であったと答えた。どんなフォーマットやメディアで，どのような基準で使うべきなのかを決められないほどその進歩が早いからである。プロジェ

クトがスタートした時点では DVD を使用するのはコスト的にむずかしかったが，数年もたたないうちに劇的に価格が低下した。

　CD の最大録画時間は37分と短い。ハンプシャーとエセックスでは2台の機器を接続して CD を連続させ，倍の時間収録できるように工夫された。エセックスでは，映像の解像度を落とすことでできるだけ録画時間を長くするよう設定された。取調官はこの録画時間の短さに不満を述べており，頻繁なメディアの交換と音声テープの録音時間との不一致，そして記録後の複写作業にフラストレーションを感じている。8割の捜査官は CD を複写した経験がなかった。メトロポリタンではひとりの捜査官が複写 CD をつくることを好んでいたが，それは機器が2枚の CD に同時に複写できる機能を備えていたからである。ところが，ある警察署では捜査官が何も記録されていない CD をソリシタに交付していた事実が明らかになった。なぜなら，ソリシタが CD を再生する機器をもっていないことがわかっていたので気づくはずがなく誰も文句を言わなかったからだという（弁護人は録画を見ずに，通常は音声だけを聞く）。報告書は，こうしたやり方が広まるおそれはないものの，捜査官が記録手続を無視しかねないおそれを示しているという点で注意を要すると警告する。そして，捜査官に対する訓練の欠落，サポート・スタッフの不在，全体的な人員の不足といった問題があると指摘した。

■ 表9‐2

契約者	AV ニッチェ		クリア・ビュー		ニール
地　　域	ハンプシャー	エセックス	ケント	メトロポリタン	ウェスト・マーシア
録画時間(分)	37/74 転送可	74/148 転送可	35	35	180
録音時間(分)	45	45	45	30	45
録画媒体の数	3	3	3	2	2
録音媒体の数	3テープ 6CD	3テープ 6CD	2テープ 3CD	2テープ 2CD	2テープ 2VHS テープ
カメラの数	2	2	2	3	2
記録媒体	CD	CD	CD ｜ DVD	CD	VHS ｜ CD

ウェスト・マーシアでは，VHS 時代を通じても映像記録への編集要請はほとんどなかった。同様にメトロポリタンでも編集機器が古すぎて誰も使っていなかった。ある捜査官は，「機器の場所すら誰も知らない」と答えている。ケント地区でもとくにコピー機器がユーザー・フレンドリーでなかったので利用されなかったと報告されている。エドモントンとコリンデール署では，ライブラリアン（記録管理者）が編集の任にあたることになったが，いずれも実際には様々な事情からそうした機会を得ることがなかった。

驚くべきことに，取調官の 3 分の 2 は録画された CD を見る機会をもっていなかった。ラップトップもしくは DVD 再生機が配備されていたものの，単にきちんと録画されているか否かを確認するだけで，もっぱら公訴局側が録画を見ていた。その結果，画面のレイアウトや画質について実のあるコメントをすることができた捜査官は多くなかった。その理由としてある捜査官は，実際に証拠になるのは音声テープであるから映像記録に注意を払う必要がなかったと回答している。

このように，録画と録音を併用するプロジェクトをおこなったために取調べ録画の効用を測定するという当初の目的が達成しにくくなってしまった。ケントとエセックスでは，当初，VCD（Visual CD）導入の必要性を検討しており，テープから VCD への切り替えを要請した。その後，VCD は DVD へと発展し，反訳作成用のフット・ペダルの導入などもあり技術的な進歩改善は続いた。

6 記録の保存と管理

CD の利点のひとつとして，テープと比べて保存スペースを節約できる点があげられる。だが，結局大量の CD ディスクが保管されることになると検索の手間がかかることに変わりはなく，ライブラリアンの仕事に変化はない。プロジェクトでは保管のためにスリム・ケースが用いられ，音声テープと同様，ケースの背に事件情報が書き込まれ保管された。ただし，音声テープよりも媒体の表面の保護が必要なため注意深い取扱いが要求されていた。

7 機器の故障

録画機器のトラブルはいずれの地区でも発生している。VHS の経験がある

ウェスト・マーシアでは機器の安定性について比較的長い経験を有していた。多くの場合，機器提供企業がトラブルの解決にあたっているので，フラストレーションを高める結果となっている。エセックスでは，ピクチャー・イン・ピクチャー画面において映しこまれる小さい画面の画質に問題が生じることが多く，メトロポリタン地区に比べてその質が低かった。ハンプシャーでは，モニターと音声の双方の質に問題があり，音声については法廷での再生にも影響を与えている。モニターについては，何人かの捜査官は画面上に走査線が頻出したことから画面の質が落ちていると証言する。

　より一般的なハードウェアの問題は録画中に起こっているが，その原因については機器提供企業と各警察署のあいだでの意見の一致がみられない。企業側はユーザー・サイドのエラーを指摘する傾向があり，多くの取調官は機材の不安定さや操作のわかりにくさが原因であるとする。「ユーザー・エラー」については，機器提供側はユーザーから十分なフィードバックがないことに苛立っている。そのことが，原因が機器のインターフェイスなどのデザインにあるのかシステム利用についての訓練の不十分さにあるのか，わかりにくくしている。

　それ以外に大きな問題のひとつとして認識されているのは，複数CDで同時収録するタイプのうち，録画記録の終了時に「ファイナライズ」操作を要求するシステムである。この手順がしばしば忘れられ，記録が失敗に終わってしまったケースが報告されている。また，取調室の埃が機器にダメージを与えていることも報告されている。その他，機器の出力低下やCDの取り出しができないといった不具合も確認されている。そうしたことから，録画機器が問題の「洪水（spate）」を引き起こしていて捜査官らは否定的な心理をもっていることが調査から窺える。ある取調べ監督官は，そうしたトラブルの出現頻度を1～2％と回答している。ただし，再生時にトラブルが発覚することが多いため，これらのトラブルがメディアに起因しているのかハードウェアに起因しているのか不明なままとなっている。

8　機器のメンテナンス

　メンテナンスについての深刻な問題は報告されていないものの，現場に不満があったことは見逃せない。エセックスの上級幹部は機器提供企業によるメン

テナンス・サービスに満足していると回答していたが，それはこの企業がフル
タイムでプロジェクト・マネージャーを派遣していたことから良好な関係を築
くことができていたという事情がある。これとは対照的に，ハンプシャーのあ
る幹部が「契約企業にはさほど信頼を置けない」と回答している。とくに，コ
ピーされたCD──つまり捜査機関が使うことになっている方──に問題が
あった場合は封印されたマスターを開封しなければならないが，捜査機関に
とってそうした事態は，手続的に煩雑であるため，避けたい（前述実務規範
F6.2（247頁）参照）。ところが，企業側はマスターがあればいいだろうといっ
た態度を示すため，それに対する批判が示されたのである。別の幹部からは，
サプライヤーの態度が不正直であるという批判があり，トラブル後の対応の遅
さを指摘する。契約上はサプライヤーは24時間週7日間の常時ヘルプ・コール
を受け付けることになっていたが，実際の対応はまちまちで，例えばクリア・
ビュー社の場合，修理は翌日の勤務時間内におこなうと規定されていた。ケン
トの上級幹部3人中2人もそうしたメンテナンスへの不満を回答したが，迅速
な対応がなされなかったことがその理由であった。

9　技術面での教訓

　サプライヤー企業の3社はいずれも2003年8月の時点で，被疑者取調べの録
画についてはCDよりもDVDが適していることを認めた。DVD録画の方が
収録時間が長く2時間まで対応できるからである。もっとも，2001年の契約時
にはまだDVD関連機器もメディアも高価であったため候補とすることができ
なかったと回答した。ケントでは，プロジェクト期間中にチャットハムにおい
てクリア・ビュー社からDVD録画機器が代替機器として提供された。クリ
ア・ビュー社もCDはDVDへの「踏み台」にすぎないものだと認めている。
だがAVニッチェ社はDVDすら10年も経てば時代遅れとなりハードディスク
への記録に移行するとして，技術の進歩と記録媒体の関係が相関関係にあると
する。ハードディスクであればネットワーク化にも対応でき，いつでもどこか
らでも記録にアクセスできるようになると回答した。

　他方，ウェスト・マーシア地区へのサプライヤーであったニース社はほかの
企業と違ってMPEG4という映像圧縮技術を採用しており，これはDVD収録

256　第2部　取調べ録画の比較法

の標準フォーマットであるため，音声における MP3[17] と同様，ネットワーク化にも対応できる。多くの回答者が指摘したのは，用いられた CD が市販の DVD プレイヤーと互換性がなく再生に困難があったという点である。このことから，フォーマットの選択が重要な技術的要素であることが窺える。

　ケントとハンプシャーの地域調整官は，プロジェクトのハードウェアに強い不満を抱いていた。彼らは技術の発展段階によって記録媒体を選択する必要を強調し，「音声記録と映像記録の両者は必ずしも同一の目的に奉仕するものではない」と断っている（傍点筆者）。

10　映像記録への賛否

　音声記録に代えて映像記録を用いることの問題は，音声だけを聴きたいのにスクリーン上に視聴者に対して何か解釈を与えてしまうイメージが登場することだと答えた地域調整官がいた。これは，録画に伴うある種のジレンマである。報告書は，「供述者が語ったことだけを聴かせる音声ではなく，映像を見せることには表情などをどう把握するかという問題が加わり，とても主観的になっていく」という地域調整官の指摘も紹介する。別の地域調整官は，証拠として新しいメディアをテストしなければならないプロジェクトの目的，意図そのものの不明確さに疑問を呈していた。英国では目撃証人や証言の脆弱性が問題となる証人（年少者，精神障がい者，性犯罪被害者）に関する供述の録画が広く普及するようになり[18]，映像記録が証拠として許容されるようになってきている実情があり，報告書は，異なる手続的考慮が求められる被疑者取調べ録画についてそうした経験が参考になるはずであると示唆する。以下，刑事司法の様々なアクターによる見解を紹介したい。

　①　捜査官

　回答を寄せた捜査官の意見の半数が音声から録画への移行に反対している。理由の多くは安定性，信頼性を問題にしており，移行を支持する警察官も，バックアップとしての音声メディアの必要性を指摘する。支持側の理由は，音声よりも映像にしてしまえば，不当な取調べであるという被告人からの虚偽の申立を抑制しやすく，法廷に取調官を召喚する必要がなくなるという功利的な観点からである。反対に，被疑者段階での反省の様子が映ることや精神的に不

第9章　イギリス　257

安定であった様子が被告人のメリットになるのではないかとの指摘もある。

②　訴追側

訴追側の見解も，起訴の判断に映像がさほど役に立たないと考えているグループと，起訴の判断とは関係がなくても法廷でのインパクトが双方に益となると指摘する２つのグループに分かれる。

> （被疑者の）ボディー・ランゲージを解釈しようとするのは非常に危険だと思う。私は心理学者ではないから，被疑者がどのように話すかではなく何を話すかを好む。被疑者は初めて小さな取調室に入れられ，どうしてよいかわからず，非日常の環境にいるのだから。（公訴官）

> もし音声だけを用いるなら，それはあたりさわりのないものになる。しかし，誰かの態度を見てしまうと，ときには事件に弊害をもたらすこともある。弊害があるということは再生されるべきではないということを意味するわけではない。ときには起訴方向の見方を支えることがあるし有罪を確実にするから，結局，両当事者の益となる。（公訴官）

> 誰を起訴するかについて，（取調べ録画は）大してインパクトを与えない。だが，ある種の証人が反対尋問でどうなるかを考えるときに役立つだろう。法廷では，むしろ証人の態度がどのようなものかを裁判官は考慮に入れるだろうから，非常に重要になる。（公訴官）

あるバリスタは有罪率の上昇に寄与すると確信しており，次のように理由を述べている。

> 私は（取調べ録画を）気に入っているし，それが大変すばらしく，有罪率の上昇に貢献すると思っている。その理由は，法廷にやってくるほとんどの弁護人はCDを見ていない。賭けてもいいが，彼らはそうした（再生）機器をもっていないし時間もない。被疑者もソリシタからどう振る舞っていいか助言されていない。……彼らは反訳が用意されている場合ですら被疑者が取調べでどのように語ったか，何を着ていたのかなどまったくわかっていない。……法廷で被疑者はまったく違った態度，違ったアプロー

チを示し，（裁判官や陪審員のいる）壇上から良く見えるように振る舞おう
とする。……私がとれる最善の策は，彼らのある種の矛盾した様子を明ら
かにすることである。録画があれば，私がしばしばやっているように，ど
んなことが取調室で起きたのか音声ではわからなかった場合でも視覚を通
して見せることができ，十分な印象を（陪審員や裁判官に対して）与えられ
るのである。

　また，11人の公訴官のうち6人が，（映像記録に映った）被疑者の取調べ中の
態度や表情を見せると陪審や裁判官にインパクトを与えるという点に同意して
いる。被告人が真実を語っているのかどうかを陪審や裁判官が判断する際に，
映像記録は助けとなると考えている。4人は，そうしたインパクトは事件の性
質に依存していてかなり幅があり，ある種の事案については有益かもしれない
と答えている。

　　視覚的な資料は絶対に強いと思う。ひとつの絵は1,000の言葉で表せない
　　ほどのことを語るのだ。実際に誰かが何をしているのかを知るには，話し
　　ている内容からだけでは無理だ。（公訴官）

　　当事者対抗型の舞台装置のうえでは，表情やジェスチャー，ボディー・ラ
　　ンゲージを文脈のうえで知ることは一助にはなるだろう。彼らが言おうと
　　していることは何なのか，本当のことを言っているのか。何らかの表情や
　　ジェスチャーのようにインジケータとして働くものがあるので，有益に違
　　いない。治安判事や陪審員が日常の会話の中で通常見ているもののよう
　　に，明らかなインパクトが働くと思う。（公訴官）

　他方で，ある訴追側バリスタは映像記録が「ステレオタイプや偏見」を植え
つける可能性があるので，マイナスのインパクトが生じるという懸念を表明し
ている。3人のバリスタが，法廷と取調室での被告人の態度にあまりに違いが
あるときに，場合によっては被告人に不利な影響が出てしまい有罪になりやす
いと考えている。2人のバリスタは有罪率が上昇すると考える一方，ひとりは
録画が導入されれば有罪答弁率が上昇すると主張した。実際の事件で映像記録
を扱った5人の公訴官は起訴にあたってさほど有益であったとは考えていな

い。6人の公訴官は，文字だけの記録に加えて付加価値があると考えている。ただ，そのうち3人は映像記録の性質上，準備に時間がとられて実務向きではないと考えている。11人の訴追側の法律家の回答者すべてが，映像記録が訴追側弁護側いずれかにとって音声と比べて利益不利益となるかを判断することはできないと答えた（傍点筆者）。

③　弁護人

被告人側ソリシタは，映像記録はほとんど事件の準備に影響がないと回答した。むしろ映像記録を見るのに時間がとられてしまうと感じているようである。

映像記録自体の証拠としての有用性について，弁護人の見解は分かれている。積極的な見解としては，被疑者段階での表情やジェスチャーを見ることは陪審や裁判官にインパクトを与え被告人に対する信用性に影響するとして，依頼人が薬物やアルコールの影響にあった場合は音声に比べて評価してもらいやすいと考えている。消極的な見解として，映像記録は依頼人に悪い影響をもたらすとして，証拠本来の強さや弱さに関わる考慮とは別に，取調べ中の様子が公判を左右してしまうことを懸念する声もある。

9人の弁護人のうち7人は，映像記録を見るのは取調べに立ち会うケースか依頼人に不当な取調べがあったと考えた場合にかぎられると回答した。後者の場合は何らかの方法で取調べの違法を争うことになるが，ある弁護人は映像記録を証拠請求するのは依頼人を証言台に立たせない場合にかぎると答えた。

　（映像は）依頼人の振る舞いや態度を表す。あまりに感情的な取調べは反訳に書かれているだけでは要点がつかめないから，録音テープを聴けば判断しやすくなる。だが，映像を見ることができれば，そのインパクトは我々や裁判官にとって大変大きなものになる。

　今の状況では，依頼人が明らかに疲労困憊している場合や，アルコールや薬物の影響下にあったことを示したい場合など，取調べがおこなわれるべきでなかったようなケースを除いて法廷で使うことはできない。

④　裁判官

4人の治安判事は，映像記録は法廷にとって，より質の高い証拠になると答

えている。ひとりは映像記録が興味深いものであるとしたものの，とりたてて量刑過程にプラスになるものはなかったと答えた。ある治安判事は，映像記録は法廷にいる被告人とはまったく違う実際の姿を明らかにすると回答した。別の治安判事は，法廷で取調べの反訳調書を読みあげることに比べて映像記録に潜在的な利点を見出している。

　　取調官がこう言いました，被疑者がこう答えました，といった反訳調書の単調な読みあげを聴かされることは大変退屈なものだ。読み手はどうしてもその会話に何らかの物語を無意識に差し挟んでしまう。
　　反訳調書を読みあげると，必ず，"俺はそんなことを言っていない"，"そういう意味じゃない"と誰かが叫ぶものだ。原供述を聴くことができればいいと思う。（治安判事）

　ハンプシャーの治安判事は映像記録が法廷で用いられない場合には，なぜそうすべきでないかの説明が必要であると答えた。有益かどうかについて尋ねられた公判担当裁判官は，5人中3人が肯定的に答えた。

　　（公判で）ある人が何かを運ぼうとしていたということを評価したい場合，……被告人が取調べでの劇のようにその様子を実際に演じていたとしたら，彼らがどのように運ぼうとしていたかをより明確に知ることができるようになる。（裁判官）

　これは我が国でいういわゆる「犯行再現ビデオ」を指すが，そうした再現行為を被疑者段階でさせられていた場合に有益であると評価されている。
　そのほかの具体例として，ある裁判官は，共犯者がいるケースで陪審が当該被告人の役割を評価する際に有益であるとしている一方で，別の裁判官は，公訴官も弁護人も録画をあまり用いようとしないと回答し，もし使っていれば有益であったはずと思われる場合でも使われなかったという。その理由として，法律家が「古いやり方に慣れている」ことをあげた。そのようなケースで裁判官の側から映像記録を見たいと表明するかどうかという問いについては，自分

第9章　イギリス　261

たち（裁判官）の職務を外れていると考えているようで，ある裁判官は「我々は"映像記録を見てみたい"とは言わない。公訴官や弁護人が決めるべきことである。それは我々の役割ではなく，当事者の領分に入りこんで彼らの仕事に立ち入ることになってしまう。私たちは中立でなければならないと思う」と答えた。同じ当事者主義とはいえ，職権主義の混入する日本の裁判官の意識とはかなり異なる裁判官像がここからわかるだろう。

⑤　統括官

彼らの評価もまた分かれている。エセックスとハンプシャーに置かれていた統括官すべてが，プロジェクトをとおして映像記録の潜在的な証拠としての有用性が確認できたとし，とくに，被疑者段階での様子やボディー・ランゲージといった映像のもたらす効用を認めている。とりわけ，法廷と取調室との対比を強調する声が強い。

「（例えば）強盗事件の場合に，被告人が（取調べ）映像にまるで悪党（villain）のように映っているときはとても強いインパクトがある。彼がスーツを着て法廷にやってきたとき，つまり，法廷で質問にどう答えたらよいかバリスタから事前に指示を受け，取調室で彼がやったことよりずっとうまくやって見せるようなとき，裁判官は映像記録にインパクトがあると感じていた。法廷で陪審は，コーチを受けた被告人ではなく，彼の本当の姿を見ることになるからである」と。

別の統括官は，被疑者が取調べで「ノー・コメント」といった対応をした映像記録が法廷で再生された経験に触れている。通常，「ノー・コメント」記録は自白ではないから法廷で再生されることはない。しかし，取調べでの被疑者の態度を示す意味があると考えられる場合には，法廷戦略のひとつとして再生が考慮されてもよいという。もっとも訴追側は弁護人からの激しい非難にあうことがわかっているので，よほどその再生によって得られるものがないかぎり，「ノー・コメント」記録を再生しようとはしない。

他方，ビデオの証拠価値に懐疑的な見解もまた統括官のあいだで共有されている。ある統括官は，「（映像記録を見ることは）完全に時間の無駄である。（こんなものを見せれば）陪審は退屈で死んでしまうだろう。彼らの注意を引きつけておくことは至難であり，コメントも挟まずに彼らを20分以上座らせておくこと

262　第2部　取調べ録画の比較法

を期待しようものなら，（裁判に）負けるだろう」と述べている。別の統括官は，映像記録の唯一のメリットは被疑者段階でのボディー・ランゲージを見ることができる点であるとする。「ある者が取調べで自供していれば一般的には有罪答弁に至るので，裁判所は時間が節約でき，公訴官も取調べ録画を収録したCDを見ようと思わない。裁判所は被告人が有罪答弁をした場合には映像記録など見ないし，証拠のチェックもしない。ただ当該人物が［面前で］有罪と答えるのを聞こうとするだけで，可能なかぎり次の事件にとりかかろうとするものである。もし被疑者が自白をしていればさらに（裁判所が）何かする必要はない」と，取調べの録音録画がほとんど誰の目にも耳にも触れていない実態を指摘する（傍点筆者）。

11　公訴局による録画の利用

　事件処理をおこなう公訴官の中には，日常業務として公判準備にあたって音声を聴く者もいる。公判で録音を再生することが適切かどうかを判断するには，反訳を読むよりも実際に聴いた方がよいからである。もちろんそうでない公訴官もいて，記録の正確性が被告人側によって争われるとか録音が不完全な場合にかぎって録音録画に注意を払っている。その一番大きな理由は"時間が十分にない"ということであった。

　　　私が事件を起訴し公判にまで進む場合は録音を聴く。長時間のドライブをするときに，車の中で聞いたりする。公判の準備するときにこの録音テープは重要であると思う。なぜなら，書かれたものよりずっと被告人の特性がよくわかるからである。とはいっても，聴くのはせいぜい5分か10分くらいである。私は速読ができる方だが，反訳を読むとしたら少なくとも倍くらいは時間がかかると思う。

　録音テープが法廷で活用されているかどうかについての評価も経験によって分かれているようである。ある公訴官は，「録音テープはいつも弁護人の請求に応じて再生している。10年間訴追業務に携わっているが，大体30から50件ほど録音テープが再生されたケースを手がけている」とするが，別の公訴官は，

「私は録音テープが再生されたケースは1，2件しか経験したことがない。通常は検察側ではなく被告人側の請求に応じて再生されている。何が尋ねられ，どう答えられたかを単に読むだけというのと，（生の声で）聴くのとでは，その感じは大分違うものになるからである。例えば，反訳を証拠とすることについて検察，被告人側が同意に至らない場合，唯一の解決方法は取調べの録音テープを裁判所に聴かせて判断させることである」と回答した。

　映像記録については，検察弁護双方の半数が公判準備のために日常的に見ていると答えている。公訴官のうち6名が，映像記録に証拠として重要なものが含まれていれば気づくことができると期待している。だが，3名は，録音テープや反訳でも変わりないと答えている。別の3名は自身の判断によればよいと考えている。

　　　私たちはいずれにしても映像記録を見なければならない。なぜなら，伝聞のような個所があるかもしれないし，偏見を与える部分もあるだろうし，それを見つけておかなければいけないからである。映像記録を見る場合，単に公訴官の目で見るだけではなく公平に被告人側の観点からも見ている。

　こうしたコメントは，映像記録の取扱いについて警察と訴追側の抱える運用上のジレンマをよく表しているように思える。忙しい警察官は映像記録を見る時間的余裕がなく，公訴官がプロフェッショナルな態度でそれをチェックすると期待している。他方で，多数の公訴官も正直なところ映像記録に頼りたくない。なぜなら，映像記録を見るのは貴重な時間を費やすことになり，すでに警察が映像記録を見ていると思っているからである。実際，公訴官のうち8名は，映像記録ではなく反訳や取調べ要約に頼っていると回答している。2名は取調べに何か問題があると考えた場合か，被告人側が再生したいと求めた場合にだけ見ていると答えた。

　彼らの回答によれば，「私はどんな事件でも要旨を読む。それは時間的制約のためである。反訳を読むよりも映像記録を見ることがずっと時間がかかるとわかれば，時間を節約できる方を選ぶのは当然である」し，「これまで，取調べ記録で見つけられなかったような問題を映像記録から見出した経験はない。

取調官に直接尋ねたり取調べ記録から得たりしたこと以上のものを何かCDから得たためしはない」と経験的に語られ，「まず反訳を読むようにしている。もしCDを見た方がいいと考えれば録音テープを聴く。(将来) テクノロジーが使いやすくなればもっと映像記録を見るかもしれないが。(いまはCDを) セットするだけでもわずらわしいので，その時間を使って録音テープを聴くか要約を確かめる」と説明する。

　訴追側バリスタの13人中12人までが，公判審理に備える目的のためであれ，公判で使用する場合であれ，映像記録を見るよりも要約や反訳に依拠していると答えている。その理由は，映像記録よりも書面の方が実務的にずっと容易で迅速に扱えるからである。つまり，「公判準備のためには，書面がとても重要である。公判の間もほとんど書面に頼る。バリスタは皆ペンと紙で仕事をしているのである。ペンや紙なしで情報を照合するのはとてもむずかしい。事件の準備をしているときもほとんどの重要な情報を紙に書き出している。そのほうがずっと早く（仕事が）できる」し，「裁判官も反訳された書面をいつも要求する。実務上ずっと身近なので。私もそうである。反訳なら重要と思われる個所をペンで示すことができるし，空白部分に何か書きつけることもできる。CDだとそんなことはできない。いつの時代にか，できるようになるかもしれないが，今は無理である。現時点で〔我々がもっている〕機器では，そうした最も単純な作業すらできないのである。CDを法廷で使わないという結果は，我々の側に使いたくないという意思があるからではない。CDを使おうとするとずっと多くの問題が生まれてしまう」として実務上の不便さを強調する。

　10人の公訴官のうち6人も，映像記録は法廷では証拠として限定的な利用にとどまると考えている。つまり，被告人側が取調べの適法性を争う場面で，他の証拠がある場合の付加的な証拠としての位置づけにとどまる。しかし，「映像記録がそれ自体で検察側もしくは被告人側のいずれの主張に説得力があるかを示す証拠となるような事件では常に用いようとするとする。……もし供述の言葉自体に格別な問題があるときは，録音テープが再生されるだろう。弁護人も，"録音テープを聴きさえすれば，依頼人が無実であることを知らせることになる"と言うだろう」。「もし（被疑者の）態度が我々公訴官を助けるのであれば，そのときは録音テープを用いる。大体10%くらいであると思う。警察の

立場は，映像記録に収録されているすべての情報は必ずしも取調べ記録として必要なものではないというものである。だが，私はその見方には納得できない。弁護人がついていない被疑者であればいっそう内容を検討する必要があると考えている」というような意見もある。

ある公訴官は，法廷で映像記録を使えるようにするには，弁護人にも再生装置にアクセス可能な環境が必要であると指摘した。また，検察側は公判で映像を使用するにあたり関連性と許容性を証明しなければならないが，実際のところ公判では取調べの録音録画記録は滅多に主要な証拠にはならないと回答している。

エセックス地区などでは，公訴局から，およそ争いのある事件については映像記録をチェックするよう指示が出されていたが，これは他の地区に比べてずっと厳しい基準である。アンケートにあるように公訴官が映像記録を見る可能性は仕事の混み具合や利用する機器の操作性，証拠価値への期待などで左右されているようである。このことから報告書は，被疑者取調べの映像利用を促進するためには公訴局全体でより現実的な実務指針を標準化しなければならないとする。

以上のように，録音であろうと録画であろうと，原データよりも要約記録に依存する傾向はこれまでもイギリスで確認されてきている。内務省の通達自体もそれを承認していて，効率を高めるためにも「正確な」要約作成の重要性を指摘していた[19]。もっとも，実態調査の中には不正確な要約が少なくないことを指摘するものもあり[20]，録音録画の「要約」依存体質は大きな問題をはらんでいると言えるだろう。

12 インパクト

録画と録音でどの程度刑事手続に違いが生まれるか。それを検証するため4つのパイロット対象地区で6,049件，対照群として比較するため別地区から2,017件の記録が集められた。2つのサンプルは，ほぼ同じ特性を示す。被疑者の少年（18歳未満）比はパイロット地区30％，対照群29％であり，男性比はパイロット地区84％，対照群86％であった。結果は，第一に，録画と録音で取調べ実施率について有意差はなかった。パイロット地区で62.7％が録画のうえ

■表9-3　最終的な事件の結果

	録画方式 （パイロット地区）	録音方式 （対象群）	合　計
有罪―争いなし	8 %	4 %	6 %
有罪―争いあり	55%	66%	60%
無罪	36%	28%	32%
証拠不十分 / 公訴取消	2 %	3 %	2 %
全　体	100%	100%	100%

で取り調べられたが，1991年当時（10年前）のデータ（62.9%）と変わらなかった。

　第二に，録画をしても起訴率に差は見られなかった。取調べを受けた被疑者のうち56%が起訴されているが，対照群でも57%で変わりはない。取調べを受けた事件の36%は有罪となったが，対照群でも39%である。録画であれ録音であれ統計上有意な差がなかった。

　第三に，手続面においても大きな影響は出ていない。例えば，取調べ時間についてはパイロット地区の平均17分というのは対照群の18分と大差ないし，法的助言を受けた割合も46%で変わらない。

　400件の起訴事案のうち226件が刑事裁判所，174件が治安判事裁判所に送られている。録画されていた205件のうち96件が刑事裁判所に，109件が治安判事裁判所に送られた。また，録音されていた195件のうち130件が刑事裁判所に，65件が治安判事裁判所に送られた。この事件処理に録音録画の差異は確認できないものの，録画されているケースは争われていない割合が高く，映像記録の証拠としての付加価値の強さを示しているとも言える。ただし，サンプル全体では録画された事件の有罪率は録音グループよりも低い（表9-3参照）。すなわち，刑事裁判所では録画事件の61%で有罪，録音事件の69%が有罪である。同様のパターンは治安判事裁判所にも現れていて，それぞれ録画62%，録音70%となっている。報告書ではなぜ録画ケースの有罪率が低かったのか，その原因についての言及，検討はおこなわれていない。

　映像記録が法廷で再生されたケースは非常にかぎられていた。それには多くの理由があるが，報告書は警察官や公訴官にビデオを見ることへの躊躇があることが主たる原因であるとする。興味深いことに，公訴局のファイルでは録画

第9章　イギリス　267

された事件中19%でCD証拠への注意を促す注記があった。けれども実際のところCDはわずか8％しか公訴局によって吟味されていない。そしてCDはわずか10件でしか法廷で再生されなかった。

13　コスト

　録画の導入に伴うコストについては2つの主要な観点がある。第一は投資コストで，機器の購入，トレーニングなどを含む。第二は運用コストである。こうした問題をDVD関連機器がクリアできるかについては，さらなる調査が必要となる。

　プロジェクトに投入された初期投資コストは，144万ポンド（およそ2億円強）であり，そのうちの85％は機器費用であった。通常こうしたハイテク機器を利用する場合は維持コストよりも初期コストが大きい。プロジェクトも例外ではなかった。ケント地区のチャットハム警察署では，初期コストは5万4,000ポンド（約1,000万円）かかっており，DVD関係機器では3万4,000ポンド（約600万円）かかっている。DVD関連機器はCD関連機器よりもその後価格が下がったため，およそ3分の2で済んでいる。ストレージ（保存）関係のコストは警察署によって異なり，幾つかの警察署には余分な管理スペースがまったくなく倉庫などの建設費用に5万ポンド（約900万円）以上が必要であったところから，1,500ポンド（約20万円）のキャビネット購入費で済んだところまでまちまちであった。

　DVDとVHSのコンパーチブル・マシンとキャビネットは1台8,100ポンド（約150万円）するため，12の刑事裁判所に15万ポンド（約2,400万円）かけて整備された。85の法廷のうち，およそ3分の2にあたる56の法廷にVHSの再生機器が配備され，27の治安判事裁判所に102のキットが配備され，これらの総額も同じく15万ポンドにのぼっている。

　公訴局では再生用のラップトップの購入に50万ポンド（約9,000万円）が費やされた。他方，弁護士はこうした機材を独自に調達しなければならず，多くはPCをアップグレードしてCDドライブを設置したりソフトウェアを購入した。およそ1台につき100ポンド（約1万8,000円）の費用がかかっている。

　導入期のトレーニング・プログラムにかかった費用もある。例えばハンプ

シャーでは400人の警察官に対してトレーニングをおこなった費用は 1 万7,500ポンド（約300万円）にのぼる。これに対して，メトロポリタンでは研修対象を限定したため6,000ポンド（約100万円）で済んでいる。ケントは個々の警察署，裁判所から満遍なく係官を研修に招集し，延べ711人に対して研修を実施したところ，5,000ポンド（約90万円）強を要した。

　運用コストについては，録画用 DVD 関連機器のメンテナンスに 1 台あたり年間600ポンド（約10万円）かかっており，取調室については 4 室を有するある警察署では年間2,400ポンド（約40万円）を支出した。取調べの録画を導入することによって新たなスタッフ（ライブラリアン）をフルタイムで 1 名雇用する必要が生じ，年間 1 万7,000ポンド（約300万円）のコストが発生している。ただし，録音から録画に移行したことによるライブラリアンの勤務時間の増加は不明である。おそらく CD の複写やチェックにより多くの時間が費やされたと想像される。これらの記録媒体の変更に伴う警察署単位での管理費用総額は10万ポンド（約1,800万円）を超えると評価された。

　他方，反訳費用については録音テープから反訳をおこなうタイピストのコスト（時間，手間）が録画記録の導入でどの程度増減したかに関するデータは収集されていない。

　弁護人にとっても公訴官にとっても，映像記録を利用するには時間がかかると認識されていて，時間，コストのいずれの面でも，技術や機器の不備，資源の不足などに影響されている。ある公訴局のスタッフは次のように述べてイギリスの可視化の実態について率直に指摘している。

　　私は（映像記録は）明らかに時間をくうと考えている。ディスクのセットアップと視聴に手間がかかるからである。それに，反訳があれば全部をとおして見る必要はなくスキップして見るだろう。また，ディスクを法廷で使おうと思うと裁判所に申請を出して被告人側に伝えるという書類作業が待っている。理論的には映像記録の利用はそれほど時間の無駄ではないと教えられている。なぜなら理論上すでに公判でも公判付託手続でも使いたければ我々はいつでも録音テープを使えることになっているからである。だが，現実はその習慣だけは守るよりも破る方が名誉であるということに

なっている。つまり，ほとんどの録音テープは誰にも聞かれることはないのである。

こうした手間に関する点は被告人側の見方も同じであるが，ハンプシャーのあるソリシタは，映像記録を見る時間につき依頼者に報酬を請求できるので弁護費用をより高くできると回答している。

14 結　論

報告書によれば，取調べの録画はパイロット地区での調査によるかぎり，事件の処理にも，その結果にも大きなインパクトはもたらしていない。しかし，これは実験が実施された現場の抱える困難さを反映している。つまり，この結果が必ずしも，映像記録が刑事手続において重要な役割を果たしていないということを意味するわけではない，とフォローしている。

一般的にも，新しい技術の導入には困難なプロセスが伴うことは避けられない。このプロジェクトでも問題は少なくなかったが，それには地区ごとに異なる理由があったと報告書は指摘する。例えば，導入工程の違いや，地区内でのリーダーシップの欠如，トレーニングの不足，技術的な難点などである。また，サプライヤーごとに違う機器の利用という問題があり，企業同士が競争相手ということもあってプロジェクト期間中に微妙な緊張関係が生まれてしまっていた。

取調べ録音を並行して継続していたことも問題の一因となっている。録音テープはバックアップとしては有益ではあったが，映像記録の全面的利用を遅らせる結果にも繋がった。録音テープが完全にバックアップと保存のみのためであると位置づけられ，CD の反訳と視聴がなされていれば，映像記録の利用がもっと増えていた可能性は高い。ただ，残念ながら公訴局の中での仕事ぶりからして，映像記録が潜在的に証拠上の利益を生み出すまでに至っていたかどうかは明らかではない。

他方，報告書では，取調べの録画映像記録を法廷で用いることによって生じる証拠上の問題は相対的には小さいと評価されている。収録内容についての許容性をめぐる法的問題は，取調べを記録するメディアとは無関係であった。

もっとも報告書は，従来のように陪審員が気づかないうちに一般化してしまう偏見の可能性や，取調官の態度や様子，そしてパフォーマンスに関わる技術から不公正な予断を導いてしまう危険性についても指摘している。これらの問題は裁判官も弁護人らも気づく必要があるけれども，取調べを録画することがそうした問題をより悪化させているわけではないと報告書は論じた。こうした危険性は，「被告人の供述の信用性を陪審が評価するにあたってもたらされる重要な利益によって凌駕されるもの」であるとして，報告書は取調べの録画を擁護する立場をとっている。被疑者取調べの録画映像記録は，捜査における重要な段階で最善の証拠となるからであり，利用が可能であれば映像記録を用いるべきであると強調した。

15 示　唆

このパイロット・プロジェクトから得られる示唆は次のようなものであろう。

① 録画機器のインターフェイスの簡便性

録画機器の操作性が実際の取調べ録画実務を安定的に運用させ，取調官らのストレスを最小化するうえで不可欠であることは，本報告書の示すプロジェクトの現場におけるハード面での障害や手順の煩雑さなどからはっきりしている。実際に，豪州（NSW 州）やニュージーランドなど，DVD の複数メディア[21]を装填して録画する方式を選択した法域において利用されている機器を見ても，ワンタッチ・ボタン方式が採用されており，開始，中断，終了兼ファイナライズが一目でわかるような容易な操作を可能としている。録画し忘れを防止し，媒体の交換が容易で，誰しもが取り扱える，エラーフリーの簡易なインターフェイスを備えた機器の導入が不可欠というべきであろう。

② 録画システムの信頼性，安定性

録画システムに対する信頼性や安定性を高める必要がある。故障に対する対応やメンテナンスの容易さ，録画時間のある程度の長さ，トラブルの少なさなどがこうした信頼性，安定性をはかるメルクマールとなることは本報告書の内容から窺えるだろう。

録画時間の長さに関しては，メディアに依存する以上，たとえ DVD であっても限界があって必ず交換しなければならない。この点，ハードディスクへの

第9章　イギリス　271

ネットワークによる収録という方式をとればそうした物理的制約はなくなる。しかしながら，デジタル化してもなお媒体を被疑者や立会人の面前で封印するなどといった「人の目による監視・監査」が録画録音手続の前提として必要だとすれば，メディアに依存した方式を放棄することはできず，完全にネットワーク環境に移行することはできない。とくにネットワーク化した場合の記録の真正性の確保には証拠法上大きな難点がある。我が国では現在 DVD 方式が採用されているところ，どのような真正性確保手段がとられているか不明であるが，供述者による署名，封印，マスターとなる媒体の別途保管（例えば第三者などによる）といった工夫が必要であろう。

③　コスト評価

　英国の取調べに関わる実務では，多くの場合，音声記録も映像記録もそれほど活用されていないのが実情である。費用対効果という観点から見た場合には，録音による効率化は目立ってはいない。むしろ音声記録がされていることで，あらかじめ無理な取調べが規制されたり，適切な取調べの動機づけになったりしているという評価ができそうである。そうだとすると，録音によってすでに達成された効果を上回るメリットが録画導入によって得られていないことから，パイロット・プロジェクトの積極的評価に結びつかなかったとの本実験の結論を説明することが可能である。もちろん本報告書は「録音のもたらした効果」を測定するプロジェクトではないから，この点を直接支持するデータを示しているわけではないが，今回，手慣れた業務となっている録音と同時に録画がおこなわれたことで，録音があれば十分という認識を捜査官たちがもったことは不思議ではあるまい。取調べ録画の導入には機器の整備とその習熟というハード面，ソフト面の双方で大きなコストがかかる。録音機器がすでに取調室に用意されている以上，たとえ録画に優位な面が多少あるにしても——例えば被疑者の動作や表情が有益な情報を見る者に与えるといった類の——録音制度に加えて導入するだけの投資に見合う効果がないとの判断は合理的なものであろう。

④　カメラ・バイアスの危険性の認識

　報告書は，映像記録から生じる偏見や信用性判断にあたっての危険性につき，功利的観点から録画によって得られるメリットの方が凌駕するという立場

272　第2部　取調べ録画の比較法

をとる。本プロジェクトの目的は録画におけるカメラのもたらす受け手のバイアスの有無を測定することに置かれておらず，実証的なデータを示すものではない。しかし，少なくとも録音を利用する——録画しておいても法廷では音声のみの再生を選ぶことを含む——かぎりはそうしたカメラにまつわる危険性から免れられるであろう[23]。

⑤　映像中のパフォーマンスへの警戒

報告書は映像に記録された取調官や被疑者のパフォーマンスの影響についても指摘している。こうした懸念を払拭するにはテクノロジーだけでは不可能であろう。検察官も弁護人も，そして裁判員（英国では陪審員）に注意を喚起する裁判官も，映像情報のもつ危険性を認識したうえで評価にあたって専門家による助言や助力が必要なことをわきまえておくべきであると思われる。

結局，技術革新という面から見れば，本実験プロジェクトは取調べ録画の導入に向けられたブレイク・スルーとはなり得なかったわけであるが，それは取調べの録画そのものの否定というよりももっぱら費用対効果や技術的安定性が理由であると見るべきである。とすれば，技術革新につきさらにスケールが大きく費用便益を十分に満たすことができるような方式ならびに技術が導入可能になれば，「録画」への移行が否定されるわけではないということになろう。

Ⅲ　デジタル・ネットワーク化と実務規範改正

1　2008年実務規範改正とデジタル化の試行

第Ⅱ節で見たように，イギリスの長い取調べ録音の歴史は，CDという記録技術によっては容易に取調べ録画への転換へ導かれるに至らなかった。ところが，イギリスにおける取調べ録音の長期にわたる実施に伴う弊害が別のかたちでイギリスの取調べ録音制度に技術的・制度的な改革を迫ることとなる。すなわち，各警察署ではあらゆる取調べを録音しなければならないため，大量の録音テープの保管場所の確保や，録音テープの劣化等の品質管理の困難さ，資料へのアクセス保障やその手続きに関して実務上の困難さを抱えるに至ったのである。この記録保存問題を解決するための方策としてデジタル化の導入が検討されることとなり，2008年1月，実務規範Eに新たに第7条，「セキュアなデ

第9章　イギリス　273

ジタル・ネットワーク環境における取調べの録音（Recording of Interviews by Secure Digital Network）」が追加された[24]。ただし，録画に関する実務規範Fには同様の改正は見られなかった。

　この改正により，ランカシャー警察東地区における取調べ録音のデジタル・ネットワーク化のための半年間のパイロット・プロジェクトが可能となった。2008年8月から2009年1月まで実施された試行によれば，取調べの効率化や記録の保管，裁判での利用などにおいて，経済的・人的コスト面で大いに効果があることが確かめられた。具体的には，取調時間の短縮，取調べ録音記録へのアクセスの効率化と共有化，警察官の仕事量の削減，保存・保管コストの縮減などである[25]。試行実験の報告書では，デジタル・ネットワーク化をおこなえば小規模警察署でも年間100万ポンド（およそ1億5,000万円）以上の経費節約が可能と推計されている[26]。

　このプロジェクトの成果を踏まえ，2010年1月，全英警察改革機構（National Policing Improvement Agency）は，1,200万ポンド（約20億円）を投入して3年間にわたり全英の警察署における取調べ音声記録をデジタル化する計画を発表した[27]。このプロジェクトには，録音システムのデジタル化とネットワーク化への移行と統合化，自動反訳システムの開発と導入，録音ファイルの管理プログラム，メンテナンス・コストなど，取調べ録音業務に関わるあらゆる関連事業が含まれている[28]。すでに調達が開始されており，手はじめはロンドン地域で，今後，全英（スコットランド，北アイルランド，ウェールズも含む）に拡張されていく予定である。

　このように，可視化先進国であった英国は，その先進性ゆえにアナログのテープが大量に保管される事態となり，その劣化や，管理の煩雑化，管理スペースの狭隘などに悩まされ続けてきた。そうした事態の唯一の解決法がデジタル化とネットワーク化に見出されたわけである。当面，英国は取調べ録画制度への投資よりもデジタル化に向けた投資が優先されると見られる。言うまでもなく，デジタル・ネットワーク化への移行は取調室や警察署単位の機器整備といった規模ではなく，ずっと大がかりなシステム構築が必要となる。例えば，イギリスのDAMOVO社[29]はデジタル映像ネットワークのためのシステム商品として「CODES」を販売するが，録音録画（データの収集）からデータ・

274　第2部　取調べ録画の比較法

サーバへのアップロード，データの管理，ライブ・ストリーミング，複製作成などにわたるデジタル環境での統合的なサービスを提供する。[30] CODES とは，Complete Online Digital Evidence System の略であり，録音録画されたデータの一元的，集中的管理を可能にして捜査から公判まで一貫したシステムで支援することを目指すものである。[補注1]

　このような供述記録システムをデジタル・ネットワーク環境に移行させる推進力となっているのは，2008年に出された警察改革の必要性をうたった「警察改革に関する最終報告書（フラナガン報告書[31]）」と，それに呼応した「警察活動グリーンペーパー」（以下，GP と略[32]）である。フラナガン報告も GP も紙主体を脱し IT を活用するよう説き，お役所仕事で冗長的な現状から迅速で効率的な業務への変革を目指していた。

　GP では，「不必要なお役所仕事を減少させ，システムや手続きを改善し，新しいテクノロジーの改新的な活用」こそが警察サービスの提供に不可欠であると強調されている。DNA 型データベースの強化やデジタル警察無線の採用，可動式指紋識別システムといったモバイルデータ端末を最前線の警察官に2010年3月末までに3万個配布するなどの計画がテクノロジーの活用例としてあげられた。そうした IT 導入を実現するために，警察関係機関のインフラを2015年までに整備する大規模なプランが立てられた。総額で4億ポンド（600億円以上）の資金が調達されることとなり，公訴局や裁判所といった関係諸機関と合同の「情報システム改善戦略」（Information System Improvement Strategy (ISIS)[33]）が立ち上げられ，デジタル化された供述記録は"デジタル証拠化プロジェクト"の一貫として組み入れられたのである。供述録音以外にデジタル化が想定されているデータとしては証拠写真，取調べ録画映像，パトカー内の録画映像，供述調書などの書面といったものがある。そうした多様なデータならびにフォーマットに対応できるようなシステムの構築が求められている。さらに，このようなインフラ整備や技術革新に法的に対応できるよう PACE の実務規範の改正の必要も認識されるに至った。

2　2010年実務規範改正とネットワーク化計画
そこで内務省では，上記 ISIS の実施に伴う被疑者取調べのデジタル・ネッ

トワーク化の手続きや内容が実務規範 E ならびに F と乖離することからこれらの実務規範の改正をおこない，2010年5月1日に施行されることになった。この実務規範改正によって，全英の警察での被疑者取調べ録音のデジタル・ネットワーク化が目指され，そのためのトレーニング・プログラムの導入や標準的ガイドラインの導入も計画されるに至る。また，各地で導入されるデジタル・ネットワーク化の実績もモニターされることになっている。

　以下は，主要な実務規範の改正点である。

　まず，2008年改正で実務規範 E1.6(c)においてデジタル・ネットワーク化を可能とする新たな用語として導入された digital network solution が，secure digital network（以下，SDN と略）へと修正された。ここでいう secure とは本来的には「安全性が高く強固な」という情報工学上の意味をもつが，実務規範においては電子認証によるアクセス制限とセントラル・サーバでの監視を可能にするプラットフォームの双方を備えているシステムを指す。

　取調べ録音の実施に関しては，E3.6に新たな条項として「被疑者に見えるよう録音中であることを示すインジケーターかシグナルが用意される」ことが要求された。これは隠し録音を禁止する意味を含んでいる。取調室外でおこなわれた取調べなどを記録する場合は SDN が利用できないため，可動式録音システムについては，本条項が適用されないことも明らかにされた（6.4，7.1，7.4など）。

　データの複写については，被疑者が起訴されることになれば交付されるし，不起訴となった後に民事訴訟などでの利用を目的として（元）被疑者から要求された場合は，裁判所の命令によらなければ交付できないとされた（4.9，7.7，7.13）。

　また，新たに7.16と7.17が追加され，SDN の概要説明が加えられた。すなわち，SDN では供述は記録専用（read-only）フォーマットで音声が保存され，遠隔地で録音された内容がセキュア・サーバーに蓄積され，また，ネットワーク接続に不具合がある場合にはローカルであらかじめ用意されているメディアに記録される（7.16）。起訴後，供述者は記録にアクセスする権利があり，警察官や公訴官も事件処理のためにアクセスできるが，そうしたアクセスはすべて監視下に置かれることについて被疑者への告知が義務づけられた（7.17）。

録画に関する実務規範 F については，新たに 7 条を追加し，実務規範 E で導入された SDN と併用できること，DVD などの可動媒体に録画がおこなわれる場合の規定は SDN には適用されないとされた。また，実務規範 E と表現上の統一を図るよう文言修正がおこなわれた（1.5A，1.6，2.3等）。このうち，可動媒体を取り扱うことを前提としていた表現を修正した点は，録画記録についても将来 SDN 化に対応できるような規定となっている。例えば，F2 のタイトルや F4.18 において用いられていた tape ないし CD という表現を recording(s) に修正された点などがそれに該当する。

IV　録音録画と取調室のデザイン

　我が国の取調べ録画に関する警察庁や検察庁の発表資料や関連する報道などを見ていると，録画関係機器の導入が示されているだけで，録画環境や録画条件に関する言及や配慮がみられない。これに対して，海外での録音録画機能を備えた取調室は，部屋の防音・遮音効果に配慮がなされていて，壁には吸音材が施されていたり，ドアの仕様も通常のものとは異なるものに改良されていることが多い。実際，我が国の裁判員裁判において録画 DVD が再生されたケースで音声が聞き取りにくかったり映像が見にくかったという感想を裁判員がもったとの報道もなされているところ，[34] 我が国では録画や録音の質に対する配慮が，制度設計上も実務上も十分になされていない現状にあるように思われる。

　英国では，2009年 7 月に「内務省警察建築デザイン・ガイド——留置施設関係政策文書」（Home Office Police Buildings Design Guide — Custody）が策定されているが，そこで取調室が備えておくべき施設面での条件があげられている。その中で，取調室の録音録画環境については，次のように“必須ないし強く推奨”として規定されているところである。

　　弁護人や警察官が立ち会ったうえでおこなわれる取調べにおいては，録音録画用の主要施設は以下に示される条件を備えていなければならず，留置業務や留置施設の近いところに設置されていなければならない。そして，取調室は録音録画に適した条件を備えていなければならない。

......

　f　音響効果や，隣室ならびに廊下などからの防音が考慮されていなければならない。録音録画用の取調室は十分な防音を施せるように，ロビーをおいて動線となる続き部分と分断されていなければならない。

　このことは，単に機器の設置と撮影や録音の実施だけでは「可視化」は十分ではないことを可視化先進国が認識しているという証左であろう。録音録画記録の証拠や資料としての価値，有益性を確保したり増進させたりするため，記録の質に配慮が求められている。録音録画機器の仕様は言うまでもなく，施設の設計であるとか，取調室の内装や仕様，什器調度類の要件に至るまで配慮がなされる必要があり，カメラやマイクの配置やアングルなどについても工夫が求められる。

おわりに

　以上のとおり，被疑者取調べの可視化先進国とされてきたイギリスでは，その録音義務化という方式ゆえに取調べ録画への移行が長らく遅れていた。しかしながら，録画への意欲は決して乏しかったわけではなく，現場レベルでの試行や本章で紹介されたような録画実験プロジェクトの試みが繰り返しおこなわれてきていた。それでも，ダブルデッカー方式の録音テープによる音声記録という手法は，その簡便性，信頼性，安定性などから強い支持を受け，容易な変更を許さなかった。つまり，法がどのようなものであれ，手続きを進めるうえで「アーキテクチャー（architecture）」によって実際の法運用が支配されるという格好の見本であろう。[35]そうしたアーキテクチャーは技術革新によって規定されている。いったん強固に構築されたアーキテクチャーを改変することは容易なことではない。たとえ改変を必要としたとしてもそのアーキテクチャーの存続に合理性がある場合には，変化を許容し得るだけの費用対効果やオリジナルを上回るほどの簡便性，信頼性，安定性が不可欠であるということを今回のデジタル・ネットワーク化への英国における移行が物語っていよう。

　2002年から時限的に5つの地区で実施されたCDを主体とした録画実験が上

首尾に終わらず，2008年からランカシャーで試行されたネットワーク方式が好評のうちに成果が確認され，2010年以後の警察情報のデジタル化計画の中核に位置づけられるようになった経緯は，アーキテクチャーが刑事手続分野においても重要な意味をもつことを示している。

　最後に本章での考察をとおして，我が国における被疑者取調べ可視化をめぐる議論に関して，そのアプローチについて若干言及しておきたい。

　第一に，本章で紹介されたようなイギリスのパイロット・プロジェクトのようなプロジェクトの必要性である。全国的な実施に先駆けて一部の都道府県警，検察庁，弁護士会，裁判所の協力によって様々な「可視化」への取り組みをおこなってもよいのではないか。以前，日本弁護士連合会が「可視化特区」を提言したことがあったが[36]，何らかの実験は有益で，国民にも受け入れられやすいのではないか。

　第二に，我が国では音声や映像の選択肢やデータの保存といった技術的側面が軽視されているという点である。とりわけ我が国の取調べは長時間に及ぶところ，全部可視化を想定した場合，記録時間に制約のある DVD などの可動媒体に記録するよりもハードディスクなどの長時間データを収録できるメディアの有用性を検討しておく必要があるだろう。

　第三に，供述の任意性や信頼性に関する判断が，「紙媒体」である供述調書から「メディア」（DVD であれ音声テープであれ）に移行することで判断者にどのような影響を及ぼすのかという心理的側面についても注意が払われていないように思われる。本章で紹介されたパイロット・プロジェクトは，世界でも唯一の取調べ記録に関する音声と映像の差異を検証した研究ともなっており，かかる記録方法の差異についても検討を必要としよう。

　第四に，データへのアクセスという観点がほとんど顧慮されていない点である。我が国の証拠開示手続においては，検察官に証拠調べ請求意思がないとき相当性判断が示されて初めて検察官手持ち証拠が被告人側に開示される。録音録画システムの制度設計上開示プロセスが考慮されていないのは法制度の違いからすれば当然に思えようが，そこには迅速な記録へのアクセスや関係諸機関の利用の便宜という観点が欠落していると言わねばならない。

　第五は，コンピュータ・ネットワークの先進国でありながら，取調べやその

記録化，証拠化についてネットワーク・ソリューションが検討されていないという点である。2008年10月，警察庁では取調べ実務に対する批判を受けて取調室にのぞき窓を設置して監察官が監視するといった施策が導入されたが，布を被ってドアの外から中をのぞき込む様はとても ICT 先進国とは思えない。[37]ネットワーク化をおこなえば監督官のデスクから容易にいつでも取調べの様子にアクセスでき，取調べの適正化に資するだけでなく，取調べの記録が残れば取調べ技法教育の素材としても格好である。[38]むしろ，アーキテクチャーという観点からすると，のぞき窓では現行の取調べ手続に何ら影響を与えないものであり，だからこそそうした手段が採用されたとも思えるほどである。

　いずれにしても，英国の経験やその動向が教えているように取調べの録音録画制度をめぐる議論においては，「必要とされている改革課題」を明確にしたうえで最適のテクノロジー導入や環境設計を目指すべきであり，そのためのアーキテクチャーの構築に注意が向けられなければならない。[補注2]

---

1 ）　イギリスの取調べ録音制度を本格的に紹介した初めての邦語文献は，John Baldwin（渡部保夫＝ウィリアム・B. クリアリー訳）「警察官による被疑者の取調べとテープ録音」判例時報1195号（1986）5 頁と思われる。その後，ジョン・ボールドウィン（四宮啓訳）「警察取調べの録音と警察における弁護人の役割」自由と正義48巻10号（1997）14頁，山上圭子「英国における取調べの録音制度について」法律のひろば56巻 6 号（2003）71頁，渡辺修＝山田直子監修／小坂井久＝秋田真志編著『取調べ可視化——密室への挑戦：イギリスの取調べ録音・録画に学ぶ』（成文堂，2004），白川靖浩「イギリスにおける被疑者取調べについて（上，中，下）」警察学論集60巻 4 号（2007）75頁，5 号（2007）134頁，6 号（2007）65頁，岡田薫「取調べの機能と録音・録画」レファレンス平成20年 7 月号 5 頁，白川靖浩「イギリスにおける被疑者取調べについて」警察政策研究12号（2008）255頁などがある。

2 ）　初期のイギリスにおける取調べ録画に関する実態調査として，1992年に刊行された「ボールドウィン・レポート」がある。J. BALDWIN, THE CONDUCT OF POLICE INVESTIGATIONS (1992). レポートは，取調べの録音制度が導入されて間もないイギリスにおいて，実験的におこなわれていた取調べのビデオ録画を分析評価するために実施されたプロジェクトを，当時バーミンガム大学で教鞭をとっていたジョン・ボールドウィンがまとめたものである。調査対象とされたのは，ウェスト・ミッドランド地区のベルグレイブ警察とウェンズフィールド警察，ならびにウェスト・マーシア地区のレディッチ警察，そしてメトロポリタンのエドモント警察の 4 つの署において実施されたビデオテープによる取調べの記録であり，それぞれ各警察から100件ずつ，合計400件のビデオ記録が集められた。比較対象とするために，200件の音声による取調べ記録がバーミンガムの 2 つの警察署から集められた。これら総計600件の記録は1989年10月から1990年11月にかけて収録された。プロジェクトの目的のひとつは，音声のみの取調べの記録よりもビデオ記録の方が優れているのかどうかを評価することであったが，レポートは，ビデオ録画の特徴として，撮影された取調べ記録はリアルで真に迫っており，

誰しも飲み込まれてしまうとする。他方で，ビデオ録画はその効用が過度に強調されすぎる きらいがあると評した。そこで，ビデオ録画が第三者によって確認されるプロセスを経れば， 公正さの評価も高まると指摘する。See J. Baldwin, *Police Interview on Tape*, 11 New Law Journal 662 (1990); *Videotaping in Police Station*, 141 New Law Journal 1512 (1991). エ ドモントン署におけるトライアルの詳細については，Malcolm Hibberd, Video Recording of Suspect Interviews at Edmonton Police Station: a Study of Public Reactions (1992) を参照。ビデオ録画を肯定的に評価し，全面的な導入に積極的であった。

3) Police and Criminal Evidence Act 1984 Code F: Code of Practice on Visual Recording with Sound of Interviews with Suspects.

4) Section 76, Criminal Justice and Police Act 2001. 同条により PACE に60条 A を追加し， 録画規定を置くと定められている。

5) 取調べ録画義務が課せられたのは，Basingstoke, Portsmouth, Southampton, Chatham, Gravesend, Tonbridge, Bromley, Colindale, Edmonton, Redditch, Telford, Worcester の 各 警察署で2002年5月7日から，Harlow, Colchester, Southend の各警察署で2002年10月29日 からとされている。しかし，いずれも2003年11月以降，録画義務は廃止された。See The Police and Criminal Evidence Act 1984 (Visual Recording of Interviews) (Certain Police Areas) (Revocation) Order 2003 (Statutory Instruments, 2003 No. 2463).

6) The Royal Commission on Criminal Procedure Report, Cmnd. 8092 (1981).

7) Report of the Royal Commission on Criminal Procedure: a consultative memorandum (1981).

8) The Tape-Recording of Police Interviews with Suspects: procedural guidance (1983).

9) The Tape-Recording of Police Interviews with Suspects: an interim report (1984). ホ ルボーン，クレイドン，レスター，ウィラル，サウス・タインサイド，ウィンチェスター地 域で実施された。

10) ランカシャー，ウィンチェスター，サウス・シールズ，ジャロー，ロンドンの警察区で実 施された。

11) The Tape-Recording of Police Interviews with Suspects: a second interim report (1988).

12) Police and Criminal Evidence Act 1984 (Tape-recording of Interviews) (No 1) Order 1991 (SI 1991 No. 2687).

13) M. Zander, The Police and Criminal Evidence Act 1984, 234 (5th ed. 2005).

14) 自己の関わらない犯罪への任意の供述に関しては，別稿を予定しているのでそちらを参照 いただきたい。拙稿「イギリスにおける組織犯罪捜査と取調べ——情報収集取調べ，司法取 引そして証人匿名命令」（掲載誌未定）。

15) The Law Officer's Departments Departmental Report 2003.
http://www.cps. gov. uk/Publications/reports/lodeptreport03. html

16) MPEG4（エムペグフォー）とは，動画，音声全般をデジタル・データして扱うための規格 の一種。MPEG とは Moving Picture Expert Group の頭文字で，もともとマルチメディア符 号化作業を担っている組織の略称であったものが蓄積メディア，放送，通信などのためのマ ルチメディア符号化の規格の名称に転じたもの。MPEG1 がビデオ CD, MPEG2 が DVD, MPEG4 がインターネットに対応する。

17) MP3（エムピースリー）とは，デジタル音声のための音声圧縮ファイルのフォーマット方 法のひとつ。MPEG1 の音声圧縮に用いられる。音楽 CD 並の音質でデータ量を10分の1以 下にまで圧縮できる。

18) こうした証人，被疑者の取扱いにつき，実務規範 D (Code of Practice for the Detention,

第9章　イギリス　281

Treatment and Questioning of Persons by Police Officers) 第11条(c)(d)を参照。

19) Home Office Circular 76/1988 dated August 17, 1988, para. 23.

20) 200件の要約を検証したプロジェクトでは3分の1がミスリーディングであったとして要約調書に弁護人が依存することの危険性を指摘している。

Solicitors warned against relying on tape summaries, LAW SOCIETY GAZETTE, 11 Sep. 1991. また，ボールドウィン教授も4つの警察署で50本の要約調書をランダムに収集し，正確性に問題があると指摘している。J. Baldwin, Getting the record straight, LAW SOCIETY GAZETTE, 3 Feb. 1993; J. Baldwin & J. Bedward, Summarising Tape Recordings of Police Interviews, CRIMINAL LAW REVIEW 671 (1991).

21) 多くの法域において，取調べの録画録音のメディア（ビデオテープやDVDなど）を複数同時記録し，副本を証拠開示手続を経ることなく取調べ後に直ちに弁護人に交付している。これにより複製交付のための手間と時間が不要となってコスト削減になる。

22) 本書第10章参照。

23) 同様の指摘をボールドウィン教授もおこなっている。渡辺ほか・前掲注1）23-24頁参照。

24) ADDENDUM OF CHANGES TO PACE CODES A TO E THAT HAVE EFFECT FROM 1 FEBRUARY 2008. http://police.homeoffice.gov.uk/publications/operational-policing/2008_PACE_Codes_Addendum.pdf

25) INTERIM EVALUATION REPORT, DIGITAL RECORDING OF SUSPECT INTERVIEWS - REPORT ON PILOT IN EASTERN DIVISION LANCASHIRE CONSTABULARY (2009). ランカシャーでのパイロット・プロジェクトについては，別稿「ネットワーク化されるイギリスの被疑者取調べとPACE実務規範の改正」（掲載誌未定）で詳しく紹介する予定である。

26) 大きいものでは，例えば，テープ管理担当者6名，反訳担当官6名を節約でき，テープの購入費用，機材の保守やデータ複写費用，保存スペースと維持費用，弁護側への交付費用等である。

27) http://www.kable.co.uk/npia-digital-police-interview-recording-contract-18jan10

28) http://www.npia.police.uk/en/docs/Service_contract_Contract_notice_013992-2010_EN1.pdf

29) http://www.damovo.co.uk/

30) http://www.damovo.co.uk/codes.html

31) SIR RONNIE FLANAGAN, THE REVIEW OF POLICING: FINAL REPORT (2008).
http://police.homeoffice.gov.uk/publications/police-reform/review_of_policing/flanagan_final_report?view=Binary

32) FROM THE NEIGHBOURHOOD TO THE NATIONAL: POLICING OUR COMMUNITIES TOGETHER (2008).
http://police.homeoffice.gov.uk/police-reform/policegp/

33) http://www.npia.police.uk/en/12730.htm

34) 「可視化への一歩，音声悪い　取り調べDVDで，裁判員」西日本新聞Web版2010年3月18日付け（http://www.nishinippon.co.jp/nnp/item/159425）参照。

35) アーキテクチャーと法との関係については，例えば，笹原和織「レッシグからバウンドへ──社会統制媒体としてのアーキテクチャー概念の有用性とその課題」法哲学年報（2008）156-164頁参照。

36) 「取り調べ録画，『大阪・福岡を特区に』日弁連が提案」朝日新聞2006年1月25日付け。

37) 「警察捜査における取り調べの適正化　取調室に透視鏡設置」2008年8月27日付け。
http://www.mxtv.co.jp/mxnews/news/200808277.html「警視庁，透視鏡の取調室を公開」大分合同新聞2008年8月27日付け。
http://www.oita-press.co.jp/worldSociety/2008/08/2008082701000162.html

38) 先進国では取調室の模様を別室からカメラでモニターできるようになっているところは少なくない。筆者が訪問したニュージーランドのウェリントン中央署では，音声なしで全取調室の様子が刑事の執務室のモニターに映し出されていたし，英国マンチェスター署やシカゴ市警察でも，録音装置のある取調室をモニターできるよう別室にモニターが配備されていた。

補注1) 我が国においても録画につき取調室での個別記録方式からネットワークによる集中記録管理方式への移行が伝えられている。「取調べ録画一括管理　警察庁，全国の署に導入へ」朝日新聞2015年2月6日付け。

補注2) 警察庁も2014年補正予算（約9億5千万円）を投じて，遠隔記録方式による録画システムを導入した。「天井設置のカメラが記録　可視化用取調室を公開」産経新聞2016年3月28日付け参照。

補 論

取調べ録音によって供述経過が明らかにされた幾つかの事例

　取調べの録音録画が誤った供述を抑止したり，その結果，誤判を防止する役割を果たしたりする根拠はないから，政策的な可視化の要請に理由はないという「不可知論」的主張がしばしば可視化不要論ないし消極論者から示される場合がある。

　言うまでもなく，取調べが可視化された先進国では，すでに可視化記録によって誤判が救済されたり，反対に被告人側の控訴が棄却されたりするなど，事後的な検証や審査に有用・有益であることが明らかになっている。ここではイギリスの事例から学んでみたい。

1　取調べの不当性を明らかにしたケース——カーディフ・スリー上訴審判決

(1992年)(R. v. Paris, Abdullanhi & Miller, 97 Cr App Rep 99, [1994] Crim LR 361)

　イギリスにおける著名誤判事件の中でも未だに法的紛争を引きずる悪名高い「カーディフ・スリー事件」では，記録されていた警察の取調べ録音テープから恐るべき圧迫的な尋問の実態が明るみに出た。その後にDNA型鑑定によって真犯人が発見され，イギリスの刑事司法界を揺るがす大スキャンダルへと繋がった冤罪事件だが，ここでは「可視化」記録が事後的に審査可能であったた

第9章　イギリス　283

め最も如実に取調べの問題が判決に現れたケースとして紹介する。

　1988年にカーディフ市でLynette Whiteという売春婦が殺害され，5人の男性が逮捕起訴され，うち3人が1990年に有罪とされたが，1992年12月に上訴審裁判所によって破棄された。これが本判決である[1]。

　上訴審裁判所は被疑者に対する取調べ経過をつぶさに精査するため，19本の録音テープを再生しその反訳を取り寄せた。取調官は，法律上は適法な尋問を進めていたにも関わらず，その間に被疑者が何度否認しても尋問を中断しなかった。これにつき上訴審判決は明らかに1984年警察刑事証拠法（Police and Criminal Evidence Act: PACE1984）76条2項で禁じられている圧迫的な程度に間違いなく達していたと認定した。ある被疑者（M）の場合には，否認後も300（！）回以上にわたって供述を強制していたと認定されている。判決はこうして得られた自白は，とくにMが精神遅滞のボーダーラインにいた事実（IQ75で精神年齢は11歳程度，8歳の子どもと同程度の読み書きの能力だったという）を踏まえると信用性を欠く（unreliable）ものだと結論づけた。そして尋問の傾向や長さを考えると，得られた供述は証拠として許容できないとされた。そして有罪判決は，危険で（unsafe）支持できない（unsatisfactory）として破棄されたのである[2]。

　　我々は，長時間の取調べの影響と，それらに依拠した検察側の立証が陪審の心を大いに動かしたことは疑いないと考える。（3人の重要な証人）V，P，Gの信用性がないことになれば，指紋や科学的証拠が被疑者らについて存在しない状況と併せてみると，明らかに取調べが中心だった。我々の判断ではそれらは誤って証拠とされたのであり，（他の証人である）SとTの証言を考慮したとしても，残されているものは本件で有罪を支持するものがあるとは考えられない。公平にみて，そして現実的にみて，上訴人の上訴を認める。

　　第一に，警察官らは本法（PACE）の下で定められている実務規範の精神に，そして文言に，多くの点でまったく反するような取調べ手法を用いていた。

加えて，そして驚くべきことに，この被疑者（M）の取調べにはソリシタ（弁護人）が同席していたのである。ソリシタは，途中で一度と取調べの最後の段階で介入をして，取調官の質問に関して依頼者に助言をしたいと申し出ている。だが取調官はこれに応じることなく，その旨を上司に伝えるにとどまった。上訴審裁判所はソリシタの弁護活動が不十分であった点についても批判の目を向け次のように記している。

　　我々は（取調べに立ち会った）ソリシタがいかなる助言をおこなったかを聞く機会はなかったけれども，取調べに立ち会ったソリシタは，ほとんど何もしていなかった。ソリシタのための"警察署での被疑者に対する助言"に関するガイドラインは1985年にソリシタ協会から刊行されており，1988年に第2版が，1991年には第3版が出ている。……取調べ中の被疑者を助ける明確な義務を有するソリシタが，ガイドラインに従って彼の機能と責任を全うすることが何より重要である。そうでなければ，その存在は実際，仇となるだけであろう。

　いわゆる「当番弁護士（duty solicitor）」制度の発祥の地で，また，可視化先進国として尊敬を集めたイギリスであっても，このように弁護人が立ち会っている〈だけ〉では虚偽自白を防ぐことはできない。

2　知的障がいに伴う問題が起きていないことを明らかにしたケース
　　──ブラウン事件（2002）（R. v. Brown, [2011] EWCA (Crim) 1606 (Eng.)）[3]

　2008年にブラウン氏（上訴人）は，殺人罪で陪審から有罪評決を受け，最低20年の禁錮刑に服していた。彼には知的障がいがあったが，一審では訴訟能力は問題とされなかった。検察側は目撃証言，防犯カメラ映像，事件前後の通話記録などに依拠して上訴人の有罪を立証していた。

　弁護人は目撃証言に信用性がないことを主張したほか，上訴人には学習障がいがあり長時間の取調べにより影響されやすくなると主張した。上訴人側が依頼した専門家鑑定では，上訴人はIQ58とされていた。検察側は，上訴人はずっと適切に物事を理解していたと反論した。裁判長は，陪審への説示におい

て当事者の合意した「(上訴人は) イライラしていた」「それほど知的ではなかった」という表現を伝えた後,「上訴人は被告人側が主張しているほど愚かではなく, 言い換えると, 起きた出来事を理解できないように皆さんに見えるよう試みている」とつけ加えていた。

被告人側の専門家に対して, 検察側は法心理学の専門家として名高いギスリー・グッドジョンソン教授に鑑定を依頼した。

被告人側専門家もグッドジョンソン教授も, 上訴人が鑑定に協力的で集中力を備えていたことについて同意見であったが, 被告人側専門家はアイコンタクトも会話もノーマルであるとしたのに対して, グッドジョンソン教授は, 上訴人が「非常に独断的」で,「対立的」だったと評した。

そうした鑑定人らの評価に加えて, 上訴審裁判所は, 取調べの録音から作成された反訳を検討し,「上訴人の警察による取調べの反訳は, 上訴人が高いレベルで集中しており, "話を理解している" ことを示している」として, 上訴を棄却した。

このように, 取調べの記録が電子的におこなわれていることによって, 被疑者の知的能力に問題があった場合や, 取調べの手法に問題があった場合に, 事後的に検証可能とするのは全部録音録画 (可視化) の最も重要な機能であり, 取調べの「透明性」を増し, 警察や検察, 上級審に対する事実審の「説明責任」を担保するメカニズムとして有用であることが理解されるはずである。

---

1) カーディフ・スリー事件に関する読み物として, 例えば, SATISH SEKAR, THE CARDIFF FIVE: INNOCENT BEYOND ANY DOUBT (2012)。

2) 物語はこれで終わりではなかった。その後も「カーディフ・スリー」の名前はイギリス司法界を賑わせ続けている。まず, 2002年にDNA鑑定によって被害者を殺害した真犯人が突き止められ2003年に有罪判決が言い渡される。2004年11月には, 警察独立不服審査委員会 (Independent Police Complaints Commission: IPCC) が本件の捜査にあたったサウスウェールズ警察の調査に乗り出した。2005年4月から2005年5月にかけ, 捜査に関わった捜査官で引退した者も含めて30人以上が逮捕されるという前代未聞のスキャンダルが起きた。その中には警察監察官も含まれていた (最終報告書は以下参照。ANDY RILEY, SOUTH WALES POLICE: DESTRUCTION OF SPECIFIC DOCUMENTS LEADING TO THE COLLAPSE OF THE R V MOUNCHER & OTHERS TRIAL AT SWANSEA CROWN COURT ON 1 DECEMBER 2011 (4 July 2013). https://www.ipcc.gov.uk/sites/default/files/Documents/guidelines_reports/Final_Report_South_Wales_Police.pdf)。

2007年2月, カーディフ・スリーに対する裁判で証言していた4人の証人が偽証罪で起訴

され，３人が有罪判決を受け18か月の禁錮刑を言い渡された。2009年３月には公訴局が３人の捜査官と10人の警官を司法妨害罪（pervert the course of justice）で起訴すると発表し，イギリス史上最大の警察不祥事となった。ところが，検察側に対する裁判所の証拠開示命令が出たものの重要な文書が2010年に消失していることが明らかになった結果，公訴局長は2011年12月，すべての起訴を取り下げるとアナウンスした。だが，その後に当該文書が消失していないことが明らかとなり，2015年２月には，今度は内務大臣テレサ・メイがサウスウェールズ警察に対する捜査を再開すると発表した。起訴されていた元捜査官らが警察を相手取って民事訴訟を起こすなど今もまだ法的紛争は継続中である。なお，有罪破棄された３人の元被告人のひとり，Abdullahi 氏は2011年１月に49歳で亡くなっている。

３） http://www.bailii.org/ew/cases/EWCA/Crim/2011/1606.html.

第3部　取調べ録画と諸科学

第10章　取調べ録画制度と撮影アングル
―心理学的知見1

これらの［撮影方式の差異が及ぼす影響に関する］研究は，多くの米国の警察で，そしておそらく世界中でおこなわれている，現在の被疑者取調べの録画実務に対して注意を喚起するだろう。そこでは，被疑者にだけカメラが向けられているからである。こうしたやり方によって引き起こされるバイアスの出現は無視すべきものではない。

ニュージーランド警察『被疑者取調べの研究[1]』より

はじめに

　本章は，いわゆる「取調べの可視化」（被疑者取調べの録音録画）のうち，録画につき，その映像のもつインパクトの強さに照らして撮影方式いかんによって任意性判断や有罪無罪の判断，量刑判断にまで差異が生じること，また，誤った判断を回避するためのより妥当な撮影方式の検討が必要なことの2点に言及し，心理学分野での研究の成果を紹介すると共に，我が国における可視化論に示唆を得ることを目的としている。

　周知のとおり，「可視化」の遅れる我が国とは異なり，多くの先進国といわれる国々では取調べ録画が進められてきている。ところが，そうした普及と効用への期待にも関わらず，撮影方式や実際のカメラ・アングルの良否に関する検討はほとんど顧みられておらず，これまで「先進国」にあってもさほど大きな注意が払われてこなかった。

　そのような状況の中，2006年にLaw & Policy誌に掲載されたラシター（オハイオ大学教授）らによる論文「ビデオ録画された自白――万能薬か，それともパンドラの箱か？[2]」は，ラシターらが長年，心理学の分野で研究を進めてき

290

たビデオ録画自白に関する実験結果をまとめたもので，映像を見る者の判断を誤らせる危険性を実証的に示した初めての法律分野の論文である。

ラシターらは，映像に関する「錯覚原因（illusory causation[3]）」と呼ばれる影響が自白録画の場合にも現れていて，有益さとはかけ離れた危険性を有しているとする。錯覚原因とは映像を見る者に無意識のうちに与えられるバイアスを指すが，それは，とりわけ観察対象者（被疑者）だけをクローズアップした撮影方法（被疑者フォーカス（suspect-focus）方式）において最も顕著に現れるという。そして，こうした危険を完全に回避する手段はなく，危険性を減少させる方法として，取調官だけを撮影する（detective-focus）方法か取調官と被疑者の双方を撮影する方法（両者フォーカス（equal-focus）方式）が望ましいという実験結果を示したのである。

本章は，ラシターらの実験研究の紹介と共に，我が国における可視化論，すなわち取調べ録画方法とその再生方法につき，彼らの研究から得られる示唆に基づき考察してみたい。以下，第Ⅰ節では取調べ撮影方式の分類をおこない，第Ⅱ節では，ラシターらの一連の自白ビデオに関する実験研究の概要を紹介する。ほとんどの実験は自白の任意性に焦点をあてており，このことは，先頃，裁判員裁判において自白の任意性判断に裁判員を関与させようという提案のあった，我が国の裁判員裁判における実務のあり方に大きな示唆を与えるものと考える。第Ⅲ節では，こうした撮影方式の差異が生む「バイアス」のおそれを回避し得る様々な措置が現行法上想定されるところ，それらの抑制策についてラシターらの研究結果で得られた知見を参照しながら検討を加える。最後に，いずれの抑制策も十分ではなく，撮影ならびに再生方法に留意することが重要であるという結論を示す。

Ⅰ　取調べ録画における3つの撮影方式とデジタル化の流れ

前述したように，取調べの録画が普及しつつある米国では，もっぱら被疑者だけにカメラを向けた被疑者フォーカス（SF: suspect-focus）方式が主流である。おおむね，取調官の背後から被疑者を撮影する。これに対して，ほとんど実施されていないのが，取調官にカメラを向けた取調官フォーカス（DF: detective-focus）方式である。その中間形態として，対面して座る被疑者と取調官の双方を側面から平等に撮影する，両者フォーカス（EF: equal-focus）方式がある。こうしたカメラ・アングル以外に取調室全体を天井部や壁面上部等から撮影する方式もあるが，ラシターらの実験では比較対象に含まれていない。

　これらの方式はいずれもビデオ録画がマニュアルでおこなわれていた時代の名残りであるが，ひとつのカメラに自動的に切り替え動作を埋め込み，２種の撮影方式をおこなわせるやり方もある。こんにち，デジタル化の進展に伴って，ひとつの方式に固定することなく，複数のカメラを使って複数のアングルから撮影された映像を同一画面上に記録することが可能となっている——２つのカメラで撮影するときは，２画面撮影（dual-camera）方式と呼ぶ——[4]。

　デジタル化のメリットとして，書込みのみの媒体を用いて編集不可能にできること，保管場所の縮減，良質な映像，高速の複写スピードなどがあげられる。オーストラリア（ニューサウスウェールズ州）では2007年にDVDへ移行し，ニュージーランドでも移行が進められている最中である。だが，どちらもカメラは単数のままとなっている。一方，英国では各地区において複数のカメラによるデジタル撮影が始まっており，例えばハンプシャーなどで２画面撮影方式が，メトロポリタンでは３画面撮影方式が導入されている。いずれも，SF方式を主画面として，ピクチャー・イン・ピクチャーによりDF方式や取調室全体の風景が記録されるようになっている。

II　撮影方式の差異による影響をめぐるラシターらの実験

　ラシターらも，自白映像が一定の条件のもとで撮影された場合，自白の任意性や信用性判断に有益であることを否定しているわけではない。理性的な観察者であれば，自白に正統性がないと判断することができる場合もある。だが，一見明白に暴力的な取調べではない，心理的な圧迫を伴う取調べについては，常にそれが観察者によって「強制的（coercive）」ととらえられるわけではない。これまでの実証研究によって，暴力的ではない取調べにおいても虚偽自白が生まれていることが確認されている。

　何がそうした虚偽自白を生んだかについての原因究明はラシターらの実験の

目的ではない。あくまで，自白ビデオの問題に固有の撮影方式の差異と自白の任意性判断との関係に着目している。以下，ラシターらの7つの実証研究が紹介されるが，一連の実験は相当の規模に及ぶため，データの詳細は控えて出典を提示することで大半を代えている。

1 撮影方式の差異は自白の任意性判断に影響を及ぼすか（事前研究）

ラシターらの最初期の研究は1986年に公表されたものである[5]。そこでは窃盗罪（万引き）に関して，上記3つの方式で撮影されたそれぞれの模擬取調べにおける自白映像を見る対照群を設定し，自白が任意になされたものか，強制されたものかを被験者に判断させた。ビデオ内容は，男性の取調官が女性の被疑者に対して，ショッピングセンターから商品（洋服）を盗んだことを問いつめ，当初否定していた被疑者が最終的に自白をするというものであった。被験者はサマースクールの学生である。3つの対照群のうち，SF方式を見たグループが自白の任意性を最も強く認める傾向にあり，EF方式のグループが強制的とする傾向にあり，DF方式のグループが最も強制的であると評価した。このことからラシターたちは，任意性判断のため自白録画ビデオを使用するにあたって，撮影方式が大きく影響する可能性があるため，実際の法廷での使用に留意が必要であると考えるようになった。

2 撮影方式の差異は異なる犯罪類型でも現れるか（第1研究）

そこで，この事前研究に引き続いてラシターらは本格的な研究に着手する。まず，①犯罪の種類や被疑者の性別が，カメラ・アングルの差異によって判断者に影響を与えるという事前研究で得られた知見に変化をもたらすかどうかの確認実験がおこなわれた[6]。変数として，強姦罪，違法薬物輸送罪，そして強盗罪についての自白が用意され，被疑者も女性と男性がそれぞれ演じた。しかし，SF方式の場合に強制的であるとする評価が低いことに変化はなかった。

②続いて，記録媒体による差異の存在を確認するため，同一内容の自白が，SF方式，EF方式，DF方式，の3方式でそれぞれビデオ録画された場合，音声録画された場合，そして調書化された場合，の5種類の対照群（模擬陪審）を用意した。この場合でも，SF方式で撮影された自白については音声・調書

第10章 取調べ録画制度と撮影アングル　293

の自白より高い割合で「強制的でない」と判断された。EF 方式で撮影された自白，音声方式，調書方式の間には差異が確認されなかった。

　また，新たな知見として，こうした実験結果から，自白の撮影方式の差異が，自白の任意性判断のみならず有罪無罪の判断にまで影響を及ぼしている可能性が指摘された。

3　撮影方式の差異の影響を抑制する方法はあるか（第 2 研究）

　2002年に発表された研究[7]でラシターらは，こうした撮影方式の差異によるバイアスが何らかの措置によって回避され得るかどうかを，次の 4 つの手段を設けることで確認した。まず，①任意性判断を示す前に適切な評議をおこなうようにした。だが，これでは第 1 研究で示されたバイアスを除去できなかった。加えて，こうした撮影方式の差異の影響は，第 1 研究で示唆されていた有罪無罪や量刑判断にまで影響が及んでいることが確認された。②模擬陪審に事前にカメラ・アングルによって判断が影響される可能性があることを警告し（A グループ），③別のグループには，映像に写っている姿ではなく，自白の内容に注意を向けるよう強い警告を与えた（B グループ）。結果はいずれも同じで，A, B 両グループで撮影方式によるバイアスの発生を減少させることができなかった。用いられた自白は，実際に取調べでなされた自白の圧縮版（5 分程度）であった。④そこで，より長い自白映像を用いたが（30分ほどの実際に取調べでなされた自白がそのまま再現された），SF 方式に任意性が肯定されやすいというバイアスの発生を抑止することはできなかった。以下，やや詳しく紹介する。

　①については，カプランの研究などが示唆するような，陪審制度における「集団知」の有意性，すなわち（12人の陪審員による）適切な評議がおこなわれれば，個別の陪審員による偏った見方を防止し，単一の事実だけではなく幅広い事実のとらえ方と法的な観点を思い出させ，適切な結果を招くことができるという見解[8]を参考にしている。

　実験は125人の男子学生，237人の女子学生を被験者としておこなわれた。1 グループ 5 人ほどの規模である。用意されたのは強姦罪と強盗罪に関する 2 つの模擬取調べで，いずれも当初，被疑者は否認をし，その後，犯行と結びつける証拠があると指摘された後でも否認し続け，「自白をした方が有利になる」

294　第 3 部　取調べ録画と諸科学

TABLE 1
Means for the Dependent Measures (Study 1)

	Confession-presentation format				
Measure	Suspect-focus videotape	Equal-focus videotape	Detective-focus videotape	Audiotape	Transcript
Voluntariness					
Index	20.97	19.65	18.48	19.31	19.30
Likelihood of					
Guilt	8.22	8.13	7.55	8.07	7.95

Note: Higher scores on the voluntariness index and guilt measure indicate judgments of greater voluntariness and more probable guilt, respectively.

といった示唆を受けた後に最終的に自白する、という筋書きであった。SF方式、EF方式、DF方式の自白ビデオと、音声自白、調書自白という5種類の記録媒体を用いた実験群が設けられ、自白の任意性判断のみならず、最終的に被疑者が有罪か無罪かまで評議させた。自白資料を渡す前に、指導者が強制的自白に関する定義を示し、資料の提示（再生・閲覧）の後に、本物の陪審評議と同じような評議進行についての注意を与えた。その後、被験者には、「供述に対する強制の程度」、「供述の任意性の程度」、そして「自白が任意になされたといえるか」を9段階で表す3つの回答表を配布し、個々人でこれに回答させ（この9段階マーキング方式はラシターらの実験で一貫して用いられている測定方法である）、これらの回答結果を差異分析によって検出した[9]（TABLE 1参照）。結果は、犯罪類型による差異はなく、ほかのどの方法よりもSF方式において自白の任意性肯定傾向が強いことが確認され、さらに、評議の結果の有罪傾向も強かった。

　では、自白に接する前の事前警告（評議前の説示などに該当する）がなされた場合はどうか（②）。実験は、104人の男女の学生を対象におこなわれ、①で用いられた自白のうち強盗罪のものが使われた。用いられた自白データは、SF方式とDF方式の2種の撮影方式による自白ビデオであった。自白データ以外

に，2人の検察側証人の証言反訳と2人の被告人側証人の証言反訳も証拠として提供されたが，その信頼性の強度は同程度に調整されており，自白ビデオが決定的な証拠になるよう設定された。評議に入る前に，被験者の半数には異なった撮影方式で撮影された自白ビデオの危険性が告知され，残りの半数には告知されなかった。自白ビデオを見た後，被験者は①と同様の3つの回答書に回答した。結果（TABLE 2）は，警告を受けるかどうかに関わらず，SF方式で高い任意性を示しており，有罪率も同様であった。

　続いて，より積極的なバイアス抑制策として，取調べと自白の内容に注意を向けるよう強い警告を与える，という措置が施された（③）。87人の男女の学生が被験者となり，使われた自白資料は②と同様で，調書は今回は用いられなかった。半数の被験者には，自白資料に接する前に，前述と同様の警告が強く与えられた。このグループにはその注意力を維持喚起させるため，取調べの録画を見ている最中に重要な場面にさしかかったときにはボタンを押すよう措置が手渡され，実験者は被験者に，この作業は取調べのどの部分が重要かを判断するうえで大切な役割であると強調した。残りの半数には，いかなる警告も与えられず，そうした機器も渡されなかった。結果（TABLE 3）は，やはりどちらのグループでもSF方式の自白について強く任意性肯定判断が示されており，警告の有無は有意な差を生まなかった。

　ラシターらは，②や③の結果を受け，これらの模擬取調べにおける自白ビデオが比較的短いものであったため，より長く，より現実に近い自白ビデオで結果が異なるかどうかの評価を必要だと考えた（④）。その方が被験者に対するインパクトも大きいと考えたからである。そこで実際に取調室でなされた内容をほぼ再現した30分の取調べビデオが用いられることになった。86人のオハイオ大学の心理専攻の学生が被験者となり，ガールフレンドを殺したある被疑者のケースの取調べの再現ビデオが上映された。被験者は3種類の撮影方式の再現ビデオを見た後，②，③と同じように3つの回答書に9段階で回答したが，最後の問いは有罪無罪ではなく量刑についての質問に代えられた（最大刑を9に，最小刑を1とするスケール）。結果（TABLE 4）は，やはりSF方式に強い任意性肯定判断が示されており，さらに量刑についてもDF，EF，SF方式の順に重くなっていた。

TABLE 2
Means for the Dependent Measures (Study 2)

Measure	No Forewarning		Forewarning	
	Suspect-focus	Detective-focus	Suspect-focus	Detective-focus
Voluntariness Index	20.52	16.96	18.63	16.48
Likelihood of Guilt	8.08	7.24	8.07	7.41

Note: Higher scores on the voluntariness index and guilt measure indicate judgments of greater voluntariness and more probable guilt, respectively.

TABLE 3
Means for the Dependent Measures (Study 3)

Measure	No attention-on-content task		Attention-on-content task	
	Suspect-focus	Detective-focus	Suspect-focus	Detective-focus
Voluntariness Index	20.60	16.85	18.08	15.91
Likelihood of Guilt	8.25	7.45	8.29	8.13

Note: Higher scores on the voluntariness index and guilt measure indicate judgments of greater voluntariness and more probable guilt, respectively.

　以上の４つの実験をとおして，被疑者のみを撮影する方式では任意性が肯定されやすいバイアスがあること，このバイアスを抑制する方法は見あたらず，撮影方式を変更することが最も適当であるということが確認された。ラシターらは，先行するウィルソンらの研究[10]で示された判断過程における心理的な「汚

TABLE 4
Means for the Dependent Measures (Study 4)

Measure	Camera point of view		
	Suspect-focus	Equal-focus	Detective-focus
Voluntariness			
Index	20.32	18.14	16.29
Likelihood of			
Guilt	8.62	8.34	8.21
Recommended			
Sentence	7.72	7.31	6.57

Note: Higher scores on the voluntariness index and guilt measure indicate judgments of greater voluntariness and more probable guilt, respectively. Higher scores on the sentence recommendation measure signify a more severe sentence.

染」が，自白録画ビデオにも同じように現れるとする。ウィルソンらはそうした「汚染」の危険を回避する手段を提言していたが，彼らでさえ「ある状況では，バイアスの範囲を知ることはむずかしく，バイアスを十分に是正するため判断者の反応を統制することは困難である」としており，ラシターらは，最終的な手段はそうしたバイアスを生み出す機会をつくらないことしかない，と結論づけた。そして，SF 方式による取調べの録画をするべきではなく，被疑者も取調官も平等に映る EF 方式が適切であるとして，ラシターらの事前研究を参考にして同方式を採用したニュージーランド警察の例を紹介した。

4　リアリティが強ければバイアスは縮小するか（第3研究）

　これまでのラシターらの実験では学生が被験者となっていたため，「社会的体験」に欠けていた。実験結果への信頼性を高めるにはより現実に近い設定をおこなうことが必要となる。そこで，ラシターらは実験にリアリティがないという批判を退けるため一連の新たな工夫を施した。すなわち，被験者が「責任感」をもっているとバイアスが弱まるのかどうかを確認するため，次のような

実験群が用意された。

① まず30分の自白ビデオを見る前に被験者を2つに分け，ひとつのグループに対して，グループの判断について地方裁判所の裁判官に対してその判断を正当化しなければならないと告げた。別のグループには，グループの判断は秘密にされると説明した。いずれのグループも SF 方式と EF 方式のいずれかの自白ビデオを見せられたが，撮影方式の差異によるバイアスはやはり同じように出現し，SF 方式に強い任意性肯定判断が示された。[11]

② 続く研究[12]では，ラシターらは，自白ビデオに関するそれまでの研究の限界を明らかにするようにした。すなわち，実験では自白ビデオ以外の証拠は被験者に提示されないが，本当の裁判であれば様々な証拠が判断者（陪審や裁判官）に提供される。また実験では被験者が学生にかぎられており，一般市民（陪審員）とは異なる反応をすることも考えられた。こうした限界を乗り越えるために，実際の裁判に似た状況を設定することにした。4時間から5時間の模擬裁判の中で複数の証人の主尋問と反対尋問をおこない，客観証拠も用意された。検察側と被告人側による弁論もなされ，裁判官役によって実際の裁判どおりの説示もなされた。実験Ⅰでは，学生でない被験者も混じり，実験Ⅱでは学生でない被験者だけでおこなわれた。いずれの実験でも任意性に関して撮影方式による差異（バイアス）が確認され，有罪無罪の陪審の判断にまで影響していることが認められた。ラシターらは，様々な説示を試すことによって撮影方式の影響を減少させられるかどうかを検証したが，結果は同じで，撮影方式の差異によるバイアスの出現は変わらなかった。

5 裁判官であれば影響は免れるか（第4研究）

では，陪審員に自白テープを見せることの可否，すなわち証拠の許容性を判断する役割を職業的に担っている裁判官であればどうか。任意性判断の第一関門は証拠採用をおこなう裁判官にかかっているわけであるから，この段階で疑わしい自白のビデオ証拠を排除できるという期待がある。この点，陪審員を想定した市民や学生が被験者であった場合と異なり，法廷実務の経験豊かな裁判官であれば，撮影方式がいかなるものであっても，任意性や信用性判断において素人のようには影響を受けない，という仮説が考えられる。[13]そこで，この仮

TABLE 1

Assessments of the Confession's Voluntariness as a Function of Camera Perspective and Expert Type

	Camera perspective		
Expert type	Suspect focus	Equal focus	Detective focus
Judges	3.17 (83)	4.33 (67)	5.56 (43)
Police	2.50 (100)	3.75 (67)	4.63 (43)

Note. Lower numbers indicate that the confession was considered to be more voluntary (range = 1–9). Parenthetical entries are the percentage of participants in each cell who indicated the confession was voluntary, as determined by dichotomizing the rating scale, so that ratings of 1 through 4 were recoded as "voluntary" and ratings of 6 through 9 were recoded as "coerced" (the 2 judges and 3 police who chose a rating of 5, the scale's midpoint, were excluded from this analysis).

説を検証するため，ラシターらは66人の裁判官に３種類の撮影方式で収録された性的暴行に関する自白ビデオを見せ，バイアスが現れるかどうかを測定した[14]。結果は，素人と同じく裁判官においても，自白の任意性の判断については，SF方式で最も強い任意性肯定判断が示された。

　法律職や法執行の経験があってもバイアスを免れないことは，ラシターら以外による実験研究でも確認されている。自白研究で著名なカッシンを中心とするグループが，検察官や刑事弁護人としてのキャリアをもつ21人の裁判官と24人の法執行官に３種類の撮影方式でとられた自白ビデオを見せたところ，専門職の背景とは関係なくSF方式に任意性肯定判断を強く示す傾向を確認した（上の表参照）[15]。こうした実験を受け，ラシターらは，「事実上，現在の実験結果は，警察の取調べがどのように撮影されるべきかについて，研究に基づいた政策を打ち立てることが緊急に必要とされていることを明らかにしている」と指摘した[16]。

6　本物の自白テープでも結果は変わらないか（第5研究）

　先行実験では，音声自白，反訳の自白とEF方式の自白ビデオでほぼ任意肯

定性判断が同じ結果となるという知見が得られたが，これは模擬取調べによる
ものであった。そこで，ラシターらは本物の自白ビデオを用いた場合に変化が
生じるかを検証することにした。この実験では，取調室で撮影された2つの本
物の自白ビデオ（ひとつは性的暴行罪につき SF 方式で，もうひとつは謀殺罪につき
EF 方式で撮ったもの）とそれらをもとに作成された音声データと反訳データが
用いられた。[17] 103人の学生を被験者として実験したところ，結果はやはり同じ
で，本物の自白記録であっても SF 方式において強い任意性肯定判断が示さ
れ，EF 方式であれば音声自白，反訳自白と同等であることが判明した。以上
の実験を踏まえ，ラシターらは，撮影方式が視聴者の判断に大きな影響を与え
ることが明らかであるとして，被疑者に焦点をあてた方式の映像記録を証拠と
して用いないよう警告した。[18]

7　自白をより正確に判断する撮影方式はあるか（第6研究）

①　これまでの研究は，撮影方式の差異が任意性判断を異なるものにすると
いう，いわば消極的な論証であり，そのインプリケーションは警告的なものに
とどまっていた。そこで，より積極的，肯定的に，いかなる方式であれば自白
ビデオが正確な判断に貢献し得るかを検証する，かなり大がかりな実験が企画
された。その結果は2003年に公表された。[19]

ラシターらは，素材となる自白につき，アリバイが証明されたために誤判と
判明した実際の事件の記録にあった虚偽自白の録音を入手し，そのやりとりか
ら模擬取調べのシナリオを作成し，これを3種類の撮影方式で録画した。ま
た，この事件記録をもとにして公判の様子を本物の法廷で再現し，同じくビデ
オに収録した。52人の地域ボランティアが被験者となって，自白ビデオと公判
ビデオの双方を見て，自白の任意性ならびに被告人の有罪無罪について，評議
をおこなわず個別に判断した。結果は，DF 方式を見たグループは，SF 方式
や EF 方式のグループよりも，任意性肯定判断評価値も有罪肯定判断評価値も
低かった。SF 方式と EF 方式では後者が若干低く，SF 方式ではいずれも肯定
されやすいというバイアスが確認された。

②　この実験をより洗練されたものにするため，被験者が供述の真偽をどの
程度判断できるかを確かめる実験として，ラシターらは虚偽と真実の2種につ

き，自白ビデオとそのほかの記録媒体を用意することにした。[20] 2人の被疑者役がそれぞれ真偽2つの供述をおこない，その記録が256人の被験者（学生）に提供され，真偽の判定率が測定された。自白記録は，ビデオが5種類（SF方式，SF（顔面のみ）方式，SF（身体のみ）方式，DF方式，EF方式），そして音声，反訳を合わせた計7種類である。同じSF方式でも撮影範囲（対象）について3種類用意したのがこの実験の特徴として重要である。結果は，DF方式が最も真偽の判定率が高く，SF方式，SF（顔面）方式，EF方式を上回っていた。また，DF方式の正答率はSF（身体）方式と音声，反訳とほぼ同じであった。

このデータは，取調べ録画が自白の任意性，信用性判断に有用であるとする一般的な期待に「酔いを冷まさせるような」（ラシターによる表現）結果であろう。だが，ラシターらは，この結果は，人の表情は虚偽を判断する際に判定者にとって役立たないという「偽装（deception）」に関する自らの先行研究の結果と矛盾せず，驚くことではないとする。[21] すなわち，DF方式は供述者の表情を撮影していないため，真偽判断において最も映像の影響を受けにくい撮影方法であったわけである。

8　ラシターらの研究の総括と影響[22]

取調べの録画は誤判防止の手段として期待されているが，ラシターらは，自白の強要や虚偽自白の問題を解決するよりも，問題をむずかしくする側面があると指摘する。被疑者に焦点をあてるSF方式が米国で主流となっているのは，被疑者の言葉，動きや表情を注意深く見ることが真実を明らかにするという信念に基づいているからであるとする。確かにそうした傾向を支持する研究結果もあるものの，ラシターらの研究が証明しているように，撮影方式いかんでは，自白が強制された結果ではないという判断が影響を受けることが明らかである。ラシターらは，SF方式を採用することは，無罪推定の原則と矛盾する結果を生むと警告する。

そのうえでラシターらは，真偽判定率の高さからするとDF方式が望ましいことになるが，被疑者の映像がないために被疑者に対する誤ったイメージが植えつけられる可能性も排斥できないことから，2番目のカメラで被疑者を撮影しておく2画面撮影方式が，被疑者取調べの全部記録とならんで，取調べ録画

に関わる運用方針とされなければならないと結んでいる。"ともかく取調べを録画してしまえばよい"といった見方が短絡的であることは，ラシターらの研究結果から明らかであろう。[23]

　こうしたラシターらの見解は決して異端ではない。英国でも，1990年の時点で，実態調査に基づき，ボールドウィンがSF方式ではなくEF方式を推奨し，SF方式で撮影された取調べ録画は証拠から除外すべきであるとしていた。[24]また，ラシターらの知見は，多くの心理学分野における研究論文で肯定的に援用，引用されている。例えば，米国と英国を代表する自白研究者であるカッシンとグッドジョンソンによる最近の共著論文においても，取調べの全部記録の必要とならんでEF方式の採用が不可欠とされている。[25]

　また，ラシターらの実験研究を受けた刑事司法実務からの反応も見られ，1991年に被疑者取調べ録画を開始したニュージーランド警察がEF方式を採用しており，2004年に出された全米法曹協会（ABA）刑事司法部門とニューヨーク郡法曹協会の合同報告書でも，ラシターらの研究が引用されて自白ビデオの撮影方式に留意するよう言及されているところである。[26][27]補注1)

Ⅲ　視覚効果に基づくバイアスに対する手続法的な抑制策

　ラシターらの研究のとおり被疑者取調べの撮影方式が重要であるとしても，任意性について誤った判断を抑制するための方策は刑事裁判の様々な段階においていろいろと考えられるという反論や対案が予想される。そこで以下，裁判員裁判を念頭に置きつつ，我が国での議論も参照しながら，考えられる方策について順次検討していく。

1　適切な弁護活動

　取調べの映像記録には"被告人が無実であるにもかかわらず有罪の「印象」を与えてしまう可能性があるけれども，これを防ぐため「適切な弁護活動」が必要であるし有効である"とする見解がある。[28]確かに，自白録画は自白の任意性判断や取調べの違法の有無に関する「資料」とされるべきで，有罪無罪の実質証拠とされてはならず，そうした危険性を食い止めるには適切な公判弁護が

不可欠である。しかし，第一に，弁護活動の有効性につき，第二に，不適切な弁護があった場合の救済の可能性につき，懸念がある。第一の点については，すでに撮影に固有の危険性がわかっているのだから公判段階での対応は事後にすぎるし，バイアスのインパクトを解消できるかどうかに疑問がある。ラシターらの研究では「適切な弁護活動がある場合・ない場合」の比較実験まではおこなっておらず，自白ビデオの撮影方式の差異が生み出すバイアスを何らかの弁護活動によって抑制できるかどうかまでは検証されていないので，この点は彼らの研究の射程外と言えよう。だが，前述したように，バイアスに関する様々な裁判官の説示が被験者に対して効果を有しなかったとする第3研究②は，この点を予測させる。第二の点については，自白の真実性・虚偽性について専門家証人を依頼することが憲法によって保障されていて，[29] かかる機会を逸したことが被告人の「効果的な弁護を受ける権利」の侵害にあたるとして上訴理由となり得るのであれば格別，[30] こうした効果的弁護に関わる判例法理をもたない我が国[31]においては，適切な弁護活動がおこなわれることを期待するだけでは録画方式に関わる危険性を回避するには不十分であろう。

2　被疑者の同意

　我が国では，公判における記録媒体の再生を望まない場合は，録画に際して被疑者の了解・同意に依拠すればよいという対応が検討されている[32]（この場合，被疑者が録画に応ずる際に，将来の再生について被疑者の了解を得るための手続きが加えられることになろう）。このように主張する論者は，再生への了解が得られないときは，検察官は公判延での利用が禁じられるとする。だが，この提案には幾つかの重要な問題がある。第一に，被疑者はSF方式の危険性などを知るはずがなく，この問題を熟知した弁護人の助言でも得られないかぎり，被疑者の同意に撮影方式のもたらす固有の危険性を解消することは無謀としか思えない。第二に，公判で再生しないと約束をする相手方当事者が警察官である場合，警察官が将来の証拠利用の可否まで捜査の時点において約束する権限を有していないし，検察官が仮にそうした約束をしたとして，被告人が強圧的，威嚇的取調べを受けたという申立を公判段階でした場合，検察官は取調べの適正性を証明する有力な証拠を使えないこととなり，結果的に「可視化」の趣旨が

損なわれてしまい刑訴規則198条の4（取調べ状況に関する立証）の要請も果たされなくなる。撮影時における被疑者の了解については撮影の可否にとどめておくのが適当であろう。

3 技術的な規制

取調べの録音録画の利用は技術発展によって容易になったのであるから，その危険性についても技術的に解決できるのではないかという考え方があり得よう。ラシターらは2画面（あるいはマルチ）撮影方式を代案として提案しているが，SF方式を含んだ2画面撮影方式にした場合，どれほどバイアスの抑制に効果があるかについては未だ検証されていない。現時点では，SF方式の映像については検察官段階までの資料として限定しておき，公判前整理手続や公判での再生を一律に禁じておく方が望ましいだろう。[補注2]

4 証拠調べ手続

SF方式で撮影された自白映像に危険性がある場合には，弁護人が証拠調べ請求に不同意とすること，あるいは証拠調べ方法に異議を申し立てることで対応すれば足りるのではないか，という見解があり得よう。確かに，こうしておけばSF方式のもつバイアスの危険が抑制されるかもしれない。しかし，SF方式でしか撮影がなされていないとすると，被告人が取調べ過程について圧迫や誘導などの違法性を主張したり，任意性を争おうとする場合に，映像記録を利用するにあたってバイアスの危険を承知で証拠調べ請求することになり，不利益は免れない。このような不利益を回避するため，2画面またはマルチ撮影方式で撮影されていれば，EF方式で撮影された映像にかぎって証拠調べ請求することが可能となり，望ましいだろう。SF方式で撮影されている豪州NSW州において，自白映像の証拠調べ請求が被告人側からのみおこなわれた例が実態調査で確認されなかったという報告は，こうした問題を考えるうえで示唆的である。[33]

5 裁判官による説示，裁判員に対するレクチャー

裁判員に自白の任意性判断を委ねる場合，自白ビデオを再生するに先立ち，

裁判官から自白映像に関する危険性についての説示あるいはレクチャーがあれば適切な判断を導き得る，といった対応が考えられる。しかし，ラシターらの第2研究②や第3研究②では，説示ではバイアスを抑制できないという示唆を得ているところ，その有効性には疑問がもたれよう。[34]

6 自由心証主義

録画映像の強烈な印象は，自由心証主義の問題に解消すれば足りるという見解があり得る。[35]しかし，第一に，自由心証主義は信用性判断についての原則とはなり得ても，任意性判断における危険性というラシターらが提起した自白の証拠能力問題には無関係であること，第二に，たとえ信用性判断におけるバイアスの危険性を自由心証主義の問題に解決するとしても，何らかの具体的対応が必要とされ，結局，説示・レクチャーなどに依存するほかないということになり，その有効性に関する疑問は前述のとおりである。

7 裁判員・裁判官による適切な評議

実際の裁判では評議がより真剣におこなわれるし，単独の判断ではなく複数（裁判員6名，裁判官3名）の集団知によってバイアスが是正されるという期待があろう。しかし，ラシターらの第2研究①では，適切な評議によってもバイアスは抑制できないという知見が得られており，また，裁判官のように経験があっても撮影方式の差異がもたらすバイアスを克服することはむずかしいことを第4研究が示している。何より，評議がブラックボックスである以上，このプロセスに危険性の抑制を求めるのはリスクが大きいだろう。

8 心理学者などの専門家による鑑定意見や証言

自白を録画した映像記録の任意性や信用性判断に際して，専門家の知見を必ず聞くようにすればよいという考え方もあろう。確かに米国などでは，自白の信用性（虚偽性）に関して専門家証人が許容される場合があるが（州によっては許していない），米国の判例について包括的な調査をおこなった研究によれば，仮にそうした専門家証人が許容されても陪審に対するインパクトは乏しいとされている。[36]自白の信用性の問題とは異なり，任意性判断では専門家の見解によ

306 第3部 取調べ録画と諸科学

る是正が期待されるかもしれないが，ラシターらの第2研究①，②などが示したように，SF方式による自白ビデオは，任意性だけではなく有罪心証についても強いバイアスをもたらしていた。専門家の証言は無益とは思われないし，評議に期待するよりオープンで，司法の説明責任にも適っていよう。もっとも，ラシターらの実験結果に照らすと，鑑定意見が及ぼす効果については留保をつけなければならない。そこで，今後必要とされる研究としては，模擬裁判で専門家証人を採用した場合とそうでない場合の比較実験をおこない，撮影方式の差異によるバイアスが減少するかどうかを確認することであろう。

おわりに

　以上検討したとおり，ラシターらの実験研究に基づくと，我が国でもSF方式の被疑者取調べの映像記録については証拠あるいは補助証拠としての利用に慎重であるべきである，という示唆を得られる。これまで，いわゆる「可視化」論においては，取調べのビデオ撮影は「中立的」なもので被疑者にも取調官にも有利不利はないとする見方が強かった。[37]また，被疑者に不利な側面は録音録画によって得られる利益と相殺される，すなわち「トレードオフ」の関係にあるという決着の仕方もあろう。[38]だが，ラシターらの研究結果は，そうしたトレードオフに還元できない危険性があることを明らかにしている。SF方式でも，ときに任意性判断傾向がほかの撮影方式より弱まるというような結果は，「まったく」（！）得られず，SF方式を採用するかぎり自白の録画ビデオは「中立的」ではあり得ず，被疑者・被告人に「常に」不利となる。実際，1992年から取調べのビデオ録画を導入しているニュージーランドでは，EF方式を採用しているにも関わらず，弁護人による取調べ前の被疑者への助言として録画を拒否するようアドバイスするのが通例となっており，それは，本章で紹介されたようなインパクトについて彼らが経験的に知っているからと考えられる。[39]

　そこで，映像記録の利用にあたっては，証拠法上の規律として，あるいは，展示方法に対する訴訟指揮として，被告人から証拠調べ請求があった場合を除いてSF映像は一律禁止されるとし，録画についてはEF方式，再生について

は音声あるいは反訳のみ許容するという代替案が考えられよう。そのために
は，取調べ録画をおこなうと同時に，音声記録もおこなっておくと利便性が高
い。いったん録画された記録媒体から音声だけを複写するという手法もある
が，NSW 州で実施されているように取調べ時点で録画と録音の2種類の記録
媒体による記録を同時におこなっておくことが望ましいだろう。

　自白録画について撮影方式の差異がバイアスを生み出すことがこれだけ多角
的に検証されていて・かつ手続的な抑制策に乏しい以上，取調べの撮影とその
利用について危険性を最小化する工夫が必要であることは明らかである。ラシ
ターは「強制された自白や虚偽自白の問題を解決するため，やみくもにビデオ
テープを導入することは，制度をすり抜けて問題を悪化させてしまうことにな
る」と語っている。我が国にも通用する警告であろう。

---

1) NEW ZEALAND POLICE, INVESTIGATIVE INTERVIEWING: THE LITERATURE (2005).
2) G. D. Lassiter et al., *Videotaped Confessions : Panacea or Pandora's Box ?*, 28 (2) LAW & POLICY 192 (2006).
3) 錯覚効果に関する初期の文献としては，Michael D. Storms, *Videotape and the Attribution Process : Reversing Actors' and Observer's Points of View,* 27 JOURNAL OF PERSONALITY AND SOCIAL PSYCHOLOGY 165 (1973); S. Taylor & S. Fiske, *Point of View and Perceptions of Causality,* 32 JOURNAL OF PERSONALITY AND SOCIAL PSYCHOLOGY 439など。
4) 我が国で今般検察庁において導入され，DVD として証拠化されているデジタル録画はこの方式を採用したものと言えるが，被疑者だけが大画面に映しこまれ，小画面は広角撮影になっている。
5) G. D. Lassiter & Audrey A. Irvine, *Videotaped Confessions : The Impact of Camera Point of View on View on Judgments of Coercion,* 16 JOURNAL OF APPLIED SOCIAL PSYCHOLOGY 268.
6) G. D. Lassiter et al., *The Potential for Bias in Videotaped Confessions,* 22 JOURNAL OF APPLIED SOCIAL PSYCHOLOGY 1838 (1992).
7) G. D. Lassiter et al., *Further Evidence for a Robust Point-of-View Bias in Videotaped Confessions,* 21 CURRENT PSYCHOLOGY 265 (2002).
8) M. F. Kaplan, *Cognitive processes in the individual juror,* in THE PSYCHOLOGY OF THE COURTROOM 197 (N. L. Kerr & R. M. Bray eds., 1982).
9) Lassiter et al., *supra* note 7, at 273.
10) T. D. Wilson & N. Brekke, *Mental Contamination and Mental Correction : Unwanted Influences on Judgments and Evaluation,* 116 PSYCHOLOGICAL BULLETIN 117 (1994).
11) G. D. Lassiter et al., *Accountability and the Camera Perspective Bias in Videotaped Confessions,* 1 ANALYSES OF SOCIAL ISSUES AND PUBLIC POLICY 53 (2001).
12) G. D. Lassiter et al., *Videotaped Interrogation and Confessions : A Simple Change in Camera Perspective Alters Verdicts in Simulated Trials,* 87 JOURNAL OF APPLIED PSYCHOLOGY

867 (2002).

13) こうした仮説を裏付ける研究もある。証人の証言の信用性判断に関して，素人とは異なり，裁判官は感情的な表現などに影響されにくいことを示したヴェッセルらの実験である。E. Wessel et al., *Credibility of the emotional witness : A study of ratings by court judges*, 30 LAW AND HUMAN BEHAVIOR 221 (2006).

14) G. D. Lassiter & A. L. Diamond, *Judges Also Manifest the Camera Perspective Bias in Videotaped Confessions*, Poster presented at the Meeting of the American Psychological Association, August, Honolulu, Hawaii (2004).

15) S. M. Kassin, *On the psychology of confessions : Does innocence put innocents at risk ?*, 60 AMERICAN PSYCHOLOGIST 215 (2005).

16) G. D. Lassiter, et al., *Evaluating Videotaped Confessions : Expertise Provides No Defense Against the Camera-Perspective Effect*, 18 (3) PSYCHOLOGICAL SCIENCE 224, 225 (2007).

17) *Ibid.*

18) Lassiter et al., *supra* note 2, at 201.

19) G. D. Lassiter et al., *Which Camera Perspective Leads to More Accurate Evaluations of Videotaped Confessions ?*, unpublished raw data. Lassiter et al, *supra* note 2, at 201-202 (2003).

20) G. D. Lassiter et al., *Can We Recognize False Confessions and Does Presentation Format Make a Difference ?*, Poster presented at the Meeting of the American Psychology : Law Society, April, Scottsdale, Arizona ; Lassiter et al., *supra* note 2, at 202-203 (2004).

21) B. M. DePaulo et al., *Deceiving and Detecting Deceit*, in THE SELF AND SOCIAL LIFE 323 (B. R. Shenkler ed., 1985).

22) Lassiter et al., *supra* note 2, at 203-206.

23) 近年，米国において DNA 型鑑定により多数の冤罪者が救済されてきたことを受けて，多くの州で誤判回避のための政策立案が進められているが，そうした取り組みにおいても取調べを全部録画することが必須とするにとどまるものが多い。最新の例として，ヴァージニア州の誤判防止委員会（Innocent Commission for Virginia: ICVA）の勧告を解説した書物にも撮影方式についての言及はない。JON B. GOULD, THE INNOCENCE COMMISSION: PREVENTING WRONGFUL CONVICTIONS AND RESTORING THE CRIMINAL JUSTICE SYSTEM 149-154 (2007).

24) J. BALDWIN, VIDEOTAPING POLICE INTERVIEWS WITH SUSPECTS: AN EVALUATION, POLICE RESEARCH SERIES PATER 1 (1990).

25) S. M. Kassin & G. H. Gudjonsson, *The Psychology of Confessions : A Review of the Literature and Issues*, 5(2) PSYCHOLOGICAL SCIENCE IN THE PUBLIC INTEREST 33, 61 (2004).

26) 本書第 6 章参照。

27) THE NEW YORK COUNTY LAWYERS' ASSOCIATION AND AMERICAN BAR ASSOCIATION SECTION OF CRIMINAL JUSTICE, REPORT TO THE HOUSE OF DELEGATES "RECOMMENDATION" 14-15 (2004).

28) 渡辺修＝山田直子監修／小坂井久＝秋田真志編著『取調べの可視化──密室への挑戦：イギリスの取調べ録音・録画に学ぶ』（成文堂，2004）190-191頁参照。

29) Crane v. Kentucky, 476 U. S. 683 (1986), at 688-9.

30) 弁護人が自白の虚偽性について専門家証人を申請しなかったことが「十分な弁護を受ける権利」を侵害したとして米国で上訴されたケースとして，McCormick v. State, No. 03C01-9802-CR-00052, 1999 WL 394935 (Tenn. Crim. App. June 17, 1999) 参照。

31) その一番大きな原因は，憲法37条3項の弁護人依頼権の保障が基本的に形式的に解釈されていて，米国最高裁のような実質的解釈，すなわち「効果的な（有効な）」弁護を受ける権利まで射程に入れていないことにあると考えられる。この点，岡田悦典『被疑者弁護権の研究』

（日本評論社，2001），とくに310頁以下など参照。

32）　小坂井久＝中西祐一「取調べ可視化（録画・録音）制度導入の必要性と構想について」判例時報1966号（2007）3頁，とくに13頁以下など参照。

33）　本書第5章参照。

34）　NZ では，弁護人は取調べ前接見において，録画された場合，裁判官からいかなる警告や説示がなされても陪審はビデオを被告人に不利益に解釈すると被疑者に助言すべきであるとされている。John Rowan, *Electronic recording of police interviews in New Zealand*（Ⅱ）, NEW ZEALAND LAW JOURNAL 400（1992）。また，本書第8章も参照。

35）　小坂井＝中西・前掲注32）8頁注（18）参照。

36）　N. Soree, *When the Innocent Speak : False Confessions, Constitutional Safeguards, and the Role of Expert Testimony*, 32 AMERICAN JOURNAL OF CRIMINAL LAW 191, 256（2005）.

37）　例えば，小坂井久「取調べ可視化実現に向けての動きと基本的考え方」季刊刑事弁護38号（2003）14頁は，「可視化は "より公正・より正確・より適正" を目指す中立的措置」（17頁）とする。

38）　例えば，取調べ録画につき，その長所短所を総合的に検討した文献として以下参照。
I. McKlintock & A. Healy, *Getting it taped : recording police interviews*, in THE CRIMINAL INJUSTICE SYSTEM Vol. 2, 5-41（G. Zdenkowski et al. eds., 1987）.

39）　詳細については，本書第8章を参照。

40）　カッシンらの研究でも，虚偽自白と真実自白の2つをそれぞれ被験者（学生と警察官）に自白ビデオと音声で判定させる比較実験をおこなった結果，音声の方が正答率が高いという結果を得ている。S. Kassin et al., *'I'd know a false confession if I saw one' : A comparative study of college students and police investigators*, 29 LAW & HUMAN BEHAVIOR 211（2005）.

41）　G. D. Lassiter, *Illusory Causation in the Courtroom*, 11　(6) CURRENT DIRECTIONS IN THE PSYCHOLOGICAL SCIENCE 203, 205（2002）.

補注1）　2013年に出されたニューヨーク州刑事司法部門による取調べ録画に関するモデル・ポリシーも，各警察は EF 方式を採用するよう勧める。See, New York Division of Criminal Justice Services, RECORDING OF CUSTODIAL INTERROGATIONS MODEL POLICY（2013）, VIII H.

補注2）　若林宏輔ほか「録画された自白──日本独自の取調べ録画形式が裁判員の判断に与える影響」法と心理12巻1号（2012）89頁は，2画面による撮影によってもバイアスが生じると指摘する。

補注3）　2011年に日本弁護士連合会は，ラシターらの研究を受け EF 方式の採用を勧告したことがある。「取調べ録画の際の撮影方向に関する意見書」
http://www.nichibenren.or.jp/activity/document/opinion/year/2011/111215_8.html

第11章　取調べ技法と可視化
—— 心理学的知見 2

> 取調べマニュアルの執筆者たちは，自分たちの推奨する技術が，若干の場合には被
> 疑者が実際に犯さなかった犯罪を被疑者に自白させる可能性があるとは一般に認め
> たがらない
>
> G. H. グッドジョンソン
> （庭山英雄ほか訳）『取調べ・自白・証言の心理学』
> （酒井書店，1994）

はじめに

　本章の目的は，現在進められている被疑者取調べに関わる議論のうち，とくに取調べ手法をめぐり，その「高度化」に焦点をあてようとする。ごく最近の取調べ関連の議論は，その適正化が中心であり，いわゆる「可視化（録音・録画）」がその最も有効な手段と位置づけられている。取調べの可視化は21世紀に入ってからの刑事司法制度に関わる最大の論点のひとつであったと言っても過言ではない[1]。裁判員裁判の開始前に警察や検察での一部録画の開始がなされたのは，名目上，自白の「任意性」立証の容易化という別の政策目的があったからであるが，2011年3月に出された「検察の在り方検討会議」の提言[2]とそれに続く最高検による全面録画の試行[3]は，従来の取調べのあり方に向けられた強い批判に対する処方箋として不可避であったといえよう。

　これまで，富山氷見事件[4]や志布志事件[5]の無罪判決をとおして浮き彫りになった警察による取調べの未熟さや過酷さは，当局も見過ごすことのできない汚点として調査[6]の対象となり，続けて，郵便不正事件における厚労省元局長無罪事件[7]に象徴される検察官の取調べの稚拙さや過酷さは，名古屋市局長事件，枚方[8]

副市長事件[9]などの検察捜査事案においても次々と明らかになっており，警察・検察いずれにおいても取調べ手法を「適正化」する必要がようやく国家的課題として認知されただけでなく，我が国の取調官における「取調べ能力」の欠如と情報収集技術の欠落があらわになってきたと言えるであろう。その決定打が，警察については，任意取調べの場で被疑者を恫喝し供述を迫った警察官が脅迫罪で有罪となった大阪東署脅迫事件[10]であり，検察については，取調べにあたった捜査検事自らが卑劣な検事取調べの実態を告白した佐賀農協背任事件[11]である。2010年から2011年にかけて，捜査機関のおこなう取調べをめぐる社会情勢は劇的に変わっており，その正当性も信頼性も大きく揺らぎを見せている。

　しかるに，いま警察や検察は，進められようとしている被疑者取調べ録画に対して取調べの困難さを理由として「新たな捜査手法」の導入による対抗手段の必要を訴え，これを支持する論者もある[12]。2011年4月に警察庁から出された「捜査手法，取調べの高度化を図るための研究会における検討に関する中間報告」（全47頁[13]）でも，研究会の名称にもなっている"取調べの高度化"についてはわずか23行しか触れていない一方で，多くの頁を取調べ録音録画に関わる問題の指摘や（海外で導入されている）捜査手法の実情報告に費やし，とても「取調べの高度化」のミッションに対応したものとはなっていない。

　本章は，そうした捜査の新たな手法の導入論へと議論の場を展開することはいたずらに我が国の捜査機関における取調べ問題の核心から目を逸らさせ，重要な政策課題を見失わせることになり，まず取り組むべきは，洗練された尋問（＝取調べ）技術の確立（高度化）であると主張する[14]。以下，第一に，現在までの取調べ技術をめぐる経緯や歴史を振り返り，第二に，世界の取調べ技術に関する研究の現状を紹介し，最後に，我が国における取調べの高度化に向けた課題を整理したい。

I　取調べをめぐる2つの視点——「伝統」か「虚像」か

　我が国において刑事手続の適正概念の普及に貢献された田宮博士はかつて，取調べの全過程録音が困難である点を述べるにあたって，「わが国における取調べは，それ［イギリスの短時間の事情聴取・筆者注］とまったく違って，い

312　第3部　取調べ録画と諸科学

わば捜査官の心証を固めるための長丁場の"審理期間"であり，さらには供述を緻密な調書にまとめあげていくカウンセリング的過程とさえいわれる」と述べたことがあるが，博士を筆頭に学界では，我が国において捜査の弾劾化，すなわち当事者主義化を徹底させるには取調べの「弾劾化」が不可欠であって，録音や録画は「糾問化」を固定するとして消極的に見られたといえよう。だが，その前提とされた我が国の取調べも，先に引用した諸々の事件における取調べに見られる取調官の態度に照らせば"カウンセリング的"とはとても位置づけることができないし，また，"緻密な調書"も，いかに技巧が凝らされたものだとしても，客観証拠に基づかない見立てに固執した虚構であった事実が次々と明らかになっている。

　すなわち，我々の目の前にある事例に照らせば，カウンセリング的な被疑者の更生に向けた援助的な取調べや，真実を解明するための精緻な情報収集に基づいた精密司法ならぬ精密捜査といった評価は「虚像」というべきものである。もちろん，こうした評価に対して，大多数の取調べはこれまで「適切に」おこなわれており，従来の評価を撤回する必要はない，という強い反論，いわば「伝統」論が予想されるところである。だが，「虚像」論を示すデータがこんにち豊富に提示されてきているのに対して，「伝統」論を支持する具体的なデータは示されたことがない。

　先に触れた事件ばかりでなく，これまで少なくない無罪判決や誤判事件が強固なデータとなって「虚像」論を支持しており，さらにそうした評価を間接的に支持する資料も存在する。例えば，ネット上に流出した愛媛県警の内部文書において取調官の心構えをまとめたマニュアルには，"否認被疑者は朝から晩まで取調室に出して調べよ。（被疑者を弱らせる意味もある）""被疑者を弱らせる。そのためには，調べ官は，強靭な気力，体力を平素から養っておく必要がある"と書かれていたという。

　また，検事取調べについても2011年2月に「検察の在り方検討会議」がおこなった現役検事に対する無記名アンケートにおいて，27％もの検事が「取調べについて，供述人の実際の供述とは異なる特定の方向での供述調書の作成を指示された」経験をもつと答えており，28％が「任意性，特信性に問題が生じかねない取調べであると感じる事例を周囲で見かけたり，聞いたりすることがあ

る」と答えて，供述強要や不適切な取調べの存在を告白している。被疑者側の意見としては，弁護人を務めた弁護士に対する日弁連アンケート[19]が最近実施され，検察官による尋問の実態が調査され，保釈，重罰，手続きの長期化，家族の取調べや逮捕，などを自白獲得の取引材料としていることが報告されている。そこで用いられた言辞の数々を見れば，自白を引き出す強圧的で威嚇的な取調べの「虚像」性が明らかになってくる[20]。

　もちろん，警察官にそうした取り引きや言葉遣いが推奨されているはずがなく，犯罪捜査規範には「取調べに当たっては，冷静を保ち，感情にはしることなく，被疑者の利益となるべき事情をも明らかにするように努めなければならない」（167条3項）とされているし，「取調べを行うに当たっては，強制，拷問，脅迫その他供述の任意性について疑念をいだかれるような方法を用いてはならない」（168条1項）とある。検事取調べであっても同様の心構えは当然求められており，直接の規程は存在しないものの，元最高検検事は「怒号や威嚇が自白を引き出すのに得策でないことは，取調べを少しでも経験した者なら誰でも知って」おり，「取調官との間の感情移入によって"悔悟"の心情に向かったとき自白が生まれる」と語る[21]。

　結局のところ，取調べについての実態と建前の乖離が明らかで，「伝統」論を支える実証的根拠は我が国には存在せず，これまでの高い自白率と再犯率の低さがそうした主張を支えていたと言えるだろう[22]。すなわち，取調べ過程を踏まえたうえで我が国の取調官の尋問技術の実態や効果を実証的に調査したデータは存在しないのである。

　そもそも，これまで公刊された文献で確認できるかぎり，自白過程に関する警察サイドの実証研究のうち公にされたものは次の2つしかない。いずれも，渡辺昭一氏[23]をリーダーとする科警研による研究で，1985年の「黙秘又は否認した被疑者の自供に至る心理過程」（渡辺①）[24]と，1999年の「否認被疑者の自供に至る心理」（渡辺②）[25] [補注1]である。

　渡辺①は，取調べ技術に参考となると考えられた43例の事例を収集し，その中から殺人事件および強盗殺人事件の被疑者の取調べを分析したものであり，渡辺②は，殺人事件の被疑者22人と侵入窃盗事件の被疑者63人の取調べを調査対象とした実証研究である。①では，取調べ状況や自白に至る経過，自白前後

314　第3部　取調べ録画と諸科学

の情報の差違，被疑者の属性や背景事情などについて，担当した取調官に対する調査票回答により取調べで留意した点や問題点などを質問した。②は，自白後に，担当した取調官自らが被疑者に対する面接（調査票記入を含む）をおこなってデータを収集している。

　渡辺①，②はいずれも取調べ技術に焦点をあてた研究ではないものの，②においては，取調官がどのような態度や質問で接した場合に自白に至りやすいか，という視点は若干であるが提供している。例えば，被疑者に対する「感情的な，横柄な，威圧的な，猜疑的な，あるいは非共感的な取り調べは，被疑者との建設的なコミュニケーションを妨げ，その結果，否認に至ることがある」として，具体的に被疑者の回答を紹介している。[26]

　このように，我が国では警察サイドの実証研究においてすら取調べ経過の観察はできていない。渡辺氏も論文の結びにおいて，「個々の被疑者と状況に応じた取調べのテクニックや駆け引きを明らかにしていくためには，実際の取調べ状況を直接に観察するか，あるいは取調官に対する面接調査を行うなどして，取調官と被疑者の相互作用を分析することが今後の課題」[27]だと述べている。

　まさに，ここに取調べ可視化のもうひとつの重要な貢献場面が指摘されよう。英国では，取調べ録音の定着により，捜査や司法の場に心理学の分野の知見が導入され，科学的で適切な，ラポール形成を踏まえた取調べ技術が開発[28]されていったことを想起すべきである。そこで，取調べの録音録画記録に基づいた実証的な取調べ技法に関する研究が活発になされている海外の事情を紹介しておきたい。

II　取調べ技法の歴史

　取調べ（尋問）技術について，心理学の知見を捜査や司法の場に応用しようとしたのは，20世紀初頭のドイツやイタリアに始まるようである。その当時の到達点はドイツのウンドウィッチ教授が1967年に公表した『証言の心理』にまとめられ，植村秀三裁判官の手により73年に翻訳出版された。[29]さらにウンドウィッチ教授の研究成果はスウェーデンのトランケル教授に受け継がれ，そし

て1990年代にイギリスのグッドジョンソン教授の手によって完成をみることになる。それが我が国でも翻訳出版された『取調べ・自白・証言の心理学』である。このように20世紀は欧州が供述／司法心理学の先駆的地位を占めていたと言ってよいだろう。

　だが，20世紀後半に尋問技術は大西洋を渡って大きな展開を見せる。よく知られているように，こんにち世界の捜査尋問技術には大きく2つの流れがある。第一は，シカゴ警察の2人の心理専門官によって開発され，米国を中心として普及している，リード・テクニック（Reid technique, RT と略す）である。第二は，英国において取調べ録音制度導入後発展した技術をまとめた PEACE テクニック（Planning & Preparation, Engage & Explain, Obtain an Account, Closure, Evaluation の頭文字からとられた。以下，PT と略す）である。前者は我が国でもかつて邦訳が出されたこともあり著名だが，後者についても原聡教授らの翻訳書に含まれており，日本語で概要を知ることが可能となっている。

　RT について書かれた本の初版は1962年で，2004年には共著者が後を継いで4版が出版されている。依然として米国では高い支持が寄せられているようであり，RT を普及させた REID 社は被疑者尋問スキルの研修ビジネスで多くの顧客を抱えている。また，顧客（警察官）の満足度以外に，英米法圏の裁判官たちの理解も RT の普及に一役買っていると言えるかもしれない。例えば，RT において許容されるテクニックとして「選択質問（alternative question）」と呼ばれるものがある。これは先の日弁連の検事取調べに関するアンケートにおいても多数確認された手法であるが，「わたし（取調官）に協力するか，それとも5年から7年裁判にかかわるか？」とか「（死刑または終身刑が言い渡される）一級殺人で起訴されたいのか，それとも（より刑罰が軽い）故殺に罪名を落としてもらいたいのか？」，「今日，すぐに釈放してもらいたいか，それとも，もう2，3日留置場で考えてみるか？」といった類の問いかけである。一種の心理的強制であるが，英米の裁判所はこうした手法によって得られた自白の証拠能力を認めてきた。だから RT は普及する。

　他方で，この RT をめぐっては強い批判も寄せられており，心理学者たちは RT が虚偽自白を引き出しやすい点を指摘する。とくに近年は，RT が有している倫理性が問われ，その正当性について根源的な批判が加えられている。そ

316　第3部　取調べ録画と諸科学

の核心は，RT は「被疑者（被尋問者）は有罪である」という前提で進められる点にある。反対に，PT は「被疑者が有罪かどうかはわからない」という前提でおこなわれなければならないことになっている。

　海外においては RT の問題性を明らかにする実証研究も進められており，例えばマイスナーらは2010年に，イギリス型の PT とアメリカ型の RT を用いた模擬取調べ実験をおこない，PT の方が，より少ない虚偽自白とより多くの真実自白を引き出すことに成功すると報告している。[37]

Ⅲ　取調べの観察調査研究

　先に紹介された渡辺氏らの研究が実際の取調べ過程を対象とできなかったのに対して，海外では実際の取調べ録音や録画を分析した研究がおこなわれている。例えば，実際の取調べ録音テープを用いた尋問テクニックと自白獲得との相関関係を調べた研究がイギリスでおこなわれているので,これを紹介しよう。

　ブルらは，警察の依頼を受けて200件の取調べテープをデータに用いて2001年以降複数の調査をおこない，取調官の取調べ技法と自白（供述態度）との関連性を分析した。[38]そこでは，①80件をランダムに抽出した結果，17個の取調べ技法が用いられたことを発見し，観察評価を試みたところ，自白獲得と特定の技法との有意な相互作用は確認できなかったが，②50件のランダム抽出の結果を観察評価したところ，６つの取調官の姿勢（ラポール構築，コミュニケーション，オープン・マインド，有罪推定の度合い，柔軟性，行為の理解）と被疑者の自白態度との関連性を発見し，とりわけラポール構築の有無が大きな因子となっている点を確認した。また，③40件の自白テープをランダム抽出し，先の17のテクニックがどの程度用いられたかという出現頻度を調査した。そして，観察評価をおこなったうえで，取調べ開始時からの時間経過と用いられたテクニックの使用時期との関連性を探り，取調官は時間の経過と共に用いるテクニックが変化することや，PT から次第に離脱し，より圧迫的な取調べに移行する傾向があることが明らかにされた（表11‐1参照）。

　我が国においても，可視化（取調べの録音録画）が行き渡ればこうしたデータを収集することは容易になるはずであり，いかなる取調べ技法が法の許容する

■ 表11-1　取調べ時間経過に伴う尋問戦術の変化

戦　術	尋問開始からの経過時間（分）										
	5 n=40	10 n=40	15 n=40	20 n=38	25 n=32	30 n=25	35 n=21	40 n=13	45 n=26	50 n=2	55 n=2
証拠の提示	15	35	40	38	28	23	12	5	3	2	1
オープン質問	40	40	40	38	31	23	17	10	1	0	0
反復質問	3	26	37	29	18	11	3	2	0	0	0
誘導質問	4	20	30	27	16	9	3	0	0	0	0
機嫌とり	3	18	29	25	17	5	2	0	0	0	0
矛盾する言動	1	13	26	21	15	4	0	0	0	0	0
積極的な対峙	2	15	24	24	14	5	2	0	0	0	0
介入・中断	0	11	22	18	9	2	0	0	0	0	0
沈黙	1	5	14	13	5	1	0	0	0	0	0
責任追及	0	10	11	10	4	0	0	0	0	0	0
筋書きを示唆	1	8	7	2	1	1	1	0	0	0	0
励まし	0	6	6	3	0	0	0	0	0	0	0
気遣い	0	3	4	2	0	0	0	0	0	0	0
無駄口	0	1	1	0	0	0	0	0	0	0	0

出所：注38）92頁

範囲で自白を得るのに効果的か，有益な情報を提供するはずである。そして初めて，「我が国の大多数の取調べはこれまで適切におこなわれており，従来の評価を撤回する必要はない」という「伝統」論の検証が可能となるであろう。

Ⅳ　取調べ高度化の方法論

　我が国の被疑者取調べは，基本的に自白追求（CA: confession acquiring）型である。先に触れた愛媛県警のマニュアルにも「被疑者取調べには気迫が必要——調べ官の『絶対に落とす』という，自信と執念に満ちた気迫が必要」と記されていたというし，警察官向けの取調べに関する教本でもこうした姿勢の重要性が強調されている[39]。

　実際，取調べが違法と判断されたロザール事件[40]や佐賀北方事件[41]に関わる事実

認定を見ても，CA型の違法な取調べ実態が明らかである。けれども，そうした事態が報道や裁判で明るみになった場合ですら，捜査機関は「（取調べは）適法になされたと信じる」といったコメントを出して，何の改善もおこなわれず，また同様の事態が繰り返されるという状況が続いてきた。

　21世紀に入り，富山氷見事件や志布志事件を契機として，ようやく取調べのあり方にも見直しが必要であるとの認識がもたれるようになったのは望ましいことと言えよう。だが，依然として焦点は取調べの「適正化」にあてられており，適切な尋問技法の検討の必要が意識されているとは言いにくい。そうした中，我が国の警察取調べの実態があらわになった大阪東署脅迫事件において，裁判所が判決文中，次のように指摘した。

　　大阪府警察内部において，被告人ら個々の警察官に対する指導教育に際し，いかなる場合であっても本件のような取調べを行ってはいけないという意識を周知徹底できず，さらには，本件のような違法な取調べが行われないよう監視する体制を運用・構築できていなかったともいえる。これらに鑑みれば，大阪府警察内部の意識や体制にも本件を誘発した一因があったというべき[42]　（傍点筆者）

　すなわち，こんにちの我が国における取調べ尋問の未熟さは，取調官個人に還元されるのではなく，組織的制度的な課題ということが裁判所によっても認められるに至ったわけである。

　では，どのような新しい尋問技法が使われるべきなのか。

　まず，先に紹介されたPEACEテクニックに代表される情報収集（IG: information gathering）型の尋問手法への転換が求められている。すなわち，CA型の取調べは虚偽自白を生みやすいばかりでなく，むしろIG型の取調べに優越的な点が含まれていることが心理学の知見から明らかになってきているからである。

　なぜIG型の尋問方法をとるべきなのか。その理由は3点あるとされている。第一に，IG型は被疑者に会話を促すため，結果的に警察に多くの情報をもたらす。第二に，IG型は尋問者が被疑者に不当な働きかけをおこなうこと

第11章　取調べ技法と可視化　319

を抑制するため，違法な取調べを抑制し，虚偽自白の出現を抑える。第三に，IG 型の方が倫理的に正しい[43]。

　具体的には，まず取調官が CA 型の尋問でいかに虚偽自白が容易に獲得されるかというメカニズムを体感し，虚偽自白の原因や兆候，結果について十分学ぶ機会を設けることが必要である。そして，我が国の実情に応じた IG 型の尋問技法の開発と普及が必要になる。そのうえで，英国の「尋問研修所」のような専門機関の設置と，体系的な研修カリキュラム，尋問技能評価の導入による習熟度の明確化，戦略的な被疑者取調べ技法の利用法が整備されなければならない。米国で多くの虚偽自白事例の分析をおこなったドリズィンらは，「多くの取調官は，適切に訓練を受けていないせいで，今までに教えられ，実施されてきた心理的取調べの技法が，いかに無実の人を虚偽自白に陥れる危険があるかを理解していない」と指摘しているし[44]，262 本の取調べビデオを検証したディクソンは，「警察官が抵抗する被疑者をどのように取り調べればいいかについて訓練されていなければ，フラストレーションは避けられず，プレッシャーが大きくなってしまい強要的な尋問に移ってしまう[45]」と総括している。ドリズィンらの指摘は米国で発生した誤判事例を，ディクソンの指摘は実際に豪州で録画された取調べビデオを，それぞれ検証したうえでの経験的知見である。

　同じ指摘が我が国にもあてはまるであろう。我が国の供述分析の第一人者である浜田寿美男教授（法心理学）も，足利事件の取調べを例に，我が国における取調べが「謝罪追求型」となっていて，その悪弊が虚偽自白を生んだと指摘し，有罪前提の取調べが「事実認定」と「責任追及」の未分化の典型であるとして批判している[46]。警察官も検察官も，自白が虚偽であることを見抜くことができなかった原因の解明と，そうした事態を回避し得る尋問手法の確立ならびに教育プログラムの導入が不可欠だろう[47]。

おわりに——刑事訴訟法学における課題との関わりから

　20 年以上前に後藤昭教授は，「わが国の自白法則が当面する第一の課題は，『任意になされた嘘の自白』をなくすこと」だと喝破された[48]。20 年後に明らかとなった足利事件の取調べテープは，これまで「任意」の虚偽自白がいかに捜

査官の手によって容易に獲得され裁判過程においても受け入れられてきたかを象徴しているのではないか。

　被疑者取調べの録音録画によってようやく取調べ過程そのものを検証できる時代となり，自白法則が機能するための素材を提供できるようになってきた。問題はその先にある。これからは，"可視化"された取調室で取調官が文字どおり"任意"に供述を得られたかどうかが事後的に検証できるようになる。とすれば，裁判所による供述の任意性判断の枠組みも再考されねばならないだろう。そうして初めて後藤教授の言う課題の解決をみるはずだ。

　本章は，もっぱら取調べにあたる捜査官（警察官・検察官）を念頭に置いて述べてきた。しかしながら，尋問手法を学ぶべきは裁判官も同様であることを忘れてはならない。我が国で，圧迫的，威嚇的な尋問方法で得られた供述の任意性を脈々と認めてきたのは裁判官であり，その責任は大きく，捜査機関においてプロフェッショナルな尋問手法の導入を動機づける契機を失わせていたからである。ポスト可視化時代の到来は，証拠法の場面においても刑事訴訟法学に新たな視点を提供することとなるだろう。

1）　その到達点につき，例えば日本弁護士連合会編集協力／指宿信編『取調べの可視化へ！』
（日本評論社，2011）参照。

2）　http://www.moj.go.jp/kentou/jimu/kentou01_00001.html

3）　平成23年4月8日法務大臣臨時記者会見
http://www.moj.go.jp/hisho/kouhou/hisho08_00145.html

4）　平成19年10月10日富山地裁高岡支部再審無罪判決（裁判所ウェブサイト）。また，柳原浩
『「ごめん」で済むなら警察はいらない——冤罪の「真犯人」は誰なのか？』（桂書房，2009）
参照。

5）　平成19年2月23日鹿児島地裁無罪判決，確定（判例タイムズ1313号285頁）。例えば，日本
弁護士連合会『えん罪志布志事件——つくられる自白（GENJINブックレット）』（現代人文
社，2008），朝日新聞鹿児島総局『冤罪』を追え——志布志事件との1000日』（朝日新聞出
版，2008），朝日新聞「志布志事件」取材班編『虚罪——ドキュメント志布志事件』（岩波書
店，2009），梶山天『「違法」捜査——志布志事件「でっち上げ」の真実』（角川学芸出版，
2010）など参照。

6）　警察庁「富山事件及び志布志事件における警察捜査の問題点等について」（平成20年1月）
http://www.npa.go.jp/keiji/keiki/torishirabe/toyama_mondai.pdf

7）　平成22年9月10日大阪地裁無罪判決（裁判所ウェブサイト）。例えば，今西憲之＝週刊朝日
取材班『私（わたし）は無実です——検察と闘った厚労省官僚村木厚子の445日』（朝日新聞
出版，2010），魚住昭『冤罪法廷——特捜検察の落日』（講談社，2010），朝日新聞取材班『証
拠改竄——特捜検事の犯罪』（朝日新聞出版，2013）参照。

8) 平成19年 2 月16日名古屋地裁無罪判決，平成20年11月12日名古屋高裁控訴棄却，無罪確定。例えば，江川紹子「もうひとつの村木事件・ある公務員の冤罪」文藝春秋2010年12月号，検察の在り方検討会議第 9 回（平成23年 2 月17日）議事録　http://www.moj.go.jp/kentou/jimu/kentou01_00018.html 参照。

9) 平成21年 4 月27日大阪地裁無罪判決。中島宏「共犯者の供述による共謀の認定を否定して無罪を言い渡した事例——枚方市談合事件」季刊刑事弁護60号（2009）199頁や，「刑事司法に改革のうねり」時事通信ドットコム　http://www.jiji.com/jc/v?p=new-special-investigation0003 など参照。

10) 例えば，「大阪府警東署員暴言：警官に罰金30万円，求刑上回る「冤罪生む温床」一地裁判決」毎日新聞ウェブ版。http://mainichi.jp/kansai/news/20110429ddn041040011000c.html 参照。大阪地判平成23年 4 月28日裁判所ウェブ登載。

11) ザ・スクープ「検証　検察の“大罪”」（平成23年 5 月22日放映）http://www.tv-asahi.co.jp/scoop/。同事件については，副島健一郎『いつか春が——父が逮捕された「佐賀市農協背任事件」』（不知火書房，2008）参照。

12) 例えば，田口守一「取調べの適正化——現状と今後の課題」法学教室335号（2008）11頁，川出敏裕「被疑者取調べの在り方について」警察政策11号（2009）162頁参照。

13) http://www.npa.go.jp/shintyaku/keiki/chuukanhoukoku.pdf

14) 我が国の刑事司法史上，かかる問題の契機を得たのは今回が初めてではない。例えば，1998年に同行後の数時間のうちに窃盗罪について被疑者が自白した「宇和島事件」がある。起訴された後，虚偽自白だとして公判で否認し争っていたところ，第一審判決直前に真犯人が見つかったことにより松山地裁宇和島支部は2000年 5 月26日に無罪を言い渡す。その後，国家賠償訴訟が起こされたが，松山地裁は取調べに違法・不当な点はなかったとして請求を棄却し（松山地判平成18年 1 月18日判例時報1978号（2007）81頁），2008年 4 月25日，高松高裁で国および県は和解した。同事件については，大橋靖史「自白に頼った杜撰な捜査と闘う」日本弁護士連合会人権擁護委員会編『誤判原因に迫る——刑事弁護の視点と技術』（現代人文社，2009）674頁，浜田寿美男『自白の心理学』（岩波新書，2001）など参照。

15) 井戸田侃ほか編『総合研究＝被疑者取調べ』［田宮裕執筆部分］（日本評論社，1991）795頁参照。

16) 取調べにおける警察官による保釈を餌にした露骨な誘導がテープ録音されていた希有な事例として，「高野山放火事件」（和歌山地判平成 6 年 3 月15日判例時報1525号（1995）158頁，判例タイムズ870号（1995）286頁）がある。取調べ中の会話記録は，日本弁護士連合会編集協力／指宿信編・前掲注 1 ）所収の後藤貞人「高野山放火事件——暴かれた偽証」108頁に詳しい。

17) 「自供させるまで取調室出るな」朝日新聞2006年 4 月13日付け朝刊社会面記事参照。

18) 「意識調査（サーベイ）の概要」http://www.moj.go.jp/content/000071328.pdf
　　この調査は現役の検察官におこなわれた包括的な調査として我が国唯一のものであり，回答（サンプル）数の多さ，匿名性という事情に鑑みて，その信頼性からも貴重なデータであろう。回答者数は1,306人，回答率は90.4％という高率であった。

19) 日本弁護士連合会「検察官の取調べについての全会員アンケート集計結果」（2011年 2 月17日）http://www.nichibenren.or.jp/ja/committee/list/data/110217.pdf を参照。回答者数は257名であった。

20) 同上，5 - 6 頁参照。

21) 土本武司氏が後掲注29）に寄せた推薦の言葉である。

22) 高い自白率が取調べの優秀さの現れであることには，法社会学的に大いに疑問がある。日

本警察の研究者として名高いベイリー教授は，かつて次のように指摘した。「日本の被疑者の従順な行動の背後には，疑いもなく打算的配慮がある。……日本で被疑者が犯罪行為を認めるのにはいろいろ理由があることがわかる。道徳上の命令であるのみならず，関係者の寛大な処置の交換条件でもある」。デイビッド・H.ベイリー『新・ニッポンの警察』（サイマル出版会，1976）208頁。

23) 当時，科学警察研究所犯罪行動科学部長で，その後，財団法人社会安全研究財団（現在，公益財団日工組社会安全財団）研究主幹を務める。著作として，渡辺昭一編『捜査心理学』（北大路書房，2004）；『捜査心理ファイル――犯罪捜査と心理学のかけ橋』（東京法令，2005）；同監訳『地理的プロファイリング』（北大路書房，2002）などがあり，名実ともに捜査心理学の第一人者というべきであろう。

24) 渡辺昭一＝鈴木昭広「黙秘又は否認した被疑者の自供に至る心理過程1．殺人被疑者の事例を中心として」（科学警察研究所報告）法科学編38巻1号（1985）44頁，「同2．取調べにおける被疑者へのかかわり方について」同38巻3号（1985）162頁，「同3．窃盗被疑者の事例を中心として」同39巻1号（1986）49頁。

25) 渡辺昭一＝横田賀英子「否認被疑者の自供に至る心理1．否認する被疑者の特性」科学警察研究所報告防犯少年編39巻2号（1999）126頁，「同2．否認の心理」同号（1999）136頁，「同3．取調べの成功を決定する要因」同40巻1号（1999）37頁，「同4．自供の心理」同号（1999）48頁。

26) 渡辺＝横田・前掲注25)「3．取調べの成功を決定する要因」38-39頁参照。

27) 同上，52頁参照。

28) 「ラポール」とはもともと臨床心理学の用語で，治療者とクライアントの間に存在する人間関係を示す概念とされ，ここでは取り調べる側と取り調べられる側の良好な関係を意味する。『心理学辞典』（有斐閣，1999）参照。

29) U.ウンドイッチ（植村秀三訳）『証言の心理』（東京大学出版会，1973）。

30) G. H.グッドジョンソン（庭山英雄ほか訳）『取調べ・自白・証言の心理学』（酒井書店，1994）。

31) フレッド・E.インボーほか（小中信幸＝渡部保夫訳）『自白――真実への尋問テクニック』（ぎょうせい，1990）。

32) レベッカ・ミルン＝レイ・ブル（原聡監訳）『取調べの心理学――事実聴取のための捜査面接法』（北大路書房，2003）。

33) FRED E. INBAU ET AL., CRIMINAL INTERROGATION AND CONFESSION (4th ed., 2004).

34) http://www.reid.com/ 参照。同社ホームページによれば，2001年から2002年にかけて研修を受けた受講生に対するランダム調査（2,000人対象）がおこなわれ，研修後も97%がRTを使用しており，研修後の白白獲得率は25%以上増加したとの回答があったという。

35) S. M. Kassin, *The psychology of confession evidence*, 52(3) AMERICAN PSYCHOLOGIST 221 (1997); S. M. Kassin & C. Fong, *I'm Innocent!: Effects of training on judgments of truth and deception in the interrogation room*, 23(5) LAW AND HUMAN BEHAVIOR 499 (1999).

36) M. SKERKER, AN ETHICS OF INTERROGATION, (2010).

37) C. Meissner, et al., *The need for a positive psychological approach and collaborative effort for improving practice in the interrogation room*, 34 LAW AND HUMAN BEHAVIOR 43 (2010).

38) R. Bull & S. Soukara, *Four Studies of What Really Happens in Police Interviews*, in POLICE INTERROGATIONS AND FALSE CONFESSIONS 81, (D. Lassiter & C. Meissner eds., 2010).

39) 綱川政雄『被疑者の取調技術』（立花書房，1977）は，「取調べは技術である」としながら

第11章 取調べ技法と可視化 323

も，「しかし，取調官はつねに真実を追求し，事案の真相を明らかにしなければならないという真剣味と，うそやごまかしは絶対に許さない，という気迫といったものを内に秘めていなければならない」とする。また，元刑事の書いたものでも，「取調室では，真実を求める刑事の"姿勢"や"人格"にホシの気持ちが近づいてくるのです」（萩生田勝『刑事魂』（ちくま新書，2010））などとある。

40)　東京高判平成 4 年 9 月 4 日判例時報1808号144頁参照。 9 泊10日に及ぶ任意取調べを重大な違法と判断し自白を排除した。

41)　佐賀地決平成16年 9 月16日判例時報1947号 3 頁参照。別件の勾留を利用した長時間長期間の違法な取調べを理由として自白を排除した。なお，控訴審判決である福岡高判平成19年 3 月19日季刊刑事弁護52号（2007）140頁，高等裁判所刑事裁判速報集（平成19）448頁も参照。

42)　前掲注10) 判決文参照。本件脅迫行為が認定された警察官は，任用後 8 年，刑事としてすでに 4 年の経験を積んでいた。

43)　A. Vrij et al., *Information-gathering vs accusatory interview style : Individual differences in respondent's experiences*, 41 PERSONALITY AND INDIVIDUAL DIFFERENCES 589 (2006).

44)　スティーブン・ドリズィン＝リチャード・レオ（伊藤和子訳）『なぜ無実の人が自白するのか』（日本評論社，2008）98-99頁参照。

45)　D. DIXON, INTERROGATING IMAGES: AUDIO-VISUALLY RECORDED POLICE QUESTIONING OF SUSPECTS 266 (2007).

46)　浜田寿美男「足利事件に見る『虚偽自白』の問題」季刊刑事弁護63号（2010）96頁。

47)　この点，佐藤博史「足利事件の取調べテープが教える取調べの技術」日本法学76巻 4 号（2011）1001頁を参照。佐藤弁護士は，開示された取調べテープに照らして，その尋問が穏やかな部類であったにも関わらず結果的に虚偽の自白がなされたことに刮目すべきとし，「足利事件の悲劇を繰り返さないための教訓とすべき」と指摘する。

48)　後藤昭「自白法則と補強法則」法律時報61巻10号（1989）35頁。

補注 1)　ただし，英文では近年数多くの論文が刊行されている。Taeko Wachi et al., *Police Interview Style and Confession in Japan*, 20 PSYCHOLOGY, CRIME AND LAW (2014)；Taeko Wachi et al., *Japanese Interrogation Techniques From Prisoners' Perspectives*, CRIMINAL JUSTICE & BEHAVIOR (published online, 2015)；Taeko Wachi et al., *Japanese Suspect Interviews, Confessions, and Related Factors*, JOURNAL OF POLICE AND CRIMINAL PSYCHOLOGY (2015) など参照。例えば最後の論稿は，291件の殺人，強盗，放火，強姦などの事件で有罪となった男性の受刑者に対するアンケート調査を基に，彼らの自白に影響したと考えられる因子を検討した。その結果，婚姻の有無，有罪感情，有罪方向証拠の強度（に対する被疑者自身の考え）が大きく影響した反面，前歴や尋問技法は大きく影響しなかったとする。ただし，前歴無しの場合，関係性に焦点を当てた尋問技法が自白を引き出すのに有効であったと結論づけている。これらのことから，取調べにおいて取調官が被疑者との信頼関係を構築し，維持することの重要性が示されているとする。

補 論

取調べ技法と虚偽自白の関係──リード・テクニックをめぐって

第6章の補論でも紹介されたカナダ判例に現れていたように，近時，虚偽自白を誘発するおそれの強いリード・テクニックに対する批判が高まっている。[1]

以下では，その象徴とも思われる米国での民事賠償事件を紹介しておきたい。

2015年5月22日付NewYorker誌は，シカゴで起されていた冤罪被害者による民事訴訟の画期的な結果を伝えた。記事は「ジュアン・リヴェラと圧迫的取調べの危険性」と題するもので，[2] 15年以上無実の罪で獄中にいたリヴェラ氏が自分を取り調べたシカゴ市警察や関係者を訴えていた。

リヴェラ氏は，1992年に起きた8歳の少女に対する強姦殺人の罪で自白し，その後，終身刑に服していた間にDNA鑑定によって無実が証明された。同氏は，イリノイ州レイク郡の拘置所に身体拘束されていた際に4日間にわたって取調べを受けていたが，その間，二度にわたってシカゴにあるリード社に連れて行かれポリグラフテストを受けさせられ，有罪方向と無罪方向の両方の傾向が出ていたにも関わらず係官からは有罪を示す証拠が出ていると虚偽を告げられ，自白調書に署名していたのである。

リヴェラ氏は1998年に陪審により有罪とされ，2001年には上訴も棄却されていた。彼の有罪を支える客観的証拠はなく，供述証拠が決定的な証拠であった。2012年にDNA鑑定が彼の無実を明らかにするまで，彼は獄中にあった。

シカゴ連邦裁判所で賠償金の支払いを求めていたリヴェラ氏に，被告（同氏を取り調べたシカゴ市警察や関係者）らは毎年100万ドル（約1億2千万円），20年間で合計2,000万ドルを支払うことに同意し，和解に至った。そのうちの200万ドルはリード社が負担することが決められた。雪冤した元被告人に対して尋問技法を開発した同社が負う賠償金としては最高額であった。

リード社は長年，自社の開発した尋問技法，いわゆるリード・テクニック（「RT」）を用いて虚偽自白が生み出されたことが事実であったとしても，それは技法の「不当な使い方」に原因があって会社の責任ではない，と主張してき

第11章　取調べ技法と可視化　325

た。だが，そうした主張は本件では通じなかった。なぜなら，これまでのケースでは取調べにあたった警察官をリード社がトレーニングしただけであったが，本件の場合は明らかに直接同社が捜査に関与していたからである。

リヴェラ氏の代理人に意見書を提出したのは，虚偽自白に関する著名な心理学者であるソウル・カッシン（Saul Kassin）であった。彼は本件で用いられた技法は自分が見た中で「最悪ではないにせよ最も悪いもののひとつ」だと表現している。

本件は和解で終了したが，2つの重要な示唆を残した。すなわち，RT が「圧迫的」であること，そして，リード社はその技法について責任を負うことがあり得ることだ。

そうした批判的な動きに対して，同社からの長く詳細な反論が用意されているので，これを以下に見てみよう。

同社の反論は最初に，RT に対する批判として指摘されている5つの項目をあげ，それらについてリード社は警察官に反対のことをトレーニングでは教えている，と反論する。すなわち，①過剰に長い尋問，②害悪を与えるとの脅かし，③寛大な措置の約束，④被尋問者の権利の否定，⑤少年や精神的心理的弱者も対象にする，などの点についてである。リード社は，①の点につき訓練では1日3〜4時間まで，②と③の点についても威嚇を与えたり寛大な措置の供与を約束してはならない，④の被尋問者の権利も否定してはならない，と教えているという。そしてそれらのポリシーは公刊されている教科書にも掲載されており，訓練マニュアルでも記載されていることだと主張する。また，少年や各種供述弱者に対する取調べについては特別なトレーニングが用意されているとする。

リード社は，RT がしばしば嘘を使い，その結果虚偽自白を引き起こすと虚偽自白の研究者が批判しているが，それは誤りで，リード社の教科書には「架空の証拠の提示はリスクを生み出す」こと，「架空の証拠を用いた場合には実際にはやっていない犯罪を自白するよう試みたと批判される」こと，「こうした技法はとりわけ若年の被疑者には用いてはならない」ことなどが記載されている，と指摘する。

また，RT の目的が自白の獲得に置かれていると虚偽自白研究者が指摘・批

判するが，リード社では取調べの目的は真実の発見であると教えている，と反論する。また，教科書にも「取調べ中に無実である可能性を示す兆候を検討するよう」促している，とする。

RT が「被疑者に有罪推定をもって始まる」と虚偽自白研究者に批判される点についても，「まったく逆が真実だ」と述べ，尋問中，取調官は中立で客観的な事実認定者であるべきだ，という。そして，リード社の教科書でも取調べの目的は（被疑者の）態度から情報を引き出すことだとしている，と反論する。また，被疑者の嘘を見破る技法について，識別率は97.8％にものぼり，RT は効率的で信頼性の高い技術であると主張する。

加えて，オフシュ，レオ，そしてカッシンらの専門家証言を信頼できないとした判例を列挙し，虚偽自白研究の信頼性が乏しいと弾劾する。

他方で，RT が裁判所に高い評価を得ている例として裁判例を引用して，その優位性を誇っている。例えば，「リード・テクニックが信頼できない自白のリスクを高めている影響に関する専門家証言は，なんにせよ支持するに足る客観的根拠を欠いている」としたジェイクス判決[4]などを持ち出す。

そして，結論として，「虚偽自白はリード・テクニックの採用によってもたらされるのではなく，通常は，リード・テクニックの中核原理のパラメータの外側にある不当な（取調官の）行動によって引き起こされている」と，取調官の人的要因に原因があるとまとめる。

ではリード社の反論は真実に基づいているだろうか。

ここに，リード社のトレーニング・プログラムを実際に受講した記者のレポートがある。この記者の訓練の指導にあたった人物は，講義の最中，はっきり次のように述べたという。「（被疑者に）絶対に容疑を否認させてはならない」，そして「鍵となるのは相手を黙らせること」[5]だと。

実際の研修で示されたこうした哲学や姿勢は，リード社の教科書に描かれている内容とは合致しない。むしろ虚偽自白研究者らが批判する RT の本質を表しているように思われる。

リード社のホームページを見る限り，今もまだその研修は続いているようである。今後もリード社の研修を受けた警察官がそれぞれの管轄に戻ってその技法を使い続けることだろう。仮にそれらの取調べが全部録音録画されていれ

ば，（第7章補論で紹介されたカナダの事例や第9章補論で紹介されたイギリスの事例のように）虚偽自白が問題となったケースが現れた後にその記録を精査することで，取調べの技法の良し悪しが原因なのか，ただ取調官らの当該技法の使い方が原因なのかを明らかにする機会が増えることであろう。

　このRTをめぐるリード社と虚偽自白研究者との応酬は，我が国にも示唆的である。我が国において取調べの全部録音録画が徹底され，被疑者の取調べ過程が明らかになることで，取調べ技法の稚拙さが明らかにされ，圧迫的で不適切な尋問技法が容易に発見されるようになるだろう。

　具体例として最近起きた大阪東署事件があげられる。この事件は被疑者を取り調べた警察官がその最中に脅迫的文言を使って自白を迫ったというもので，被疑者が隠し録音をしていたことから，その文言が，起訴された警察官に対する判決文中で明示されている。

　すなわち，「お前の人生無茶苦茶にしたるわ。」，「お前今ほんま殴りたいわ。」，「殴るぞお前。お前こら，なめとったらあかんぞ。手出さへんと思ったら大間違いやぞ。」といった言葉で自白を迫った，というのである。判決はこうした取調べに対して，「このような被告人の取調べ手法は，捜査官の一方的な思い込みに基づいてその考えを押し付けるものにほかならず，虚偽の自白を招き，ひいてはえん罪を生みだす温床になるもの」と厳しく批判を加えた。

　取調べの最中の会話が完全に記録されていれば，自白の任意性判断のみならず，こうした取調官による脅迫的文言の使用も規制できるようになるし，カナダのケースが教えているように，不適切な取調べの結果なされた虚偽自白によって誤判が生じていた場合には，国家賠償請求訴訟に際して明白な証拠となるだろう。それが，間接的に取調べ技法の向上へと向かわせる強い動機づけとなるはずだ。

---

1 ）　D. Bennett, *The Dark Science of Interrogation : How to find out anything from anyone*, BLOOMBERG, Feb. 12, 2015.

　　http://www.bloomberg.com/graphics/2015-dark-science-of-interrogation/

2 ）　D. Starr, *Juan Rivera and the Dangers of Coercive Interrogation*, NEW YORKER, May 22, 2015. http://www.newyorker.com/news/news-desk/juan-rivera-and-the-dangers-of-coercive-interrogation

3） http://www.reid.com/pdfs/20150617.pdf

4） *U. S. v. Jacques*, 784 F. Supp. 2d 59（Mass. 2011）.

5） D. Starr, *The Interview : Do police interrogation techniques produce false confessions ?*, NEW YORKER, Dec. 9, 2013.
http://www.newyorker.com/magazine/2013/12/09/the-interview-7

6） 本件について例えば，秋田真志「大阪府警東署事件──明らかになった自白強要」指宿信編『取調べの可視化へ！──新たな刑事司法の展開』（日本評論社，2011）155頁参照。

7） 大阪地判平成23年4月28日公刊物未登載（裁判所ウェブ参照）。

第12章　取調べ可視化論の展開
——法社会学的知見

　　被疑者の自白だけを記録するといった諸外国での（取調べ録音に関わる）経験から引き出されるひとつの大切な教訓は，次のようなものである。すなわち，もし被疑者との重要な会話や"非公式な"取調べがカメラのスイッチをオフにした状態でなされるなら，ビデオ録画の主要な利点は失われてしまう，ということである。[1]

ジェームス・ボールドウィン

はじめに

　被疑者の取調べはこれまで，我が国の捜査のみならず刑事司法制度全体において大きな比重を占めてきた。「自白は証拠の王」という表現は洋の東西を問わないが，[2]我が国の場合，捜査機関では長時間の身体拘束を利用して自白を迫ることが推奨されている。[3]自白を利用する検察官は，反省悔悟の情を取調べで汲み取って起訴不起訴判断に役立てようとする。起訴された場合，有罪答弁制度がないにも関わらず自白事件は量刑裁判と呼ばれ，公判はさながら温情判決を求める陳情の場となる。そうしたケースでは，自白を記録した「調書」は被疑者段階での反省の態度を現す重要な資料となり得る。他方で否認事件となれば，取調べ時になした自白の任意性について検察弁護双方が水掛け論と言われる長い争いを展開する。自白は弁護人の立会いのない取調室という密室でなされ，伝聞証拠にすぎない供述調書は取調官が「作文」したものであって供述の記録としてはまことに不完全なものであるから，この水掛け論はきわめて不毛な性格をもつ。

　本章は，かかる調書文化という背景をもつ我が国の被疑者の取調べについて，こんにち改革課題として最も重要と考えられる「録音録画制度」，いわゆ

る取調べの「可視化」について，主として刑事司法改革の観点から検討をおこなう。言うまでもなく，可視化とは，自白に至る過程すなわち自白を獲得しようとする取調べ過程を透明化（事後検証可能化）することを目的とする。可視化は，第一に，取調べの規律，すなわち適正化を求める具体的方策であり，第二に，自白が獲得されたとしてその任意性を裁判所が判断する場合の重要な資料を（検察官からすれば自白調書のいわば裏書きとして）提供しようとするものである。

　本章は，取調べの可視化をめぐる我が国の動きについて時期を追ってレビューし，現時点における問題点を提示すると共にその原因を分析する。その際，とりわけ本章は可視化制度の立法過程に大きな関心を寄せる。最後に「可視化」というキーワードに関して十分に検討が進められていない重要な点についても言及する。

　なお，本章執筆時に筆者が海外在住だったため十分な邦語文献，とくに雑誌論文を参照できていないことをご海容いただきたい。その点は，本章脚注の拙稿において引用されている各文献をご参照いただきたい。

I　可視化論の位相

　周知のとおり，被疑者取調べを録音録画しようという試みは世界各国で進められてきていて，その範囲や程度については様々なレベルが存在する。「可視化」を推進したい運動論から見れば，確かに取調べを全面的に全部（全過程）録音録画するのでなければ「可視化」と呼ぶことはできないであろうし，「一部可視化」は概念矛盾ということになるだろう。けれども，各国の録音録画法制を見るかぎり，また，現実の警察・検察の試行であるとか座長試案のように，取調べの全面的・全部の記録化をおこなわない方式を見る以上，加えて「全面的・全部」可視化への到達度を明示するうえでも，筆者は「可視化論」をあえて相対化しておくべきだと考える。

　そのために筆者が提唱してきたのが「可視化概念マップ」である。すなわち，座標のy軸に取調べ時に記録される範囲を数値化し，x軸には記録対象とされる犯罪（罪種など）を数値化することでマッピングしようというものであ

第12章　取調べ可視化論の展開　331

る（指宿 2011b，2012，2013a，後掲図12 - 1参照）。このことからわかるのは，我が国の場合，警察や検察によって試行されてきた録音録画はこのマップの左下に位置し，収録対象犯罪も少なく，また記録時間も短いということである。これに対して，イギリスやニュージーランドのように対象犯罪も多く取調べの全過程を録音や録画すると，マップの右上方に位置づけられることになる。アメリカの可視化立法をおこなう諸州の場合は罪種が限定されつつ全過程録画が義務づけられることが多いため，左上方に位置する。このように考えていくと，我が国の被疑者取調べの可視化の制度設計がこの座標上でどのような方向に進むかが一目瞭然となる[4]。

　そこで，次節では，これまで我が国における取調べの可視化をめぐる議論状況を筆者独自の時期区分に沿って見ていくことにしたい。

II 「可視化」をめぐる議論の推移

1 初　期——日弁連の運動と試行期

　我が国における被疑者取調べの録音録画をめぐる動きは表12 - 1 にまとめたとおりである。大きな議論の始まりは，司法に関わる最大の私的セクターである日弁連が2003年に「可視化法案」を策定し，以後，運動論として取調べの可視化を政策アジェンダのうちでも最重要課題と位置づけたことにある。

　こうした方向性に対して，裁判官の好意的反応が続いたのを契機に，裁判員裁判で任意性立証を容易化する必要を迫られた検察庁が，2006年に法整備を待たずに取調べ録音録画の試行を始めた。その後，富山氷見事件と志布志事件についてそれぞれ再審無罪，無罪となり，その捜査過程，とりわけ取調べに大きな批判が寄せられたことから，2008年には警察も取調べ適正化策をまとめることを余儀なくされ，取調べの録音録画の試行に踏み切らざるを得なくなった。これが，我が国における可視化をめぐる「初期」（試行期）段階と言えよう。

2 第二期——郵便不正事件と検討会議

　その後の可視化への動きを加速させたのも，やはり現実に起きた事件であった。すなわち，2010年に発覚した郵便不正事件における証拠改ざんスキャンダ

■ 表12-1

年	可視化関係	社会の動き
1999		7．司法制度改革審議会開始
2001	12．司法制度改革推進本部設置	6．司法制度改革審議会最終意見書公表
2003	10．日弁連第46回人権大会（松山）で被疑者取調べ全過程の録画録音による取調べ可視化を求める決議 12．日弁連，可視化法案策定	
2004	4．衆議院付帯決議で可視化に言及 6．日弁連取調べの可視化実現委員会設置	4．法科大学院制度発足 12．公訴時効を延長する刑事訴訟法改正案成立（翌年1月施行）
2006	4．日弁連取調べの可視化実現本部設置 5．最高検取調べ一部録画試行発表 8．検察庁で取調べ一部録画試行	10．被疑者国選弁護制度始動
2007	5．東京地裁，取調べDVDを証拠採用，初めて法廷で再生される 12．民主党可視化法案，参議院提出	1．映画「それでもボクはやってない」公開 2．志布志事件無罪判決 10．富山氷見事件再審無罪判決
2008	1．警察庁取調べ適正化指針発表，全国5カ所で取調べ一部録画の実施 4．「被疑者取調べ適正化のための監督に関する規則」（国家公安委員会規則第4号）制定，犯罪捜査規範改正 5．最高検通達「取調べに対する不満等の把握とこれに対する対応について」「取調べに当たっての一層の配慮について」 8．検察庁で取調べ一部録画全面実施	3．横浜事件，再審にて免訴確定
2009	4．民主党可視化法案・参議院へ再度提出 10．法務省「取調べの可視化に関する省内勉強会」開始 12．民主党「取調べの全面可視化を実現する議員連盟」結成	8．裁判員裁判始まる 8．民主党総選挙で勝利，政権政党へ（但し，マニフェストから「可視化公約」は消える）
2010	2．裁判員裁判で初の取調べDVD再生 2．国家公安委員会研究会「捜査手法，取調べの高度化を図るための研究会」設置 6．法務省勉強会中間まとめ公表 11．法務大臣私的諮問機関として検察の在り方検討会議設置 12．最高検，郵便不正事件の検証報告書公表	3．足利事件再審無罪判決 4．一部の犯罪について公訴時効を廃止する刑事訴訟法改正案成立（即日施行） 9．郵便不正事件無罪判決，担当検察官による証拠改ざん発覚 12．大林検事総長辞任
2011	2．最高検特捜部で一部録画の実施 3．検察の在り方検討会議提言 6．法制審議会，新時代の刑事司法制度特別部会設置	3．郵便不正事件国賠裁判始まる 3．元検察官の証拠改ざん事件有罪判決 5．布川事件再審無罪判決
2012	2．最高検，可視化の試行状況発表。独自捜査事件の4割で全過程録画。 2．国家公安委員会「研究会」最終報告公表。全過程録画の問題点を前面に押し出す	6．東電OL殺害事件再審無罪判決 10．検察庁，PCなりすまし事件で公訴を取り下げる。取調べで自白していたケースもあった。 11．陸山会事件で小沢一郎氏無罪確定
2013	1．特別部会試案公表。取調べ録画の義務化案と裁量案の2案提示 3．検察庁「新たな時代における取調べの在り方検討チーム」提言まとめ，実質証拠化を提案 7．警察庁「取調べ録音録画試行の検証について」発表 9．警察庁，取調べ入室時からの録画開始	4．検察審査会，陸山会事件で虚偽報告書を作成した検察官を不起訴不当と判断 5．最高検，上記検察官について不問とすると発表

第12章　取調べ可視化論の展開　333

ルである。これに対応して法務大臣の私的諮問機関である「検察の在り方検討会議」における議論ならびに会議の最終提言がおこなわれた。これが「第二期」である。この時期，初めて公的に「可視化」が政策アジェンダとして取り上げられることとなった。もっとも，マニフェストに「可視化」政策を盛り込んでいた民主党が政権政党となったにも関わらず，民主党は（野党時代には二度も提出していた）法案を提出することなく，千葉景子法務大臣はこの検討会議において可視化への方向性を模索するよう指示するにとどまった。こうして政治家主導による可視化の機会を放棄したことが，その後の可視化法制化における紆余曲折を生むきっかけとなってしまう。

　この検討会議はそもそも「検察」のあり方をめぐって議論を深める場であったはずであるが，議論の終盤になって警察庁元長官委員による可視化危険論に端を発して，会議はさながら「取調べ可視化」対「新しい捜査手法論」のせめぎ合いの場への変貌していった。この論争が次の法制審議会での議論にも受け継がれることになり，結果的に何のための可視化であるのかを見えにくいものとしてしまい，政策目的も取調べ過程の規律から大きく逸脱し，部分的な可視化を前提とした刑事司法過程における可視化代償論が主となっていく。筆者は以前これを「可視化バーター論」と評したことがある（指宿2011b）。

　2011年3月にまとめられた「提言」では，検察官のおこなう取調べについて録音録画を拡大する運用と立法がなされるよう「可視化方向」が明示されたが，立法化については，検察取調べだけの問題にとどまらず様々な影響が予想されることから，専門家の会議による制度設計が望ましいとされ，後の法制審議会への付託の道を開くことになった。この時点で重要なことは，「可視化方向」を望ましいとしながらも，取調室での供述に代わる証拠収集手段の必要（代替的捜査手法）を求める見解が明記されたことであろう。このとき，「可視化」実現運動は，取調べ過程の規律という目的を貫徹させられないまま政策実現プロセスにおいて，捜査・刑事司法の再構築論議に絡めとられる運命が決まった。

3　第三期——法制審議会

　「検察の在り方検討会議」の最終提言を受けて2011年6月に始まった法制審

議会「新時代の刑事司法制度特別部会」は，取調べ可視化のみならず「供述に依存しない刑事司法制度」の構築というミッションが付与され，メンバーには郵便不正事件の被告人となった村木厚子氏（後に厚生労働事務次官）や映画監督の周防正行氏らが一般有識者委員として加えられたにも関わらず，官僚が席の大半を占め，第二期に明確となった可視化代償論が議論の中心を占めることとなり，そのため「焼け太り」などと酷評されることとなった。[5]特別部会では，委員の構成のみならず，実際の原案を策定する作業がほとんど官僚に委ねられてしまっていたことから，前の「検察の在り方検討会議」のような白熱した議論が生み出されず，全面的・全部可視化による捜査過程への規律を狙うのではなく，録音録画を現行の捜査起訴実務にどうフィットさせるか，そして録音録画により供述を得られにくくなることを前提とする代替的な捜査手法の導入が検討の土台となっていった。

その結果，2013年1月に公表された「時代に即した新たな刑事司法制度の基本構想」においては両論併記とされ，①対象となる犯罪については原則，取調べを全過程録音録画する，②取調官の裁量に応じて録音録画する，と提案された（同7頁）。②案はまさに全面的可視化に対する捜査当局の巻き返しの成果であり，「取調べの真相解明機能が損なわれて捜査に大きな支障が生じ，犯人を的確に検挙できなくなる事態を招くようなことがあってはならないとの意見も示された」との記載は，そのことを如実に表している。①案では対象犯罪が裁判員裁判対象事案とされており，前期において検察庁が試行的に開始していた独自捜査事案や知的障がい者を被疑者とする事案において全過程録音録画されていたのと比しても対象範囲が狭いことから強い批判が起きた。

興味深いことは，基本構想発表後に公表された警察・検察それぞれの可視化試行報告の中で，録音録画の有用性，有効性が言及されている点である。[6]諸外国での経験から，可視化導入後には捜査・訴追当局が高くこれを評価する姿勢が窺われることが多く（Sullivan＝指宿 2006，指宿 2008c），こうした傾向が我が国でも確認されたわけである。

4　終　期——立法提案から法制化

この段階は執筆現在，まだ迎えていない（2013年8月）。上記の法制審議会基

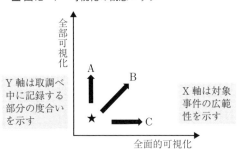

■図12-1　可視化の概念マップ

本構想がどのようなかたちで法制審全体に提出され，法案化され，国会に上程されるかは判明していないが，基本構想の公表直前に政権交代がなされたことから，可視化を後押しする政治的動機は大きく減少したと考えられ，突発的な事件やスキャンダルが発生しないかぎり，現状のままでは取調べの録音録画は限定的なかたちで法制化される見通しが強い。そうすると，可視化概念マップ（図12-1）に即していえばx値もy値も低い現状のポジションが大きく変わることはないだろう。[補注1]

5　まとめ

これまでの流れからわかるように，基本的に可視化立法は官主導で立案されつつあるが，法制審議会「新時代の刑事司法制度特別部会」で起草された基本構想が両論併記とした背景には，取調べの規律をめぐって客体となる警察・検察の2つの強力なアクターによる，公式なものではない内部的な「研究活動」が重要な働きをしたと思われる。前者は可視化代償論を推進した警察庁の内部研究会の「最終報告」(2012年2月)[7]であり，後者は各国の取調べ録音録画制度を調査した法務省の内部研究会の「とりまとめ」(2011年8月)[8]である。特別部会でも，上記2つのアクターを出身母体とする委員は基本的にこうした報告を土台とした発言に終止している。上記2つの研究会の調査活動には多大な国費が投じられており，誤判冤罪防止策である可視化を抑制する方向で立法調査活動がおこなわれたことを見逃すわけにはいかないであろう[9]。

336　第3部　取調べ録画と諸科学

Ⅲ　可視化実現と刑事司法改革の関係

　世界的に見ても，取調べの可視化の歴史は，可視化目的論のうち取調べの規律という点に第一の主眼がある（指宿 2008a; 20011c）。アメリカ諸州やカナダなどで設置された各地の誤判原因調査委員会における改革提案には，必ずと言っていいほど取調べの全過程録音録画が盛りこまれてきた（指宿 2011b; 2009）。例えば，イリノイ州が2005年に初の（立法による）可視化州となったのは現大統領オバマ氏が上院議員であった際の功績を多としなければならないが，それ以前に，同州の死刑制度の存続をめぐって設けられた知事諮問委員会の勧告(2002年）において，取調べの録音録画は不可欠の制度的担保とされていたし(Sullivan＝指宿 2006），ノースカロライナ州で2007年に可視化立法が成立したのは，州最高裁長官の呼びかけで始まった誤判原因調査委員会の検討を受けてのことであった。古くは1980年代から被疑者取調べを録音し，可視化先進国としてしばしば言及されるイギリスも，取調べを法制化したのは虚偽自白を強要して起きてしまったギルフォード・フォー事件などの誤判事件を受けてのことである（指宿 2010）。

　しかしながら，こんにちの法制審に先立つ平成の司法制度改革においては，被疑者取調べの規制の適正化といった課題は改革テーマにあげられず，警察や検察の関与する捜査領域はほぼ完全に手つかずで残されたままとなっていた。それは，先の司法制度改革の出発点が，「我が国の刑事司法はおおむね上手く運用されており抜本的に改革を必要とするような悪い部分はないが，市民の参加という点や司法サービスという点では十分とは言えないので，その点を中心に改革する」というところにあったためであろう。そうした意識は，個人の考えは別にして，公式には基本的に現在まで，警察・検察官僚にも裁判所にも，確固として浸透していると見なければなるまい。

　他方で，このような「改革」を経て始まった裁判員裁判の施行開始の年となった2009年に，足利事件という冤罪が露見した。筆者にはこれを偶然と片づけてしまうことが適切とは思われない。この事件は，まさに市民が参加する裁判においても同様の過ちが発生する可能性をまざまざと我々に突きつけたわけ

であり，市民は冤罪発生の加担者となるリスクを引き受ける以上，それを最小限とする努力や工夫を公的セクターに求め始める。それが市民レベルでの「可視化」運動への共感であったのではないか。[15]

　だが，現時点では我が国の可視化の法制化に関わる動向に対する評価としてはきわめて低いポイントしか与えることができないだろう。その理由として次の2つを指摘することができる。すなわち，誤認冤罪事件の防止というミッションを正面に掲げることができず，取調べの記録化問題に獲得目標を絞りすぎ[16]，そのことが，反対に捜査機関が牽引する可視化代償論の展開を許してしまう事態を招いたこと，そして，政治主導ではなく官僚機構に制度設計を委ねてしまったことである。せっかく私的セクター運動（下からの立法運動）の盛り上がりと，時期を同じくして現実に登場した冤罪被害者に対する市民的共感が合致したにも関わらず，従来と同じ法制審議会という官主導の方式を選択したことは，先に指摘したように現行の刑事司法の改革の必要性を認識しないアクターに依存することとなって立法化の筋道を誤ったというほかないだろう。

おわりに──残る「可視化」問題の課題

　以上，被疑者取調べ過程の記録，いわゆる「可視化」問題について刑事司法改革との関わりから論じてきた。けれどもこの問題に残された課題は多い。

　第一に，捜査過程において映像によって記録されなければならない手続きは実は被疑者取調べだけにとどまらず，「可視化」対象とされなければならない場面は少なくないことである。例えば，参考人取調べについては検察官面前調書に依存する特捜事案でとくに必要性が高いと言える。リクルート事件[17]や郵便不正事件[18]で参考人調書が事件の「見立て」の核心とされていたことが思い出されよう。また，諸外国で進められている犯人識別手続の可視化も急がれよう。[19]大阪テレクラ事件[20]などで裁判所から前時代的と批判された警察による面割り捜査が未だまったく映像で記録されていないのは怠慢と言わざるを得ない。捜査機関における録音録画機器の普及は明らかで，コスト問題はこの場合の言い訳にならない。さらに，犯行現場などを指示した際の現場供述を引き出す目的でおこなわれる，いわゆる「引き当て」の真実性も映像で記録しておく必要性が

高い。ずさんな犯行現場供述を強要された富山氷見事件の元被告人Y氏の訴えは切実である。さらに，誤ったDNA型鑑定により冤罪被害を受けた足利事件のS氏が女児への暴行場面を再現させられたケースのように，調書化された「犯行再現」証拠についても映像による全面的な記録の必要性が高い。このように，映像記録によって適正な捜査手続の担保をおこなう課題が多々あるにも関わらず，法制審議会「新時代の刑事司法制度特別部会」での議論は取調べ場面が依然として焦点とされている。

　第二に，取調べの全面的・全部（全過程）可視化だけでは虚偽自白を抑制したり誤判を防いだりするためには十分でないという認識が共有されていない。弁護人の立会いや，取調べをおこなう捜査官のスキル向上といった複数の手立てが必要である。可視化先進国のひとつであるオーストラリアの実態を調査したディクソンも「（録音録画は）決して万能薬ではない」ことを強調する（指宿2008c）。実際，虚偽自白が録画されていた著名な海外事例として「ニューヨーク・セントラルパーク・ジョガー」事件があるし，我が国でも足利事件のほかにも複数の事件で取調べの一部録音がなされていた。一部しか記録していない場合には，冒頭のボールドウィンの指摘を待つまでもなく，当該記録の信頼性はきわめて低いものとなるし，むしろ反対に虚偽自白を推進しかねないおそれが強い。だが，前出特別部会では捜査関係者の委員から全部可視化に対する強い異論が出され，前述の②案のラインが最低であると譲らなかった。

　第三に，次の第四の問題とも関わるが，取調べの映像記録が公判でどのような影響を与えるかという観点から撮影方式を検討する必要である。心理学的知見は，撮影のカメラ・アングルによって視聴者に対する影響が左右されることを十分に確認してきている（指宿2008b；2008d；2012，若林ほか2012）。日弁連が2011年に意見書を公表し検事総長に申し入れているものの，最高検察庁や警察庁の報告などでもこの点が検討された気配はない。

　第四に，被疑者取調べによって得た記録をどのように公判廷で利用するかが重要である。「実質証拠」問題（公訴事実に対する直接の心証形成資料とすることを許容するか否か）については本章の射程から外れ，証拠法ならびに心証形成問題でもあることから別の機会に検討することとしたい。私見では，伝聞証拠である以上，公判廷での取調べの映像記録再生は原則禁じられるべきで，被撮影

者である被告人側から再生の申出があった場合，あるいは，再生への同意が
あった場合にかぎって許されると考える。映像記録証拠が事実認定者に与える
予断偏見が十分に自覚され警戒されなければならないが，これについては特別
部会でも裁判員制度の検討会でも未だ検討がなされないままである。[補注3]

　こうした課題のいずれも，先に指摘したとおり，誤判冤罪発生を回避抑制す
る刑事司法制度の構築という発想から改革が営まれない以上，とりこぼされる
のも必然であったと評せよう。

---

1 ）　Baldwin（1992：26）
2 ）　英語圏では，"queen of evidence"という表現が一般的であるようだ。我が国について，例
えば富山氷見事件を伝えるBBCの報道を参照。"Japan urged to end 'false confession'"
http://news.bbc.co.uk/2/hi/8290767.stm
3 ）　多くの取調べ教本がこれを支持する。詳しくは指宿（2011a）参照。
4 ）　ネット上において容易に参照できるものとして，指宿信「視点・論点　取調べの"可視化"
を考える」http://www.nhk.or.jp/kaisetsu-blog/400/101676.htmlがある。
5 ）　例えば東京新聞2013年 1 月31日や北海道新聞 1 月25日など。
6 ）　2013年 7 月に発表された警察庁報告でも，「否認や黙秘事件を含め，実施場面等を拡大した
録音・録画であっても，その方法如何によっては立証上有効であると取調べ官が考えている」
とする。
7 ）　http://www.npa.go.jp/shintyaku/keiki/saisyuu.pdf
8 ）　http://www.moj.go.jp/content/000077866.pdf
9 ）　例えば，法務省が「取調べの録音録画に関する調査研究・検察官在外研究経費」として概
算要求したのは平成22年度だけで5,400万円であった。警察庁でも平成23年度には海外の可視
化状況や捜査手法の調査として3,900万円の概算要求をおこなっている。
10）　Report of the Commission on Capital Punishment, Chapter 2（April 2002）．同委員会に
ついては，トゥロー（2005）を参照。
11）　http://www.ncga.state.nc.us/EnactedLegislation/Statutes/PDF/ByArticle/
Chapter_15A/Article_8.pdf
12）　同州の刑事司法改革については，指宿（2013b）を参照。
13）　ギルフォード・フォー事件については，コンロン（1994）を参照。
14）　警察と司法改革については，ジョンソン（2004：8-15）を参照。
15）　全国各地の地方自治体において請願により可視化推進の議決がなされているという事実が
これを裏付ける。また，ほとんどマスコミも可視化推進の立場をとっている。
16）　村木委員の次の発言参照。「この部会の設置の趣旨は，えん罪事件とかいろいろな問題が発
生をして，取調べ偏重，調査偏重の弊害というのが看過できないところまで来た。こういう
弊害をなくして，新しい時代に即した刑事司法制度を作るということがこの部会の設置のス
タートだったと思っています。部会が発足してから後もPCメール事件とかいろいろなこと
が起こって，国民としても良い形の刑事司法制度にしてほしいという思いは非常に強いと
思っています」（平成25年 6 月14日　第20回会議議事録より）。誤判冤罪事件に着目し，その
再発防止を図るために原因究明と対策を立案する独立した機関の設置を訴えるものとして，

指宿監修（2012）を参照。

17) リクルート事件については，例えば江副ほか（2009）参照。

18) 郵便不正事件については，例えば今西＝週刊朝日取材班（2010）参照。

19) この点については，法と心理学会・目撃ガイドライン作成委員会編（2005）参照。

20) 大阪地判平成16年4月9日判例タイムズ1153号296頁。

21) 江川紹子「法制審はなぜこの声を聞かないのか——可視化を巡って冤罪被害者たちは語る」
http://bylines.news.yahoo.co.jp/egawashoko/20130804-00026994/ 参照。

22) 足利事件については，例えば菅家＝佐藤（2011）など参照。

23) もっとも，専門家だけによる作業部会で「実況見分や検証」の場面における記録が議論され始めた。第一作業分科会第2会議（平成25年4月25日）議事録参照。

24) こうした視点については，葛野ほか（2013）を参照。

25) 足利事件において取調べが録音され判明した知見として，元被告人S氏の無実のサインが取調官によって見過ごされていた事実を踏まえて，「供述の真偽を見抜く方法を身につける必要」を説く，佐藤（2010：229）参照。

26) 同事件については，伊藤（2006），ドリズィン教授の日本での講演
http://www.nichibenren.or.jp/library/ja/publication/books/data/jihaku_kouenroku.pdf など参照。

27) そうした事例紹介については，指宿監修（2011：第2部）参照。

28) http://www.moj.go.jp/content/000094924.pdf

補注1) 2015年3月に国会に提出された法案については本書終章を参照されたい。

補注2) その後，2014年9月の法制審議会の答申では，裁判員裁判事案と検察独自捜査事案について，取調べが全部録音録画されることとなった。詳細については，本書終章第I節3参照。

補注3) 実質証拠論をめぐる論稿として以下参照。青木孝之「取調べを録音・録画した記録媒体の実質証拠利用」慶應法学31巻（2015）61頁，丸山和大「取調べDVDの実質証拠化」季刊刑事弁護82号（2015）50頁，正木祐史「被疑者取調べの『可視化』——録画DVDの証拠利用の是非」法律時報84巻9号（2012）55頁，伊藤睦「取調べ可視化と証拠法」法律時報85巻9号（2013）69頁，安部祥太「被疑者取調べの録音・録画と記録媒体の証拠法的取扱い」青山ローフォーラム3巻1号（2014）125頁など。

［参考文献］

J. Baldwin, Video Taping Police Interviews with Suspects: An Evaluation, Police Research Series Paper 1, 26 (1992)

ゲリー・コンロン（水上峰雄訳）『父の祈りを』（集英社文庫，1994）

法と心理学会・目撃ガイドライン作成委員会編『目撃供述・識別手続に関するガイドライン』（現代人文社，2005）

指宿信（2008a）「取調べ録画制度と自白の証拠能力——オーストラリアにおける立法ならびに判例からの示唆」判例時報1997号3-18頁

——（2008b）「取調べ録画制度における映像インパクトと手続法的抑制策の検討」判例時報1995号3-11頁

——（2008c）「豪州における取調べ録音録画の実態——『ディクソン・レポート』の概要とその示唆」判例時報1994号3-12頁

——（2008d）「テレビ的パフォーマンスあるいは取調べの監視？——ニュージーランドにおける被疑者取調べ録画制度について」刑事弁護54号146-153頁

―――（2009）「カナダにおける被疑者取調べ録画制度（上・下）――繰り返される導入勧告と積み重ねられる判例」判例時報2028号8-17頁・2029号3-10頁

―――（2010）「イギリスにおける被疑者取調べとその可視化――『録音』『録画』で揺れる歴史とデジタル・ネットワーク化計画」判例時報2077号3-20頁

―――（2011a）「取調べの"高度化"をめぐって」法律時報2011年8＝9月号18-24頁

―――（2011b）「はじめに」指宿編著『取調べの可視化へ』日本評論社

―――（2011c）「世界の"可視化"状況」指宿（2011b）

―――（2012）「取調べの"高度化"をめぐって」法と心理12巻1号23-26頁

―――（2013a）「第5章　取調べと科学化・可視化」藤田政博編『法と心理学』法律文化社

―――（2013b）「誤判に学ぶ国の司法，学ばない国の司法」世界2013年12月号

―――（2012）指宿信監修『えん罪原因を調査せよ――国会に第三者機関の設置を』勁草書房

今西憲之＝週刊朝日取材班『私は無実です　検察と闘った厚労省官僚村木厚子の445日』（朝日新聞出版，2010）

江副浩正ほか『取調べの「全面可視化」をめざして――リクルート事件元被告・弁護団の提言』（中央公論新社，2009）

伊藤和子『誤判を生まない裁判員制度への課題――アメリカ刑事司法改革からの提言』（現代人文社，2006）

デイビッド・ジョンソン（指宿信＝岩川直子訳）「日本における司法制度改革――警察の所在とその重要性」法律時報76巻2号（2004）8頁

葛野尋之ほか「小特集　被疑者取調べの適正化の現在」法律時報1063号（2013）56頁

佐藤博史「弁護人から見た警察庁と最高検察庁の足利事件検証報告書」東京大学法科大学院ローレビュー Vol. 5，（2010）229頁

菅家利和＝佐藤博史『尋問の罠――足利事件の真実』（角川 One テーマ，2011）

トーマス・P・サリバン＝指宿信（寺中誠訳）「イリノイ州死刑諮問委員会と米国の取調べの可視化について――トーマス・P・サリバン氏に聞く」刑事弁護46号（2006）154頁

スコット・トゥロー（指宿信＝岩川直子訳）『極刑　死刑をめぐる――法律家の思索』（岩波書店，2005）

若林宏輔ほか「録画された自白――日本独自の取調べ録画形式が裁判員の判断に与える影響」法と心理12巻1号（2012）89頁

［判　　例］

大阪地方裁判所平成16年4月9日判決・判例タイムズ1153号（2004）296頁

終章　可視化法制度の展望と課題

ビデオは警察の"自白強要"―"自白"のでっちあげ―を終わらせる<ruby>かもしれな<rt>・・・・・</rt></ruby>い。だがそれは……重要な安全策が講じられた場合，そしてその場合だけである。ビデオの使用にあたって十分なコントロールが出来なければ，現在の刑事司法のやり方はそのままだろうし，人権侵害も食い止められないまま続くことになるだろう。　（傍点は原文イタリック）

オーストラリアにおける取調べ録音録画に関する1989年の調査報告より[1]

はじめに

　本書では，第1部で我が国に固有の取調べとその結果得られた虚偽自白に起因した誤判冤罪との関係性について検討した後，自白法則の見直しこそポスト可視化時代に喫緊の課題であることを主張し，第2部では，世界各地で採用されている「被疑者取調べの録音録画（以下，"可視化"とも呼ぶ）」制度について各国の法令や判例を実証研究や調査報告と共に紹介した。第3部では，可視化や取調べ技法をめぐる心理学的知見と，我が国における可視化に関わる議論について2015年の法案提出に至るまでの社会政治学的背景を描いた。

　本章は本書の総括となる章である。本書の問題意識は，「はじめに」で描いたように，捜査の適正化と虚偽自白に基づく誤判冤罪の回避抑制を目指すのであれば，単純に取調べの録音録画（たとえ全過程であっても）を実施するだけでは不十分であり，これに加えて"可視化"に伴う未知の問題に総合的に取り組む必要がある，というところにあった。その主張は，本書第1部から第3部にかけての調査研究で裏付けられたと考える。

　そこで本章では，我が国におけるこんにちの一応の到達点と呼べる2015年に

なされた立法提案（2015年12月段階で衆議院通過の後，参議院で審議未了となっているもの）を踏まえて，我が国の可視化をめぐる議論状況を整理し，そこで論じられた点，論じられなかった点を含めて，ポスト可視化時代における課題を6点ほど抽出して，今後の見通しや解決策を提示することにしたい。

I 「可視化」論・考——可視化法制への道

1 可視化の「目的」

そもそも，なぜ取調べを「録音録画（可視化）」する必要があったのか。

第2部で描かれた各国における被疑者取調べ録音録画に至る経緯や沿革を見ても，それはおおむね以下の2つの目的を達成するところにあったと言えるだろう。

第一目的は，「取調べの適正化を推進」することである。これは，取調べ規制論の一環として，いわば録音録画を密室でおこなわれる取調べの「見張り役」として置いておくという発想である。その視点は捜査手続に向けられていて捜査手続の適正化という政策目標も備えつつ，保護すべきは被疑者の取調べ段階での黙秘権を含めた防御権であった。

第二目的は，「自白の証拠採用を厳格に実施」することである。これは，虚偽自白が主要な誤判原因であったことから，虚偽自白を採用して誤った有罪判決を出すことがないよう，証拠能力判断（すなわち任意性判断）に際して「確実な判断材料」を得るという発想である。その視点は公判手続に向けられていて誤判を生み出さないとする政策的な側面が強いものの，保護すべきは公正な裁判を受ける被告人の利益であった。

第2部で学んだように，国際的にみても取調べの可視化には政策面と権利面の双方の特徴が現れていたし，上に示した2つの視点が混在しているのも確認された。我が国にあっても，上述の第一目的の視点は主に弁護士会から，第二目的の視点は主に裁判所から提示されていたと言えよう[2]。加えて，論者ごとに権利論重視なのか政策的主張なのかも千差万別で，それだけに可視化の導入の要否やその範囲をめぐる議論が錯綜する原因となったように思われる。そしてその混乱は，立法過程にまで続いていた。

344 第3部 取調べ録画と諸科学

そうした混乱はまず，可視化を支える理論面での議論に現れており，この課題を権利論として構成する論者と政策論として論ずる論者とに分かれた。とくに，上記第一の目的に関しては，取調べ録音録画の提案が弁護士会によって運動論として進められてきたことと対照的に，学説では被疑者における取調べ受忍義務否定論が多数を占めていたことから，録音録画が取調べ受忍義務を固定化する制度となるとして消極的であったことに現れていよう。例えば，故・田宮裕博士はかつてこのように述べている[3]。

　　イギリスのように，捜査の弾効化がもうすこし浸透することの方が先決の課題であろう。そして，その目的は供述の信用性の確保（証拠の保全）というよりは，取調べの適正の確保であることを十分自覚したうえで，提案されるべきもののように思われる　　　（下線筆者）

取調べ録音録画が捜査実務で部分的に導入されるような時代となっても，第一目的について録音録画の効用を消極的に評価する立場が学説において少なくなかったのも，そうした初期の消極論の影響が大きい。運動論が始まった2003年頃でも，「取調べの『適正化』という点でいえば，録音が弁護人の立会いに代替しうるほどのものか，慎重な検討がさらに必要ではないか」とか，「（弁護人の立会いまでいかない）『改革』で取調べの適正化を勝ち取ることはむずかしいように思う」といった消極的展望が示されていた[4]。

　他方で，まったく異なる立場からも可視化消極論が展開されてきた。それは捜査・訴追関係者やその立場に理解を示す論者による反対論である。

　この場合の取調べ可視化消極論の根拠は２つの阻害論に大別される。すなわち，「真相解明阻害」論と，「カウンセリング機能阻害」論である。

　第一の真相解明阻害論は，"取調べを録画されると犯人は胸襟を開かず，自白を得られない。結果，真相がわからない"事態を危惧する。例えば，ある検察官は「被疑者が真実を述べることを期待することはもはやできないであろう」などと批判した[5]。そればかりか，取調べを録音録画すると結果的に治安が悪化するという影響まで案ずる警察官もいた[6]。

　第二のカウンセリング機能阻害論は，"従来の取調べには自白を得るだけで

終章　可視化法制度の展望と課題　345

はなく，自白過程を通じて犯人の更生を助ける”効果があったのに，“録画されるとプライバシーに踏み込むことが躊躇されラポール形成もできない”と危惧する。その結果，再犯予防がむずかしくなり社会防衛上も疑問だ，とするのである[7]。

　もちろん，そのいずれの弊害論もこんにちほぼ完全に論破されていることは疑いないところである。真実解明阻害論については，「可視化されていれば支障が本当に生じたかどうか，およそ実証されてはいないというべき[8]」との反論が説得的だろう。それでもなおこうした根拠に拘泥するのは，取調べの密室性を保持したいという意見にすぎず，「取調べが解明する（と論者がいう）目的であるはずの真実ではなく，その手段たる取調べという捜査手法それ自体を守れという論法だといわれても仕方ないように思われる[9]」という批判が相当である。

　また，カウンセリング機能阻害論については，「被疑者・被告人に対する改善更生は，ひとえにその利益を考えて活動する刑事弁護人や親族，保護司などの役割だと割り切るべき[10]」とする見解が的を射ていよう。本来は被疑者と対立的な立場であるはずの警察に被疑者の更生機能を委ねようとする発想自体が前近代的で妥当性が疑わしく，さらに，そうした被疑者の更生はまずは弁護人にこそ託されるべき機能と言わなければならない[11]。

　2015年法案では，例外事由を抱えつつも身体拘束中の被疑者に対する裁判員裁判対象事件での取調べに録音録画が義務づけられるようになった。こうした状況下で，かかる2つの阻害論を根拠に取調べの録音録画導入に反対する契機は現実的には乏しくなった。けれども，法案に置かれた例外事由に目を向けると，依然としてこの2つの阻害論が大きく影響していたことは容易に見てとることができるのであり，こうした議論が過去のものになったわけではない。

　では，今後のポスト可視化時代に必要な理論的課題は何であろうか。第一は，先にあげた可視化の2つの目的論をどこまで拡張して可視化の効果を最大化するかであり，第二は，こうした目的論の拡張を支え，誤判冤罪を生まない刑事裁判に貢献し得るような科学的・実証的な研究であろう。

　先に見たように，取調べ適正化の必要について同じ立ち位置にありながらも可視化に対してはこれまで運動論と学説に距離があったことに加えて，法執行

346　第3部　取調べ録画と諸科学

サイドとこれを支持する消極論が可視化について負の方向へと働いていたため，可視化をめぐる議論が錯綜していたことは否めない。ポスト可視化時代においては，適正化論の地平にあると認められる様々な刑事司法改革に対するリベラルな議論の統一を図り，可視化における当初の2つの目的を最大限実現する道を模索していくことが肝要と考えられる。

2 可視化をめぐる我が国に固有の文脈

諸外国における取調べ録音録画制度導入の道と，その道程で現れてきた様々な問題については第2部で紹介した（オーストラリア，アメリカ，カナダ，ニュージーランド，イギリス）。以下，我が国における可視化論に固有の文脈を指摘して，それらがどのように可視化立法に影響したかを検討しておきたい。

① 警察における取調べ録音の歴史と文化

取調べ録音録画に対する法執行サイドの，とりわけ全過程の記録化に対する強固な反対論を眺めて強い違和感を覚えるのは，我が国の警察が長く被疑者の自白を録音してきた事実との関係ゆえである[12]。

これまで我が国の警察は，オープンリール・テープの時代から相当数の取調べにおいて被疑者の自白を記録してきた。自白に至る過程まで記録に含まれる場合もあったが，多くは自白部分だけの記録にとどまっている。いわゆる「一部可視化」である。

もっとも，その有用性を認めながら録音した事実を秘匿していたり，長年にわたって記録した録音テープを開示しなかったりした事件は少なくない。例えば，袴田事件，狭山事件，布川事件などの複数の再審請求事件では，数十年経ってから当時の録音テープが請求人側からの開示請求・申立の末にようやく開示されたが，とくに証拠隠滅や弊害なども見られないにも関わらずこれらの録音テープが開示されず眠っていた事実が報告されているところである[13]。

このことは，録音されたテープに警察あるいは検察官にとって不都合な，例えば客観的事実と矛盾する供述内容や不正な取調べを示すような音声が記録されていたりしたために開示されないまま埋もれていたと考えるべきであろう。

そうした偏った録音記録の利用方法について研究した元裁判官の守屋克彦氏は，「自白の任意性立証の目的で，被告人の取調べ状況，供述している雰囲気

終章　可視化法制度の展望と課題　347

を明らかにするために，取調べ段階で作成された録音テープが証拠として提出されている例が，しばしば見られる」とする[14]。そのうえで，これらがすべて一部録音であることから，「当該テープに録取された供述の内容，供述態度がはたして真の取調べの内容を反映したものであるかどうか……自白の任意性を推認させるに足るものであるかどうか」を慎重に検討すべきであると注意を喚起すると共に，「最近取調べの可視化に関連して取調べ過程の録音が言われているような要請を満たすものとは到底同一に論じられない」と指摘した。

　結局，警察がおこなっていたのは，「取調べ」の録音ではなく，あくまで被疑者の「自白」の録音であった。これは，可視化の第二目的に関わって，公判手続を視野に置いた，しかも片面的な記録にほかならない。だが，そうした姿勢は必ずしも我が国に固有のものというわけではなく，アメリカやオーストラリアでもかねてから警察がそうした一部録音録画を任意性・信用性確保のために長い間続けていたことは本書の第2部で明らかにされている。

　ただし，アメリカにおける各地の警察署での録画施設やその運用の普及が示すように，被疑者が被告人段階で任意性を争ったりミランダ判決で保障された権利の侵害を訴えたりした場合に備えて，いわば「自己防御」的に可視化が進められたのとは異なり，我が国では警察自身にこれを拡大させたり普及させる組織的な動機づけがまったくなかった。アメリカの場合，（スロボギン教授が批判するように効用の点では大いに疑問符がつくものの）[15]取調べにおいてミランダの権利告知の機会が憲法上求められるとされていた点が，我が国との重要な違いであろう。かかる被疑者の権利擁護に向けた手続的基盤をもたないままで可視化を我が国に導入することは，結局，可視化の効果を弱めることはあっても強化することは期待できないと言わざるを得ない。

　② 裁判員裁判対応策への収束

　2001年6月に司法制度改革審議会がその最終意見書で国民の司法参加を提案した際に，「新たな時代における捜査・公判手続の在り方」を提示し，具体的に「取調べの適正化のために取調べ状況の書面による記録」制度の導入を提案した。その際にも，取調べの録音録画制度については次のような言及でとどめられた。

取調べ状況の録音，録画や弁護人の取調べへの立会いが必要だとする意見
　もあるが，刑事手続全体における被疑者の取調べの機能，役割との関係で
　慎重な配慮が必要であること等の理由から，現段階でそのような方策の導
　入の是非について結論を得るのは困難であり，将来的な検討課題ととらえ
　るべき

　審議会のこの見解を受けた司法制度改革推進本部裁判員制度・刑事検討会で
は，四宮委員などから取調べの録音録画を裁判員裁判の実施の前提として導入
すべきという議論が出されたのに対して，高井委員は，これを自白の任意性・
信用性立証問題の範囲を超えたもので，捜査のあり方を根本から変える制度で
あるとして，「裁判員裁判の中で，特に裁判員に分かりやすくするために録音
録画をするのはどうかというような問題提起の仕方というのは，問題提起の仕
方として間違っている」と反論した。[16]　結局，検討会では裁判員裁判の導入のた
めの制度設計がミッションとして優先され，せっかく改革審議会から出されて
いた「取調べの適正化」という要請も看過されてしまい，「取調べの可視化」
義務づけに関する論議を深める機会を逸してしまった。
　裁判員裁判の法制化に際して，参議院法務委員会では2003年7月8日に「裁
判の迅速化に関する法律案に対する附帯決議」として，「裁判所における手続
の充実と迅速化を一体として実現するため……取調べ状況の客観的信用性担保
のための可視化等を含めた制度・運用について検討を進めること」という要求
が示されていたものの，取調べ録音録画制度については裁判員裁判対象事件に
おける立証の容易化，あるいは任意性判断の簡易化・迅速化という政策目標に
絞られ，可視化の第一目的はいわゆる郵便不正事件の登場（2010年秋）までほ
ぼ等閑視されることとなる。
　検察庁が2006年8月に取調べの録音録画を一部導入したのも，「自白の任意
性に関し，事案や証拠関係等に応じ，刑事裁判になじみの薄い裁判員にも分か
りやすく，迅速かつ的確な立証を遂げるための立証方策の検討の一環」と位置
づけられており，第二目的の，しかも政策面のみが強調されていた。[17]　また，警
察庁が2008年4月に5つの管轄で取調べの録音録画の試行に踏み切った際も，
「裁判員裁判における自白の任意性の効果的・効率的な立証に資するためには，

いかなる方策が有効であるかを検討する」ことがその目的であると位置づけられており，検察庁と同様，可視化の第二目的の政策面のみが根拠とされていた。[18]

とくに警察庁の可視化に対する姿勢は，いかなる報告書においても常に「取調べの機能を損なわない範囲内で」録音録画を実施するという表現が貫かれている点で顕著であって，消極論について先に述べた2つの弊害論が取調べの可視化を論ずる前提となっていた。そしてその姿勢は，本書第1部第3章で検証した富山氷見事件や志布志事件を受けて警察庁によって取り組まれた「取調べの適正化」を目指した諸方針や様々な具体的対応策に，「取調べの録音録画」への言及が一切ないことからも窺える。[19]

このように我が国では，取調べの主要な実施機関である警察庁においてとりわけ全部録音録画に強い抵抗が示されていたため，こうした抵抗を崩すために一種の「突破口」として裁判員裁判が利用された側面があるのではないかと考えられる。

そうした戦略的な限界を打破するために，これからのポスト可視化時代では，法制審特別部会で一般有識者委員から示されたように，[20]今回の法案で決められた録音録画制度の見直しとそれに伴う段階的拡張路線を目指すべきだろう。その際には，第6章で触れたアメリカで最初期に可視化法制を導入したイリノイ州が参考になる。同州は可視化対象犯罪を殺人罪に限定しながら，導入から10年後の2013年には重罪一般に拡張するといった段階的拡大戦略をとっていた。そこで我が国でも，パソコン遠隔操作事件や富山氷見事件のような軽微な犯罪類型でも虚偽自白に基づく誤判冤罪が発生していることが経験的に明らかであることから，イリノイ州と同様に可視化の範囲を段階的に拡張する方向に向かうべきだろう。

3 可視化立法への転換と抵抗

① 検察改革

以上のとおり，司法制度改革後の2008年頃までの可視化をめぐる議論では，新たに始められることになる市民参加の裁判形式である裁判員裁判の運用を念頭に置いた立証過程における可視化記録媒体の利活用が中心であった。

350 第3部 取調べ録画と諸科学

ところが，2010年秋に発覚した郵便不正事件を契機に取り組まれた検察改革
の過程で被疑者や参考人に対する密室での取調べが同事件のひとつの問題点と
認識されたことから，ようやく取調べの可視化が第一目的に沿って提起される
のではないかとの期待が高まった。問題となった郵便不正事件が，いわゆる特
捜事件ではあったものの裁判員裁判対象事件ではなかったことから，「検察の
在り方検討会議」が2011年3月に公表した最終提言で，検察の運用において
「(取調べ録音録画は) 実施可能なところから早急に着手」することが求められ，
「積極的に拡大していくことが相当と考えられる」とされたからである。加え
て同会議では，参考人取調べの録音録画までが提案され，最終提案では今後の
検討課題として付言されたことも画期的であった。

　すなわち，検事取調べについてはようやく郵便不正事件を契機に (いわば偶
然の産物として) 裁判員裁判対象事件における任意性・信用性立証というテー
マから離れた可視化の目的設定が実現することとなったのである。偶然にもこ
の時期にとりまとめられた法務省の可視化に関する報告書でも，その目的のひ
とつに「取調べの適正確保」や「誤判の防止」が自白の任意性判断の容易化な
どと共にあげられており，制度設計上そうした目的を無視できないことは公表
された資料からも明らかであった。[22]

　見逃せないのは，同会議が検察の取調べの適正化を目的としたものであった
にも関わらず，会議の後半に入り会議の方向性が取調べ録音録画の義務づけへ
とまとまった段階で，元警察庁長官の佐藤英彦委員などから，取調べの可視化
を進めるのであれば刑法の主観的要件を緩和すべきであるとか，新たな捜査手
法 (通信傍受の拡大や司法取引の導入など) が不可欠であるとする，いわば「可視
化バーター論」が積極的に主張され出したことである。[23]前述したように警察庁
は，可視化は「取調べ機能を阻害」するとの立場をとっていたのであり，たと
え同会議での議論の対象が検察であったとしても，それがやがて警察における
取調べ適正化論議に飛び火することを強く恐れた末に，こうした反可視化論を
展開したのだろうと考えられる。

②　法制審議会特別部会

　この可視化バーター論は，次の法制審議会の段階でより強固となっていっ
た。「検察の在り方検討会議」の最終提言では積極論と消極論を両論併記する

終章　可視化法制度の展望と課題　351

という微妙な構成をとりつつ，なんとか第一目的である取調べの適正化を主眼としたとりまとめとなっていた。しかし，法制審議会への諮問の段階においてそうした方向性での可視化立法論は換骨奪胎され，第一目的は希釈されることとなってしまう。すなわち，法制審議会への諮問が「取調べや供述調書に依存した捜査・公判の在り方の見直し」と「被疑者の取調べ状況を録音・録画する制度の導入[24]」とされていたにも関わらず，このアジェンダについて議論を重ねた新時代の刑事司法制度特別部会の「とりまとめ案[25]」では，自らの使命について次のような表記に置き換えられていたのである。

　　　被疑者取調べの録音・録画制度の導入を始め，取調べへの過度の依存を改めて適正な手続の下で供述証拠及び客観的証拠をより広範囲に収集することができるようにするため，証拠収集手段を適正化・多様化する

　すなわち，取調べを含む証拠収集手段の「適正化」と「多様化」が併置されることにより，郵便不正事件当初の改革論議では検察再生の鍵であった取調べの全面的・全部（全過程）録音録画制度の検討が捜査手法全体を論じる中で相対化されてしまい，上記の可視化バーター論の狙いであった新たな捜査手法導入を肯定するための「多様化」という文言が忍び込むこととなった。

　こうした表現については，取調べ可視化の「位置づけをはっきりさせないまま[26]」だと看破されており，上記「とりまとめ案」が，「改革の出発点は忘れ去られた」と指摘される所以である。

　可視化消極論に立つ多くの警察・検察関係者が特別部会に委員として参加していたことから，取調べの録音録画の義務づけ範囲をめぐる議論では深刻な意見対立が生じた。最終的には，可視化の対象を「裁判員裁判対象事件」と「特捜事件」について身体拘束された被疑者にかぎることとなった。後者は非裁判員裁判対象事件であるが，法文上は自白調書の証拠調べ請求で任意性が争われた場合の録音録画媒体の証拠調べ請求を義務づけたことから，可視化の第一目的よりもむしろ第二目的が優位に置かれ，裁判所の視点，つまり裁判員裁判対応が重視されている。

　しかし，この段階でとくに重要だと思われるのは，審議結果（法案）におい

352　第3部　取調べ録画と諸科学

て，会議の席上警察関係者が強く望んだ「可視化（録音録画）の範囲を取調べ現場の裁量に委ねる」という裁量論を退けた点である。すなわち，2014年1月に出された中間まとめでは警察サイドの消極論を受けて裁量的実施が「B案」として盛り込まれていたが，審議結果はこれを排斥することに成功した。この成功は今後大きな意味をもつはずである。裁量論を主張していた警察段階での取調べにつき，対象が限定的であっても録音録画を義務づけることに成功した意味を評価する論者は少なくなく，導入後のインパクトを肯定する見方も示されている。[27][28]

　警察取調べに対する規制という面で考えると，我が国ではこれまで警察が反対する政策や立法に成功した試しがなかった。日弁連や人権NGOが長く批判してきた「代用監獄」制度が行刑改革を経ても存続し得たように，警察のもつ制度やその運用はきわめて強固で外的統制を受け付けないのが我が国の特色であった。その意味で，裁判員裁判対象事件の警察取調べにつき，警察の意向を押し切って全部可視化が実現されることとなれば，刑事立法史上画期的な意義をもつだろう。[29]

　その反面，「検察の在り方検討会議」から引き継いだ特捜事件での検事取調べを全面的・全部可視化とした点は当然と評すべきである。

　もっとも，本来，日弁連委員や一般有識者委員はすべての犯罪類型での被疑者取調べの録音録画（いわゆる"全面可視化"）を強く求めていたのであり，そうした枠組みについて審議結果はこれを排斥している。この点については，警察の望む裁量論を断念させるために，特定の対象犯罪について全過程を録音録画するということで妥協を図った，と見ることができるだろう。妥協という見方は，積極論者にあっても立法化がないまま録音録画が捜査実務で進められていくよりは適当であるという"better than nothing"の考え方であった旨が一般有識者委員から表明されていることからも裏付けられる。[30][31]

　こうした「妥協」という評価は警察サイドにおいても同様で，法案においてほかの捜査手法が盛り込まれたことから「総体」として承認したという趣旨の発言があるのは，まさに「バーター」としてしか我が国では可視化立法が実現されえなかった証左と言えるだろう。[32]

　確かに，可視化論の観点からすると，録音録画する取調べの範囲については

終章　可視化法制度の展望と課題　353

現実的にはどこかで線引きをする必要性が立法政策上不可避であるため，対象事件の犯罪類型について妥協が生じることは否めない。第2部で見た諸外国でも何らかの線引きが法制上設けられていることからもそれは首肯されるだろう。けれども，可視化法制を新たな捜査手法との「バーター」によって実現したというのであれば，立法政策として適切ではない。それはいわば政治的な「妥協」なのであって，取調べのあり方を真剣に議論したうえでの到達点であることを自ら否定する姿勢ではないか。

　我が国がこのような経緯で取調べの録音録画制度を達成したということは，今後の可視化をめぐる方向性に暗い影を投げかけているように思われる。

　③　小　括

　このように，我が国の可視化制度は，取調べ規制と新たな捜査手法のバーター取引の結果ようやく達成された妥協の産物と評価されている。その実現過程では，妥協点をめぐる綱引きや議論に多く終始してしまったことから，本来取り組むべき「適切な可視化」や「可視化に伴う公判での弊害の可能性」を論じる余裕がなくなってしまった。

　本書では今後の可視化論を深化させると共に，ポスト可視化時代において検討すべき課題を考察することが肝要と考えるので次節ではこの点を論じる。

Ⅱ　ポスト「可視化」論・考——可視化に潜む危険と検討課題

　では，ポスト可視化時代に「深化」されるべき課題は何か。それは大きく分けると6点ある。

　第一に録音録画義務が果たされなかった場合の制裁について，第二に録音録画義務の対象から除外された取調べについて，第三に録音録画義務の例外事由について，第四に取調べで用いられる尋問技法に関して，第五に取調べで作成された供述調書の正確性に関して，第六に取調べ映像中に映った，公判での視聴者を意識した意図的な言動に関して，である。

　以下，順にその内容を明らかにすると共に解決の方向性を探りたい。

1　録音録画義務不履行の場合の制裁について

　今回，我が国で初めて立法化された被疑者取調べの録音録画（可視化）法案は，捜査機関による取調べそのものに録音録画義務を課すのではなく（すなわち，刑訴法で言えば198条〔被疑者の出頭および取調べ〕にではなく），被告人の供述調書の取調べ請求がなされて被告人側がその任意性を争った場合に（すなわち，刑訴法301条の2〔自白の取調べ請求規定である301条の枝番〕として規定した）当該供述調書が作成された取調べの状況を録音録画した記録媒体の提出を検察側に請求する義務を課すという，「任意性立証型」の立法手法をとった点に特徴がある。

　同条では，検察官がこの記録媒体を提出しない場合には，裁判所は「証拠調べ請求を却下しなければならない」と定められており，刑訴法上，取調べ録音録画義務は自白の供述調書作成と一体化されたかたちで義務づけられることとなった。

　そのため，被疑者段階での取調べにおける録音録画義務の懈怠に対する直接の制裁は用意されておらず，あくまで，被告人の自白調書の証拠調べ請求ができないという，いわば間接的な制裁にとどまっていることが法文上明らかである。

　今後，取調べ過程で録音録画がまったくされないような場合については自白の任意性が疑われるような裁判慣行が形成されるのではないかという期待が語られることもあるが，[33]以上の法規定の有り様からすると，必ずしもそうした実務とならないように思われる。

　そして上記の規定ぶりからすれば，被告人の自白調書について裁判所による職権採用の道は否定されていないため，取調べ録音録画がまったくなされなかった取調べにおいて作成された調書が法廷に顕出されない保証はない。もちろん，かかる場合であっても，301条の2には「検察官，検察事務官又は司法警察職員は，逮捕・勾留されている被疑者を下記の対象事件について取り調べるときは，下記の例外事由に該当する場合を除き，その状況を録音・録画しておかなければならないものとする」との義務づけがあるので，今回の改革の趣旨に反するとして，[34]そうした調書の証拠採用は違法性を帯びると見る考え方もあろう。しかし，法律上禁じられるわけではない以上，その可能性は否定でき

ず，例えば犯罪が重大で供述証拠が要証事実を証明する中心的な証拠であったような場合などに懸念が残るだろう。

2　録音録画義務の対象から除外された取調べ

上記刑訴法の規定では，証拠調べ請求にあたって録音録画の記録媒体の提出が求められるのは，①身体拘束された裁判員裁判対象事件，②検察独自捜査事件，となっていることから，非裁判員裁判対象事件での取調べは依然として録音録画義務の範囲外である。

こうした法制は次のような懸念を生じさせる。すなわち，①の裁判員裁判対象事件につき被疑者が身体拘束された事件に限定されているところ，今後は任意取調べの増加が懸念される[35]。また，逮捕勾留段階での罪名を非裁判員裁判対象事件とするような一種の別件取調べが増えるのではないかとも懸念される。いわば，「可視化迂回策」の登場である。

任意取調べの問題については，弁護士の小坂井久氏は「“在宅”取調べについては，可視化申し入れ実践によって弁護実践課題とする[36]」と主張するが，これには次のような問題があるだろう。

なぜなら，我が国では起訴前弁護のスタンダードが明確でなく，任意取調べ段階での弁護活動につき質を統制する仕組みが存在しないからである。最高裁が弁護権の保障に関して実質説ではなく形式説に立っている以上，これを裁判過程で統制することは困難な課題である。身体拘束事件ですらスタンダードが明確でない中[37]，不定形な任意取調べ段階の弁護活動の標準化はさらにむずかしいだろう。

そこで可視化制度に関しては，できるかぎりミニマムを法制化しておくことが望まれる。この点，可視化先進国イギリスにおいて2013年に身体非拘束の者の取調べを録音録画の対象とする実務規範の改訂がおこなわれたことは注目すべき動向である[38]。身体拘束中の被疑者取調べに対する可視化がすでに一定の水準に届きつつあるこんにち，身体非拘束の被疑者にもこれを拡大する流れが再びイギリスから始まったことは可視化先進国の名前に相応しいと言える。

別件取調べの問題については，可視化対象事件を量的に検討すれば容易に予測されるだろう。

356　第3部　取調べ録画と諸科学

すなわち，法案では裁判員裁判対象事件と検察独自捜査事件の取調べが録音録画の対象とされていた。加えて，最高検の依命通知（平成26年6月）によって，被疑者が知的障がい者でコミュニケーション能力に問題を有する可能性のある事件や，責任能力に問題を有する可能性のある事件も録音録画の対象とする運用が実施された。しかしながら，裁判員裁判対象事件以外の取調べは依然として裁量に委ねられたままなのである。

仮に法案どおりの範囲で可視化が実現したとしても，今後も日本の刑事司法全体を見ると量的にはその数はきわめてかぎられることから，可視化「非」対象事件を用いた別件取調べの発生を探知することはかなり困難なように思われる。隠れる山が大きすぎるのである。

そこで，上記の可視化対象事件の規模を統計的に概算してみよう。

まず，刑事裁判のほとんどでは取調べの録音録画記録媒体の提出がおこなわれないままとなる。平成26年の裁判所刑事一審新規受入れ人員は7万2,776人であったが，裁判員裁判の新規受入れ人員は1,318人であったので，その比率はわずか1.9％にすぎない（司法統計ならびに「平成26年裁判員裁判の実施状況に関する資料」による）。

検事取調べについても同様で，平成25年に検察庁の公判請求人員は9万486人だったが裁判員裁判請求人員は1,465人で，やはり1.6％程度である（「犯罪白書」による）。

警察取調べに至っては，裁判員対象事件の割合はもっと下がるので，捜査する事件のほとんどの取調べは録音録画されないままでおこなわれることになるだろう。平成26年の統計によると，警察における刑法犯の検挙人員は81万9,136人であり，そのうち56万7,531人が自動車運転過失致死傷罪，25万1,605人が一般刑法犯である。殺人罪（未遂も含む）は967人で一般刑法犯のわずか「0.4％」にすぎず，全刑法犯の中では0.1％（！）を割っている（「犯罪白書」ならびに「警察白書」による）。

つまり，量的に見たとき，我が国の刑法犯の警察や検察における取調べの98％ないし99％以上の，要するにほとんどの被疑者取調べは，今後も録音録画されることなく進められることになるだろう。それらの取調べでは，従来どおりに，検察官送致後の起訴不起訴判断の資料とするための調書の作成が主たる目

的とされよう。

　このように，少なくとも統計的に明らかなのは，「可視化」の実施状況については今後，極端に二極化していくと予想されよう。

　この予測される推移に対しては，2つの評価が考えられるのではないか。ひとつは，「可視化」の意義や影響を肯定的にとらえ，警察・検察による被疑者取調べが質的にも変化を示すという期待である。もうひとつは，量的限界から「可視化」の効用についてはこれを消極的にとらえて，警察・検察による被疑者取調べは本質的には変わらず，大きなインパクトを与えない，という予想である。

　当然ながら「可視化」推進論に立ったときは，前者の効用を最大化するために弁護実践が強調されることになるし，立法課題として将来的に非裁判員事件での録音録画義務をどのように拡張していくかが問われるだろう[40][41]。

　だが，この量的差異が現実の捜査取調べ実務にどれだけ影響力をもつのかについて，そして可視化時代の取調べの必要性を捜査実務にどれだけ浸透させるかという課題については，より客観的で冷静な観察を必要とすると考える。これは決して可視化の影響についての「矮小化」論なのではなく，むしろ，「可視化」を装った改革効果の「希釈化」に対する対抗論を構築する必要性があるという主張である。

3　録音録画義務の例外事由に関する問題

　上記法案では，法文において録音録画の記録を免責される4つの事由があげられた。すなわち，

　①　機器の故障
　②　被疑者の拒否や，記録すると被疑者から十分な供述が得られないとき
　③　指定暴力団の構成員による犯罪の場合
　④　被疑者やその家族などに危険が想定されるため供述を拒むような場合

　このうち，①については「できないとき」という形式的要件であるが，②から④の理由については文言上「認めるとき」と規定されていて，そうした状態に関して証明・疎明の要は触れられていない。こうした免責の仕方については，「公判で争いとなった場合，取調官の『判断』が弁護人のそれに優越する

358　第3部　取調べ録画と諸科学

根拠を見出すことは困難」である[42]といった批判があるが，確かにそのとおりであろう。

　この点，第6章のアメリカに関して紹介したように，法制化を果たした多くの州では例外事由を州法で定める際に「証拠の優越」によってその事由の存在を検察官に明らかにさせるよう義務づけている。こうした比較法的知見が参考にされなかったことは残念である[43]。

　また，イギリスを参照して，録音録画義務違反による自白排除の判例が乏しいのは義務違反が実際にはないこと，そしてその理由として「義務の限界が明確に設定されている」ことが指摘されているが[44]，例外事由の認定が実務に任されてしまった我が国では，イギリスと対照的な事態が待ち受けている可能性は否定できないだろう[45]。

　確かに検察官からは，「公判において例外事由の存否が問題となった場合には，例外事由が存在したことを検察官が立証しなければならない」ため，「公判廷において例外事由該当性を十分に立証できる見込みがない限り，例外事由に当たるとして取調べの録音・録画を実施しないこととするという判断はできない」との指摘もある[46]。だが，実質的に意味があるのは，ここで言われている「立証」がどのレベルまで期待されるかであり，これが法律で明示されていないため今後は例外事由の立証責任が問われるべきだろう。

4　取調べ技法に関わる問題

　第7章補論や第9章補論でも紹介したように，ポスト可視化時代は取調官の尋問の適否が争われる時代であるし，そうならなければならない。取調べ過程が記録上すべて明らかになるのであるから，紙に書かれた「調書」の内容ではなく，尋問の経緯こそが自白調書の任意性の鍵となるはずである。警察においてもそうした課題は認識されているところであり，録音録画が裁量で実施されるようになって以後，警察庁内では各種の取り組みが始められている。

　例えば，PEACEモデル（本書第11章参照）を参考にしたと言われる取調べの日本版ガイドラインである『取調べ（基礎編）[47]』が策定された。また，取調べ技法に関する研修センターも創設された。2013年5月に設置された「取調べ技術総合研究・研修センター」[48]では，取調べ教本の開発や研修の実施が展開されて[49]

いるようである。

尋問技法の改革に関しては，取調べ適正化の目標を圧迫的・威嚇的尋問の排除だけに収斂させてはならないはずである。当該改革の重要性，というよりも核心は，「任意の虚偽自白」の防止にかかっているからである。第11章「取調べ技法と可視化——心理学的知見２」でも紹介しているように，足利事件の元被疑者の取調べテープが明らかにした会話は（全部録音録画でなかったにせよ）外形的にも尋問者が容易に虚偽自白を得てしまうという証拠を提供する。同事件の弁護人は「DNA再鑑定の結果を知らないで……取調べテープを聞いたとき，"自白は虚偽"と断言できる者が何人いるのか」と指摘するが，これはまさにこの問題を喚起している。[50]

すなわち，適切な尋問方法が用いられていなければ，たとえ録音録画媒体が事後的に視聴されたとしても，視聴者によって，まるで被疑者が強制的ではなく任意に語っているように，そして供述内容も信用できるように評価されることは想像に難くない。

これは録音録画（可視化）制度が刑事司法関係者に突きつける新たな課題である。尋問技法の改革については，圧迫的で威嚇的な取調べから被疑者を保護する手法の開発と見るのではなく，上記のような課題への実践的で科学的なアプローチととらえておくべきである。[51]

5 可視化媒体と調書内容との整合性，正確性の問題

すでに述べてきたように，法案の例外事由以外にも様々な理由を根拠に（法案に明記されなかったものとしては，被害者などの「プライバシー保護」がしばしばあげられていた）警察や検察は取調べを全部録音録画することに反対してきたが，ここでは，取調べの記録として証拠化される「調書」の正確性を問題にしたい。

つまり，取調べを録音録画媒体に記録しないとなると，可視化以前の取調べがそうであったように，捜査官は取調べ中に作成したメモ（いわゆる「取調べメモ」。現場によっては「小票」などと呼ばれることもある）を手がかりにして調書を作成したり，捜査報告書を用意したりすることになるだろう（だからこそ，従前は調書の任意性が争われた場合にはメモの証拠開示が求められていた）。

これまでは，そうしたメモに基づく取調べ内容の再現・記録がどの程度正確

360　第3部　取調べ録画と諸科学

であったかについての実証的な研究が乏しかった。だが，録音録画の普及をみた各国では，こうした問題意識に基づき，メモと記憶に基づいた模擬取調べで作成された調書と，実際に記録された録音録画の内容との比較研究が進められてきているところである。

　例えば，ラムらが2000年におこなった実証研究では正確率は85％としており，グレゴリーらが2011年に公刊した実証研究においても正確率は86％だったと報告されている。これらの実証研究は，「取調官の作成したメモに依存することは，いくつかの理由から警察にとっても他の刑事司法関係者にとっても問題となり得る」との警告を発している。

　すなわち，第一に，被尋問者から得られる情報の欠如が取調べにおける手法を限定させてしまっていること，第二に，被尋問者による事実に関する不完全な描写が調書に反映された結果，実際に取調室でなされた会話が不完全なかたちで記録されてしまうこと，第三に，尋問者の質問が完全に記録されていないため，もともと被尋問者が与えた情報が調書作成時にどのように「歪曲」されたかがわからなくなることなどが指摘されている。ラムらが実験で想定していたのは被害者供述であり，グレゴリーらは参考人供述であった。そのため，被疑者とは異なる文脈での尋問であって，直ちに被疑者取調べにおいて同様の指摘がなされ得るかについては異論も予想される。だが，問題の本質は同じと言うべきである。これは，参考人や被害者の取調べについても録音録画（可視化）しておくことが求められる理由でもある。

　さらに被疑者の供述については，ラムらやグレゴリーらのような模擬取調べに基づく実験研究ではなく，韓国において近時，実際におこなわれた取調べの調書と記録を使った実証研究がおこなわれており注目されている。イ・ヒョングンらは警察捜査研修院で研修生が捜査員として実際に扱った10の事件において作成された取調べ調書とそれらの取調べで収録された録画媒体とを比較検討した。その結果，調書では１回の取調べあたりで平均49回の「歪曲」が生じていることを発見し，取調べ中の問答の差異率（正確率）を80％とする報告をおこなった。

　我が国でも今後，取調べの全部録音録画が普及した後には，こうした調書内容の正確性に関する実証研究の必要があるだろう。このことは警察や検察に取

調べ録音録画の有用性についてまったく新たな見方を提供することになることは言うまでもなく，また公判における調書内容に対する特信性や信用性の判断について新たな知見を提供することとなるだろう。それはまた同時に，現在の我が国における伝聞法則の例外に関する刑事訴訟法学にも新たな視点をもたらすことになるはずである。

6 取調べ映像に意図的に埋め込まれたメッセージとその影響

本書第6章のアメリカ篇において，古い被疑者取調べ録音録画の一例として1980年代に録音録画が普及していたニューヨーク市で起きた，地下鉄正当防衛事件（別名ゲッツ事件）を紹介した。この事件の公判では，録音録画された被疑者の自白が相当長時間にわたり再生されている。

被告人バーナード・ゲッツは，1984年12月22日に地下鉄に（法律では禁じられている）銃を所持して乗車し，4人の少年から金をせびられた際に銃弾を浴びせ，31日にニューハンプシャー州コンコードにある警察署に出頭し，1985年3月に傷害と殺人未遂の罪で起訴された。ゲッツは警察で自白していたが，その供述は録音で2時間（ニューハンプシャー警察），録画ビデオで2時間（ニューヨーク警察）にわたり記録されている。

この裁判で検察官は録音テープの再生から立証を始めた。その際に検察官はゲッツが異常で非合理的な人物であったと描き出したかったようである[55]。ところが自白ビデオの中のゲッツの供述は，地下鉄の暴力事件におののき，そして治安の回復を果たせない法執行機関への苛立ちを共有するニューヨークの一般市民をむしろ惹きつけることとなったようである。結果は無罪判決となった。

このゲッツ事件とその裁判を研究したアメリカの刑法学者であるフレッチャーは，ゲッツの自白について興味深い考察をおこなった。すなわち，ゲッツが自白テープ[56]の中で「演じて」いた可能性に関して検討を加えたのである[57]。というのも，ゲッツ裁判の後，「ゲッツは，テープの中で自分が投じるイメージについて十分に認識しており，それゆえ，（テープの中で）慎重に言葉を選んだともいえる」という見方が出されていたためである。この，ゲッツの"演技"が陪審員に正当防衛の主張を認めさせる力となったのではないかという指摘に対して，フレッチャーは否定的な見解を示した。フレッチャーはこうした

解釈を“曲解”であるとみなし，（自白テープには）ゲッツの演技ではなく苦悩が現れている，と評価した[58]。

　もしも被疑者が，後の公判で再生させることを意識した演技を取調べ中に折り込むことにしたとすると，録音録画記録は，供述の任意性はともかく公訴事実を証明するために用いられたときには逆効果になりかねないだろう。もちろん，公判廷においても「演技」する証人や被告人はいるであろうから，これは録音録画記録にかぎった問題ではない，あるいは可視化制度固有の問題ではない，といった反論も予想されるところである。または，裁判官は証言者（供述者）の証言（供述）態度の信用性判断をいずれどこかの場面でおこなわなければならない以上，その映像記録が公判廷外で記録されたものであっても本質的に違いはない，との反論もあるだろう。

　しかしながら，法廷での供述の信用性判断と映像記録をとおした信用性判断は根本的に異なる要素を含んでいると考えるべきではないだろうか。なぜならそこには，映像記録が本質的に避けられない要素，すなわち，話者の語り方，言葉の選択，抑揚，繰り返し，尋問者とのやりとり，視線，目力，さらには際限のない種類のジェスチャーが含まれているからである。もちろん，第10章で紹介された撮影方式やカメラ・アングルなどによるバイアスの影響も大きな変数として心証を左右する可能性を秘めていると考えられる。

　このゲッツの自白テープに関するフレッチャーの検討から20年近くを経て，法と映像メディアを専門とするノースイースタン大学教授のシルビー[59]が再びゲッツの自白ビデオとテープを分析し，フレッチャーの分析とは異なる評価を与えたので紹介したい[60]。

　シルビーは，「映像（film）」は，法律家が予想しえないような威力で，法律家が予期し得ないような影響を視聴者に植えつけ，また，期待される効果とは異なったメッセージを視聴者に受け取らせる力をもつことを自伝映像に関する研究から引き出し，その成果は自白映像にも同じように妥当することを明らかにした。シルビーはゲッツの自白を含む4本の自白映像を分析し，最終的に，「映像に記録された自白は，有罪や任意性の最良の証拠として考えられてはならない[61]」と警告している。

　シルビーは，ゲッツ自白テープがいかに陪審員たちの心をつかみ無罪評決を

導き出したかをそのナラティブ（語り）分析から明らかにし，自白ビデオは法律家たちが予想もつかないような影響力を有していたと主張する。ゲッツは，自白の中で「ナレーター（語り手）」，「編集者」，「脚本家」，「寓話作者（fabulist）」，そして「役者」のような役割を担い演じた可能性があるというのである。

シルビーは，ゲッツは取調官に対して語っているように見えて，実はモニターの向こうにいるオーディエンスを意識して語っていた，という。シルビーによれば，「モニターには彼（ゲッツ）ひとりだけが映り，画面中央に陣取っている。尋問者は脇に退いている。彼の，明らかにほかから孤立したセンター・ポジションは，年代記作者（chronicler）としての彼の役割に，特別な威信を与えてい」た。[62] そして，オーディエンス（陪審員）は，「そこに刑事事件の被告人だけでなく，ショーの司会者あるいは演出家を兼ねた主演俳優の姿を目にする」のだ。[63]

シルビーはまた，ナラティブ（語り）の分析をとおして，いかにゲッツがニューヨーク市の治安を回復できない法執行＝権力者の無策無能を自分の供述に刷り込み，それによって市民（陪審員）の同情を買う結果となるメッセージを巧みに織り込んでいたかを暴いた。

そして，ゲッツが「劇作家のように……語り手としての彼の役割を大いに楽しんでいる」[64] と評し，「彼はこのクライマックスをメロドラマ風に予言する。彼のオーディエンスに出してほしいと望む結論と共に」[65] と指摘した。その結果，「彼はその創造的な語りによって，明らかに陪審を味方につけた。彼の自白は，（ニューヨークのような）都会の生活環境が彼を怪物にしたと陪審を納得させた」[66] というのである。自白ビデオにおいて，ゲッツは「まるでステージの上の役者のように」ジェスチャーを交え，イントネーションを操り，強調し，自身の犯行を認める供述をおこなっている，[67] というのである。

仮に，シルビーの言うように，録画映像の中で語られる自白に内在している語り（ナラティブ）が真実を叙述したものではなく，「特定の社会的で散漫な制約のひとつの効果としての真実を位置づけたにすぎな」[68] いのなら，確かに自白テープは事実認定のための最良の証拠として考えられてはならないだろう。もしもゲッツがおこなったように，意図した演出どおりに視聴者（陪審員，裁判官や裁判員でも同様に）のうちに何らかのイメージが形成され，それを我々が信

頼して司法判断が下されるのであれば，それはシルビーの言うとおり，「映像化というイデオロギーの勝利」あるいは「表現の制約」の成果であって，真実の記録などではないということになる。

実は，シルビーの研究以前に心理学者たちは，そうした傾向をすでに指摘していた。例えば，自白の専門家であるカッシンは映像への信頼についてこれを「透明性への幻想」と呼んでいた。[69]

取調べの録音録画が進めば進むほど，我々を待ち受けているのは想像もつかない「幻想」に惑わされる世界と言えるのかもしれない。

おわりに——映像再生によって生じる危険性と防御権の保障

終章を締めくくるにあたり，取調べ中の様子を録音録画しようという（可視化の）制度設計に関し，映像のもつ様々な危険性（バイアス問題）を統制する必要性に注意を喚起したうえで，法律家はこの領域については素人であることを自覚すべきことを指摘し，可視化だけで取調べの適正化が果たされるわけではないことを強調して終わりたい。

1　映像再生の影響

NHK のディレクターである高木徹氏は，2014年の大統領選の際にロムニー候補の失言が隠し撮りされて，これが YouTube に出回ったりオバマ候補のCM に利用されたりした影響があったことや，1992年の大統領選のテレビ討論において，少女が質問している間にブッシュ大統領（当時）が示した一瞬の仕草（自分の腕時計を覗き込んだ姿）がとらえられたのに対して，同じ少女の質問に対してクリントン候補（当時）が秀逸な対応と態度を示し，この見事なまでに対照的な姿が全国に放映された結果，クリントン大統領が生まれたことなどを紹介する。[70]

また心理学者のラシターらは，人には，映像を見たときそこに自分が期待しているものを「見る」傾向があると警告する。すなわち，「近時の研究が示すことは，（人のもつ）期待や希望，欲望といったものが，人々をして，意図せざるうちに，あるひとつの出来事から選択的に情報を取り出し，それらを（記憶

の中に）記銘させてしまう，ということである」と指摘している。[71]

　このような映像のプロや心理学者たちからの警告に鑑みると，法律家たちは映像が法廷に持ち込まれることの波及効果を甘く見すぎているのではないだろうか。

　我が国のミスター可視化と言われた小坂井久弁護士はこの点について，「可視化（全面的録音録画）が，まずは公判中心主義・直接主義に親和しつつも，ある地点（時点）から，これから離脱し背反していくのではないかというテーマ」だととらえるが，それはまさに「取調べを可視化することによって取調べに与えるインパクト」というテーマと，「ポスト可視化時代に現れる録画映像が公判に与えるインパクト」というテーマとを明示的に区別するという意味で正鵠を射ている。[72]

　いわゆる「可視化論」とは前者のテーマをターゲットとしていたのであり，今後，ここから新たなテーマが始まるという指摘も正しいだろう。そしてこのテーマは，証拠法的に言えば，録音録画記録の「実質証拠化」問題に関わってくる。

　この新たな「テーマ」は，被疑者や参考人の供述を事実認定の重要な資料とする公判が続くかぎり，取調べ録音録画制度のもつ必然的なテーマであるのみならず，まだ十分に刑事訴訟法学の考究を踏まえられたものとは言い難い。だからこそ，このテーマを取り扱う我々には，従来から見られた可視化懐疑論で示されていた懸念よりもさらに深い検討と対応の必要が求められている。

　そのためにも，映像のもつバイアスの恐ろしさ（第10章参照）を示したラシターらによる心理学的知見がすでに伝えられている以上，法律学はこれに十分耳を傾けるべきだと思われるのである。ラシターらは次のように警告している。

　　　身体拘束中の被疑者（の取調べ）をビデオ撮影することはもちろん賢明なことだ。だが，それだけでは虚偽自白の問題の解決にはならない。また，（ビデオ撮影するだけでは）虚偽自白によって無実の人の人生が破壊されてしまうよりも前に，これ（虚偽自白）を探知することの助けとはならない。[73]

　この点，第8章で見たニュージーランドのようにニュートラルな（被疑者と

取調官を真横から撮影する）アングルでの撮影を義務づけたり，第6章で見たアメリカの州レベルのように取調官にもカメラを向けることを推奨したりするなど，我が国でも参考にすべき先例がある[74]。法制審議会「新時代の刑事司法制度特別部会」では，一般有識者委員のひとりである周防正行氏がさすが映像のプロ（映画監督）だけあってその点を押さえ，「注意をしなければならないのは，録画をすれば客観的に真実がわかるとは限らないこと」だと発言した[75]。

　録音録画が義務づけられることとなれば，こうした再生時に生じる様々なバイアス問題の解決は，映像を再生する法廷での手続きを規律する裁判所に委ねられることとなる。だが，裁判所の対応を促し，バイアスを最小化する手段を講じるよう求めることができるのは弁護人しかいない。今後，取調べへの弁護人立会いの実現が現実的なものとなったとしても，イギリスのカーディフ・スリー事件（第9章補論参照）が示唆するように，立会いがあることでカメラのもたらすバイアスの影響が減少することはないと見るべきであろう。

　実質証拠化問題をめぐって法律家が議論する際には一般に，心理的バイアスは法律論ではなく事実認定論という認識が働いているためか，映像情報のもつインパクトに対する視点を欠いたものが少なくない。しかし，公判における取調べ映像記録の再生については十分に謙抑的でなければならないだろう[76]。

2　防御権保障への手立て

　以上が短期的なポスト可視化時代への課題とすれば，中長期的な課題は，イギリスが取調べ録音を義務づけた当時（1990年代）に並行しておこなわれていた取調べ実務と被疑者の身体拘束に関する幅広い取り組みである。

　1992年1月にPACE（警察及び刑事証拠法1984年法）の改正によってイギリスが被疑者取調べの録音義務を課すに至った後も，同国では2つの主要な誤判冤罪事件[77]を教訓として王立委員会（ランシマン委員会）による刑事司法制度に関する包括的な調査研究が進められ，1993年にその調査報告書が公刊された[78]。

　その報告内容は刑事司法改革全般に関わるもので多岐にわたるが[79]，取調べについては次の9つの項目を提示して捜査機関や立法に向けて改革を促している。

　すなわち，調査報告書では，①身体拘束の適切な根拠，②起訴前の身体拘束

期間の見直し，③留置施設職員の役割の見直し，④通訳の手配，⑤被疑者に対する法的助言の付与，⑥取調べのテープ録音，⑦取調べ要約書の導入，⑧供述弱者に対する同席者（適切な大人）制度の導入，⑨警察署への警察医の配備，が勧告されたが，録音制度は改革項目のひとつにすぎなかったのである[80]。

　我が国で今後，可視化の第一目的であった被疑者取調べの適正化を進めるためには，イギリスと同様に①から⑨に該当する適切な改革を継続的に進めていくことが求められると言えよう。さらに，王立委員会の時代まだ十分に認識されていなかったがこんにち重要と考えられる項目として，⑩取調官の尋問技法の訓練[81]，⑪供述に関する専門家の関与[82]をつけ加えておく必要があるだろう[83]。

　我が国の弁護士会はこれまで，当番弁護士制度の運営や接見国賠訴訟をとおして，実践的に取調べに関わる環境の改善に尽力してきた歴史をもつ。今般，10年以上の運動を経て，限定的とはいえ取調べの録音録画を警察・検察に法的に義務づける（法案提出）まで到達した。これからは，可視化の範囲の拡大はもちろんであるが，上記①から⑪までの項目の中から実践論と運動論の両面において適切な政策目標を掲げて，資源を集中させ，実現を勝ち取る必要があるだろう。その数が増えれば増えるだけ，取調べの適正化が前進するに違いない。そうした法環境や制度運用，そして実務の改善がなければ，可視化の第一目的である取調べの適正化を将来的に見とおすことはむずかしいだろう[84]。

　また，司法部の責任も重いものがある。例えば，オーストラリアで取調べの録画映像記録を収集分析したディクソンは（本書第5章参照），取調べの適正化については最低5つのアプローチが不可欠であると主張する[85]。すなわち，①司法による規律（自白法則の適用），②規則による規律（取調べ準則の導入），③内部での監督指導，④取調官の訓練，そして最後に⑤取調べの録音録画である。そうした規律の先頭に立つのは司法部なのである。

　この順序が示す意味は大きい。つまり，裁判所が取調べ過程を規律し，野蛮で非人道的な尋問方法を排斥する意思をもつことが何よりも重要ということである。本章冒頭で掲げられたオーストラリアの調査チームが警告していたように，可視化以外の「重要な安全策」として，まずは裁判所による自白法則の厳格な運用が伴っていなければならないだろう[86]（本書第3章参照）。

　警鐘はすでに鳴らされている。それを聴くのは我々の意思である。

1 ） Prisoners Action Group, *Will Video Stop Verbals ?*, 1 CURRENT ISSUES OF CRIMINAL JUS-TICE 79, 81 （1989）.

2 ） 川出敏裕「被疑者取調べの在り方について」警察政策11号（2009）174-175頁参照。

3 ） 古くは，田宮裕『日本の刑事訴追』（有斐閣，1998）375-376頁〔初出：「取調べ問題の展望」井戸田侃ほか編『総合研究＝被疑者取調べ』（日本評論社，1991）〕。

4 ） 白取祐司「捜査の可視化と適正化」自由と正義54巻10号（2003）79頁，とくに85-87頁参照。

5 ） 本江威憙「取調べの録音・録画記録制度について」判例タイムズ1116号（2003） 4 頁， 6 - 7 頁など参照。

6 ） 例えば，露木康浩「取調べ可視化論の問題——治安への影響」法学新報112巻 1 ＝ 2 号（2004）137頁参照。

7 ） 例えば，渥美東洋「取調べの適正化——とりわけ電子録音・録画＝いわゆる可視化について」判例タイムズ1262号（2008）40頁，とくに45-46頁など参照。

8 ） 小坂井久「『取調べ可視化』論の展開——法務省『取りまとめ』を踏まえて」季刊刑事弁護68号（2011）176頁。

9 ） 青木孝之「取調べ可視化論の整理と検討」琉大法學81号（2009）41頁，とくに69頁参照。

10） 上田信太郎「被疑者取調べの可視化について」研修768号 3 頁（2012），とくに12-13頁参照。

11） 豊崎七絵「取調べ及び身体拘束の改革」刑法雑誌55巻 1 号（2015）89頁，とくに91-92頁参照。

12） 大出良知「取調べのテープ録音は導入可能か」刑事弁護14号（1988）75頁参照。我が国の警察は「(19)50年代前半にすでに（取調べ）録音テープの利用が一般化しつつあったことを窺わせる資料が存在する」として，青梅事件などをあげ，「むしろ……相当早い時期から積極的に利用してきたといってよいくらいである。とすれば，現時点で（捜査当局の消極姿勢という）その落差は何を意味しているのか。」と疑問を呈する。

13） 袴田事件につき，「袴田事件の取り調べ録音開示　静岡地裁で 3 者協議」中日新聞2011年12月12日付け，狭山事件につき，「狭山事件　検察側が証拠開示　取り調べテープなど36点」毎日新聞2010年 5 月18日付け，布川事件につき，「布川事件再審決定　新証拠99点を開示」読売新聞2005年 9 月22日付け，同23日付け「布川事件再審決定への軌跡　証拠開示激しい攻防」を参照。

14） 守屋克彦『自白の分析と評価——自白調書の信用性と評価』（勁草書房，1988）67頁以下。

15） クリストファー・スロボギン（拙訳）「取調べ録音録画に向けて——その憲法的考察」判例時報2064号（2010） 3 頁。

16） 裁判員制度・刑事検討会第25回（平成15年 9 月12日）議事録より。
http://www.kantei.go.jp/jp/singi/sihou/kentoukai/saibanin/dai25/25gijiroku.html

17） 最高検察庁「取調べの録音・録画の試行についての検証結果」（平成21年 2 月）
http://www.moj.go.jp/content/000076305.pdf

18） 警察庁「警察における取調べの録音・録画の試行の検証について」（平成23年 6 月）
http://www.moj.go.jp/content/000077657.pdf

19） 警察庁「警察捜査における取調べ的適正化指針」（平成20年 1 月）
https://www.npa.go.jp/keiji/keiki/torishirabe/tekiseika_shishin.pdf

20） 意見については，同部会第27回会議（平成26年 6 月12日）資料，
http://www.moj.go.jp/content/000124186.pdf 参照。これを踏まえ，最終要綱案では「見直し」に関する規定を盛り込むこととされた。

21) 検察の在り方検討会議「検察の再生に向けて」（平成23年3月31日）参照。
http://www.kensatsu.go.jp/content/000127625.pdf
22) 法務省「被疑者取調べの録音・録画の在り方について～これまでの検討状況と今後の取組方針～」（平成22年6月）　http://www.moj.go.jp/content/000075557.pdf
23) 例えば，同会議第10回会議（平成23年2月24日）佐藤委員配布資料参照。
http://www.moj.go.jp/content/000071660.pdf
24) 諮問第92号　http://www.moj.go.jp/content/000075551.pdf
25) 「新たな刑事司法制度の構築についての調査審議の結果［案］」（平成26年7月9日）
http://www.moj.go.jp/content/000125178.pdf 法制審議会第173回会議（平成26年9月18日）で承認，法務大臣に答申された。
26) 白取祐司「法制審特別部会は課題に答えたか」法律時報86巻10号（2014）4頁。
27) 特別部会の委員を務めた川出氏は「それが持つ意味は小さくない」とするし（刑事法ジャーナル42号（2014）10頁），同じく小坂井氏も「全過程原則の意義を軽視すべきだとは思われない。……検察にとってはもとより，警察にとっても，取調べの在り様を転換させる震源足りうるからである」と評価する（刑事法ジャーナル42号（2014）34頁）。
28) 堀江慎司氏は「"原則"義務化が提言されたことは，少なくとも原則的には……弊害論よりも効用（必要性）のほうが優先されるべきであることが公に宣言されたことを意味」するので，「原則的な全過程録音録画義務が採択されたことは，全体としての可視化論議においても重大なインパクトを有すると理解すべき」と評価する。同「取調べの録音・録画制度」論究ジュリスト12号（2015）58頁参照。
29) この点，デビッド・ジョンソン（指宿信＝岩川直子訳）「日本における司法制度改革――警察の所在とその重要性」法律時報76号1号（2004）8頁参照。ジョンソン教授は，日本では「実際にはあまりに頻繁に警察は法を超えており，法の外にある」と指摘したが，だからこそ今般の法案において，裁判員裁判対象事件であれ，法によって警察に都合が良くないと自ら認める録音録画義務を課したことは画期的とも言える。
30) 学者委員のひとりであった川出氏も同旨の指摘をする。「最後には，対立があったそれぞれの部分について，お互いに一歩引くかたちで合意に至った」。刑事法ジャーナル42号（2014）11頁参照。
31) 村木厚子「法制審新時代の刑事司法特別部会の議論に参加して」法律時報86巻10号（2014）10頁，周防正行「部会の議論で感じ，思ったこと」同12頁など参照。
32) 警察官僚である露木氏も「全体としては，他にもいろいろな諸制度が今回，一体的に整備されることになったことも踏まえ，新時代の刑事司法の理念の下に，私どももここは重い決断をした」とする。論究ジュリスト12号（2015）6頁参照。
33) 座談会「検察改革と新しい刑事司法制度の展望」ジュリスト1429号（2011）8頁，とくに41頁参照。岡田薫氏（元警察庁刑事局長）は，「（今後は）取調べ状況の録音・録画が全くなかったり，あるいは非常に限定されていたりすれば，そのことから任意性を疑うというふうになっていくのだと思います」と指摘する。
34) 「新たな刑事司法制度の構築についての調査審議の結果［案］」の「第2　新たな刑事司法制度を構築するための法整備の概要」中，「1　取調べの録音・録画制度の導入」参照。
http://www.moj.go.jp/content/000125178.pdf
35) 任意取調べ問題につき，例えば松田岳士「在宅被疑者の取調べとその可視化」法律時報83巻2号（2011）27頁。
36) 小坂井久「取調べの録画・録音制度の課題――要綱案を踏まえて」刑事法ジャーナル42号（2014）35頁，とくに36頁以下参照。
37) イギリスでのソリシタに対する身体拘束中の依頼人に関する弁護スタンダードを参照。

370　第3部　取調べ録画と諸科学

"The Law Society Standards of Competence"

http://www.clt.co.uk/media/29033/psrstandardsofcompetence.pdf

38) 2013年の実務規範 E ならびに F の改訂とは,「身体拘束をされていない（非逮捕状態の）被疑者の任意取調べ（voluntary interview）」に関する新しい規定が実務規範 C に盛り込まれ,テロ犯に関する取調べを規定した新たな実務規範 G が制定されたため,これらへの対応がなされた。すなわち,第一については新たに E1.12ならびに F1.8が定められ,それまでの実務規範が身体拘束中の被疑者に対する取調べを念頭に置いていたのに対して,非逮捕状態にある被疑者の取調べについても録音義務を課すこととなった。また,記録する場所についても身体拘束をおこなっている警察署や拘置所に限定される必要がなくなった。

39) 依命通知の意義については「取調べの録音・録画の実施等について（依命通知）」（最高検察庁,平成26年6月）法制審議会「新時代の刑事司法特別部会」第28回配布資料。http://www.moj.go.jp/content/000124480.pdf・季刊刑事弁護82号（2015）28頁以下。その分析として例えば,川崎拓也「平成26年6月16日付依命通知の解釈論的検討」季刊刑事弁護82号（2015）20頁以下参照。

40) 例えば,小坂井久「取調べ可視化の時代」季刊刑事弁護82号（2015）10頁など参照。

41) 法制審議会特別部会の一般有識者委員たちの期待はここにあった。村木・前掲注31),11頁,周防・前掲注31）12頁参照。

42) 小坂井・前掲注36）36頁参照。

43) 例外事由についての証明が検察官の負担である以上,広がることはないとする見解として,上野友慈氏の発言参照。座談会・論究ジュリスト12号（2015）9頁。だが,警察段階での取調べの場合に,そうした「判断」が先行しておこなわれる以上は,事後的に検察官がコントロールできるかどうかは不透明であることは否めないように思われる。

44) 葛野尋之「取調べの録音・録画制度」法律時報86巻10号（2014）16頁,21頁参照。

45) 検察サイドからはまったく反対の懸念が表明されている点が興味深い。例えば,上野友慈氏は「義務違反にならないようにという意識から,例外事由に当たるかなと思っても,念のため録音・録画しておこうという意識が働くのではないか,果たして例外事由が適切に機能するであろうかという懸念」があるという（論究ジュリスト12号（2015）16頁）。だが,迷うくらいなら原則録音録画である以上は積極方向で対処すべきなのが制度趣旨というべきであろう。

46) 上野友慈「刑訴法改正とこれからの捜査・公判」法律時報88巻1号（2016）44頁。とくに46頁参照。

47) https://www.npa.go.jp/sousa/kikaku/20121213/shiryou.pdf 報道として,「取調べに教本 自白誘導防ぐ 警察庁」日本経済新聞2012年12月13日付け。

48) 粟野友介「取調べ技術総合研究・研修センターにおける研修等の実施状況」警察学論集67巻12号（2014）21頁参照。現時点でそうした技法が現場に十分に浸透していないという声も少なくなく,「取調べ録画DVDを見ていても,現段階では,そのような技術が現場にまで浸透しているようには思われない」（小坂井・前掲注40）参照）という。

49) 田崎仁一「心理学的知見に基づく取調べ技術」警察学論集66巻4号（2013）37頁。

50) 佐藤博史「足利事件——隠されていた録音テープ」指宿信編『取調べの可視化へ！』（日本評論社,2011）154頁参照。

51) 例えば,豊崎・前掲注11）は「心理学の見地からの問題提起は,糾問的な取調べを合理化してきた"真相解明機能"なるものの実態を明らかにするという意味でアンチテーゼの役割を果たしうる」と評価するが,それだけではない。あるべき取調べ技法論は,虚偽供述を獲得する可能性をできるだけ低下させる役割をもつ。

52) Michael E. Lamb et al., *Accuracy of Investigators' Verbatim Notes of Their Forensic*

Interviews with Alleged Child, 24(6) LAW & HUMAN BEHAVIOR 699（2000）.

53）Amy H. Gregory et al., *A Comparison of US Police Interviews' Notes with their Subsequent Reports*, 8 JOURNAL OF INVESTIGATIVE PSYCHOLOGY & OFFENDER PROFILING, 203（2011）.

54）イ・ヒョングン＝ジョ・ウンギョン「被疑者取調べ調書の歪曲の類型化及び程度に関する研究——調書と録音・録画記録媒体の比較を通じた事例研究」（韓国）警察学研究14巻 2 号（2014）29-53頁参照。

55）ジョージ・フレッチャー（渡辺修＝佐藤雅美訳）『正当防衛——ゲッツ事件とアメリカ刑事司法のディレンマ』（成文堂，1991）164頁参照。

56）ゲッツの自白テープはビデオでも販売されているし（"The Confessions of Bernhard Goetz"（MPI Video News, 1987）），その反訳も入手可能である。例えば，http://law2. umkc.edu/faculty/projects/ftrials/goetz/goetzconfession.html 参照。一部であるがネット上でも視聴することができる。例えば，https://vimeo.com/35383168。

57）フレッチャー・前掲注55）288頁参照。

58）同上。

59）主要著作として，PETER ROBSON & JESSICA SILBEY, LAW AND JUSTICE ON THE SMALL SCREEN（2012）.

60）Jessica Silbey, *Criminal Performances : Film, Autobiography, and Confession*, 37 NEW MEXICO LAW REVIEW 189（2007）.

61）*Id.* at 241.

62）*Id.* at 223.

63）*Id.* at 223.

64）*Id.* at 226.

65）*Id.* at 226.

66）*Id.* at 230.

67）*Id.* at 227.

68）*Id.* at 237.

69）Saul M. Kassin & Gisli H. Gudjonsson, *The Psychology of Confessions : A Review of the Literature and Issues*, 5(2) PSYCHOLOGICAL SCIENCE IN THE PUBLIC INTEREST 33, 40（2004）.

70）高木徹「国際メディア情報戦(6) 情報戦としてのアメリカ大統領選挙」本37巻12号（2014）26頁。

71）G. D. Lassiter et al., *Videotaping Custodial Interrogations : Toward a Scientifically Based Policy*, in POLICE INTERROGATIONS AND FALSE CONFESSIONS 143, 156（G. D. Lassiter & C. A. Meissner eds., 2010）.

72）小坂井久「スチームローラーが動きはじめる——可視化制度化の意義と実践的展望」自由と正義65巻11号（2014）20頁；「取調べの録画・録音制度の課題——要綱案を踏まえて」刑事法ジャーナル42号（2014）41-42頁参照。映像記録が公判に広く持ち込まれることについては，裁判所サイドでも懸念を一定程度共有していると思われる。例えば香川徹也氏の「捜査段階の録音・録画の記録媒体を最初から最後まで見なければいけないとなると，公判が公判中心ではなく，捜査の録画上映会になってしまうということもあって……裁判所の側でもいろいろ考えていかなければいけない」との発言を参照。論究ジュリスト12号（2015）16-17頁。

73）Lassiter, *supra* note 71, at 157.

74）日本弁護士連合会も一度，カメラアングルについて意見を公表したことがある。「取調べの録画の際の撮影方向等に関する意見書」（2011年12月）。

http://www.nichibenren.or.jp/activity/document/opinion/year/2011/111215_8.html

75) 周防正行『それでもボクは会議で闘う』（岩波書店，2015）34頁参照。

76) この問題に対する心理学の知見を踏まえた考察として，後藤昭「刑訴法改正と取調べの録音・録画制度」法律時報88巻1号（2016）12頁，とくに16頁参照。公判中心主義の尊重の観点から「実質的な必要性のある場合に限る」よう提案する。

77) Guilford Four 事件と Maguire Seven 事件である。邦語文献として鯰越溢弘「イギリスにおける『誤判』とその救済──ギルフォード・フォー及びマグアイア・セブン事件の教訓」浅田和茂ほか編井戸田古稀『転換期の刑事法学』（現代人文社，1999）617頁など参照。

78) THE ROYAL COMMISSION ON CRIMINAL JUSTICE: REPORT, Cm2263, (1993). この王立委員会につき，例えば庭山英雄「刑事司法王立委員会報告書に学ぶ」専修法学論集60号（1994）219頁など参照。

79) 第2章（警察の捜査），第3章（被疑者の保護），第4章（黙秘権と自白），第5章（訴追），第6章（公判前手続），第7章（公判），第9章（科学的証拠・鑑定），第10章（控訴院），第11章（誤判の是正）である。こんにちの我が国の刑事司法に関わるほぼすべての問題が網羅されており，20年以上を経てもきわめて示唆的な内容である。イギリスの主要な刑事司法改革の出発点であり，二段階証拠開示方式や独立した再審審査機関の創設など，画期的な立法や制度改革がここから生まれた。

80) THE ROYAL COMMISSION, *supra* note 78, at 25-48.

81) イギリスには尋問技法専門の訓練所があり，警察官はここで5級から順にスキル・アップを求められる。殺人事件の取調べは3級相当，テロ犯の取調べにあたるのは1級相当と決められていて，洗練され体系化されたシステムが構築されている。イギリスの訓練制度に触れたものとして，白川靖浩「イギリスにおける被疑者取調べについて（下）」警察学論集60巻1号（2007）65頁，とくに81頁以下参照。

82) アメリカの裁判所が供述の専門家証人を忌避するのとは反対に，イギリスはこれを比較的許容する傾向にある。例えば，*R. v. Silcott, Braithwaite and Raghip*, THE TIMES, (9 December 1991); R. v. Blackburn, [2005] 2 Cr. App. R. 240参照。

83) こうした新しい改革事項については，A. Shawyer, et al. *Investigative Interviewing in the UK*, in INTERNATIONAL DEVELOPMENTS IN INVESTIGATIVE INTERVIEWING 24 (T. Williamson et al. eds., 2009); S. EASTON, SILENCE AND CONFESSIONS: THE SUSPECT AS THE SOURCE OF EVIDENCE 164-166 (2014) 参照。

84) 例えば，葛野尋之「被疑者取調べ適正化の現在──その位置と課題」法律時報85巻9号（2013）56頁は「黙秘権保障」の確保を最重要課題とする。また，渕野貴生「取調べ可視化の権利性と可視化論の現段階」法律時報85巻9号（2014）58頁も「取調べの全過程を可視化しさえすれば適正手続として完結する，とは必ずしもそうならないことに注意する必要がある」（61頁）と指摘する。

85) D. Dixon, *Ch. 15 Regulating Police Interrogation*, in INVESTIGATIVE INTERVIEWING: RIGHTS, RESEARCH, REGULATION 318 (T. Williamson ed., 2006).

86) もっとも，取調べ受忍義務否定論の立場からは，任意性判断の確立の為にする可視化論は「戦略であって権利ではない」と指摘されている。渕野貴生「被疑者取調べの課題」法律時報79巻12号（2007）43頁，とくに47頁参照。

あとがき

　つい最近まで，被疑者取調べであるとか，その録音録画制度は筆者の研究フィールドではなかった。2007年に前職の立命館大学在籍時にオーストラリアで在外研究の機会をもった際に「刑事司法における透明性と説明責任」をテーマに調査する予定にしていた。そこで，しばらく日本を離れて，警察，検察，裁判所のそれぞれの過程で，どのように適正に，誤起訴誤判に至ることなく刑事手続きを営むことができるのかをトータルに考究したいと考えていた。そこで，その端緒として取調べ録音録画制度の先進国として知られていたオーストラリアを調べ始めると，当時我が国でも活発に議論されていた被疑者取調べの「可視化」はどうも一筋縄ではいかないということを感じ始め，以来，その頃抱いた疑問や問題意識を一貫してもち続けてきた。

　そのきっかけを与えてくれたのは，たまたま客員フェローとして滞在していたニュー・サウス・ウェールズ大学法学部の学部長であり警察研究の専門家であったデイビッド・ディクソン教授が刊行された一冊の研究書だった。これは，教授が同州で警察署から集めた実際の取調べが記録された262本のビデオテープを詳細に分析した研究だったが，その中の教授の書かれたあるフレーズに触発されたことが大きかった。

　　「取調べの録音録画は万能薬ではない（*Electronic recording is no panacea*）」
　　(DAVID DIXON & GAIL TRAVIS, INTERROGATING IMAGES: AUDIO-VISUALLY RECORDED
　　POLICE QUESTIONING OF SUSPECTS 50 (2007))

まさにこの一文から本書に繋がる筆者の研究が始まったと言っていいだろう。

　その後，複数の研究助成を得ながら，単独で海外調査を進め，ときにはチームで議論をし，公開研究会を継続的にもつとともに，シンポジウムを開催した

り国際学会でワークショップをもったりした。弁護士会や人権団体のイベントなどで可視化に関わって講演を依頼されたり，学会のパネリストなどに招かれたりすることも多かった。韓国検察庁に招いていただいたこともあった。海外学会でも報告をおこなった。そして，旧版刊行後には編者として様々な議論をまとめた別の書籍の出版にも携わったし（拙編・日本弁護士連合会編集協力『取調べの可視化へ！ 新たな刑事司法の展開』（日本評論社，2011）），この7年ほどは「可視化」の法制化を目指す社会の動きや議論も活発であったことからまさに時宜を得たテーマだったと言えるだろう。

筆者の問題意識とそれに沿った様々な活動が可視化をめぐる議論において幾ばくかでも参考になっていれば研究者としてかぎりない喜びであり，本書はそうした研究活動の総決算である。

謝 辞

本書は，旧版以来収録している旧稿を含めて，複数の調査研究プロジェクトに基づいており，お礼を申し上げるべき個人や団体は多岐にわたる。以下，かぎられたものであるがお名前をあげさせていただき感謝を捧げる次第である。

筆者の調査研究の端緒となった研究助成をいただいた日弁連法務研究財団ならびにお世話になった鈴木誠弁護士に。

被疑者取調べ録画研究会（録画研）のメンバーならびに研究会を共催いただいている京都弁護士会ならびに有志の先生方（小原健司弁護士，辻孝司弁護士，遠山大輔弁護士，中野勝之弁護士）に。そして，これまで録画研の講師として多忙な中をご報告いただいた諸先生方，研究会を盛り上げていただいた出席者の方々に。

2011年から2016年にかけて実施した科学研究費新学術領域「法と人間科学」（代表・仲真紀子・北海道大学教授）の「可視化」班のメンバーであった稲田隆司教授（新潟大学），中島宏教授（鹿児島大学），山田直子教授（関西学院大学），吉井匡准教授（香川大学）に。

取調べ問題について避けることのできない心理学的研究については，共同研究も含めて心理系の研究者の方々に多々お世話になった。とりわけ，サトウタ

ツヤ教授（立命館大学），藤田政博教授（関西大学），若林宏輔准教授（立命館大学）に。

　意見交換の場をもたせていただいた日本弁護士連合会可視化実現本部の皆様に。とりわけ，秋田真志弁護士，小坂井久弁護士，後藤貞人弁護士（いずれも大阪弁護士会）に。秋田弁護士には旧版について書評の労まで執っていただいた。

　海外調査にあたっては，多数の方々と関連諸機関にご協力いただいた。オーストラリアについては，勝田順子氏（豪州弁護士），デイビッド・ディクソン教授（ニュー・サウス・ウェールズ大学），ジル・ハンター教授（同），マーク・フィンドレイ教授（シドニー大学），ルーク・ノッテジ教授（同），レオン・ウルフ准教授（クィーンズランド工科大学），シドニー警察署，ニュー・サウス・ウェールズ公訴局，ニュー・サウス・ウェールズ州法曹協会，ニュー・サウス・ウェールズ公設弁護人事務所に。ニュージーランドについては，ニナ・ウェステラ上級警部（ウェリントン警察・当時）ならびにニュージーランド法曹協会図書室，ウェリントン地区法曹協会，ビクトリア大学図書館，ニュージーランド検察庁，ニュージーランド警察庁に。英国については，貴重な調査報告書の入手にご尽力いただいたスティーブ・ユグロー教授（ケント大学）とアンドリュー・サドラー氏（内務省警察政策部門担当官），そして，現地調査でお世話になったイアン・ハインズ氏（マンチェスター警察・犯罪取調特別アドバイザー），マーク・ホームズ公訴官（マンチェスター公訴局），コット・ウェア刑事ならびにスティーブン・コールズ刑事（スコットランド・ヤード），エド・ケイプ教授（西イングランド大学）に。米国については，ゲイリー・ヤマシロヤ司令官（シカゴ市警察第三地区犯罪捜査部）ならびにスーザン・マクラフラン教授（ジョン・マーシャル・ロー・スクール）に。

　2010年6月6日に東北大学で開催された第88回刑法学会における取調べ録画ワークショップのパネリストとしてご登壇いただいた，青木孝之教授（一橋大学），秋田真志弁護士，渡辺修教授（甲南大学），同じく9月24日に開催された公開セミナー「被疑者取調べと可視化テクノロジー」（於日本教育会館）においてご報告いただいた仲真紀子教授（北海道大学），Kim Jong Ryal検事（韓国），松尾文嗣氏をはじめとする富士通アドバンストエンジニアリング社の皆様に。

2010年10月に来日し，取調べのカメラ・パースペクティブ・バイアスについてご講演いただいたダニエル・ラシター教授（オハイオ大学）に。旧版において翻訳の収録をご快諾いただいた，デイビッド・ジョンソン教授（ハワイ大学）ならびにクリストファー・スロボギン教授（バンダービルト・ロースクール）に。

2011年4月から一年間，「取調べ可視化」をテーマに客員調査員としてお世話になった参議院法務委員会調査室の皆様に。

2014年7月に立命館大学で開催された国際シンポジウム「取調べと可視化──新しい時代の取調べ技法・記録化と人間科学」でご登壇いただいた，ジェーン・デラハンティ教授（チャールズ・スタート大学・豪州），デビッド・ディクソン教授，Eunkyung Jo 教授ならびに Ro Seop Park 教授（両名共ハリム大学・韓国），仲真紀子教授，渕野貴生教授（立命館大学），浜田寿美男教授（立命館大学），小坂井久弁護士，秋田真志弁護士，遠山大輔弁護士に。2015年8月に早稲田大学で開催された東アジア法社会学会での筆者主宰のセッション「Legal Development in the Visual Recording of Suspect Interrogation in the East Asia（東アジアにおける被疑者取調べ録画制度の展開）」にご登壇いただいた，Dong-Hee Lee 教授（韓国警察大学），Kuibin Zhu 准教授（西南交通大学），渕野貴生教授，山田直子教授に。とくに今回のすべての章の本文と注のご高閲をいただいた山田教授には重ねて感謝申し上げたい。

調査や執筆を助けていただいた内外のライブラリアンたちに。

可視化に関わる様々な翻訳プロジェクトを協働したパートナー岩川直子に。

そして，被疑者取調べの過酷な実態を語っていただいた多くの元被疑者の方々と，そのほか，お名前をあげることはできないが本書各章の執筆にあたって助言や示唆，助力いただいたすべての方々に。

これで筆者の取調べとその録音録画（可視化）制度に関わる研究は一段落する。だが，今後も実務での制度運用に関わって新たな課題も発見されることだろう。新たに言語学者や心理学者の方々と取調べ録音テープを素材にした共同研究が始まり，また，司法取引に関してアメリカの研究者たちと国際比較研究プロジェクトもスタートした。これからも本書でとりまとめた問題意識から，引き続き何らかの社会的な貢献ができることを願っている。

■著者紹介

指 宿 信（いぶすき　まこと）

1959年　京都市生まれ
1989年　北海道大学大学院博士後期課程単位取得
1991年　同法学博士．鹿児島大学教授，立命館大学法科大学院教授などを経て，2009年から成城大学法学部教授

主な著作，監修書，訳書として，『刑事手続打切りの研究』（日本評論社，1995年），『インターネットで外国法』（編著，日本評論社，1998年），『サイバースペース法』（編著，日本評論社，2000年），『法律学のためのインターネット2000』（共著，日本評論社，2000年），『インターネット法情報ガイド』（共編著，日本評論社，2004年），『極刑――死刑をめぐる一法律家の思索』（共訳，岩波書店，2005年），『リーガル・リサーチ［第3版］』（監修，日本評論社，2008年），『リーガル・ライティング［法律論文の書き方］』（共訳，日本評論社，2009年），『法情報サービスと図書館の役割』（編著，勉誠出版，2009年），『無実を探せ！イノセンス・プロジェクト』（監訳，現代人文社，2009年），『刑事手続打切り論の展開』（日本評論社，2010年），『法情報学の世界』（第一法規，2010年），『被疑者取調べと録画制度――取調べの録画が日本の刑事司法を変える』（商事法務，2010年），『取調べの可視化へ！――新たな刑事司法の展開』（編著，日本評論社，2011年），『えん罪原因を調査せよ』（監修，勁草書房，2012年），『証拠開示と公正な裁判』（現代人文社，2012年），『リーガル・リサーチ［第4版］』（監修，日本評論社，2012年），『とらわれた二人――無実の囚人と誤った目撃証人の物語』（共訳，岩波書店，2013年），『アメリカ捜査法』（監訳，レクシスネクシスジャパン，2014年），『証拠開示と公正な裁判〔増補版〕』（現代人文社，2014年）など

Horitsu Bunka Sha

被疑者取調べ録画制度の最前線
──可視化をめぐる法と諸科学

2016年6月25日　初版第1刷発行

著　者　　指宿　　信
　　　　　いぶ　すき　　まこと

発行者　　田靡純子

発行所　　株式会社 法律文化社

〒603-8053
京都市北区上賀茂岩ヶ垣内町71
電話 075(791)7131　FAX 075(721)8400
http://www.hou-bun.com/

＊乱丁など不良本がありましたら、ご連絡ください。
　お取り替えいたします。

印刷：共同印刷工業㈱／製本：㈱藤沢製本
装幀：白沢　正
ISBN978-4-589-03774-9
Ⓒ2016　Makoto Ibusuki Printed in Japan

JCOPY 〈(社)出版者著作権管理機構 委託出版物〉

本書の無断複写は著作権法上での例外を除き禁じられています。複写される
場合は、そのつど事前に、(社)出版者著作権管理機構（電話 03-3513-6969、
FAX 03-3513-6979,e-mail: info@jcopy.or.jp)の許諾を得てください。

川崎英明・葛野尋之編

リーディングス刑事訴訟法

A 5 判・430頁・5500円

日本の刑事法学が蓄積してきた膨大な知見を俯瞰し，判例・学説のもとになった基本文献を解説するリーディングス刑事法シリーズの刑事訴訟法篇。現在および今後の刑事法学の基礎として，第一線の研究者が理論的到達点を個別領域ごとに確認し，提示・継承する。

木谷 明著

刑 事 裁 判 の 心 〔新版〕
―事実認定適正化の方策―

A 5 判・296頁・3600円

元刑事裁判官としての著者の基本的姿勢や考え方，実務の現状への認識と改善策，学説に対する実務的な観点からの提言，弁護士活動への期待等をわかりやすい文体で論述。「富士高校放火事件」に関する記述を大幅に書き改めた新版。

斎藤 司著

公正な刑事手続と証拠開示請求権

A 5 判・426頁・5400円

日本とドイツにおける戦前からの証拠開示をめぐる史的展開をもとに，その構造をさぐる。規範的根拠や意義・機能を明らかにすることで，捜査・訴追過程の可視化という解釈や，立法論の視点を提示する。

藤田政博編著

法 と 心 理 学

A 5 判・286頁・2800円

目撃証言や供述分析，さらには犯罪心理学や被害者，民事訴訟に関する研究などを体系的に解説したテキスト。法や裁判を舞台に，心理学の理論と研究方法をどのように適用するのか。法律家やジャーナリストに必携の 1 冊。

平岡義博著

法律家のための科学捜査ガイド
―その現状と限界―

A 5 判・172頁・2800円

科学捜査の内容を具体的に詳説したうえで，その到達点と限界とを冷静に分析。科捜研の警察組織内部における位置づけや職員の地位・処遇についても言及し，改革の方向を示唆。刑事司法にかかわるすべての人に必読。

村井敏邦・後藤貞人編

被告人の事情／弁護人の主張
―裁判員になるあなたへ―

A 5 判・210頁・2400円

第一線で活躍する刑事弁護人のケース報告に，研究者・元裁判官がそれぞれの立場からコメントを加える。刑事裁判の現実をつぶさに論じることで裁判員になるあなたに問いかける。なぜ〈悪い人〉を弁護するのか。刑事弁護の本質を学ぶ。

―――――法律文化社―――――

表示価格は本体（税別）価格です